中国房地产基金

操 作 指 南

[融资篇]

曹邵鸣◎著

中信出版集团 · 北京

图书在版编目（CIP）数据

中国房地产基金操作指南．融资篇 / 曹邵鸣著．--
北京：中信出版社，2018.7（2021.1 重印）
ISBN 978-7-5086-9090-2

Ⅰ．①中… Ⅱ．①曹… Ⅲ．①房地产投资－信托基金
－中国－指南 Ⅳ．① F832.49-62

中国版本图书馆 CIP 数据核字（2018）第 120933 号

中国房地产基金操作指南·融资篇

著　　者：曹邵鸣
出版发行：中信出版集团股份有限公司
（北京市朝阳区惠新东街甲 4 号富盛大厦 2 座　邮编　100029）
承 印 者：北京诚信伟业印刷有限公司

开　　本：787mm×1092mm　1/16　　印　　张：31　　字　　数：384 千字
版　　次：2018 年 7 月第 1 版　　印　　次：2021 年 1 月第 3 次印刷
书　　号：ISBN 978-7-5086-9090-2
定　　价：99.00 元

献给我生命中最爱的人——西西和东东

近十年来，中国信托行业发生了翻天覆地的变化。信托公司茁壮成长、资产规模迅猛扩张、产品创新层出不穷，信托行业成为整个金融领域最具活力和颠覆性的子行业。房地产是信托资金投向的重要领域，在整个信托行业的发展历程中，房地产信托占据重要地位。

房地产信托业务的特点之一是综合性强，需要地产、金融、法律、财税等各方面的专业技能以及很强的沟通协调能力，实务中对该类专业书籍的需求很大。实事求是地讲，目前国内出版的信托实务书籍虽然体系性比较强，但大多在深度上有所欠缺，很多没有触及业务承做的核心层面，分析性内容更是严重匮乏。有鉴于此，浸淫信托行业十几年的曹邵鸣同志将自身多年来积累的知识、经验和心得系统地整理出来，聚焦信托行业最具创新力的地产金融领域，并以精心设计的案例分析加专题讨论的形式展现给大家，这是一件很有意义的事情。

我觉得，与其他信托实务书籍相比，这本书有如下几个特点。

其一，案例阐述，专题总结。这本书通过案例形式将各种类型的房地产信托项目从初步接触到最后结束的全过程完整地呈现出来，围绕案例的每个关键节点进行深入阐述，并对涉及的核心知识点以专题形式进行归纳总结，力求实现理论与实务的完美结合。特别是本书的 80 多个小专题，几乎涉及房地产信托融资的方方面面。对于每个专题，都力求在广泛涉猎相关知识的基础上结合案例实务进行系统总结和提炼，直击信托经理在业务承做过程中的盲点或痛点。

其二，道其然，更道其所以然，这是全书最显著的特色。书中所呈现的案例分析并不是简单的资料堆砌，而是在完整呈现案例全貌的基础上对关键问题进行深入全面的分析，力求挖掘出隐藏在案例背后的东西，包括项目承揽背景、交易结构的形成及变动原因、方案设计中的利益博弈、增信措施中的取舍之道、客户沟通的谈判策略，乃至风险处置中的尔虞我诈等，对案例分析的广度和深度达到了一个新的高度，使得读者在面对一个完整、动态的案例流程时，就像自己承做项目一样，对每个关键环节知其然，更知其所以然，从而求得更大的感悟和收获。

其三，体系完备，内容全面。全书虽然由案例构成，但在案例的设计与内容的安排上努力保持体系化。全套书（包括融资篇和投资篇）涉及的案例基本上囊括了房地产基金的交易模式以及可能面临的各种情境。以这本书（融资篇）为例：从交易结构来看，包括贷款、明股实债、股债结合、应收账款融资、资产收益权融资、财产权信托等融资类的全部模式；从风险化解手段来看，包括债权转让、再融资、企业自筹资金以及司法拍卖等各种处置措施；特别是针对遍布全书的大大小小的知识点（如保证担保），不同的案例会根据具体情境从不同的角度进行分析阐述，力求结合实务将该知识点完整地呈现出来。

自 2017 年年底以来，在“强监管、防风险、去杠杆”的大背景下，整个资产管理领域出台了一系列监管政策，融资类的房地产基金受到了一定限制甚至打压。但是，需要指出的是，正如该书案例所揭示的，很多交易模式的形成并不仅仅是规避监管的需要，而是由基金管理人的风控要求、监管政策的限制、融资方的特定需求以及产品营销等多种因素合力形成的。作为介于银行借款与权益性投资之间的夹层安排，融资类地产基金需要根据项目的具体情况设计定制化的交易方案，这种客观需求必然导致灵活多变的融资设计模式，而这也正是地产私募基金的魅力所在。该书以案例形式系统地阐述了融资类地产基金的多个交易模式与形成原因，对实务操作具有普遍的借鉴意义。

曹邵鸣同志在其研究生阶段专攻《信托法》，毕业后如愿以偿地进入信托行业，且一直奋战在业务第一线，具有深厚的理论功底和丰富的实战经验。全书以案例分析加专题讨论这种较为新颖的形式呈现，相信会对读者实战经验的提升有积极的推动作用，很高兴能将这本书推荐给广大资产管理行业的从业者。

是为序。

中国信托业协会专家理事
智信资产管理研究院创始人兼执行院长
郑 智
2018 年 5 月于北京

目　录 | CONTENTS

在项目已经达到银行贷款条件的时候，信托公司针对客户特定的融资需求，采用股债结合的交易结构、准基金化的管控措施及令人叹为观止的“木乃伊”式增信手段，充分显示了定制化的方案设计能力与严密的风险控制手段。

本案例详细揭示了“黑天鹅事件”下信托公司软硬兼施、多管齐下的风险化解之道，并在风险化解过程中总结了原有增信措施的优劣得失。同时，作为商办形态的地产项目，在资产处置过程中面临的艰难险阻值得每个信托经理反思。

这是一个典型的资产回购模式的“另类”房地产融资案例。在融资方、代销银行和监管政策的多重作用下，简单的项目融资被“包装”成应收账款的卖出回购交易，标的资产的重构、多元化风控手段的运用，充分体现了信托公司方案设计的灵活性以及实质重于形式的风险控制理念。

本案例系统地梳理了应收账款在房地产融资中几种典型的交易模式，以及应收账款重组过程中的主要技术环节与相应的风险控制措施，同时系统地总结了房地产信托融资中的产品设计思路，对实务有一定的借鉴意义。

一、彩云地产信托贷款项目

案例亮点：

看似简单的信托贷款项目，由于方案设计上的整体打包思路、贷款目的的多样性以及增信监管措施的复杂性，充分体现了房地产信托“以客户需求为导向，为客户提供定制化、差异化解决方案”的特征。

本案例详细阐述了信托公司如何以债权人身份深度参与项目后期管理、项目出险的应对措施以及如何有效地通过债权转让实现项目退出，同时系统地梳理了土地抵押办理过程中的注意事项等，对实务具有较强的借鉴意义。

案例摘要：

天府市对正在开发的房地产项目实施要求补缴土地出让金的政策，使得当地开发商彩云地产感受到资金压力，从而有了融资需求。由于资金用途的特殊性以及银行较为僵化的审批机制，彩云地产最终将目光转向了非银行金融机构。在与数家信托公司切磋的过程中，中能信托有限公司（后简称"中能信托"）提出了以债务重组为基础的整体打包方案，盘活了融资方的多处存量资产，一次性募集到所需全部资金，同时解决了两个项目的土地出让金补缴问题，更能契合融资方的实际需要，因此获得青睐。

从形式上来看，本项目属于传统的信托贷款。中能信托发行信托计划募集 10 亿元资金，以符合贷款条件的生态广场项目为载体向彩云地产发放信托贷款；资金用途包括生态广场项目和湖滨花园项目土地出让金的补缴、生态广场项目的开发建设以及替换其他银行的开发贷款，有效地满足了融资方多元化的资金需求。增信措施包括土地抵押、集团与实际控制人保证担保、保证金质押及相应的资金监管与项目管控措施。

本项目看似简单，但充分体现了房地产信托"以客户需求为导向，为客户提供定制化、差异化解决方案"的特征。业务团队在信托计划存续期间实施了严格的账户监管，有效地防范了销售回款的挪用；同时通过三位一体（信托公司、商业银行与外聘机构）的深度管控模式，为后续风险预警提供了重要支撑，并为信托公司争取到足够的时间化解风险；在项目出现流动性危机后，及时通过债权转让手段实现信托计划的退出。业务团队在整个风险处置过程中反应及时、应对得当，在债权转让方案中灵活采用了抵押物代持等新的尝试，推动资产处置流程持续向前，这些经验对实务均具有重要的参考意义。

背景介绍

彩云集团有限公司（以下简称“彩云集团”）是一家以房地产开发为龙头，集商业运营、物业管理于一体的大型民营企业，创立于2004年3月，注册资本12亿元，实际控制人为方艳梅女士。公司股权结构为：方艳梅直接持股60%，丈夫程仕路及儿子程文和程武通过天府市彩云投资有限公司（以下简称“彩云投资”）间接持股40%。彩云集团具有国家一级房地产开发资质，是宇通银行总行AAA级客户，目前开发的项目主要集中在春城市、魔都市、鹏城市和江城市等地。

天府市彩云房地产开发有限公司（以下简称“彩云地产”或“融资方”）是彩云集团全资子公司。作为集团在西南省的地产业务平台，彩云地产十余年来在天府市进行高档别墅、高级豪华公寓、酒店、写字楼、商场、旧城改造等房地产项目开发，累积开发规模逾300万平方米。

彩云集团相关的股权结构如图1－1所示。

湖滨花园项目位于天府市彩云北路和人民东路两条城际主干道交会处，交通极为便利。项目占地28.3万平方米，分两期开发：一期由联排住宅、叠院住宅、小高层和沿街商铺四种业态构成，并以联排住宅为主；二期为高层小户型住宅和底层商业街区。整个项目可售面积共计45万平方米，其中商业5万平方米，住宅40万平方米。截至中能信托介入时，项目一期已完成基础工程施工，但小高层因受补缴土地出让金政策的影响，只取得土地使用权证；二期主体工程和安装工程已完工，正在进行绿化景观工程，但只取得土地使用权证和土地规划许可证。

生态广场项目位于天府市主城区南部，处于整个城市向南发展的枢

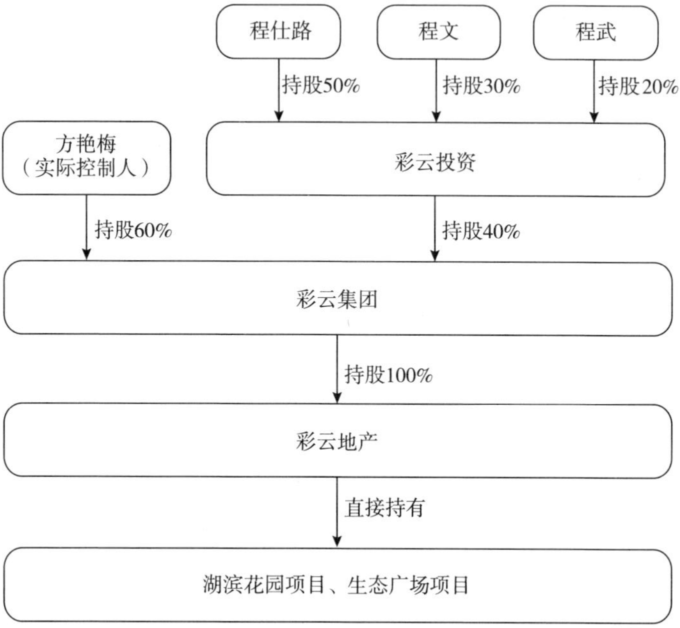

图 1-1　彩云集团相关的股权结构

纽地带。整个项目分两期开发，业态包括写字楼、商铺、住宅和公寓等，以商业为主。截至中能信托介入时，一期地块已取得预售许可证，项目主体已完工；二期地块已取得施工许可证，正在进行工程桩和支护桩的施工。同时，经测算，二期地块如果要达到预售状态，尚需投入资金 1 亿元。项目可售面积为 30 万平方米，由于一期地块已经开盘销售，在中能信托介入时，整个项目可售面积为 25 万平方米，其中商办 18 万平方米，住宅和公寓 7 万平方米。

在中能信托介入前，上述两个项目在宇通银行天府分行人民东路支行（以下简称“宇通银行”）分别提取了 3 亿元和 2 亿元的开发贷款，并将两个项目的全部土地抵押在宇通银行名下。

在中能信托介入前半年，天府市政府颁布了一项政策，即对某些符合条件的经营性用地，即使已经获得土地证且正在进行开发，仍需要按照一定标准补缴土地出让金，否则相关部门将不再为这些项目办理后续报建手续。

该项政策的横空出世让本来可以很快进入预售程序并实现资金回笼

的湖滨花园和生态广场项目陷入僵局。一方面，按照上述政策要求，两个项目合计需要补缴的土地出让金高达4亿元，如果不及时补缴，不但会影响项目进程，项目土地还有可能作为闲置土地被政府收回；另一方面，两个项目都在银行进行了开发贷融资，且已加上自有资金的投入，如果不能尽快引入新的外部资金来解决补缴土地出让金的问题，则项目的沉没成本极高。

在此背景下，彩云地产紧急开启了对外融资之旅。经过包括中能信托在内的3家信托公司的激烈竞争，中能信托最终以精心设计的整体打包方案获得了融资方的青睐。

主要交易结构

本案例主要的交易结构如图1－2所示。

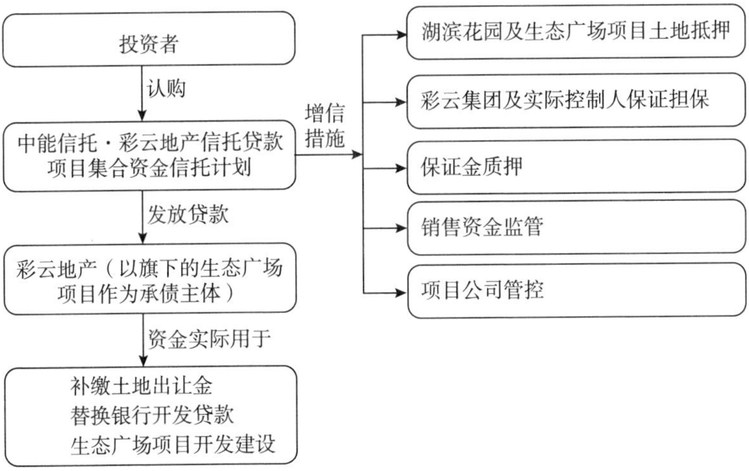

图1－2　主要的交易结构

信托计划的核心要素见表1－1。

交易方案的形成过程：银行与信托的对决

在整个交易方案的竞争性谈判中，中能信托经历了两轮对决：第一轮发生在银行与信托公司之间，第二轮发生在信托公司之间。

表 1-1　信托计划的核心要素

核心要素	具体内容
信托计划名称	中能信托·彩云地产信托贷款项目集合资金信托计划
信托计划类型	非结构化的集合资金信托计划
信托计划规模	10 亿元
信托计划期限	两年半，满两年后可提前还款
信托资金用途	信托资金以符合贷款条件的生态广场项目为载体向彩云地产发放信托贷款；贷款资金中的 4 亿元用于补缴湖滨花园和生态广场项目的土地出让金，5 亿元用于归还上述两个项目的银行开发贷款，剩余 1 亿元用于生态广场项目二期的开发建设
退出方式	彩云地产还本付息
还款来源	湖滨花园和生态广场项目的销售收入以及彩云集团的整体现金流
核心增信措施	担保措施：湖滨花园和生态广场项目的土地抵押、彩云集团及实际控制人保证担保、保证金质押 销售回款监管：中能信托与彩云地产、宇通银行签署《三方监管协议》，通过账户监管的方式对上述两个项目的销售回款进行监管 项目公司管控：建立中能信托、宇通银行及第三方工程咨询公司的监管体系
融资成本及各方费率	信托贷款利率为每年 13%（不包括财务顾问费） 其中，投资者收益率为每年 8%，销售费为每年 2%，托管费为每年 0.1%，信托报酬为每年 2.9%（绝对信托报酬为 2 900万元/年）；另外，在信托放款后的 3 个工作日内，中能信托向彩云地产一次性收取 1 000 万元的财务顾问费
销售方案	中能信托财富中心和第三方销售机构（主要是券商的销售团队）相结合，如果在募集期内无法完成资金募集，则由中能信托的自有资金提供 3 个月的流动性支持

从彩云地产的角度看，首选自然是银行贷款，毕竟银行的资金相对比较便宜，且企业对银行贷款的相关套路比较熟悉。但是，作为首选的宇通银行已经为前述两个项目提供了开发贷款，囿于行内的政策规定，再提供融资已无可能；另外，由于项目土地已经抵押出去，受限于僵化

的资金用途和审批程序，其他银行也没有提供融资的意向。经历几次无功而返的尝试后，彩云地产只得把目光投向信托公司。

小专题

信托贷款与银行贷款在房地产融资中的区别与联系

同样作为贷款，信托贷款与银行贷款有何区别与联系？在何种情况下需要银行贷款，何种情况下需要信托贷款？接下来为大家梳理一下。

（一）信托贷款与银行贷款的区别

其一，从性质上来看，信托贷款属于直接融资，银行贷款属于间接融资。对于信托公司来说，开发商能否顺利还款，直接影响到认购信托产品的投资者能否如期兑付；而对于银行来说，项目的违约风险不需要资金来源方（即储户）承担。所以，在不考虑刚性兑付的前提下，几千万元的信托项目出险所造成的社会冲击要远大于数十亿元的银行坏账，这也是信托公司一直受到严厉监管的重要原因。

其二，从资金成本上来看，由于开发商一般是在无法获得银行资金的情况下才转向信托贷款，所以信托贷款的资金成本要远高于银行贷款。当然，由于信托贷款比较纯粹，没有像银行那样对融资方提出固定比例的存款、认购理财产品等诸多条件，所以很多时候信托的综合成本比银行不会高出太多。

其三，从增信手段上来看，银行贷款通常使用土地抵押、集团担保、销售款监管等传统手段，信托公司除了上述手段外，还有更多对项目公司的管控措施，如印章及证照的监管等。对于某些同样达到贷款效果的明股实债类项目，信托公司更是深度参与项目公司的内部治理，通过对股东会、董事会及管理层的决策约束来控制风险。

其四，从融资规模上来看，在整个房地产行业中，银行贷款居于绝对的主导地位，信托贷款仅仅是补充。如果考虑两者在解决融资问题上的差异性，那么银行更像正规军，而信托公司则属于特种部队。

（二）信托贷款与银行贷款的联系

在很多情况下，信托公司与银行并不是竞争关系，而是作为银行的有益补充。对于很多开发商来说，由于自身的融资习惯和银行网点的客户覆盖，在有资金需求时首先想到的是银行，除非银行因为种种限制无法承做，才会转向（或者在银行的引导下转向）信托公司等非银行金融机构。综合来看，这些限制主要体现在以下几个方面。

其一，资金用途的限制。由于受托支付等监管限制，银行在贷款资金的使用上相对比较保守，不如信托那么灵活。例如，笔者做过一个项目，某地产商需要融资置换之前的银行开发贷款，而该贷款是某外资银行发放的美元贷款，当时的经办银行由于监管限制无法直接以人民币贷款进行置换，最后找到信托公司直接以信托贷款来置换。

其二，地域的限制。银行经营具有地域性特点，通常情况下，分行不得越界经营，如果自己的某个客户往外地发展，分行若想继续为该客户在外地的项目提供传统贷款业务，就必须与当地的分行合作，并且要让渡很多利益，而信托公司则无此限制。笔者之前承做过某项目，位于鹏城市的某地产商到外地进行项目开发，长期服务于该开发商的某银行鹏城分行为了继续服务该客户，就与信托公司联手，由后者对外地项目发放信托贷款。

其三，额度的限制。对于某些地产项目，银行可能已经批了授信，但由于没有贷款额度而无法放款；或者虽然已经放了款，但开发商认为放款金额过低，希望扩大融资额，此时银行一般会选择与信托公司合作，由信托公司通过贷款解决该问题。

其四，效率的限制。一般情况下，银行自营资金的审批和放款程序比较复杂，耗时较长，而信托公司由于内部审批链条短，效率比较高。如果某些地产项目对资金的需求比较急迫，银行为了不失去该客户，一般也会选择与信托公司合作。

其五，行内政策的限制。由于总行对开发商实行名单制或额度管理，并且对项目所处城市、业态等进行严格限制，这导致某些分行对很多地产项目无法直接发放贷款，这种情况下该分行也会找信托公司合作。

对于转介绍到信托公司的地产项目，银行一般会在产品代销、资金托管、销售回款的监督、按揭贷款的发放、贷后管理等多方面与信托公司展开合作，双方携手形成了一个互惠互补的生态链。

交易方案的形成过程：信托公司之间的对决

在与各信托公司沟通交易方案时，彩云地产一开始只愿意拿出生态广场项目来融资。中能信托据此提交的方案与另外两家信托公司没有实质区别，都是针对彩云地产补缴土地出让金的需求，融资 4 亿元，融资方需提供评估价值不低于 8 亿元的土地或在建工程抵押，并要求对生态广场项目的销售回款进行全封闭监管。

但是，上述方案在融资方那里受到了冷遇。首先，彩云地产认为融资金额过低，无法解决生态广场二期的建设资金需求；其次，彩云地产所有资产都已经抵押出去，无法再拿出其他可供抵押的资产，且除去宇通银行的 2 亿元开发贷款外，生态广场的剩余价值不足 6 亿元；再次，全封闭监管措施损害了宇通银行的利益，协调难度很大。信托公司与融资方的谈判一度陷入僵局。

面对如此局面，中能信托的业务团队马上开动脑筋，想尽办法与融资方的财务总监进行频繁沟通，了解到彩云地产名下除了生态广场项目外，还有正在开发的湖滨花园项目，不过也抵押在宇通银行名下。知道该情况后，中能信托经过全面权衡，很快调整了思路，提出了整体打包方案：将融资规模扩大到 10 亿元，除了补缴土地出让金外，还包括置换宇通银行的开发贷款，以及提供生态广场二期的开发建设资金。由于置换了宇通银行的全部贷款，湖滨花园和生态广场项目的土地将全部抵押在中能信托名下，中能信托可以对两个项目的销售回款进行全封闭监管。方案提出后，融资方的财务总监眼前一亮，经过与中能信托及宇通银行的多轮沟通后，最终敲定了该方案。

中能信托的整体打包方案与其他两家信托公司方案的主要区别见表 1 – 2。

表1-2　中能信托与其他两家信托公司方案的主要区别

	中能信托的解决方案	其他两家信托公司的解决方案
交易结构	形式上针对生态广场项目发放贷款，但贷款用途实质对应生态广场和湖滨花园两个项目	仅针对生态广场项目发放贷款
资金募集	一次性到位	分期募集
资金规模	抵押物价值较高，贷款资金可以补缴两个项目的土地出让金、置换银行贷款并提供生态广场项目二期的建设资金，一次性解决了融资方的全部资金诉求	由于抵押物价值有限，信托规模较低，仅能满足补缴土地出让金的需求，不能一次性解决融资方的全部资金诉求
对还款来源的控制力	成为两个项目的唯一抵押权人，并可实现对项目真正意义的封闭式管理。而且，在项目出现风险后，由于没有其他金融机构的掣肘，更容易进行资产处置	未能剔除宇通银行的开发贷款，后续对项目销售回款的控制力滞后于宇通银行，无法实现销售资金的全封闭监管
市场风险	湖滨花园项目以住宅为主，去化较快，与生态广场打包后，项目业态实现平衡，降低了住宅限购及商办物业销售引发的市场风险	生态广场项目业态丰富，虽不受限购影响，但商业、写字楼等去化速度较慢

与其他两家信托公司相比，中能信托的交易方案一次性解决了彩云地产的全部资金诉求，有效协调了与前期开发贷银行之间的关系。从表面上看，该方案扩大了信托计划规模，可能进一步加大信托计划的整体风险，但详细分析后发现并非如此。

其一，引入湖滨花园项目后，虽然加大了信托计划的规模，但并没有增加项目风险。湖滨花园项目以住宅为主，与以商业为主的生态广场项目相比去化更快，且从现有的证照办理情况和工程进度来看，前者将很快进入预售阶段。在项目后期运营中，生态广场项目因工程进度滞后未能实现收入，信托计划的退出全部依赖湖滨花园项目。实际情况证明，本项目在加大规模的同时，反而降低了项目的流动性风险，加强了中能信托对融资方优质资产的控制力。

其二，清退前期的银行贷款，有利于中能信托对项目的后期监管和资产处置。若不剔除银行开发贷款，不但会因销售回款的监管方案引发两家金融机构的激烈博弈，而且在项目的后期管理中容易引发两家金融机构的权责利纠纷，进而影响中能信托对项目的后期监管和资产处置。从项目的后期情况来看，正是因为剔除了银行贷款，成为项目的唯一债权人，中能信托在项目出险后才能通过贷款债权的整体转让顺利化解风险。

需要指出的是，在整个交易方案的谈判过程中，宇通银行扮演了重要角色。由于项目土地都已经抵押给宇通银行，根据交易安排，中能信托需通过贷款置换的方式成为唯一的债权人和抵押权人，而这需要清退宇通银行的开发贷款和土地抵押。经过反复沟通和讨价还价后，宇通银行最终同意提前收回贷款，主要原因是：（1）根据彩云地产与宇通银行的贷款协议，彩云地产有权提前还款，同时剩余贷款期限已不足1年，提前还款对宇通银行的贷款利息收入影响不大，而且宇通银行当时的贷款利率比较低，宇通银行也有意提前收回贷款投向高利率项目；（2）中能信托将信托计划的保管和销售资金监管账户都交给宇通银行，为其带来中间业务收入的同时，也带来了最需要的企业存款。

当然，信托的贷款利率远高于银行，彩云地产额外增加了不少融资成本。但是，综合考虑当时的融资环境、融资方数个项目的停滞状况以及补缴土地出让金的紧迫性，中能信托的整体打包方案已经是彩云地产最好的选择。

小专题

信托公司与开发贷银行在地产项目融资中的关系协调

通常来讲，由于利益关系难以协调，在同一个房地产项目中，出现两家金融机构并存的情况很少见（银团贷款除外），但在如下两种情形下，可能会出现信托与银行的交集。

其一，拿地阶段。由于不符合银行贷款的条件，融资方希望信托公司按照一定的杠杆比例提供拿地资金（如土地总价款为10亿元，融资方出2.5亿元，信托公司出7.5亿元，杠杆比例就是1∶3），待项目符合银行贷款的准入条件后，融资方希望引入低成本的银行资金，以降低融资成本。这时候，融资方可能希望在不归还信托融资的前提下引入银行资金，以进一步提高杠杆比例；也可能自筹资金或让银行的开发贷款置换掉信托融资，信托公司退出。

其二，开发阶段。在项目已有银行开发资金介入的情况下，融资方希望扩大融资额（如整个项目的销售回款预计超过30亿元，但银行只批准了5亿元的开发贷款）而引入信托资金，或者由于银行贷款已经到期，项目尚未进行销售或销售情况不佳，在其他银行资金无法接盘的情况下，融资方希望引入信托资金替换银行贷款，以时间换空间。这种情况下，融资方可能希望在不归还银行贷款的前提下引入信托资金，以扩大融资额，也有可能自筹资金或让信托资金置换掉银行贷款，银行退出。

所以，无论是在项目拿地还是开发阶段，都有可能出现一方置换掉另一方或双方共存于同一项目的情形。对于融资置换来说，银行与信托公司的关系比较容易协调。如在开发阶段，如果需要信托资金置换银行贷款，可由融资方自筹过桥资金归还银行贷款，银行解除土地抵押后再将土地抵押给信托公司，由信托公司发放贷款；或者信托公司先取得土地的第二顺位抵押权（该种操作在很多地区需要第一顺位抵押权人银行的同意），并且信托资金定向归还银行贷款（此时需要资金的全封闭监管，如本项目），银行收到贷款本息后解除第一顺位抵押权，信托公司成为唯一抵押权人。

比较麻烦的是双方共存于同一项目的情形，此时利益关系很难协调：在担保措施方面，双方都有可能要求土地抵押，而银行很多时候不愿意与信托公司共享土地的抵押权，更不愿意作为第二顺位抵押权人；在销售款监管方面，双方都希望能对项目的销售回款进行全封闭监管。

根据笔者多年的经验，如果信托公司与银行能够共存于同一项目，一般都是前者在以下几个方面做出让步：一是项目土地全部抵押给银行，信托公司以明股实债的方式提供资金，通过控制项目公司来防控风险；二是即使银行愿意与信托公司共同享有土地抵押权，也必须是银行作第一顺位，信托公司作第二顺位；三是在销售回款的监管上，一般会约定销售资金在满足银行的贷款本息后方可由信托公司监管，或者通过测算，约定每平方米的销售资金中多少由银行监管，超过部分才由信托公司监管（例如，某项目可售面积是10万平方米，银行的贷款本金是5亿元，可能会约定每平方米销售资金中的8 000元由银行监管，从而使银行获得足够厚的“安全垫”，剩余资金才可作为信托公司的监管资金或用于其他支出）；四是信托资金的托管账户和销售回款的监管账户需开设在该银行，在必要情况下，信托产品的销售也会由该银行负责，从而实现双方深度的利益捆绑。

信托公司做出上述让步的回报就是拿到远高于银行贷款的融资成本，这是一种典型的夹层融资，即信托公司通过这种安排，获得的收益高于银行贷款，但低于项目公司的股东回报，而其面临的风险也介于两者之间。

核心担保措施

土地抵押

为保障信托贷款的偿还，彩云地产将其持有的湖滨花园和生态广场项目的土地抵押给中能信托。由于该土地先前已经抵押在宇通银行名下，故中能信托办理的是第二顺位抵押，待中能信托的贷款资金将宇通银行的本息清偿完毕后，宇通银行解除第一顺位抵押，中能信托成为唯一抵押权人。

分析评述

在项目承做过程中，业务团队没有充分意识到土地抵押问题的复杂性，过高估计了融资方的资金筹措能力，导致设计的抵押方案存在重大缺陷，抵押措施的落实过程一波三折，严重影响了项目的推进速度，也极大考验了业务团队的专业素养和应变能力。

最开始，业务团队设计的抵押方案是：先由彩云地产自筹过桥资金归还宇通银行的贷款，释放土地抵押，再将两个项目的土地连同在建工程一起抵押给中能信托。就能否落实上述抵押方案，业务团队和外聘律师曾多次前往或通过电话与天府市国土局（土地抵押的办理部门）和房管局（在建工程抵押的办理部门）进行沟通，两个部门的窗口办事人员均反馈确认可以办理。

但在准备办理上述抵押手续时，天府市国土局出台了窗口指导，要求“在补缴土地出让金之前，项目土地不能再办理抵押登记”；同时房管局明确告知，如果项目已经办理了土地抵押，则后续不能再办理在建工程抵押；此时融资方又表示无法筹集到过桥资金来归还银行的贷款本息。导致整个交易方案中最重要的担保措施无法落实，项目陷于停滞。

业务团队经过内部沟通，认为如果要继续推进项目，必须解决两个问题：一是宇通银行贷款本息的归还和土地解押；二是打破“在补缴土地出让金之前，项目土地不能办理抵押登记”的政府禁令，且由于“鱼和熊掌不可兼得”，必须要在土地抵押和在建工程抵押中选定一个，并且要保证未选定的抵押措施风险基本可控。

第一个问题比较容易解决，业务团队改变了由融资方筹集过桥资金的方案，决定先办理土地第二顺位抵押，彩云地产在收到信托贷款后立即偿还宇通银行本息，后者随之解除土地抵押权，中能信托成为唯一抵押权人。

第二个问题稍显复杂，业务团队主要从如下几个方面入手。

其一，选定土地抵押。在土地抵押与在建工程抵押不可兼得的政策限制问题上，业务团队与资产评估机构进行了充分讨论，基于土地价值较在建工程更优、在极端情况下更易处置的考虑，最终选择了土地抵押。

小专题

如何看待作为抵押物的土地、在建工程和物业的价值

在房地产项目融资中，常见的抵押资产有土地、在建工程和已建成物业。实务中应如何评判这些资产作为抵押物的价值？在需要取舍的时候，该如何挑选最合适的抵押资产？笔者认为，如果不考虑诸如位置、面积等因素，仅从资产处置的角度来看，这3种资产的价值排序应如图1－3所示。

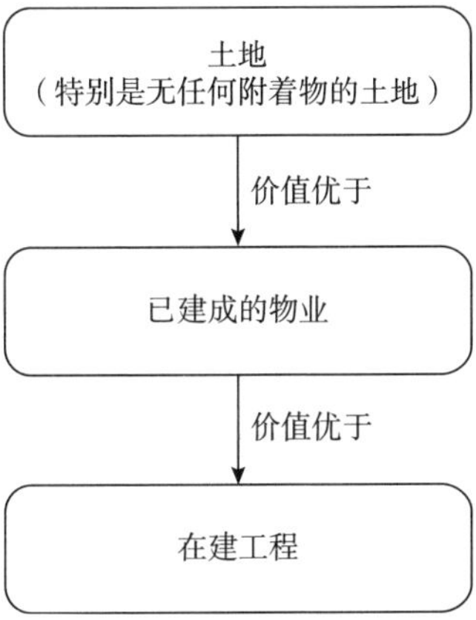

图1－3　土地、在建工程和物业的价值排序

在房地产市场，土地（特别是无任何附着物的土地）属于稀缺资源，是各大地产商竞相追逐的目标，变现性最强。笔者之前承办过某大型开发商的项目融资，在贷款存续期间，实际控制人由于涉嫌行贿被刑事拘留，结果银行收紧贷款，企业资产被查封，信托计划面临严重的兑付危机。当时有不少开发商通过各种关系找到信托公司，要求收购抵押在信托公司名下的两块土地，最终信托公司与融资方协调，通过转让这两块抵押土地收回了融资。

已建成物业没有完工风险，且很多已经出租，有稳定现金流，也是不错的可变现资产。但是，一般情况下拿出来抵押的物业属于商办性质，且多为单一产权，交易金额过大，购买方一般局限于大型投资机构，而且对物业有诸多额外要求，所以在变现上存在很多不确定性，除

非大幅度降低售价，而这又会导致物业持有人的强烈反弹。整体而言，其变现性要弱于土地。笔者曾经办过某项目，需要出售某沿海核心城市核心地段的一栋商办物业，结果谈了整整一年，接触了几十家有意向的机构，硬是没有卖出去。

在建工程的变现性最差，主要原因在于工程尚未完工，作为潜在接盘人的地产公司通常会面临以下难题：设计规划更改的可能性很小，只能沿用原来的设计方案；整个工程的报建程序由原开发商负责，政府关系也掌握在原开发商手中，如果在资产拍卖中强行接管，则可能面临后续工程无法继续下去的困境；拖欠的工程款及其他欠款不容易摸清；项目可能已经预售，具体的销售情况和销售回款难以确定等。所以，如果原开发商不倾力配合的话，很多地产公司一般不太愿意接盘在建工程。

其二，打破“在补缴土地出让金之前，项目土地不能办理抵押登记”的政府禁令。业务团队在融资方的强力支持下多次与政府沟通，让后者了解到办理顺位抵押是当前企业可以实现外部输血、政府后续可以收到土地出让金的必要手段，否则政府难以实现政策初衷。最终在中能信托、彩云地产和宇通银行共同向国土局出具以下书面《承诺函》的情况下，政府同意土地顺位抵押的办理：中能信托在国土局办理了第二顺位抵押权人的登记手续后45日内完成资金募集，并在归还宇通银行贷款本息且将中能信托变更为唯一抵押权人后，将剩余贷款专项用于补缴土地出让金；若在约定期限内未能补缴，国土局可以取消所办理的抵押手续。

其三，将因放弃在建工程抵押带来的风险降到最低。由于只办理了土地抵押，尽管有“地随房走，房随地走”的法律规定［参见《物权法》（2007年）第一百八十二条］，但在建工程有可能会被抵押给其他债权人，最终将影响中能信托对抵押物的控制力度，也加大了极端情形下抵押资产的处置难度。为降低该风险，业务团队采取了以下3种措施：（1）对融资方施加压力，迫使其动用政府内部关系，说服当地房管局出具书面承诺，在信托计划存续期间不会为其他金融机构办理在建工程抵押；（2）为确保“地随房走，房随地走”规则的适用，聘请公证机关对办理土地抵押时的在建工程状态进行公证；（3）监管彩云地产的公章、财务章、营业执照等，最大限度地杜绝其私自办理在建工程抵押的可能性。这些措施成功缓释了在建工程抵押缺失带来的风险，也得到了信托公司风险部门的认可，为项目继续推进扫清了障碍。

在整个抵押方案的变更过程中，虽然业务团队展现出了很强的专业素养和解决突发事件的能力，但也从侧面印证了尽职调查工作不够细致和土地抵押本身的复杂性。另外，在抵押手续的实际办理过程中，业务团队也遭遇诸多突发事件，吸取了很多经验教训。

小专题

土地抵押办理过程中的注意事项

要高度重视土地抵押手续的办理，这是笔者从多年信托生涯中得出的深刻教训。由于各地抵押政策的差异性、政府经办人员的官僚习气和潜在的寻租行为，在项目推进过程中，办理抵押手续花费的时间最多，面临的不确定性最大。笔者之前承做过某地产融资项目，从初步接触到实现放款只有一个多月的时间，但其中有接近一半的时间花在抵押手续的沟通协调上，实在让人不堪回首。

根据多年的业务经验，笔者认为，办理土地抵押时有以下几个问题需要特别注意。

其一，办理前的沟通咨询。在办理抵押手续前，业务团队一定要就整个流程进行详细咨询确认，特别是对于国土局的柜台人员，要注意重点沟通，建议与多人进行核实。笔者之前在办理某抵押手续时，由于担保主债权是股权回购义务，为确保得到准确权威的意见，特意通过上层关系咨询了专门负责该业务的国土局地籍处处长，得到了肯定答复；但在具体操作时，柜台经办人员却认为不能办理，需要提供种种额外的文件，为做通该经办人员的工作，业务团队花费了大量精力。另外，除了在抵押登记部门进行柜面沟通外，还可以咨询当地的金融机构，这样可以规避部分地区经办人员素质不一、政策把关不统一的问题，降低后续可能存在的操作风险。

通常情况下，为提高效率，在沟通咨询前，业务团队要根据项目的具体情况，设计完善的咨询问题清单。就本案例而言，可以设计以下问题，清单见表1-3。

表1-3　土地抵押的咨询问题清单

序号	具体问题	序号	具体问题
1	是否接受将土地抵押给非银行金融机构	11	金额如何登记？登记“抵押金额”的，该金额如何确定
2	是否接受将土地抵押给异地金融机构	12	期限如何登记？登记“抵押期间”的，届满是否自动解押
3	是否接受为抵押权人以外的债务人提供担保（本案例不适用）	13	土地抵押是否需要出具评估报告？如果需要，对评估公司有无具体要求
4	是否接受顺位抵押，后顺位抵押是否需取得在先顺位抵押权人的书面同意	14	同一个主债权对应数个抵押物的，是否每个抵押物均可担保全部主债权
5	在先顺位抵押注销后，登记在后的抵押权人是否自动提升抵押顺位	15	多个主债权仅对应一个抵押物的，该抵押物是否可以作为全部主债权合同的担保（本案例不适用）
6	是否接受《贷款合同》以外的合同作为主债权合同，如财务顾问合同、债权确认协议、股权回购协议等	16	一笔贷款多次放款且分批办理抵押的，每个抵押物是否均担保全部贷款（本案例不适用）
7	土地抵押和在建工程抵押在不同部门分别办理的，对办理的先后顺序要求是什么	17	办理抵押登记是否要求信托公司出具特殊书面文件
8	抵押登记办理完毕的证明文件是什么	18	土地抵押后续转在建工程或房产抵押时，是否需要先解除土地抵押
9	记载抵押登记事项的证明文件原件是否由信托公司保管	19	土地上已有在建工程的，可否仅办理土地抵押登记
10	递件后多长时间可以出具记载抵押登记事项的证明文件，该证明文件由谁来领取	20	土地已办理抵押，在建工程是否可以抵押给不同的抵押权人

其二，抵押清单。抵押清单是国土局规定的抵押人和债权人在办理抵押手续时需要提供的资料清单，该清单一般在国土局的网站上下载。但是，在进行尽职调查时，一定要拿着下载的清单向国土局的柜台人员确认，因为很多地方的国土局都有自己的政策，除了网站上公布的资料清单外，还可能需要额外提供一些材料；另外，很多国土局在营业大厅里放置有办理土地抵押的资料清单（有的是印刷品，有的是打印材料），经办人员在拿到这些资料清单时，需要将该资料清单与国土局网站上下载的清单进行对比，同时也要向国土局经办人员确认。

其三，债权人和担保主债权。本案例的主债权合同除了《信托贷款合同》外，还有一份《财务顾问合同》。中能信托希望抵押担保的主债权除了彩云地产的还本付息义务外，还包括支付财务顾问费的义务。这产生了以下两个问题。

第一，国土局经办人员经常与银行打交道，对于银行作为债权人一般比较认可，但对于信托公司作为债权人则很难认可。所以，在办理抵押手续时，信托经理需要带上加盖公章的金融许可证复印件，以证明信托公司是国家认可的、有放贷资格的金融机构。

第二，受限于专业能力，国土局经办人员对贷款作为主债权比较容易认可，但对于支付财务顾问费的义务作为主债权则很难理解和认可。在本案例中，业务团队为了解决这个问题，不但为经办人员做了大量的知识普及工作，而且协调融资方动用了高层路线。另外，与银行不同的是，信托融资的主债权除了贷款外，还包括带有回购性质的融资（如股权回购、资产收益权回购等），对于这类项目，经办人员的认知就更加困难了，信托公司更要提前做好相关的沟通协调工作。

其四，格式合同。在办理土地抵押时，很多地方的国土局不认可抵押双方自己起草的《土地抵押合同》（以下简称“完备合同”），而是要求使用自己制定的格式合同（该合同非常简单，通常只有几页纸），这种情况下并不意味着双方不需要再行签署抵押合同了，而是要同时签署格式合同和完备合同，但要通过技术手段处理好两者之间的关系。一般情况下，格式合同正文的最后一个条款是空白的，要求填写双方认为需要约定的其他事项，此时一般约定：未尽事宜，以双方另行签署的抵押合同约定为准。而另行签署的完备合同一般会有这样一条约定：双方在本合同签署之后，若根据土地管理部门的要求，双方需要另行签署令土地管理部门满意的关于抵押财产的格式合同，土地管理部门方可完成相应的抵押登记手续，则本合同应当作为格式合同的补充合同，对于格式合同未尽事宜，均适用本合同约定。这样，格式合同仅作为办理抵押登记之用，完备合同约定双方的具体权利义务，并通过相应的合同条款将两者有机衔接起来。

其五，抵押合同与土地证的对应。有的地方的国土局要求一个土地证的抵押需要对应一个抵押合同，有的地方没有这个要求，只是在抵押合同的附件中列明所有的拟抵押土地的情况（如土地证编号、土地位置、面积、评估价值等）即可，这在尽职调查时需要弄清楚。笔者之前因忽视这个问题差点吃了大亏，当时承做的某项目提供的抵押土地有15个土地证，在尽职调查时没有向当地国土局咨询确认这个问题，只拟定了一个抵押合同。在办理抵押手续时，国土局突然提出一个土地证必须对应一个抵押合同，否则不予办理登记手续，且无论怎么做工作都不愿意通融。当时时间非常紧急，经办人员连夜从办理抵押的城市飞回总部，将一个抵押合同拆成15个（由于每个抵押合同是一式五份，所以共有75份抵押合同），重新进行合同审批，费尽周折打印盖章后立即飞回去，整个过程犹如打仗一般惊心动魄。

其六，抵押文件的盖章。由于国土局在办理抵押时经常会提出意想不到的问题，如果在递件前把所有抵押文件（如土地抵押申请书、格式版抵押合同等）填好盖章，国土局在接件后有可能对已经填好的抵押文件提出各种修改意见，这时需要重新填写，并拿回盖章，费时费力。笔者做过的某项目曾经因为这个问题往返公司五六趟，吃尽苦头。一般情况下，对于这些文件，可先在空白的抵押文件上盖章，到交付材料时根据国土局经办人员的意见填写完毕。但是，这种盖有公章的空白文件也有一定的风险，需要至少两人办理，做好盖章文件的登记，并在抵押办理完毕后及时回收未用的盖章文件。

其七，顺位抵押的相关问题。如果办理的是第二顺位抵押，还需特别注意以下问题。

第一，抵押金额。在办理第二顺位抵押时，很多地方的国土局要求所担保的主债权金额加上第一顺位抵押担保的主债权金额合计不得超过抵押物的评估价值。如果抵押物的真实评估价值低于两个主债权金额之和，可以适当调高抵押物的评估价值以满足条件，但如果抵押物的评估价值调得太高，不排除有的国土局经办人员进行实质干涉，不认可该价值，这又需要大量的沟通协调工作。另外，有的地方的国土局规定抵押物的评估价值由抵押双方自行商定即可（需要双方以出函的形式确定），不需要评估师的评估报告，这种情况比较容易处理。

第二，第一顺位抵押权人的同意。虽然法律没有明确规定，但很多地方的国土局要求在办理第二顺位抵押的时候，必须取得第一顺位抵押权人出具的同意函。虽然第一顺位抵押权人的受偿顺序优先于后续抵押权人，但由于担心后续抵押权人出现债务违约需拍卖抵押物时会使第一顺位抵押权人陷入被动局面，所以常常拒绝出具该函件，这时就需要在融资方的配合下做大量的沟通工作，通常需要给予第一顺位抵押权人（通常是银行）一定的利益让渡，如将资金监管账户开设在该银行。

第三，抵押顺位的上升。第一顺位抵押权注销后，第二顺位抵押权人是否自动提升抵押顺位，各地的规定不尽相同，这在前期尽职调查时要弄清楚。如果自动提升，则需及时关注并获取最新的土地抵押登记信息（通过在国土局打印获取）；如果不自动提升，则应当及时办理抵押变更登记。在本项目中，就需要重新办理第二顺位转第一顺位抵押权的手续，值得注意的是，本项目的办理结果不是重新换发新的土地抵押他项权证，而是在原来的他项权证上做备注。

集团及实际控制人保证担保

彩云集团及实际控制人为彩云地产的还本付息义务提供不可撤销的连带责任保证担保。

分析评述

在民营企业的房地产融资中，由集团公司及实际控制人提供连带责任保证担保属于标准动作。集团担保的核心在于将集团公司的信用覆盖整个融资本息，而实际控制人担保的核心在于防范道德风险。

由于婚姻财产的复杂性，在本案例中，从审慎的角度出发，业务团队最开始要求实际控制人方艳梅和其丈夫共同提供担保，但遭到了后者的强烈抵触（后来了解到，方艳梅与其丈夫分居多年，婚姻关系早已名存实亡，其丈夫根本不愿意以个人信用提供如此巨额的担保），在反复沟通无效的情况下，业务团队退而求其次，只要求方艳梅本人提供担保，但其丈夫需要出具声明函，同意在彩云地产违约时，中能信托可以处置夫妻名下的共同财产。这是中能信托的底线，为了拿到这笔融资，方艳梅在给丈夫做了大量工作后才搞定，而且据了解，双方私下也做了大量的利益交换。

小专题

金融实务中个人提供保证担保的谈判策略分析

实务中，除了本项目的情况外，还有夫妻及成年子女共同提供担保的情况。对金融机构来说，越多具有共同利益关系的个人提供担保，道德风险的防控机制就越强，所以一般情况下，金融机构对个人担保的谈判策略应该如图 1－4 所示。

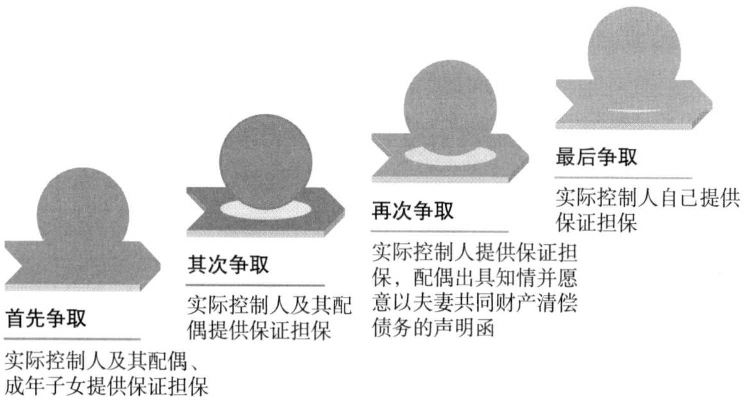

图 1－4　金融机构针对个人担保的谈判策略

在前述谈判策略中，需要特别关注的是第二种（其次争取）和第三种（再次争取）的关系。具体来讲，两者的异同点见表1-4。

表1-4 夫妻双方提供不同增信措施的异同点

	承担担保责任时，夫妻关系尚存续	承担担保责任时，夫妻已离婚
实际控制人及其配偶提供保证担保	以夫妻名下所有财产承担担保责任	以各自名下所有财产承担担保责任
实际控制人提供保证担保，配偶出具知情并愿意以夫妻共同财产清偿债务的声明函	以夫妻名下所有财产承担担保责任	实际控制人以其名下的所有财产承担担保责任，其配偶仅以离婚时分得的财产承担担保责任，离婚后新获取的财产不承担担保责任

针对个人担保的谈判策略取决于金融机构与融资方之间的地位对比和该金融机构本身的可替代性。一般而言，融资方越强势，当时情境下可替代的金融机构越多，个人担保的争取条件就越差，有的时候能够争取到实际控制人本人担保已经不错了；反之，个人担保的争取条件就越好，有的时候甚至能争取到包括成年子女在内的全家提供担保。另外，在夫妻共同担保的情况下，为了核实婚姻关系，往往需要实际控制人提供结婚证，这对于很多注重隐私和脸面的大老板来说难以接受，笔者曾经做过某项目，就是由该原因导致实际控制人拒绝配偶提供担保。实事求是地讲，由于已经有集团公司的担保，实际控制人配偶的担保并不是不可或缺的，金融机构在处理该事情时应保持一定的灵活性，可以考虑从多个渠道确认夫妻关系的真实性，并不一定要强势地要求提供结婚证。

另外，根据法律规定，对于同一债权既有保证人又有债务人本人提供的土地抵押等物的担保的情况（房地产项目融资通常都是如此），如果有约定，则按照约定实现债权；若无约定或约定不明，物的担保先用于清偿债权，人的担保在物的担保不足清偿的时候承担补充清偿责任。也就是说，如果约定不清，当出现债务违约时，债权人无法直接要求保证人承担责任，只能在处理完抵押物后仍不足以清偿债务时才能追究保证人的责任。这是一个巨大的风险点，应当通过约定的方式加以排除，即在《保证合同》中明确约定，不管主债权是否存在其他抵押或质押担保，当债务人出现违约时，债权人均有权要求保证人直接承担保证责任。

当然，对于同一债权既有保证人又有第三人（非债务人）提供物的担保的情况，在出现债务人违约时，债权人直接可以在保证人和物的担保之间选择（或同时）行使权利。

保证金质押

中能信托与彩云地产签署《保证金质押协议》，约定以中能信托的名义开立保证金账户，该账户专门用于接收从湖滨花园和生态广场项目销售回款中提取的一定比例的保证金；账户内的资金仅限于彩云地产支付信托贷款本息或在满足一定条件时支付项目工程款。

分析评述

保证金质押，又称金钱质押，根据《最高人民法院关于适用〈中华人民共和国担保法〉若干问题的解释》（法释〔2000〕第44号）第八十五条规定："债务人或者第三人将其金钱以特户、封金、保证金等形式特定化后，移交债权人占有作为债权的担保，债务人不履行债务时，债权人可以以该金钱优先受偿。"由此可以看出，保证金质押是否生效，需要满足两个基本条件，即金钱特定化和移交债权人占有。

与保证金质押比较类似的是存单质押，根据银监会颁布的《单位定期存单质押贷款管理规定》（银监会令〔2007〕第9号），存单质押是债务人或第三人与债权人签署《存单质押协议》，将其在接受存款的金融机构开立的定期存单移交给债权人占有，进行债务担保。当债务人违约时，债权人有权就该存单内的资金优先受偿。

在本项目中，保证金质押模式的确定经历了一番曲折。最开始，融资方基于资金使用便利的考虑，只愿意进行账户监管，不接受任何质押模式。但单纯的账户监管因无法保障中能信托对监管资金的优先受偿权而被拒绝。后来，宇通银行提出采用存单质押，其主要出发点在于存单是以彩云地产的名义开立的，算作企业存款，可以满足银行的存款考核需求，而保证金质押需要将资金存放在以中能信托的名义开立的账户上，属于同业存款，对宇通银行而言意义不大。但是，该要求被彩云地产拒绝，因为根据《单位定期存单质押贷款管理规定》，存单质押中的资金是被冻结的，在整个质押期间无法使用，这是彩云地产无法容忍的。

最后，经过综合考量，采取了保证金质押模式，约定保证金账户内的资金由中能信托进行现金理财，以减轻企业的利息负担，同时中能信托也获得了20%的理财收益分成。另外，在满足特定条件的情况下可用一定比例的保证金支付项目工程款（具体见下文分析）。

需要特别指出的是，保证金质押中的“金钱特定化”并不等同于“金钱固定化”。开立专门的保证金账户已经可以满足“金钱特定化”这个条件，但账户内的资金不是冻结的，资金在债权人控制下的进出并不受影响。这是保证金质押和存单质押的重大区别。另外，在“移交债权人占有”这个条件上，实务中一般要求以债权人名义开立保证金账户，而以债务人名义开立保证金账户，再由债权人控制开户印鉴的做法存在重大漏洞和瑕疵，一般不会被债权人所接受。

小专题

保证金质押与存单质押的异同

很多信托经理在实务中搞不清楚保证金质押与存单质押的异同，笔者在此为大家梳理一下，见表1－5。

表1－5　保证金质押与存单质押的异同

	保证金质押	存单质押
法规依据	《最高人民法院关于适用〈中华人民共和国担保法〉若干问题的解释》（法释〔2000〕第44号）	银监会《单位定期存单质押贷款管理规定》（银监会令〔2007〕第9号）

（续　表）

	保证金质押	存单质押
资金的存放	存放在以债权人开立的银行账户上	存放在以债务人开立的银行账户上
对资金的控制	资金可以进出	资金被冻结
办理的程序	比较简单，债权人在银行开立账户并与债务人签署《保证金质押协议》即可，银行的作用不大	比较复杂，除了要签署《存单质押协议》外，还需要银行开具开户证实书以及单位定期存单、存款人的预留印鉴和密码等，整个操作流程需要存款银行的全力配合
担保的主债权	包括贷款、股权回购、资产收益权回购等各种主债权	根据银监会《单位定期存单质押贷款管理规定》，单位定期存单担保的主债权只能是贷款（笔者认为这违反了《物权法》的规定）
质权的实现	由于资金存放在以债权人名义开立的银行账户上，《保证金质押协议》可以约定，当债务人违约时，债权人可以直接扣划该笔保证金以清偿债权	由于资金存放在以债务人名义开立的银行账户上，当债务人违约时，一般情况下需要债权人与债务人达成协议，以兑现存单来清偿债务，所以存单质押中质权的实现需要债务人的配合
相同点	两种担保方式的最终效果一样，都能使债权人对特定的现金具有优先受偿权	

信托资金的募集和使用

资金募集和放款的前提条件

一般来说，信托项目在放款前有两个重要节点：第一是资金募集节点（这与银行自营资金贷款有明显区别），第二是放款节点。本项目在风控会审议通过后，业务团队开始协调外部律师起草《信托贷款合同》，并根据风控会要求和项目具体情况设置了以下几个方面的放款条件。

其一，常规性放款条件设置。包括全套合同已经签署、各方的内部审批程序（特别是融资方及相关担保方根据公司章程规定出具股东会或董事会决议）已经完成、融资方已经按照信托公司的要求提供相关的文件资料、相关的抵押手续已办理完毕等。

其二，资金募集成功的条件设置。与银行贷款不同，信托公司作为“受人之托，代人理财”的机构，贷款资金并非自有资金，而是需要向社会投资者募集，但是由于受当时市场环境、监管政策等各种因素的影响，可能会出现无法募集或募集资金不足的情况，所以为防止出现合同签署后因资金募集失败而无法放款的违约风险，信托公司一般会在《信托贷款合同》中约定：如因市场环境的变化、法律的修改或颁布、国家宏观调控政策的变化、监管部门提出新的监管要求等原因导致信托公司无法成功募集用于发放贷款的全部或部分资金的，信托公司有权停止发放贷款或单方面解除本合同且无须承担责任。

其三，软性放款条件设置。有些信托公司为了掌握更多主动权以进一步控制放款风险，在放款条件中设置了很多软性条款，如项目运营情况正常、融资方的财务状况没有发生重大不利变化、融资方提供了令信托公司满意的尽职调查资料等。这些条件没有明确的界定标准，在出现极端情况时信托公司可以此为由拒绝放款。

其四，针对尽职调查中发现的问题设置特定的放款条件。在前期尽职调查过程中，业务团队（或外聘的中介机构）可能会发现项目中存在特定瑕疵，这些瑕疵能否解决对项目风险影响巨大，所以一般情况下将其作为放款的前提条件。就本项目而言，业务团队在尽职调查时发现，湖滨花园虽然早已开始施工，但并未获得建筑工程规划许可证和施工许可证，涉嫌“未批先建”，可能影响后期预售许可证的获取。这是一个巨大的风险点，一度影响了业务团队承做项目的信心，后来外部律师认为，如果能够及时取得建筑工程规划许可证和施工许可证，且批准的规划条件与建成实物相符，上述风险是可控的。所以，根据律师的建议，业务团队将湖滨花园项目取得建筑工程规划许可证且规划条件与建成实物一致设定为放款的前提条件。另外，贷款资金的主要用途是补缴土地出让金，而补缴的前提是取得天府市国土局出具的缴费通知书，该通知书上记载了确定的补缴金额。如果这一点不在放款前落实，则可能导致资金募集成功后无法及时补缴土地出让金，影响信托目的的实现，所以业务团队将获得国土局出具的缴费通知书也作为放款的前提条件。

在上述四种类型的放款条件设置中，第一种和第四种标准明确，实操性强，在实务中比较容易被融资方接受，比较麻烦的是第二种和第三种（带有一些霸王条款的味道）。对于比较强势的融资方而言，不太愿意自身的融资面临太多的不确定性，通常会要求信托公司在《信托贷款合同》中删除一些不可控的前提条件，这对信托公司来说是一个巨大的挑战。笔者认为，通常情况下，某些软性的条件可以退让，但刚性条件（如资金募集成功）是底线，坚决不能退让。笔者之前有位同事，为急于做成某笔业务，在融资方的强力压迫下，全部删除了上述第二种和第三种放款条件，法律部门在合同审核中由于疏忽也没有发现，结果在资金募集过程中由于市场环境发生了巨大变化，导致募集失败，融资方无法拿到资金，恼羞成怒之下威胁要起诉信托公司，由于没有这些前提条件的保护，信托公司面临巨大的压力，最后被迫动用自有资金发放贷款。

值得注意的是，业务团队在设置上述放款条件的时候，并未考虑到资金募集条件的设置。后来法律部在合同审核时提出，湖滨花园项目获得建筑工程规划许可证和国土局出具缴费通知书这两个条件能否在放款前完成具有较大的不确定性：如果仅仅将其列为放款的前提条件，则信托计划在进入资金募集期后，如果上述条件无法达到或需要很长的时间才能达到，则会导致资金募集成功后无法及时放款而出现资金闲置风险，特别是在募集期结束后，如果不及时宣布信托计划成立，则可能违反《信托合同》的约定，如果宣布信托计划成立，由于无法放款起息，公司可能要以自有资金来补贴投资者在信托计划成立后、放款前这段时间的收益，如果公司为减少自身损失而宣布信托计划不成立，则会对公司声誉造成重大负面影响。所以，法律部建议将上述两个条件进一步前置，作为资金募集的前提条件。业务团队在综合考虑各种因素后，最终采纳了法律部门的建议。

小专题

如何妥善处理房地产项目尽职调查过程中发现的问题

与传统的银行开发贷不同，信托公司接触的很多房地产融资都属于“疑难杂症”，需要对项目进行全方位尽职调查，有时候甚至需要借助专业中介机构（如律师事务所、会计师事务所、资产评估机构等）的力量。在尽职调查过程中可能会发现各种问题，如何将这些问题与项目的风险评估结合起来，并针对不同问题采取不同的处理方法，对业务团队来说是一个很大的挑战。

笔者认为，房地产项目尽职调查中发现的问题可分为三种不同类型，并采取不同的策略来应对。

其一，融资方自身无法解决的客观问题。例如，项目的定位过高（属于别墅或大户型），在当时的市场环境下存在去化风险；又例如，在调查中发现融资方存在严重的偷税漏税情况，而融资方无力或不愿意解决该问题。这些问题没有什么有效的解决方法，实际上考验的是信托公司的风险偏好，比较保守的信托公司可能会拒绝该项目，但比较激进的信托公司可能会为了博取高收益而愿意承做。

其二，融资方可以解决且对信托放款具有重大影响的问题。例如本项目，彩云地产能否取得国土局出具的土地出让金的缴费通知书，对放款具有重大影响，且融资方保证可以解决。对于这些问题，可以根据具体情况将其作为资金募集或放款的前提条件。

其三，对信托的放款没有实质影响的问题。例如本项目，律师经过调查，发现了如下几个问题：由于存续时间较长，彩云地产历经了多次股权变更，且很多股权变更的材料无法获取；项目公司潜在的或有负债、重大诉讼或仲裁无法穷尽；项目公司的房地产开发资质证书在信托贷款期限内会失效。这些问题对放款没有实质影响，但是，从受托人谨慎尽职的角度出发，也无法完全忽略这些问题。根据律师的建议，业务团队在《信托贷款合同》中要求融资方做出如下承诺：公司的历次股权变更是合法的且不存在任何争议；项目公司不存在任何未披露的或有负债、重大诉讼或仲裁；项目公司在房地产开发资质证书失效后半年内办理新的资质证书。同时，《信托贷款合同》约定，如果融资方违反了上述承诺，信托公司可以要求融资方承担违约责任，并可以宣布贷款提前到期。通过这些合同条款的安排，信托公司可将问题控制在可接受的程度内。

资金募集过程中遇到的问题

信托计划在资金募集阶段遇到了几个问题：一是银行代销地产类信托产品因政策限制被叫停，尽管业务团队拜访了多家银行，但是未能实现突破；二是当时中能信托财富中心成立不久，人员和客户积累有限，10 亿元的信托规模是个重大挑战；三是从资金投向来看，不管交易对手、项目业态还是所在城市，都不是特别出彩，再加上当时趋紧的资金面，导致本信托计划对投资者的吸引力不是很大。

针对以上几个问题，业务团队确定了公司财富中心和第三方渠道并行销售，并以公司自有资金提供流动性支持的销售策略。其中第三方渠道集中在证券公司的销售团队，由于《信托公司集合资金信托计划管理办法》（2007 年）禁止信托公司委托非金融机构进行产品代销，所以中能信托摒弃了当时比较流行的以第三方财富公司作为咨询顾问的打擦边球的销售模式。

最终，在整个募集期内，财富中心销售了 5.2 亿元，第三方渠道销售了 1 亿元。为了确保信托计划如期成立，最终剩余的 3.8 亿元由中能信托以自有资金提供了 3 个月的流动性支持，具体操作方式是：先以自有资金直接认购剩余的3.8亿元，然后由财富中心在3个月内将自有资金持有的信托受益权转让给其他投资者（实际上通过自有资金变相拉长了信托计划的募集期），具体操作如图1-5所示。

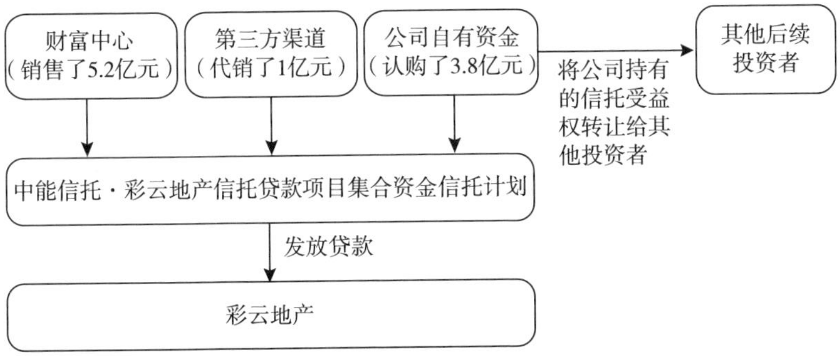

图1-5　自有资金提供流动性支持的具体操作方式

需要指出的是，根据《信托公司集合资金信托计划管理办法》的规定，机构持有的信托受益权不得拆分转让，也不得转让给个人。为符合该规定，自有资金持有的信托受益权的受让对象仅限于机构投资者；同时，为规避拆分转让的限制，自有资金在认购信托计划时暂不签署信托合同，在后续根据每个机构投资者认购的具体金额来另行签署信托合同。最终3.8亿元的信托受益权由8个机构投资者受让，签署了8份《信托合同》和《信托受益权转让协议》，认购金额从500万元到2亿元不等。

在产品销售方面，刚建立不久的财富中心给业务团队带来了很大惊喜，而最开始寄予厚望的第三方渠道却让人大跌眼镜。事后总结分析，发现了如下几个原因：一是中能信托平时对第三方渠道的重视程度不够，在银行渠道受阻后“病急乱投医”，没有花时间挑选大型的、口碑较好的销售机构，导致销售能力不足；二是券商的销售队伍不太熟悉房地产信托，且信托公司对其销售队伍的培训不足，导致在产品销售过程中讲不清项目情况，影响了客户的购买信心；三是没有明确销售渠道的权责利，允许其卖多少算多少，导致第三方渠道在销售过程中没有业绩压力；四是中能信托在销售费率上压得太低，导致销售人员绩效激励不够，对本信托计划的销售动力不足，从而转推其他利润空间更大的产品。

小专题

信托公司在销售渠道上的战略考虑

作为“最后一公里”的产品销售一直是信托公司的短板和痛点，一些销售能力严重不足的信托公司在银行渠道的压榨下沦为“打工者”或“通道”，不但赚取的收益大部分被后者拿走，而且还承担着刚性兑付的风险。特别是在因宏观调控导致银行渠道受阻的情况下，有的信托公司由于自身渠道不足致使信托资金无法成功募集而宣告失败。

为解决上述问题，有的信托公司开始大张旗鼓地建立自己的销售渠道。这些渠道多以财富中心或第三方理财公司的形式存在，而且主要面向个人高净值客户。这种做法有利有弊：一方面可以摆脱银行渠道的压榨，在一定程度上避免了因外部渠道不畅导致信托资金的募集困境；另一方面需要花费大量的人力、物力，且如果不开放自身的销售渠道给其他金融机构（如信托公司、资管公司等），则会因自身产品不足出现渠道闲置、人员涣散的局面。某信托公司由于战略失误，在销售渠道的战略定位上左右摇摆，没有及时开放渠道，结果在市场萧条时销售人员因为没有产品可卖导致个人收入锐减，人员大批离职，多年建立的销售队伍风吹云散，非常可惜。

另外需要特别注意的是，由于银行惧怕信托公司的销售渠道抢夺其高净值客户，所以很多自建销售渠道的信托公司失去了银行这个最大的渠道资源。

所以，信托公司确定符合自身实际需要的渠道战略至关重要。对于一心希望建立自己的个人高净值客户销售渠道的信托公司来说，不但要投入大量的人力物力，而且需尽快将自己的渠道开放给其他金融机构，将其作为独立的营利部门来看待，而不能是产品部门的附庸，同时做好被银行渠道打压的准备，坚持自力更生。

对于不愿意投入大量资源的信托公司来说，建立银行渠道与机构客户并行的渠道战略是个不错的选择。首先，银行渠道在我国将会长时间占据绝对统治地位，维护好该渠道是当前的首要考虑；其次，从未来私募行业的发展趋势来看，机构投资者必定是主流，而个人高净值客户则会越来越集中在银行，所以建立专门服务机构投资者的销售团队并开始慢慢积累自己的机构客户，成为很多信托公司应该尽快确定的战略。另外，与个人客户不同，机构投资者需要更强的专业能力和更持久、更多元化的关系维护，这些机构客户不是通过挖几个人就能建立起信任的，需要长期的跟踪、服务乃至呵护，但是一旦建立信任关系和业务合作，所获取的利益额也是巨大的。

贷款资金的监管使用

为了确保贷款用途的实现（包括置换宇通银行的贷款、补缴土地出让金、用于生态广场项目二期的开发建设），信托公司设置了严密的资金监管流程，主要体现在如下两个方面。

其一，开立单独的贷款接收账户。为了增强对贷款资金的控制，中能信托要求彩云地产在宇通银行新开一个结算账户作为贷款接收账户，并在该账户上增加中能信托控制的预留印鉴，仅保留该账户的支票支付功能，其他的支付方式全部取消。同时，中能信托、融资方和宇通银行三方签署承诺函，共同承诺确认：融资方不得后续追加开通其他类型的支付功能，宇通银行不接受除支票外的其他划款方式，且不接受融资方更换预留印鉴和开通网上银行等需求。

其二，设置了严密的资金划转程序。信托计划成立后，一次性将所有信托资金转入贷款接收账户起息，但资金到账后的对外支付是分批进行的：先拿其中的5亿元归还宇通银行的开发贷款（剩余利息由彩云地产同时支付），宇通银行在收到贷款本息后立即办理原有抵押权的解除手续，同时中能信托前往国土局办理抵押物第二顺位转第一顺位的相关手续；在中能信托成为唯一抵押权人后，根据国土局出具的缴费通知书支付4亿元的土地出让金；剩余的1亿元资金根据生态广场项目的资金使用文件（如工程款支付协议）进行支付。具体的流程如图1－6所示。

可能有人会问：为何要等到归还宇通银行贷款且中能信托成为唯一抵押权人后再补缴土地出让金？实际上，在最开始的方案设计中，两笔

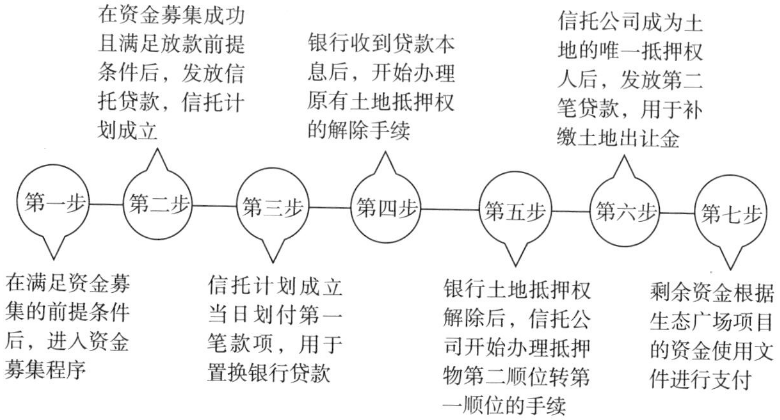

图 1－6　贷款资金使用流程

资金划付是同步进行的。后来，风险部门提出，由于各地土地抵押政策的复杂性，在宇通银行办理土地解押或信托公司办理第二顺位转第一顺位抵押的过程中，国土局可能会提出新的要求而导致上述手续无法顺利办理。此时，由于中能信托的 9 亿元贷款资金已经使用，融资方可能没有足够的动力去帮助协调各种关系。而调整了款项支付顺序后，在中能信托成为土地的唯一抵押权人之前，用于补缴土地出让金的 4 亿元资金不会支付给国土局，融资方补缴土地出让金的压力一直存在，有足够的动力去协调各方关系，尽快确保中能信托成为唯一的抵押权人。从实际效果来看，整个土地解押和中能信托变更为唯一抵押权人的手续只用了 3 个工作日，大大超出预期。

项目后期管理

账户监管

为有效实现销售回款的管控，业务团队设置了银行按揭账户、销售回款账户和保证金账户 3 级账户管控体系。

银行按揭账户是以项目公司名义开立的、专门用于接收按揭回款的银行账户。为了最大限度地实现项目销售，中能信托在管控方案中并未对按揭银行做出限制规定，而实操中彩云地产虽然力推宇通银行作为主按揭银行，但根据购房者的实际需求也陆续在其他银行开设了七八个按揭账户。对于这些按揭账户，中能信托均要求在开立时加盖自己的预留印鉴以实现对账户的控制。在每个月的第一个工作日，所有按揭账户内的资金都要划入销售回款账户，除此之外，按揭账户不得以任何名义对外划款。

销售回款账户是以彩云地产名义在宇通银行开立的、专门用于归集所有的销售回款（包括定金、首付款和按揭回款）的银行账户。信托公司对销售回款账户实行封闭式监管，账户仅保留支票支付功能，任何出款需要中能信托出具划款指令，并配合在对应支票上加盖预留印鉴。同时，该账户内的资金仅限于项目开发建设支出、偿付信托贷款本息及其他与项目有关的应付款项。资金使用须由彩云地产书面申请并经中能信托核准，宇通银行根据中能信托出具的划款指令，在核实项目公司提供的工程合同、采购合同等文件后付款。

保证金账户是以中能信托名义开立的、专项用于接收全部销售回款中提取的保证金的银行账户，该账户内的资金主要用于支付信托贷款本息或在满足特定条件的情况下支付项目工程款。保证金账户内的资金仅限于从销售回款账户中划转而来，且项目公司与中能信托签署《保证金质押协议》，将保证金账户内的资金全部质押给中能信托。

综合所述，上述3种账户的监管形式和相互关系如图1－7所示。

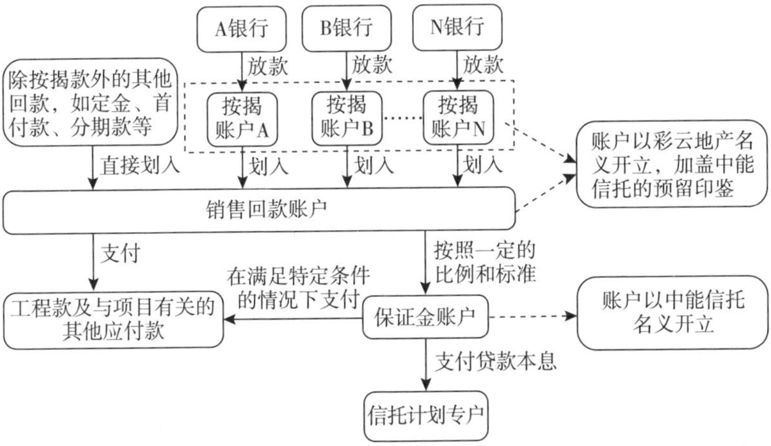

图1－7　账户监管形式和相互关系

保证金账户的提取标准和对外支付条件经历了与融资方的多轮博弈。从中能信托的角度来看，之所以要在销售回款账户之外再开设一个保证金账户，主要是考虑到销售回款账户作为总账户，对外用款比较频繁，无法设定账户内的留存资金限额，且该账户以彩云地产的名义开设，存在因该公司的债务纠纷被查封的风险。基于此，在与融资方和宇通银行协商后，中能信托决定以自己的名义开立一个保证金账户，将销售回款账户内的部分资金定期划入保证金账户，并对该账户内资金的使用做出更严格的限制。同时，为获得对该部分资金的优先受偿权，中能信托与项目公司签署《保证金质押协议》，将保证金账户内的资金全部质押给中能信托。

确定保证金账户后，中能信托曾提出一个基于该账户的销售回款提取标准和对外付款条件，即对于湖滨花园和生态广场项目，每销售一平方米，必须向账户存入5 000元，当保证金账户内的资金总额等同于贷款本息时，不再存入；账户内的资金仅限于支付信托贷款的本息。

实事求是地讲，由于地产实操经验的缺乏，中能信托提出的这个条件比较粗糙，没有考虑到融资方的利益，所以遭到了后者的强烈反对，甚至差点终止该项目。融资方认为，销售回款的提取标准过于简单粗暴：一是没有考虑到不同业态的销售价格和去化速度，对于去化比较快的住宅项目，简单套用该标准，可能会在项目开盘后因为住宅的快速去化导致资金的大量占压；二是湖滨花园和生态广场所在区位不同，住宅的销售价格差异比较大，不能简单套用同一标准；三是项目开盘后，不同时间段的销售价格也不相同，一般来说，开盘时的销售价格相对较低，越往后价格越高，提取标准也应该考虑时间因素；四是不同的付款方式（如全款买房和按揭买房）会导致不同的回款速度，这一点因素也应当考虑进去。另外，保证金账户仅限于支付融资方的贷款本息，这将导致存入保证金账户内的资金无法再用于工程支出，且由于融资方只有在贷款期限届满两年后才能提前还款，这有可能导致资金的大量闲置，融资方表示坚决不接受。

对于融资方的专业意见，业务团队比较汗颜，开始重新设计保证金的提取标准。但是，对于融资方提出的“保证金账户内的资金可用于工程款支出”，业务团队比较慎重，因为如果开了这个口子，保证金账户内的资金使用无法控制，与销售回款账户没有太大区别，业务团队必须在综合考虑信托的风险控制和融资方的实际用款需求的基础上提出新的解决方案，否则可能丢掉这个项目。

最终，经过数轮沟通，业务团队在融资规模、可售面积和销售价格的约束机制下，综合考虑湖滨花园和生态广场项目的位置、业态、销售时间、付款方式等因素，制定了新的保证金提取标准，具体见表1－6。

表1－6 保证金的提取标准

业态	放款后的第1年	放款后的第2年	放款后的第3年
住宅（湖滨花园）	3 000元/平方米	3 700元/平方米	4 500元/平方米
住宅（生态广场）	5 000元/平方米	5 000元/平方米	6 000元/平方米
公寓	2 000元/平方米	3 500元/平方米	4 000元/平方米
写字楼	3 000元/平方米	4 000元/平方米	5 000元/平方米
商业	8 500元/平方米	14 000元/平方米	16 000元/平方米
车库	15 000元/个（共3 500个）		
针对购房者一次性付款的情形：每实现一平方米房产的销售，项目公司需按照上述资金提取标准计算应提取的金额 针对购房者分期付款的情形：根据购房者每期付款金额占购房款的比例（后简称“付款比例”）和上述资金提取标准计算，即每期应提取金额＝实现销售面积×上述资金提取标准×付款比例＝实现销售面积×上述资金提取标准×当期付款金额/购房款 针对购房者按揭付款的情形：首付款对应的应提取金额＝实现销售面积×上述资金提取标准×首付比例；按揭款对应的应提取金额＝实现销售面积×上述资金提取标准×按揭款占购房款的比例			
备注：这种保证金的提取标准充分考虑到项目的实际情况和各方的利益及风险控制情况，但是方案的复杂性也在一定程度上增加了后期管理的难度			

对于保证金账户的对外付款条件，业务团队同意该资金可用于支付工程款，但同时设置了提前到账机制和现金理财机制。在满足提前到账机制且销售回款账户内的资金不足的情况下，保证金账户内的资金方可用于支付工程款；同时中能信托用保证金账户内的资金认购短期理财产品，以降低融资方的资金闲置成本。

保证金账户的提前到账机制见表1－7。

表1－7　保证金账户的提前到账机制

时间节点	该时间节点保证金账户内的资金余额应不低于以下金额
贷款到期前第8个自然月的第1个工作日	3亿元
贷款到期前第7个自然月的第1个工作日	4亿元
贷款到期前第6个自然月的第1个工作日	5亿元
贷款到期前第5个自然月的第1个工作日	6亿元
贷款到期前第4个自然月的第1个工作日	7亿元
贷款到期前第3个自然月的第1个工作日	8亿元
贷款到期前第2个自然月的第1个工作日	9亿元
贷款到期前3个工作日	10亿元

小专题

如何处理房地产信托融资中销售资金的监管

根据笔者的不完全统计，在实务中，超过半数的房地产融资项目之所以出险，主要原因是销售资金被开发商挪用，这其中除了后期管理出现纰漏之外，资金监控方案设计的缺陷也是重要原因。所以，对于业务团队来说，制订严密可行的销售资金监管方案，是整个交易流程设计的重要一环。

与银行开发贷不同，信托公司自身不能开立账户（监管账户只能开立在银行），而且无法满足客户高频率（甚至随时）提前还款的要求

（大部分购买信托产品的投资者不希望频繁分配信托本金，以免打乱自己的理财计划）。所以，在实施资金监管的过程中，信托公司需要借助银行的力量，同时辅助其他技术性手段（如加盖预留印鉴、管控项目公司的公章和财务章等）以控制资金外流；对于某些实力较弱的开发商，为防止潜在的债务纠纷导致账户被查封，信托公司还会视情况引入存单质押、保证金质押等担保措施。

但是，销售资金监管方案的形成往往伴随着激烈的博弈。如果监管过于宽松，如允许监管账户内的资金用于支付工程款但不附加任何其他限制，则开发商可能通过各种方式将销售资金套走。虽然每次对外付款时信托公司可以审核相关的付款凭证（如工程合同等），但实际上，相对于经验丰富且手段层出不穷的开发商，地产能力严重不足的信托公司很难做到有效防范。但如果监管过于严厉，如监管账户内的资金仅限于归还信托贷款，且每平方米销售回款中提取的监管资金比例过高，在无法提前还款的情况下会导致大量的资金积压，提高融资方的实际融资成本，从而引起融资方的强烈反弹导致项目流产。特别是在某些银行贷款和信托融资并存的项目中，三方利益纠葛其中，使得资金管控面临更加复杂严峻的局面。

根据笔者的经验来看，资金监管方案的形成需要不断地进行利益衡量和妥协，很难一蹴而就。信托公司在此过程中需要综合考虑开发商的实力、项目的具体情况（如位置、业态、去化水平）、市场环境、信托公司自身的风险偏好（这个非常重要）等各种因素。在上述因素中，开发商的实力占据了绝对地位。越是实力雄厚的开发商，可腾挪的空间越大，偿债能力自然越强，违约成本也越高。对于这些开发商，可以适当放宽监管要求，如某些全国性的大型品牌开发商一般都有资金总部归集的要求，信托公司无法实现单个账户的资金管控，只能基于该开发商的总体信用进行风险判断。对于大部分实力一般的开发商，需要谨慎对待、灵活处理，在不断的利益勾兑与妥协中综合运用提前到账机制、现金理财机制、保证金质押或存单质押等手段缓释风险，以取得双方的利益平衡及信托公司自身风险与收益的匹配。

项目管控

在进行项目后期管理的时候，中能信托引入了宇通银行和天府市鸿兴工程咨询有限公司（以下简称“工程公司”），实行三方共同监管，各自的监管内容和分工见表1－8。

表1－8　三方监管的内容和分工

监管机构	监管内容和分工
中能信托	决策。偏重于决策层面，主要是制定监管规则，通过合同的约束要求宇通银行和工程公司执行，并通过现场检查、销售数据跟踪等手段监督执行的效果 沟通。在重大问题上负责与融资方进行沟通协调 审核。负责监管资金划付的审核
咨询公司	偏重于执行层面，主要是驻场管理，执行信托公司制定的监管规则，主要有如下几个方面： 公司印鉴的保管，主要包括项目公司的公章、财务章、合同章、法人章的管控 法律文件的保管，包括销售合同、总包合同以及以项目公司名义对外签署的其他合同 销售回款的监管，包括销售数据的跟踪与核实、销售金额与入账金额的核对、现金收取的监管、按照合同约定进行保证金的核算与划付、收款收据的管理等 项目的现场管理，包括检查施工进度、监控销售现场并判断销售情况的好坏、估算项目的去化速度等 咨询公司每月以《现场管理报告》的形式向信托公司反馈驻场管理的所有情况
宇通银行	偏重于执行层面，且职责相对比较单纯，主要负责账户的监管、各种款项支付的审核（仅限于形式审核） 实际操作中，某笔工程款的支付，先由项目公司向驻场的工程公司提出申请且提交用款文件，工程公司经审核无误后将用款文件提交信托公司及宇通银行，信托公司经审核同意后向宇通银行出具划款指令，宇通银行根据信托公司的划款指令和用款文件进行资金划付

只要不影响项目的正常开发建设，彩云地产并不反对中能信托提出的现场监管措施（包括印章管理、销售监控等），但在具体由谁执行这些措施时历经波折。最开始，信托公司希望宇通银行承担起这个责任，并愿意支付每年100万元的报酬。宇通银行（只是支行）一开始答应了，但在内部审批《三方监管协议》的时候被叫停，分行法律部提出，银行系统曾多次发生盗用印鉴私自划款的案件，印章和文件资料的保管风险太大，无法接受。当时信托计划即将成立，事态紧急，为了不耽误放款，中能信托只好临时改派自己的员工进驻现场。这是一个深刻的教训，银行的支行在具体业务中只是一个执行者的角色，很多非常规的业务模式（包括法律文件）需要得到分行乃至总行的审批，信托公司在最开始的时候就应该做好多级沟通，以免最后出现被动局面。

进入后期管理不到3个月的时间，中能信托很快发现这种驻场模式存在诸多问题：一是为了防止道德风险，业务团队最初按照公司要求派驻了两名正式员工驻场，但很快发现由于团队内部人手紧张，已经严重影响了新业务的开拓；二是派驻人员没有地产领域的专业经验，只能起到印章和文件资料的保管作用，在实质的用款审核及项目开发销售方面无法提出建设性意见；三是派驻人员的工作比较枯燥（有时甚至无所事事），无法承做新业务，抱怨颇多，士气低落。

中能信托意识到，长此以往，很可能达不到现场监管的效果，于是开始寻找第三方专业机构驻场，但风险部门把关颇严，对第三方机构的实力和专业能力要求很高，最后经过反复调查比较，选择了上述工程公司，该公司股东背景强大，并且为多家国内和国际知名的私募基金提供过驻场服务，在业内口碑不错。

值得一提的是，工程公司进场后，曾经引起融资方的反弹。因为之前信托公司自己的派驻人员专业能力不足，无法进行实质审查，所以项目的运转没有受到多大影响。但工程公司的派驻人员入场后，在付款的审核与销售的管理方面提出了很多专业意见，融资方不能像以前那样随心所欲，所以不断地抗议，甚至威胁要终止合作。但中能信托在听取工程公司的意见后坚定地驳回了抗议。经过两三个月的磨合，整个后期管理才进入比较顺畅的状态。

小专题

房地产信托驻场管理监管模式的总结分析

对于房地产项目融资来说，完成放款只是万里长征走完了第一步，接下来对项目的后期管控才是真正考验信托公司功力的时候。笔者在对过去几年信托行业的出险项目进行系统梳理后发现，大部分项目出险都是因为后期管理出现了疏忽或失误。所以说，重视项目的后期管控，是信托公司防范风险的基本要求，也是履行受托人责任的重要体现。

一般情况下，在设置了严密的监管措施（如印章监管、销售进度和回款账户监控等）的项目融资中，需要在项目现场派驻专人，以保证监管措施得到有效落实。但是与银行相比，信托公司营业网点的缺失导致其在项目的现场管理方面存在天然短板。为弥补这个短板，近几年信托公司采取了以下几种不同的措施（见表1－9）。

笔者认为，信托公司自己派人进行现场管理的模式治标不治本，在融资项目增多时难以为继；商业银行提供的监管服务类型有限，一般只能局限在账户管理方面。从房地产信托（特别是股权投资基金）的未来发展趋势来看，信托公司要想真正形成良性的现场监管机制，并在项目的发展与人力及专业能力的匹配上取得平衡，应当以委托第三方专业机构管理为主，辅以银行的账户监管，信托公司在其中更多地起监督、协调的作用。在第三方专业机构的选择上，应综合考虑实力、信誉及专业能力，选择一到两家（至少能够同时提供财务与工程方面的专业服务）作为长期的合作对象。

表1-9 信托公司房地产项目融资现场监管的路径选择

信托公司现场监管路径	优劣分析
自己派人驻场管理	优势：信托公司将自己的员工派驻现场，心理上更加放心，实行定期轮换，驻场人员与融资方勾结的道德风险比较小；派驻人员与总部的沟通机制比较顺畅，出现问题时能及时有效地反馈 劣势：一般情况下，派驻人员的地产专业能力不足，不一定能及时发现项目开发销售过程中的一些问题；在项目比较多的时候，业务团队的人员占用情况不容忽视。笔者所在公司有个业务部门，因为地产项目融资比较多，而且大都需要现场派驻人员，结果10个人的部门最后派出去6个，业务拓展受到严重影响
委托当地的商业银行管理	优势：作为当地银行，对项目的市场情况比较熟悉，一有风吹草动很快就能获悉，市场反应灵敏；作为金融机构，与信托公司的沟通比较顺畅；同时，银行在账户的监管方面具有天然优势 劣势：银行系统对各种操作风险和内部人员的道德风险比较敏感，一般情况下不愿意接受印鉴监管和重要文件资料的保管，而且有的合作银行在房地产方面的专业能力不足，总体而言可以提供的监管服务有限，主要集中在账户管理方面
委托第三方专业机构管理	优势：第三方专业机构种类繁多，包括各种工程咨询公司、监理公司、财务咨询公司等，可供信托公司选择的空间比较大，而且可以提供整套服务，包括印章管理、资料保管、现场进度审核、工程质量监督、销售监管等 劣势：相对于信托公司和银行，第三方机构良莠不齐，驻场人员的素质不能保证，出现道德风险的可能性比较大；而且公司实力不是很强，出现违约给信托公司造成损失时赔偿能力不足

项目出险与风险化解

当贷款期限满一年半时，中能信托在后期管理中通过对项目的施工进展、房产销售和集团公司的整体财务情况进行综合分析后发现，融资方在贷款到期时可能存在较大的流动性风险。为化解风险，中能信托开始与融资方积极沟通，反馈现状并及时提出债权转让方案，在半年后成功将持有的剩余债权转让给鹏城市通达资产管理有限公司（以下简称“通达公司”），实现信托计划的顺利退出。

风险预警

信托贷款发放后，业务团队在驻场人员的协助下对项目销售情况进行深度跟踪，及时掌握了项目自偿能力的动态变化。

其一，湖滨花园项目的去化情况不理想。湖滨花园在贷款发放半年后开盘，当时全国正处于房地产调控阶段，市场观望情绪浓厚，当地房地产市场也比较萧条；同时开盘的时点恰逢年底，随后还有农历新年，从房地产销售的传统规律来看，并非是一个好的时机。当时融资方为了尽快盘活资产，缓解企业的整体资金压力，不愿意捂盘，最终该项目的销售情况并不理想，实际售价比预期下调了近 10%。

为了推动项目销售，驻场人员着重关注了周边在售楼盘的销售情况，判断湖滨花园的价格定位仍然偏高，通过与销售负责人沟通，发现客户对楼盘的户型（主要为复式，上跃和下跃均有）满意度较差。为提高去化速度，中能信托建议融资方同时采取适度降价、周末促销、引入中介销售机构、团购等多项手段，销售情况随后得到一定改观，但与之前的销售计划相比仍有较大差距。

其二，生态广场项目的工程进度滞后。驻场人员在对工程进度的监控中发现，生态广场的建设进度较前期规划滞后，地下工程耗时过长，在原定的销售时点无法满足预售条件。经与融资方沟通，了解到该项目地处当地的填平区域，土质松软，建设工程技术难度远超预期，导致开发进度滞后，销售计划也只能推迟。

其三，风险的整体评估与判断。从项目自偿角度出发，业务团队保守估计上述两个项目在贷款到期前的销售回款合计仅有 8 亿元，这与项目当初上会审批时的测算差距颇大。同时，业务团队了解到，受限于调控政策与金融机构的惜贷影响，彩云集团的整体资金压力也比较大，再融资的腾挪空间有限；另外，集团旗下的其他项目进展也较慢，可实现的贡献度不高，因此提前制定流动性风险预案迫在眉睫。

事后来看，本项目的风险预警算是比较及时的，业务团队对风险的判断也是比较准确的，这得益于严密的后期监管措施以及对这些措施的有力执行。特别是驻场人员的专业性和快速反馈，让业务团队及时了解到项目的真实动态并做出准确判断，尽早实现了风险预警，为后续的资产处置预留了充足的时间。

出险原因分析

其一，客观因素的影响。项目销售时点正处于房地产行业的调控期，国家政策及当地市场情况不利于项目去化；而且，项目的住宅定位偏高端，且相当高比例的商业和办公业态也严重影响了去化速度。

其二，信托公司的专业能力和前期市场研判不足。在尽职调查的一次访谈会上，融资方相关人员曾经提到过生态广场项目所处土地的地质特性问题，但由于业务团队对该类问题缺乏经验并未引起足够的重视，更多的还是相信了融资方乐观的工程进度预期。项目在承做时恰逢政府开始出台相关调控政策，业务团队在进行项目销售价格预测时对宏观市场的后续负面影响预估不足，低估了政策效应的时滞性，整体预期偏乐观。

其三，融资方的原因。融资方自身对于生态广场项目的工期进度偏乐观，未能在项目施工筹备期及施工前期与相关的地质部门、施工团队进行有效沟通，最终无法保障项目的预售时间；对于湖滨花园项目，融资方的产品设计及市场定位与大部分客户的实际需求有所差距，同时初始销售策略也偏乐观，定价偏高，最初仅想依赖自己的销售团队，后期为了加快去化才在信托公司的压力下引入多方销售渠道。

实事求是地讲，出险原因的分析颇有点“事后诸葛亮”的意味。上述三种原因，归根结底是信托公司自身的专业能力和市场判断问题。房地产调控虽属国家行为，但在项目承做时，调控已初现端倪，业务团队并没有认真评估这种调控带来的影响以及后续可能出台的政策。项目业态带来的去化问题以及地质特征对工程进度的影响，更凸显出业务团队在地产专业能力上的不足。

当然，从另一个方面来讲，业务团队有业绩考核压力，在项目开拓过程中属于“踩油门”的角色。当其对项目做出乐观判断的时候，除了专业能力欠缺外，可能还有业绩压力下的主观冲动，这个时候，扮演“踩刹车”角色的风险部门需要有更大作为。遗憾的是，后者对此也没有做出更多反应，这凸显出整个信托公司在房地产风险控制能力上的不足。

退出方案的确定

鉴于信托资金的运用方式是贷款，且风险预警及时，尚有约 1 年的存续期，因此首选的退出方案是将贷款债权向第三方转让。由于债权本金比较大（10 亿元），业务团队初步锁定大型国有资产管理公司作为接盘方。

贷款债权的转让涉及众多环节，包括法律文本的签署、抵押权的变更以及接盘方的尽职调查等，这些环节都需要融资方的积极参与和配合。中能信托在确定退出方案后立即开始积极与融资方沟通，基于如下两个原因，融资方最后同意了债权转让方案。

其一，在业务团队的积极游说下，融资方自身也意识到流动性风险的隐患，如不解决可能会带来更高的违约成本，因此有动力通过债权的转让来延长贷款期限，缓解资金压力和销售压力，以时间换空间，为项目实现更高收益提供基础。

其二，当时市场的资金面较放款时有所缓解，地产企业的融资成本下行。在与数个接盘方谈判时，融资方意识到，如果进行贷款债权的转让，贷款利息至少可以下降两个百分点，这为其节省了每年 2 000 万元的成本。

当项目出现风险苗头时，业务团队如何化解风险至关重要。项目是持续恶化直至滑入深渊，还是柳暗花明最终顺利偿付，完全取决于风险应对思路和手段的选择。在本项目中，业务团队很聪明，没有选择对抗性的措施（如要求提前还款、追加担保措施、威胁查封抵押物），而是审时度势，结合当时的金融市场环境，在兼顾各方利益（特别是融资方利益）的基础上提出债权转让方案，最终成功地化解了风险。

据笔者了解，很多出险项目最终走到无法兑付（或信托公司被迫动用自有资金先行兑付）的境地，根本原因不是项目无可救药，而是风险应对失当，希望尽快化解风险的心情太过迫切，导致对融资方过于强势，没有设身处地地考虑对方的利益，从而使双方关系持续恶化，最终走向完全对立。在这种情况下，很多的风险解决手段已经无法得到融资方的配合，最后只能走向资产查封和诉讼，导致风险化解遥遥无期。

当然，处理好与融资方的关系并不意味着无原则退让，偶尔的强硬手段（如发送律师函）是必须的，但一定要讲究度。任何出险项目，但凡有万一的和平解决手段就不能轻易放弃，因为一旦走上诉讼查封之路，面临的艰难险阻将数不胜数，最终解决短则三五年，长则七八年乃至十几年，这是任何一家金融机构都无法承受的。

接盘方的确定

中能信托在风险预警阶段就开始与 4 家资产管理公司接触沟通，经过将近 5 个月的谈判、竞争和审批，有 3 家公司陆续退出：第一家因为额度限制无法接盘；第二家因为当年的业绩指标已经完成，无项目承做压力，推进不是很积极，信托公司无奈之下主动终止谈判；第三家介入得比较深入，但在终审前提出必须要彩云集团进行股权质押，由于彩云集团之前在与其他银行的贷款协议中做出了承诺，不得将集团公司的股权质押给第三人，因此最终也搁置下来。最后只有通达公司通过终审，顺利接盘。

事后来看，通达公司最终能通过审批，主要原因有三条：一是交易对手是当地的龙头开发商，项目本身抵押物比较充足；二是通达公司当年的业绩指标尚未完成，希望通过此项目的承做完成绩效，因此配合度非常高，无论是人员的安排还是推进的效率，都很令人满意（这一点非常关键）；三是彩云集团的实际控制人方艳梅利用自身的人脉积累，在通达公司总部积极公关，并在终审期间亲自前往总部拜访，因此通达公司虽然介入比较晚，但是仍然在一个多月内就拿到了批复。

由此可以看出，作为非标准化的金融产品，贷款债权的处置充满各种变数。业务团队在此过程中不断奔走沟通，常常需要紧急处理各种突发事件和临时要求，心力交瘁。随着一些合作方以各种理由退出，心理压力也一天天增大，直到通达公司的批复最终下来，才长长舒了一口气。

在与各资产管理公司的沟通过程中，业务团队发现交易结构上的整体打包方案对债权处置起到了至关重要的作用。如果当时没有采用该方案，将无法实现对项目的全封闭监管，在出现风险预警时要事事受制于另一债权人宇通银行，两个金融机构很可能为了确保自己的债权安全而陷入内斗，从而导致无法顺利实现债权转让。

债权转让与信托计划的退出

整个债权转让由一系列法律文本构成，其主协议是中能信托、通达公司、彩云地产签署的《债权收购三方协议》，明确了债权转让的价格和支付条件等，同时也约定了债权转让的流程、债权的交割确认和资料移交等相关细节。通达公司与中能信托聘请的驻场人员进行了交接，并重新与宇通银行及彩云地产签署了《账户监管协议》。另外，通达公司单独与彩云地产签署了《债务重组协议》，明确了新的债权债务关系下的保证担保、资产抵押和资金监管等增信措施。整体交易结构如图 1－8 所示。

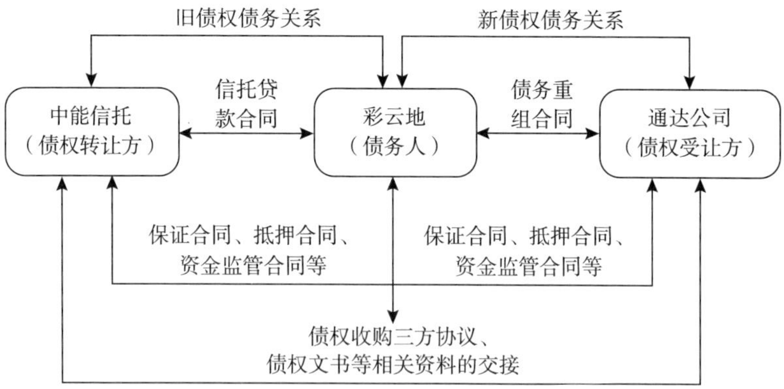

图 1－8　债权转让的整体交易结构

在债权转让与信托计划的退出过程中，遇到了两个比较棘手的问题。

其一，土地抵押。通达公司最开始要求原本抵押在中能信托名下的土地需全部重新变更抵押到自己名下。对于生态广场项目，由于当地不能直接办理抵押权的变更登记手续，只好采取顺位抵押模式，即通达公司先成为第二顺位抵押权人，中能信托在收到债权转让价款后解除抵押，通达公司成为唯一的抵押权人。但是，对于湖滨花园项目，由于已经进行了预售，按当地政策，项目办理预售后就不能再办理土地抵押手续，因此该部分抵押物无法变更到通达公司名下，导致整体抵押率无法满足后者的风控要求，交易一度陷入停滞。

经过多轮磋商，业务团队在律师的帮助下提出抵押权代持方案，即在《债权收购三方协议》中明确约定，通达公司在受让贷款债权后相应承继湖滨花园项目的土地抵押权，只不过该抵押权由中能信托代为持有，中能信托作为代持人应当按照通达公司的指令，配合处理抵押权的后续变更登记、解除或部分解除抵押登记、延长抵押登记期限等事宜，从而使通达公司对湖滨花园项目拥有实质抵押权。基于金融机构之间的信任，通达公司最终接受了该方案。

小专题

抵押权代持的产生原因、法律效力与实务操作

《物权法》第一百七十九条第一款规定："为担保债务的履行，债务人或者第三人不转移财产的占有，将该财产抵押给债权人的，债务人不履行到期债务或者发生当事人约定的实现抵押权的情形，债权人有权就该财产优先受偿。"根据该规定，在办理抵押手续时，抵押权应当登记在债权人名下。但是，基于如下几个原因，实务中常常会出现债权人与抵押权人在形式上分离的需求。

其一，存量债权转让时抵押权的转让遇到障碍。附抵押的债权转让后，受让人一般会要求办理抵押权变更手续，将抵押权登记在自己名下。但是，有的地方的登记机构不能直接进行变更登记，而是要求必须

先由原债权人解除抵押，再由新的债权人重新办理登记，这时存在一定的风险敞口。有时，当抵押财产发生变化后（如土地变成在建工程，或者已经申领预售许可证），登记部门可能不接受就该抵押财产重新办理登记手续（如本项目遇到的情形）。出现这些情况时，债权受让方为控制风险，往往希望由原债权人继续代自己持有抵押权。

其二，新增债权创设时抵押权人不得为非金融机构。我国《物权法》并没有限制抵押权人的范围，但很多地方抵押登记机构的地方政策将抵押权限定为金融机构，导致大量以个人或企业作为抵押权人的登记手续无法办理。2017年1月22日，国土资源部颁布《关于完善建设用地使用权转让、出租、抵押二级市场的试点方案》（国土资发〔2017〕12号），要求放宽对抵押权人的限制，按照债权平等原则，明确自然人、企业均可作为抵押权人依法申请以建设用地使用权及其地上房屋等建筑物、构筑物所有权办理不动产抵押登记。但是，各地登记机构对该规定的落地力度不一致，不接受个人或企业作为抵押权人的现象比比皆是，使得这些债权人不得不寻求有资质的第三方代持抵押权（如很多银行委托贷款中由商业银行出面作为抵押权人的情形）。

其三，新增债权创设时，抵押权人众多而无法全部办理登记手续。这主要出现在一些特殊的投融资业务中：（1）P2P（个人对个人）业务。由于P2P平台定位于信息中介，在平台上发标的借款人是真正的债务人，而众多投资者（即出借人）是真正的债权人，若债务人提供抵押担保，抵押权人应为众多投资者，理论上所有投资者应当一起作为抵押权人办理登记手续，但P2P业务中的投资者往往来自五湖四海，人数众多，从登记机关的角度来看，让所有投资者出面进行抵押登记不具有实际可操作性。为解决这个问题，实务中一般选择将抵押财产登记在P2P平台或其关联公司名下，由其代投资者持有抵押权。（2）银团贷款业务。在银团贷款业务中，抵押权无法同时登记在所有参与银行名下，此时通常会由代理行或担保代理行出面与抵押人签署抵押协议，代替银团的所有参与银行持有抵押权。（3）附抵押公司债或企业债业务。与P2P平台业务一样，附抵押公司债或企业债的投资者（即债券持有人）也是来自五湖四海，抵押权无法登记在每个投资者名下，此时债券发行人会聘请一家机构（通常为商业银行或证券公司）作为抵押权代理人与抵押人签署抵押协议，将抵押权登记在该代理人名下。

根据《物权法》的规定，抵押权人应当是债权人，如果因为前述种种原因由第三方代债权人持有抵押权，该代持的法律效力如何？

有人认为，由债权人以外的人持有抵押权，直接违反了《物权法》的规定，应属无效，实务中有些地方法院也以此为由做出抵押无效的判决。但是，笔者认为，抵押权代持是合法有效的，理由如下。

其一，从法理角度来看，抵押权代持的法理基础是委托代理理论，根据《民法总则》（2017 年）第一百六十二条的规定："代理人在代理权限内，以被代理人名义实施的民事法律行为，对被代理人发生效力。"也就是说，第三人代债权人持有抵押权，产生与债权人自己持有抵押权一样的效果，这与《物权法》第一百七十九条第一款的规定是不矛盾的。

其二，从司法角度来看，最高人民法院（后简称"最高院"）在（2015）民二终字第 310 号民事判决书（即《刘富田与甘彦海、刘馨等股权转让纠纷二审民事判决书》）中认为，抵押权代持并没有违反法律和行政法规的禁止性规定，应属有效。

另外，在存量债权的转让过程中，我国《物权法》第一百九十二条规定："抵押权不得与债权分离而单独转让或者作为其他债权的担保。债权转让的，担保该债权的抵押权一并转让，但法律另有规定或者当事人另有约定的除外。"许多人根据该规定认为债权转让必须办理抵押权的变更登记手续，否则债权受让方无权享有抵押权。但最高院在（2015）民申字第 2040 号民事裁定书（即《湖南绿兴源糖业有限公司、丁兴耀等与湖南绿兴源糖业有限公司、丁兴耀等借款合同纠纷申请再审民事裁定书》）中认为，《物权法》第一百九十二条是关于抵押权处分从属性的规定，抵押权作为从权利应随债权转让而转让。债权受让人取得的抵押权是基于法律的明确规定，并非基于新的抵押合同重新设定抵押权，故不因受让人未及时办理抵押权变更登记手续而消灭。由此可见，最高院的审判观点认为：抵押权随着债权的转让而一并发生转让，受让人未及时办理抵押权变更登记手续并不影响其享有抵押权；当债权转让后，他项权证上记载的抵押权人虽然是原债权人，但此时原债权人实际上是代债权受让人持有抵押权。

其三，从实务角度来看，银团贷款业务和附抵押公司债或企业债业务作为比较成熟的金融产品，在实践中一直运作得比较好，由第三方代持抵押权的做法也得到了包括抵押登记机构在内的各参与方的认可。

抵押权代持虽然在效力上没有问题，但对于房地产私募基金而言，实务操作中尚有如下几点须特别注意。

首先，在办理登记手续前，应当由抵押人、债权人和第三方签署书面的《三方协议》，明确约定由债权人委托第三方代为持有抵押权，债权人是抵押权的实际持有人，且抵押人对该安排表示认可。

其次，该操作必须获得抵押登记机关的认可。常规的抵押登记中应当向登记机关提交抵押合同和主债权合同，且两份合同中抵押权人与债权人是同一人；但在抵押权代持的登记中，抵押权人与债权人不是同一人，这对登记机关来说是一个巨大的挑战，各方在办理登记手续时应做好相应的沟通协调工作。

最后，在登记过程中，如果能争取将他项权证的“抵押权人”一栏填入债权人名称最好（此时第三方就成为纯粹的提交抵押的申请人了）；如果行不通，则应争取在他项权证的备注栏注明实际抵押权人；如果仍然行不通，最好由抵押人、债权人和第三方共同向登记机关出具书面函件，说明抵押权代持情况，并由登记机关盖章确认；如果前述措施都行不通，在项目出险需要通过司法途径实现抵押权时，债权人应持《三方协议》向法院证明抵押权代持的事实，并附上行业成熟的操作模式（如银团贷款或附抵押公司债中抵押权的办理）及最高院的司法案例，争取获得法院支持。

其二，转让价款支付后出现的利息缺口。根据《债权收购三方协议》的约定，只有当中能信托收到全部转让价款、通达公司成为唯一抵押权人等条件全部满足时，债权转让流程才算结束。从实际操作来说，通达公司在成为生态广场项目的第二顺位抵押权人后，将转让价款足额支付至信托专户，中能信托将及时办理抵押权解除手续。但是，此时中能信托能否同步向投资者分配并清算信托计划呢？风险部门持反对意见，理由是：办理解除抵押的手续需要一定时间，鉴于各地抵押政策的复杂性，即使转让资金已经到账，只要通达公司未能成为唯一抵押权人，此时向投资者进行分配是存在风险的。因为一旦出现极端情况，抵押物的相关手续未能落实，存在该笔债权转让失败的可能，中能信托有义务退回转让价款。所以，最合理的处置方案是暂不启动信托计划的分配清算工作，待所有条件达成后再分配。

但是，按照《债权收购三方协议》的约定，自通达公司支付转让价款之日起，相关债权的利息收入应归属于前者，如果此时中能信托并未在同日宣布信托计划提前结束并启动分配工作，则仍然需要向投资者支付该日及以后的收益，这就产生了资金缺口，具体情况如图 1－9 所示。

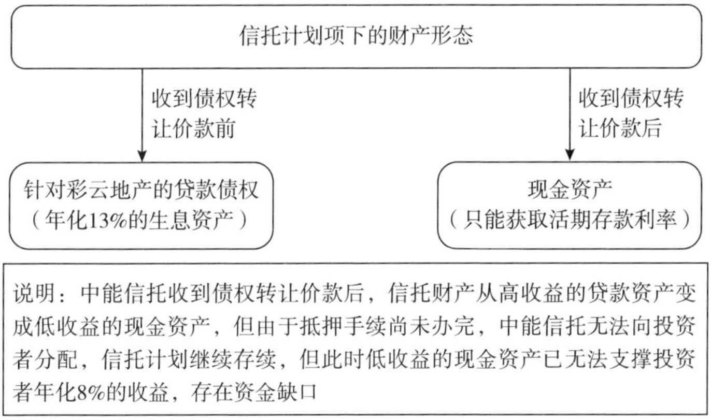

图 1－9　因资产端与资金端的不协调而产生的资金缺口

对于该部分资金缺口，业务团队与融资方进行了协调，最终后者同意承担该缺口，即在中能信托解除对生态广场项目的土地抵押之前，融资方双向付息（即同时向中能信托和通达公司付息）。该安排不但解决了前述资金缺口问题，也激发融资方积极向当地国土局公关，尽快落实抵押权解除手续。最终，在转让价款支付后的第 3 个工作日完成了抵押权解除手续，债权转让的全部条件成立，中能信托马上向投资者分配信托本金和剩余收益，并正式提前结束信托计划。

结 语

本案例的整体打包方案从客户的实际情况出发增加了贷款规模，控制风险的同时，满足了客户多元化的融资需求，帮助客户盘活了更多资产，中能信托也增强了对优质资产的控制力，在增加还款来源确定性的同时平衡和控制了项目风险。另外，无论在前期承做、中期承管还是在后期退出过程中，业务团队面临很多突发事件，充分展现了其遇事冷静、灵活思考的智慧与应变能力，值得发扬和肯定。但是，我们也看到了很多不足，如尽职调查工作不够深入细致、地产行业经验的缺乏、对市场趋势判断过于乐观等，相信这些不足能在日后不断的项目承做与总结分析中得到弥补。

二、俊丰地产明股实债项目

案例特点：

这是一个设计精巧的明股实债类项目，通过结构化原理，结合对赌条款的设置，以投资类项目的外形，在满足风险控制的前提下巧妙规避了监管部门对债权融资的限制，同时满足了开发商既优化报表又获得充足且可灵活运用的资金储备的需求。

本案例系统地梳理了明股实债类项目的方案设计、财务优化、税务处理及相关的风险问题，深入探讨了对赌条款在房地产信托投融资中的运用，并从监管政策的角度解析了房地产信托的产品创新之路，对实务操作有一定的指导意义。

案例摘要：

业务团队通过银行渠道获知俊丰地产的融资需求后，开始从传统的融资思路出发，多次提出以土地抵押为前提的债权融资模式，但均未得到融资方的认可。后来了解到企业已启动上市流程，现阶段的核心诉求是：在优化报表且不真正分享项目股权收益的前提下获得融资，同时享有灵活的资金调配权，以获得更多的土地储备。业务团队当即转变思维，在俊丰地产的开发项目中选定了未来股权价值较优的四季花城项目，制订了带有对赌条款的夹层融资方案，最终得到了融资方的认可。

在交易方案的设计上，中能信托成立集合资金信托计划，社会投资者以现金认购7亿元优先级信托单位，俊丰地产以持有的针对项目公司的7亿元股东借款债权认购次级信托单位。信托计划成立后，以7亿元现金对项目公司增资，持股49%；同时，信托计划持有对项目公司7亿元的债权。在约定期限届满10个月时，视俊丰地产对赌条件的达成情况，信托计划或以债权清算通过还本付息的方式退出，或以模拟清算通过回购项目公司股权的方式退出。

这是一个披着股权投资基金外衣的债权融资项目。通过设置“对赌条款”这个障眼法和结构化设计，使项目在“股权投资”和“债权融资”两种不同性质的交易模式之间巧妙切换。表面看来，它是一个股权投资基金项目，符合当时监管部门对投资型项目的认定标准，无须受融资类的监管条件约束；实质上，它是一项债权融资，使企业在后续项目储备中拥有充足且可灵活运用的资金储备，同时优化了财务报表。作为一个结构精巧的明股实债类项目，整个交易方案的设计体现了夹层融资的精髓，值得大家细细品味。

背景介绍

楚天俊丰房地产开发有限公司（以下简称“俊丰地产”）成立于1998年，深耕楚天省多年，目前已发展成为国内颇具实力的地产开发商。截至中能信托介入前，俊丰地产总资产规模700多亿元，总负债规模400多亿元（含90多亿元预收账款），在建项目二十余个，总建筑面积超过1 500万平方米，总货值近950亿元，拥有国家一级房地产开发资质，位列中国房地产开发企业前100强。

2005年，俊丰地产通过股权并购成为外商独资企业，控股股东是位于境外的香江市俊丰地产有限公司（以下简称“香江俊丰”），实际控制人为周朝先与卢西夫妇，合计持股85%。江城市俊丰投资有限公司（以下简称“项目公司”）是俊丰地产为开发四季花城项目设立的项目公司。上述主体的股权结构如图2－1所示。

近年来，俊丰地产处于快速发展的阶段，公司以“深耕楚天、辐射东南、面向全国”为布局战略，已成功进驻多个城市，并很快启动了上市计划。中能信托在与俊丰地产接触的过程中，了解到融资方当前拿地扩张的需求非常强烈，迫切地想在传统的银行开发贷与信托贷款的融资模式上有所突破，想通过尝试创新型的夹层融资模式来优化报表，并享有灵活的资金调配权。

根据上述需求，业务团队选定了明股实债作为产品的设计方向，同时开始全面考察并评估融资方现有的项目资源以选择未来股权价值较优的项目作为本次方案设计的标的物。在项目筛选过程中，天府信托是一个强有力的竞争对手。原本中能信托选定了位于华东省姑苏市的都市花园这个优质项目，但被天府信托抢先一步，最终只好选择了次一点的位于楚天省江城市的四季花城项目。

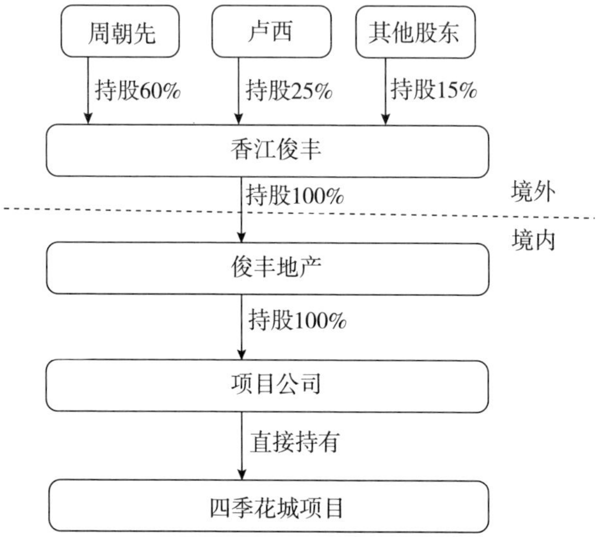

图 2－1　股权结构

小专题　信托公司在地产项目上的竞争

随着行业的发展和业务开拓力度的加强，信托公司围绕优质地产项目的争夺越来越激烈。拼方案、拼成本、拼效率，成为竞争中的常用手段，而不同运作机制和绩效考核的信托公司，在竞争中的差距非常明显。例如，在中能信托与天府信托围绕都市花园项目展开激烈角逐的时候，融资方明确表示，谁的速度快、融资成本低，就选择谁。作为民营信托公司，天府信托很快协调公司领导开启了绿色通道，业务团队加班加点整理材料，准备上会报告，结果从接触项目到完成审批只用了3个星期的时间，而中能信托由于初次接触交易对手，需要调查审核的资料比较多，加上国有公司自身烦琐的审批流程以及业务团队按部就班的工作作风，导致其在这场效率的竞争中一败涂地。

有时候，开发商也会利用信托公司之间的竞争坐收渔翁之利。笔者接触过某地产项目，一开始开发商就不断催促信托公司A尽快出具方案建议书。但在拿到正式方案后不久，开发商告却知该项目已由信托公司B捷足先登了。后来经私下了解，信托公司B早已就该项目通过了内部审批，只是因为融资成本的问题一直与开发商僵持不下。后来开发商拿着信托公司A提供的交易方案威胁对方，如果不降低成本，就换信托公司，最后信托公司B屈服了，降低成本后很快就把项目做了。在整个过程中，开发商借用外力打压合作伙伴，达成了自己的目标，而信托公司A则被结结实实地利用了一把，白白浪费了两周多的时间。这个教训告诉我们，在围绕优质项目的竞争中，业务团队不仅要关注项目本身，更要发挥综合沟通协调的能力，摸清楚竞争对手的实际进展情况和融资方在该项目上的真实考量，知己知彼，尽量少走弯路。

在竞争过程中，很多信托公司的手段层出不穷，让人叹为观止。值得玩味的是，有些自诩风控严格、收费高于业内平均水平的信托公司常常不知不觉地为他人做了嫁衣。笔者碰到过这么一个案例，某国有信托公司（以下称“A信托公司”）在批完某项目后，因为成本问题与开发商一直僵持不下。后来另外一家信托公司（以下称“B信托公司”）找到开发商，明确表示，只要A信托公司风控通过的项目，我们都可以做，而且成本可以商量。于是该开发商想方设法拿到了A信托公司的尽职调查报告交给B信托公司，B信托公司稍做修改后很快上会审核通过，并在适当降低成本后迅速承做了该项目，A信托公司两个多月的辛苦努力全部付诸东流，直到B信托公司发布项目成立公告时才醒悟过来。

需要指出的是，充分的市场竞争有利于信托公司核心能力的形成与行业的长远发展，但在竞争中需要始终把握底线，不能为了做成项目而放松对风险的管控。实务中，有的业务团队热衷于跨区域监管套利，想方设法搞定自己所在地区的监管机构，将其他地方的信托公司因为合规性问题无法承做的项目全部承接过来；还有的业务团队在开发商和内部绩效考核的双重压力下，不断地在诸如资金监管、担保措施、关键合同条款等方面做出让步，甚至联合开发商采取很多不当手段欺瞒哄骗风险部门等，这些都是万万不可取的。

四季花城项目位于江城市比较知名的旅游度假区旁边，距离市中心约10千米，定位是宜居的高端城市住宅。整个项目占地面积25万平方米，总建筑面积40多万平方米，可售面积为35万平方米，业态规划以别墅、洋房为主，配套约15%的临街商铺，整个项目预计可实现销售收入60亿元。

在中能信托介入前，项目地块的土地出让金9.3亿元（含税）已全部支付完毕，预计将于半年后拿到施工许可证。中能信托在接触项目的过程中了解到，由于土地出让金支出规模较大，俊丰地产出于整体资金调配、支持后续重点项目的考虑，希望在该项目上通过转让部分股权或吸纳增资的方式从项目公司"回收"前期投入资金，但不愿意分享项目收益，最好还要达到优化报表的效果。面对这样的苛刻条件，业务团队经过与融资方反复沟通，最终形成了满足各方要求的交易方案。

主要交易结构

本项目主要的交易结构如图2-2所示。

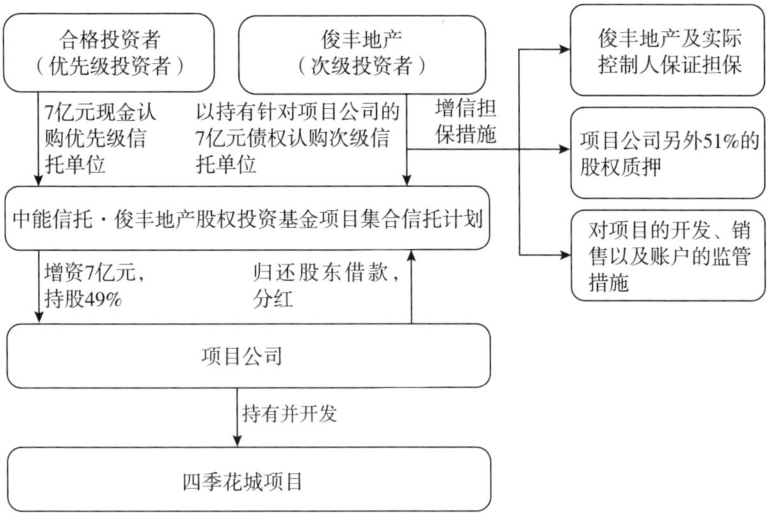

图2-2 主要的交易结构

信托计划的核心要素见表2－1。

表2－1　信托计划的核心要素

核心要素	具体内容
信托计划名称	中能信托·俊丰地产股权投资基金项目集合信托计划
信托计划类型	结构化的集合信托计划
信托计划规模	14亿元。其中优先级信托单位规模7亿元，由中能信托向社会投资者募集；次级信托单位规模7亿元，由俊丰地产以持有的针对项目公司的股东借款债权认购
信托计划期限	3年。提前终止条件：在信托计划届满10个月时，中能信托按照约定的对赌条款考核项目公司的经营管理情况。如果未能达到预期，在信托计划届满12个月时提前结束；如果达到预期，则信托计划期限延长至“项目公司房产销售达到85%”与“信托计划届满34个月”两者中的较早时点，启动项目模拟清算，并在不晚于信托计划届满36个月时结束。由于对赌条件的达到具有一定难度，所以信托计划的实际期限为12个月
信托资金用途	7亿元的信托资金全部用于向项目公司增资，其中0.96亿元进入注册资本，剩余资金全部进入资本公积。增资完成后（增资前，项目公司注册资本1亿元，资本公积为0），项目公司的注册资本达到1.96亿元，资本公积达到6.04亿元，中能信托持有项目公司49%的股权 项目公司收到7亿元增资款后，2亿元用于四季花城项目的开发建设，剩余5亿元中的1.5亿元归还俊丰地产的股东借款，另外3.5亿元以往来款的形式划拨给俊丰地产使用
退出方式	如果没有达到对赌条件，则项目公司以归还债权本息的方式清退优先级投资者，剩余信托财产（主要是信托计划持有的项目公司49%的股权）以股权过户的方式分配给次级投资者（即俊丰地产） 如果达到对赌条件，则俊丰地产以模拟清算的方式回购项目公司的股权，实现退出
还款来源	四季花城项目的销售回款、俊丰地产的经营性及融资性现金流
增信措施	担保措施：俊丰地产及实际控制人提供连带责任保证担保；同时，俊丰地产将其持有的项目公司另外51%的股权质押给信托计划

（续　表）

核心要素	具体内容
增信措施	优先次级安排：7 亿元股东借款债权为优先级信托单位提供“安全垫” 项目管控措施：项目资金管理（包括资金支出管理、销售回款管理、项目货值及账户留存资金管理）、工程进度管理（工程关键节点控制、聘请咨询公司驻场管理、信托经理定期现场巡查）、项目销售管理（包括销售价格的备案、项目销售方案的跟踪核实与违约时的降价权）、项目决策机制管理（信托公司向项目公司派驻一名董事，该董事对项目公司所有的对外投融资和担保均具有一票否决权）
总融资成本	7 亿元股东借款债权年利率为 13%，每半年付息一次，到期还本 7 亿元股权投资占项目公司 49% 的股权，在项目达到对赌条件的情况下，信托计划可获得项目模拟清算净收入的 49% 作为投资收益
投资者预计收益率	优先级投资者的预期信托收益分为固定和浮动两部分；次级投资者不设预期收益率 在达到对赌条件的情况下，优先级投资者的固定预期信托年收益率为 8%，每半年分配一次；优先级投资者的浮动收益为股权投资净收益的 30%，于信托计划届满后 5 个工作日内分配；次级投资者获得股权投资净收益的 60%，于信托计划届满后 5 个工作日内分配 若股权投资发生亏损或未达到对赌条件，中能信托有权要求项目公司提前偿还股东借款本息。此时，优先级受益人仅享受固定部分收益，不再享有浮动收益。受托人在扣除信托费用后，将剩余的信托财产（即项目公司 49% 的股权）以过户的形式分配给次级投资者
信托报酬与费用	包含固定信托报酬在内的信托费用以优先级投资者交付的信托资金为基数，由信托财产承担；其中资金监管费和保管费、聘请工程咨询公司的费用、律师费、资产评估费以及相关税费合计不超过每年 1.2%；代销费为每年 1.8%；固定信托报酬为每年 2% 达到对赌条件的情况下，中能信托享有的浮动信托报酬为股权投资净收益的 10%
销售方案	最开始由中能信托财富中心包销，最后由宇通银行代销

交易结构的形成过程

期初，业务团队从传统的地产项目融资角度出发，多次提出以土地抵押为前提的债权融资模式，均未得到融资方的认可。作为楚天省房地产行业的龙头企业，俊丰地产正在实施上市计划，需要控制负债率水平，对普通的债权融资模式并不太感兴趣。而为了获得资本市场的青睐，俊丰地产又需要在上市前尽可能多拿地，持有充足的土地储备，于是双方开始在股权融资的模式下探讨合作方案。但是，俊丰地产不愿意让信托计划分享对等条件的股权投资收益。也就是说，交易对手其实是想在优化报表的前提下，以一个债权融资的成本获得资金。

基于这个核心诉求，业务团队重新厘清了融资模式和交易条件的设计要求，开始在俊丰地产现有的资源中寻求未来股权投资回报较优的项目作为本次融资的标的物，并最终选定了位于江城市的四季花城项目。该项目在承做时已具备“三证”，部分地块已达“正负零”，预判将于1年内迅速去化；项目资质优良，预计未来可实现销售收入超过60亿元，股权价值较为可观。因此，业务团队认为以该项目作为融资标的，即使交易对手未提供任何资产抵押，也能有效控制风险，获得足够的现金流用于支付信托计划层面的各项费用和投资者的本金收益。

由于交易对手不想与信托计划分享真正的股权投资收益，只愿意给予表面上的股权“名分”并承担固定融资成本，业务团队首先摸清了项目公司的资产负债情况：整个地块的土地出让金9.3亿元（含税费）已支付完毕，项目公司实缴注册资本为1亿元，资本公积为0，股东借款为8.3亿元。在此基础上，业务团队形成了如下的设计思路：发行优先级信托单位7亿元，要求俊丰地产将其真实、合法拥有的7亿元债权作为信托财产认购次级信托单位，并对纳入信托计划项下的该笔债权追加增信与进行其他包装设计，形成优先/次级、股权/债权比例均为1∶1的交易结构，保证俊丰地产认购次级信托单位的股东借款债权不低于优先级信托单位规模；同时，设置对赌条款对交易对手的融资期限与成本进行约束。

该交易方案有如下几个特点：一是采用了优先次级的结构化模式，其中次级信托单位由交易对手认购，为优先级投资者提供一定的“安全垫”，抵御部分股权投资风险；二是交易对手以持有的项目公司债权认购次级信托单位，可以避免信托计划若仅持有项目公司的股权，清算分配顺序次于其他债权人的局面，进而提升信托计划从项目公司收回投资的保障度；三是由于次级投资者交付的是债权性资产，可在信托计划存续期间，定期产生稳定的利息现金流，用于支付信托计划层面的各项费用并向投资者分配固定收益；四是由于交易对手只愿意支付债权成本，故在交易结构中设置了一个对赌条款的“开关”来实现股权投资和债权融资之间路径的切换。具体如图 2－3 所示。

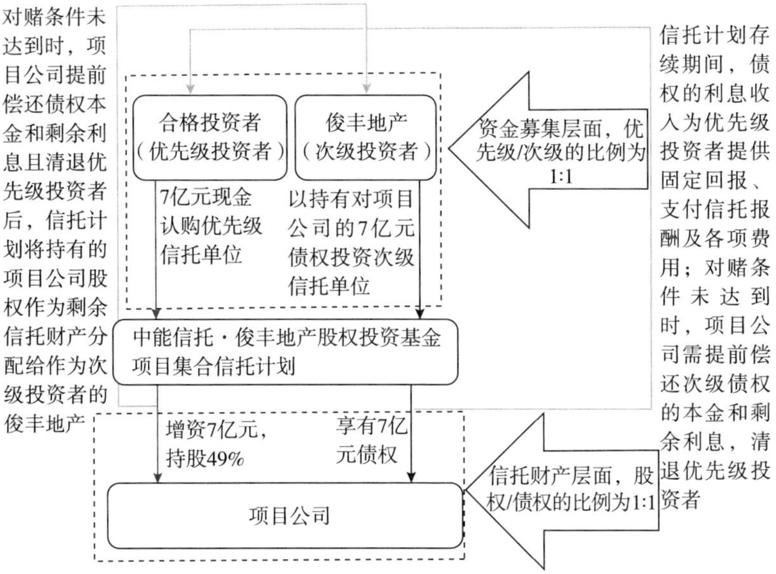

图 2－3　交易方案的特征

小专题　明股实债的概念、模式和采用原因

明股实债是实务中约定俗成的叫法，并不是法律上的概念，不同的监管部门对其界定也不一样。在银监会体系方面，《关于进一步加强房地产信贷管理的通知》（银监办发〔2006〕54 号）首次明确将“投资附加回购承诺等方式”视同间接发放房地产贷款进行监管；《G06 理财业

务月度统计表》将其定义为：投资方在资金以股权投资方式进行投资之前，与资金需求方签署一个股权回购协议，双方约定在规定期间内，由资金的使用方承诺按照一定溢价比例，全额将权益投资者持有的股权全部回购的结构性股权融资安排。

在基金业协会方面，2017年2月发布的《证券期货经营机构私募资产管理计划备案管理规范第4号——私募资产管理计划投资房地产开发企业、项目》将明股实债定义为：投资回报不与被投资企业的经营业绩挂钩，不是根据企业的投资收益或亏损进行分配，而是向投资者承诺保本保收益，根据约定定期向投资者支付固定收益，并在满足特定条件后由被投资企业赎回股权或者偿还本息的投资方式，常见形式包括回购、第三方收购、对赌、定期分红等。

笔者认为，明股实债是以股权投资的名义达到债权融资的效果，投资主体虽然持有项目公司股权（有时候甚至处于绝对控股地位）且通过股东会、董事会或派驻财务经理等措施部分参与了公司管理，但真实目的并不是享有项目权益，而是通过设计各种股权退出模式获得固定回报。

从退出角度来看，明股实债分为三种模式。

其一，通过项目公司退出。基金一般以增资形式进入项目公司，约定在基金存续期内由项目公司直接向基金定期分红或支付固定收益，到期归还本金；同时以项目公司的付款义务作为主债权设置各种担保措施。具体交易结构如图2－4所示。该模式的优势在于，结构简单清晰，可操作性强，但最大劣势是以股东的身份从项目公司获取固定回报，混淆了股权与债权的区别，主债权的法律基础不稳，在项目出险后容易被认定主债权无效，进而导致担保无效。（具体参见小专题：明股实债项

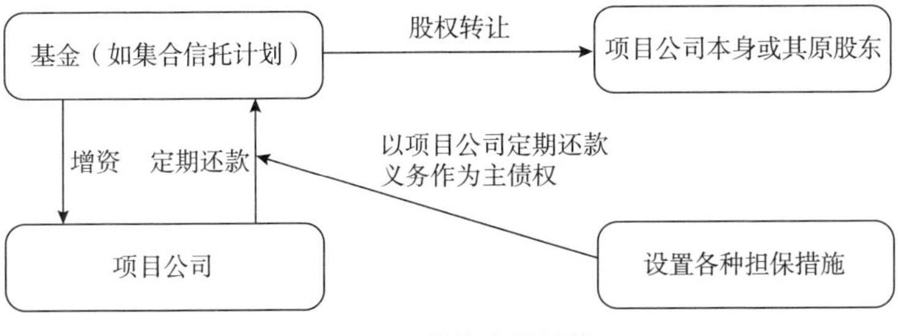

图2－4　具体交易结构

目面临的风险）

其二，通过第三方回购退出。基金以增资或股权转让的形式进入项目公司，原股东承诺以固定溢价回购股权实现退出；后来随着监管的加强，衍生出了第三方购买股权、给予原股东回购选择权等细分模式。具体交易结构如图2-5所示。该模式的交易结构并不复杂，主债权（但回购选择权的模式中无主债权）的法律基础比较坚实，但融资迹象过于明显，成为监管机构重点关注的对象，受到诸多限制。（参见本案例的专题分析：房地产信托的政策监管与产品创新）

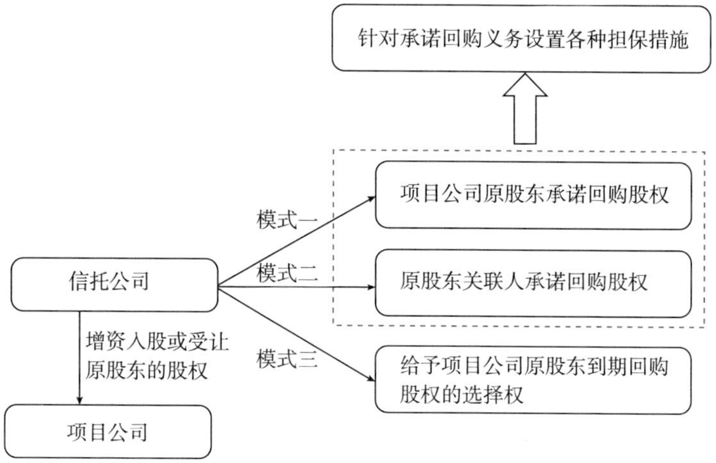

图2-5 具体交易结构

其三，通过股权分配退出。该模式的典型代表是本案例，实务中根据项目的具体情况，衍生出了多个变种，如股债比例不是1∶1的情况；实务中还有一种模式的交易结构与本案例类似，但比较简单，没有浮动分成、对赌条款、清算退出等带有基金色彩的条款设计（具体参见本书案例：中亮集团结构化股权融资项目）。该模式的优点是交易结构与投资基金非常相似，债权属性的隐蔽性强，容易突破监管机构对融资类项目的种种限制；但结构复杂，操作风险大，且不利于产品销售，具体分析如下。

一般来说，采用明股实债主要有如下几个方面的原因。

一是规避监管的需要，这是最常见的原因。在房地产信托的发展历程中，信托公司一直与监管机构玩着“猫捉老鼠”的游戏，明股实债模式的演化过程，也是监管政策逐步加强的过程，这一点笔者将在下文详细说明。

二是信托公司自身风险控制的需要。有的地产项目完全符合贷款条件，但信托公司基于对融资方的不信任，希望通过持有股权来控制项目公司以防范风险（具体参见本书案例：金福股份股债结合项目）；有的项目无法采用土地抵押（如土地已经押给其他金融机构），信托公司一般不会考虑股权质押，而是倾向于通过直接持有股权来控制风险。

三是融资方特定目的的需要。有的融资方希望通过股权融资来粉饰报表，但又不愿意分享股权收益；有的融资方为了灵活使用资金，不希望采用贷款模式等。

财务报表优化中的无解难题

在交易方案沟通过程中，俊丰地产特别关注财务报表的优化问题，希望在增厚股东权益的同时不增加项目公司和俊丰地产的有息负债率。实事求是地讲，在债权融资的基本前提下，这几乎是个无解的难题。

由于监管政策与自身风险控制的需要，信托公司先后排除了贷款、明股实债中通过项目公司退出及通过第三方回购退出等交易模式，最后确定了本案例中通过股权分配退出的准基金模式。

该模式以增资形式进入项目公司，表面上来看的确可以增厚项目公司的股东权益，但是，原本无息且无归还期限的股东借款在认购次级信托单位后变成需要按时还本付息的金融债权，项目公司将其计入有息负债是板上钉钉的事情。为了规避这一点，业务团队绞尽脑汁。最开始有人提出将借款利息改为项目公司应支付的财务顾问费，计费依据和支付频率与利息保持一致，但该操作的财务目的过于明显因而很快被否决。最后提出将财务顾问费的支付主体由项目公司改为俊丰地产的兄弟公司，在项目公司和俊丰地产层面均不体现这一费用，这样不被认定为有息负债的可能性比较大。

但是，这个费尽心机设计出来的交易方案却在融资方那里被否决了，后者认为，如果融资成本不由项目公司承担，后者将无法实现所得税和土地增值税的税前抵扣。这下信托公司要放弃了，这么多目的都要实现，怎么可能做得到？

在项目陷入僵持的时候，融资方告知业务团队，按照最开始的设计，将股东借款重组成需要按时还本付息的金融债权即可，有息负债问题由融资方自己去和会计师沟通解决。后来在私下交流的时候，业务团队发现融资方成功实现了自己的目的，这不得不令人感到惊奇。问及原因时，对方语焉不详，只是笼统地说该笔债权是之前形成的股东借款，并不是信托公司直接发放的贷款，所以做通了会计师的工作。

通过这件事情，笔者见识到了明股实债的交易模式与处事灵活的地产商结合后迸发出的强大而怪异的力量，这股力量潜伏在我国数额巨大的夹层融资项目中，最终会造成什么样的影响，目前还不得而知，但笔者已嗅到了一丝危机。

小专题

皇帝的新衣——明股实债中的报表优化

很多时候，信托公司之所以采用明股实债的模式，除了自身在监管和风险控制层面的考量外，还要顾及某些融资方对财务报表优化的诉求。根据开发商和具体项目的不同，这些诉求主要体现在相互关联的3个方面：增厚股东权益、隐藏债务、项目公司的并表或出表。

作为资金密集型行业，地产公司的资产负债率普遍偏高。从形式上来看，通过增资进入项目公司的交易模式的确可以增厚股东权益，并在一定程度上隐藏债务，这有利于开发商保持可接受的账面资产负债率，获得更多的授信和更高的评级，从而达到优化报表、增强表内融资能力的目的。

但是，从实质上来看，这些所谓的报表优化功能存在如下风险隐患。

其一，对于开发商来说，表内融资能力的增强使得其有加大杠杆的冲动，推高公司的实际负债水平。特别是对于很多拿地融资的项目来说，开发商在拿地阶段通过该模式获得一定的杠杆资金支持，当项目获得施工许可证后有可能选择不结束拿地融资而继续以土地抵押获得银行开发贷款，开发商在整个项目中的投入比例非常小，杠杆比例非常高。一旦房地产市场环境发生变化或金融监管政策收紧，开发商的资金链条将会受到严峻考验。过去几年出现兑付危机的房地产融资项目中，明股实债的交易模式占据了相当大的比重。

其二，对于金融机构来说，由于该类融资会在账面上增强现金类资产对债务的覆盖能力，债务的隐藏又从形式上降低了企业的资产负债率，使得金融机构高估了开发商的偿债能力。但明股实债本质上仍然属于债务，期限届满时开发商需要进行真实的现金支出，从而影响其实际现金流，造成一定的流动性压力。实务中，很多银行在审批开发贷款时，如果发现项目中有信托公司参与，即使是股权投资形式，银行也会进行审慎评估。如本项目在结束前，俊丰地产拟引入当地的富兴银行替换信托融资，该银行在了解到信托的交易结构后，提出必须先结束信托融资，并由俊丰地产成为项目公司的全资股东后，才可发放开发贷款。

其三，从严格意义上来讲，在通过项目公司退出和股权分配退出的模式中，项目公司虽然增加了资本金，但也承担了支付固定成本的义务，按照“实质重于形式”的会计原则，将其视为有息负债的可能性很大。而在第三方回购退出的模式中，项目公司虽然可以在增厚股东权益的同时不被认定为有息负债，但由于存在第三方（通常是项目公司的关联公司）对股权以固定价格回购，实质上是由母公司或其他关联方承担了还本付息的义务，在合并报表层面仍应体现为有息负债。当然，鉴于对有息负债和股东权益的确认由会计师根据具体合同条款自行判断，有一定的主观性和操作空间，为了达到隐藏负债的目的，有的开发商会采取附属或隐性合同、对会计师进行强力攻关或施压等手段。

在进行项目融资时，有的开发商希望做大资产规模，有较强的并表需求，不允许信托公司控股项目公司（如本案例）。而有的开发商则基于报表优化的考虑（如不纳入有息负债），有较强的出表需求，希望通过让渡控股权达到目的，但是仅仅让渡控股权能达到出表目的吗？

财务上的出表与否并不取决于法律上的控股权，而是取决于开发商能否对项目公司进行“控制”。根据《企业会计准则第33号——合并财务报表》的规定，“控制”的定义是：投资方拥有对被投资方的权力，通过参与被投资方的相关活动而享有可变回报，并且有能力运用对被投资方的权力影响其回报金额。在实务操作中，的确有很多信托公司持有项目公司的大部分股权（有的甚至是100%的股权），也据此在项目公司中拥有股东大会的表决权，同时拥有向项目公司派驻董事的权力，简单按照持股比例判断出表似乎顺理成章。但实际上，信托公司在整个交易安排中获取的是固定收益，派驻董事和行使股东表决权主要是对可能损害自身利益的议案行使否决权，而不是主动参与经营管理决策。因此，无论持股比例高低，也无论开发商是否有还本付息的法定义务（如赋予开发商股权回购选择权），只要项目公司在开发商的实质控制之下，都应该纳入合并报表。

但是，需要指出的是，在出表与否的判断中，交易条款的设计比较关键，有时甚至具有很强的欺骗性。笔者接触过某项目，信托公司通过收购持有项目公司的全部股权，且在董事会的5个席位中占据4席，轻而易举地达到了出表要求，但是从实际操作来看，整个项目都在开发商的实际控制之下，股东会和董事会基本成了摆设，这种情况下的“出表”自然经不起推敲。另外，由于“控制”的可解释空间比较大，在出表与否的判断中，会计师的意见几乎起着决定性作用。在很多希望出表的股权融资项目中，除了在交易条款的设计上煞费苦心外，开发商还会采取各种手段去影响甚至左右会计师的意见。

综上所述，笔者认为，无论明股实债的方案怎么设计，本质都是债权，与一般的贷款并无实质区别；而且，不管合同条款怎么安排，开发商都不愿意失去对项目的控制权。所以，明股实债所谓的报表优化功能，更多的是各种力量博弈后的虚幻存在，经不起认真推敲。对于开发商而言，由于明股实债的债权属性，使得报表优化的诉求只能通过形式上掩耳盗铃式的条款设计和给会计师施加压力得到满足，犹如“皇帝的新衣”，很多人都能看出来，但谁也不会说出去。

结构化比例的安排与税务问题

本项目的优先级/次级、股权/债权比例均为1：1，这使债权本息可以轻松覆盖优先级本金和收益。但在实务中，有的项目公司原股东能拿出来认购次级信托单位的债权金额不足，如某信托公司承做同样交易结构的地产项目，优先级投资者交付的信托资金是20亿元，而次级投资者交付的债权本金只有10亿元，二者达不到1：1的比例。这样一来，债权所提供的“安全垫”不足以覆盖优先级本金，而且由于优先级本金的期间收益全部依靠债权利息产生，因此债权的利率设置将超过原定利率的两倍［如原定20亿元优先级本金的年化收益率为8%，为了使债权利息能够覆盖该收益（没有计算信托报酬及其他税费），则10亿元债权的年利率必须不低于16%］。这可能产生相应的税务风险。

其一，就所得税而言，由于该利率远高于目前市场同类同期金融机构贷款的利率水平，根据税收法规及关联交易相关规定，除有充足证据证明关联方利息支出按独立交易原则进行定价的情况之外，税务机关有权对该利率按照核定利率水平（参照标准通常是市场同类同期金融机构贷款利率水平）进行调整；若上述利息不能全额据实抵扣，则项目公司将产生额外的所得税负担。

其二，就土地增值税而言，根据财政部关于印发《中华人民共和国土地增值税暂行条例实施细则》的通知（财法字〔1995〕第6号）规定：财务费用中的利息支出，凡能够按转让房地产项目计算分摊并提供金融机构证明的，允许据实扣除，但最高不能超过按商业银行同类同期贷款利率计算的金额。这种情况下项目公司可以抵扣的贷款利息可能更少（因为信托私募的贷款利率一般高于商业银行），项目公司的税务负担更重。

小专题

明股实债在项目公司层面的税务处理

明股实债本质上属于债权融资，不管采取什么交易模式，融资方最终都要付出固定成本。这些成本能否在项目公司层面进行税前抵扣，成为企业非常关注的问题。笔者认为，3种不同操作模式的明股实债，在项目公司层面的税务处理上具有较大的差异。

在通过股权分配退出的模式中（如本案例），股权退出以信托财产分配的形式实现，项目公司并没有支付溢价，也没有所谓的成本抵扣；但是，该模式下原股东用其持有的股东借款认购次级信托单位后，原本不计息且无期限的股东借款成了有利率和期限的金融债权，该部分利息成本是可以进行所得税与土地增值税的税前抵扣的。当然，如果金融债权的利息成本过高，融资方可能面临无法全额抵扣的问题，这就要考验融资方与税务局的沟通、公关能力了。

在通过第三方回购退出的模式中，融资成本是第三方（包括原股东）通过支付回购溢价款的形式体现的，对项目公司来说只是换了股东而已，自身并无任何形式的成本支出，自然无法实现任何税务抵扣。但是，如果该第三方与项目公司签署一份协议，约定回购溢价是代项目公司支付的，则有一定的运作空间，如果与税务局沟通顺畅，项目公司就有可能实现所得税和增值税的税前抵扣。

比较特殊的是通过项目公司退出的模式。在该模式下，项目公司以增资形式获得了资金支持，且通过固定分红或溢价等方式支付了资金使用成本，与贷款具有很高的相似性。此时项目公司能否实现税前抵扣，各地的做法不尽相同。有的将其视同贷款可以抵扣，有的则坚持认为是股权投资，不允许抵扣，不同做法对项目公司的影响见表2-2。

值得注意的是，2013年7月15日，国家税务总局发布了《关于企业混合性投资业务企业所得税处理问题的公告》（国家税务总局公告2013年第41号），公告规定如下。

一、企业混合性投资业务，是指兼具权益和债权双重特性的投资业

表 2-2　通过项目公司退出模式的明股实债中不同税务处理的影响

	视作股权投资时对项目公司的税务影响	视作贷款融资时对项目公司的税务影响
企业所得税	支付的溢价作为税后利润分配，不得税前列支	支付的溢价视同利息，在不高于金融机构同期同类贷款利率计算的部分内可以税前抵扣
土地增值税	支付的溢价不能视同利息，不能作为计算土地增值税的扣减项	支付的溢价视同利息，可以作为计算土地增值税时的扣减项按规定扣除

务。同时符合下列条件的混合性投资业务，按本公告进行企业所得税处理：

（一）被投资企业接受投资后，需要按投资合同或协议约定的利率定期支付利息（或定期支付保底利息、固定利润、固定股息，下同）；

（二）有明确的投资期限或特定的投资条件，并在投资期满或者满足特定投资条件后，被投资企业需要赎回投资或偿还本金；

（三）投资企业对被投资企业净资产不拥有所有权；

（四）投资企业不具有选举权和被选举权；

（五）投资企业不参与被投资企业日常生产经营活动。

二、符合本公告第一条规定的混合性投资业务，按下列规定进行企业所得税处理：

（一）对于被投资企业支付的利息，投资企业应于被投资企业应付利息的日期，确认收入的实现并计入当期应纳税所得额；被投资企业应于应付利息的日期，确认利息支出，并按税法和《国家税务总局关于企业所得税若干问题的公告》（国家税务总局公告 2011 年第 34 号）第一条的规定，进行税前扣除；

（二）对于被投资企业赎回的投资，投资双方应于赎回时将赎价与投资成本之间的差额确认为债务重组损益，分别计入当期应纳税所得额。

该公告出台后，不少人拍手叫好，认为是对信托型明股实债类项目的重大利好。笔者认为，该公告从实质重于形式的原则出发，明确了何种情况下混合型投资可以界定为债权投资，在一定程度上的确有利于房地产企业的信托融资。但是，该公告对融资结构的要求极为苛刻，适用范围非常有限，同时在法律上存在天然缺陷，具体表现如下。

其一，混合性投资仅适用于通过项目公司退出的模式，对于实务中大量存在的第三方回购退出的模式并不适用，这大大限制了其适用范围。而且，正如前文所述，通过项目公司退出的模式混淆了股权与债权的区别，主债权的法律基础不稳，在项目出险后容易被认定为主债权无效，进而导致担保无效，为迎合企业税务优化需求的信托公司在采用该模式时需格外谨慎。

其二，混合性投资要求项目公司赎回股权，由于《公司法》规定除个别情况外，项目公司一般不能收购自身股权，因此项目公司只有通过减资才能赎回股权，而减资涉及的程序比第三方回购股权要烦琐得多。

其三，该公告要求信托公司在项目公司中不具有选举权和被选举权，而且不得参与被投资企业的日常经营活动，这在实务中很难做到。因为明股实债类项目通常缺乏充足的资产抵押，为控制风险，信托公司一般会向项目公司派驻财务代表，并监控公司的印章、证照及重要的法律文件；在公司治理层面会要求派驻董事，并且该董事对公司的重大决策（如对外融资和担保等）具有一票否决权，有的甚至要求在董事会中占据大对多数席位。这些管控措施的存在，导致根本无法适用该公告。

当然，国家税务总局关于该公告的解读，对信托公司在项目公司中的选举权及参与日常经营问题做了扩大化解释，解释规定：被投资企业在选举董事会、监事会成员时，投资企业不能按持股比例进行表决或被选为成员；不参与被投资企业的日常生产经营活动，但是如果投资资金指定了专门用途，投资方企业可以监督其资金运用情况。这些扩大解释虽然对信托公司参与项目公司治理提供了一定的空间，但该空间很小，实务中适用本公告仍存在很大障碍。

所以，笔者认为，从实务角度来看，该公告的意义不大。如果想要适用它，需要承受法律基础薄弱和管控缺失带来的风险，这对交易对手的要求非常高，通常只能选择实力雄厚、资信优质的大型品牌开发商。

明股实债包装术：如何将债权融资包装成股权投资基金

“名股实债”最初是通过股权转让附加远期回购协议来实现的，但由于此种处理方式较为直白，已被监管机构认定为等同于融资行为。本项目打着基金的旗号，仅有对赌条款且无远期回购协议，该包装方法是实现“名股实债”融资目的的技术手段。

为了使本次融资看起来像一支股权投资基金，业务团队在进行整体方案设计的时候煞费苦心，从如下 5 个方面对方案进行了全方位包装。

其一，采用投资类项目的产品名称。如本项目的信托计划取名为“中能信托·俊丰地产股权投资基金项目集合信托计划”，从名称上看完全是一个基金类产品，在监管报备的时候会给人一种投资类项目的印象；反观一些项目不太注意取名这个细节，一不小心就会露出马脚。

其二，方案中无任何“回购”字眼儿。本项目的实际融资期限是 1 年，即将到期的时候利用对赌条款退出。在这个正常退出的时点上，方案中没有出现任何“回购”的字眼，而是借助由于对赌条件未达到、保护优先级投资者利益的理由，作为受托人的中能信托要求项目公司提前偿还股东借款，受托人在扣除信托费用后，以现金的形式向次级投资者分配信托利益，并将剩余信托财产向次级投资者分配。在这个时点上，信托计划仅是将项目公司股权（即剩余信托财产）向次级投资者分配，就结束了向融资方提供信托融资的整个过程。而且从融资方的角度来看，也不希望为自己附加一个“回购义务”，因为在企业已经启动上市流程的当口，该安排很有可能会被认定为负债，从而违背自己的融资初衷。

其三，项目最终的退出方式采用模拟清算。① 如果达到了对赌目标，信托计划将于“项目销售达到 85%”与“信托计划届满 34 个月”两者中的较早时点，以模拟清算的方式退出。这样的安排使得即使对赌目标达成了，信托计划退出的时点也不是完全固定的，而且最终的股权退出

① 模拟清算是房地产股权投资基金项目常见的退出方式，在基金的投资期限届满或特定条件达成时，按照事前确定的标准对项目未实现销售的房产估算销售金额，加上已售房产的销售金额，减去项目公司应承担的税费，计算出项目公司应获取的利润，从而得出基金所持有股权对应的价值，基金以该价值为基础通过股权转让或分红等形式退出项目。

价格也不是一个事先确定好的固定价格（这一点非常重要），需要进行模拟清算。这种处理方式完全符合股权投资类项目的特点，从监管机构的角度来看很难挑出毛病。

其四，项目公司的管控体系按基金类项目执行。本项目在后期管控上完全按照基金类项目去设计与执行，不仅能更好地控制风险，也能将本项目更为逼真地包装成投资类产品。具体来说，在项目公司的治理上，中能信托委派一名董事，对所有投融资和对外担保事项享有一票否决权；在项目管控上，涵盖了资金管理、工程进度管理和房产销售这3个核心环节。

其五，投资者的收益和信托报酬存在浮动部分。对于监管机构而言，判断某个项目属于融资类还是投资类，最关键的一点在于该信托计划的投资者是否享有浮动收益，若仅仅享有固定收益，则很难被认定为投资类项目。在本项目中，不仅次级投资者的预期收益完全是浮动的，优先级投资者的预期收益也分为固定和浮动两部分。同样，受托人所收取的信托报酬也分为固定与浮动两部分，体现了对于投资类项目管理者正向激励的特点。

看似花里胡哨的包装，实际上是信托公司为促成项目、满足各方要求（特别是金融监管要求）的无奈之举。穿透层层外衣，我们看到的却是一个普通的房地产贷款项目。这种包装可能会在监管层面获得一定程度的认可，但如果项目出险，各方诉诸司法，法院会如何认定，存在一定的不确定性。

需要注意的是，2017年8月9日，最高院发布了《关于进一步加强金融审判工作的若干意见》（法发〔2017〕第20号）。意见第一条即规定，对以金融创新为名掩盖金融风险、规避金融监管、进行制度套利的金融违规行为，要以其实际构成的法律关系确定其效力和各方的权利义务。很明显，这是要对制度套利行为的效力进行穿透审查。如果按照这种审判思路，明股实债类项目有可能会被视为贷款行为，这种情况下如何确认各种法律关系的效力，包括持股行为、股权回购行为、股权分配行为以及依附原来主债权的担保行为等，将会是信托公司面临的严峻挑战。

对赌条款的设置

业务团队的创新方案实现了3个目的：（1）达成了俊丰地产在优化报表的前提下扩大可灵活运用资金的需求；（2）保障了中能信托在1年后以固定回报的方式退出项目；（3）规避了监管部门对地产项目债权类融资的监管要求。在整个交易结构设计中，对赌条款的设置是达成上述目标的关键点。

实务中，对赌条款的设置要把握好“度”。如果条件设置得过高，按同类项目建设运营情况推断属于完全不可能达成的事项，不但容易被监管机构看出隐藏于背后的意图，而且不排除交易对手以对赌条款设置不合理为由主张撤销该条款，从而使整个信托计划陷入僵局；如果条件设置得太低，很容易达成，则本来的债权融资就变成了真的股权投资，这是交易对手难以接受的。

在本案例中，业务团队充分考虑了合理性和达成的概率，将对赌条款设置成如下3项：截至考核日（即信托计划届满10个月时），项目累计实现的销售回款资金达到或超过30亿元；项目一期住宅地块项目完成竣工验收备案，达到办理分户产权证的条件；项目的商业、办公楼等业态完成竣工验收备案。3项指标同时达成，才算达到对赌条款的考核要求。

信托计划届满10个月时，如果项目公司未达到对赌条件，根据合同约定，作为受托人的中能信托出于保护优先级受益人利益的审慎考虑，有权选择触发加速到期条款，即要求项目公司提前偿还作为信托财产的债权本金和剩余利息。此时，优先级投资者仅享受固定收益，不再享有浮动收益。受托人在扣除信托费用后，将剩余的信托财产（主要是项目公司49%的股权）分配给次级投资者即俊丰地产，结束信托计划。

结合项目的实际情况来看，如果俊丰地产努力争取的话，上述经营目标是可以达到的，这体现了一定的合理性和公平性；同时，在达成条件的设置上又考虑了概率因素，即信托计划届满10个月时，俊丰地产同时完成3项经营目标的概率是比较低的（最重要的是，俊丰地产对该经营目标的达成拥有很大主动权），最终实现了对赌条款的真实目的。

小专题 对赌条款及其在我国房地产信托中的运用

对赌条款，又称估值调整协议，是指投资方与融资方在达成协议时，双方对于未来不确定情况进行应对的一种约定。若被投公司达成目标，投资者会相应调高估值；若未达成目标，则投资者有权获得一定的补偿。在实践中，这种补偿通常以现金给付或股权转让的形式来实现，有时也可能通过增加或减弱投资者对企业的控制权来实现。因此，约定对赌条款的双方赌的是企业未来一定时期内能否达成一定目标，对赌筹码是双方的股权、现金或公司控制权等权益。

对赌条款产生的根源是企业未来盈利能力的不确定性，其设置的目的是尽可能实现投资交易的合理和公平。它既是投资方利益的保护伞，又对融资方起着一定的激励作用。因此，对赌条款本质上是一种以财务指标为基础、以带有附加条件的价值评估为内容、以股权或相关权益调整为结果的投资工具。其目的是将投资方和融资方眼下对企业估值的分歧放到未来进行调整，从而促进当下交易的达成。

对赌条款是风险投资发展到一定阶段的产物，其形式和内容极为灵活。国际PE（私募股权）投资机构在进入中国市场时，将对赌条款带入了中国的PE投资实践，如摩根士丹利（Morgan Stanley）及鼎晖（CDH Investments）等投资蒙牛乳业的“对赌”，摩根士丹利投资永乐电器的“对赌”，凯雷集团（Carlyle Group）并购徐工集团的“对赌”等。

在我国，对赌条款还没有成为一种制度设置，实务中采用得较少，对赌的内容也较为单一，主要集中在财务绩效（如营业收入、净利润、增长率等）和企业上市两个方面。主要的形式包括：如企业经营业绩未达预期或不能如期上市，投资者可要求得到相应补偿或进行回购并加收一定利息等。

作为舶来品，对赌条款在我国的司法实践中有点“水土不服”，司法判例“海富投资与甘肃世恒案”引起了广泛关注。在该案例中，作为战略投资者的海富投资与甘肃世恒及其控股股东香港迪亚签署了《增资协议书》，约定海富投资以现金出资 2 000 万元，获得甘肃世恒 3.85% 的股权，并针对后者的财务绩效约定了对赌条款，具体操作模式如图 2－6 所示。

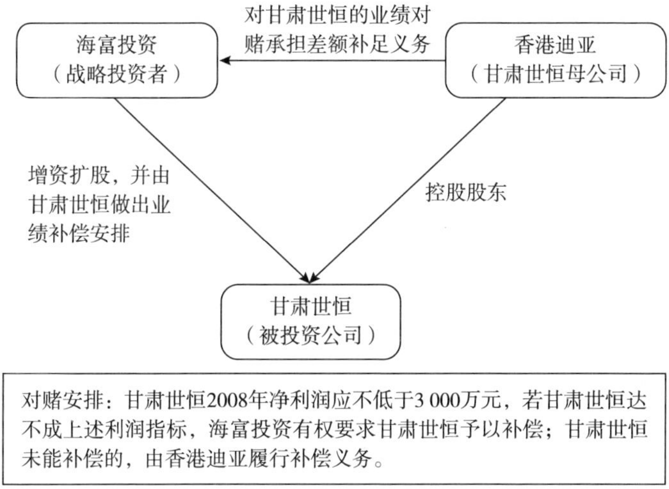

图 2－6　“海富投资与甘肃世恒案”的对赌模式

后来甘肃世恒未达到上述净利润指标且拒不履行补偿义务，香港迪亚也未按照约定履行连带补偿义务，海富投资提起诉讼。历经一审二审后，最高法院终审判决认为：海富投资与甘肃世恒之间的赔偿约定，使得海富投资可以获取相对固定的收益，该收益脱离了甘肃世恒的经营业绩，损害了甘肃世恒和公司债权人的利益，这部分条款是无效的。但海富投资与香港迪亚的赔偿约定，并不损害甘肃世恒和公司债权人的利益，不违反法律法规的禁止性规定，是当事人的真实意思表示，是有效的。该案首次以最高院判决的形式确定了对赌协议的合法性，夯实了投资行业的制度基础，以此确立了投资对赌的基本原则，即被投资公司不能作为对赌对象，创始股东可以作为对赌对象。

被引入国内后，对赌条款不仅在PE界得到广泛运用，而且被移植到产品创新极为活跃的房地产信托领域。当然，此时的对赌条款基本上已经失去了原来的价值，成为信托公司规避监管或达成其他目的的工具。但是，对赌条款要如何设计才能避免被判定无效？实务中需要注意什么问题？笔者觉得上述判决可以提供一些参考。

首先，从收益支付的角度来看，按照判决要求，基金在房地产股权类项目（包括明股实债和股权投资基金）中不得以股东身份要求项目公司承担固定金额的付款义务。对于房地产融资项目而言，后文所述的某信托公司的明股实债司法纠纷就违反了这一原则（具体参见小专题：明股实债项目面临的风险）；对于房地产股权投资基金来说，不得要求项目公司承担最低利润标准，但可以约定如果项目公司达不到最低利润标准，原股东须承担补足义务。

其次，从本金回收的角度来看，在对赌条款中，约定对赌目标未能达到时，由被投资公司或其原股东回购信托计划所持股权的安排最为常见。若约定的回购主体是被投资公司，那么回购安排会因违反《公司法》的规定以及损害被投资公司、其他股东和债权人的利益而被认定为无效；若约定的回购主体是原股东或其他第三方，且是各方真实的意思表示，则属于有效约定。

此外，对赌条款的内容设置应尽量公平合理，因为一旦发生纠纷，法院会重点考察对赌条款在约定之初是否明显损害了第三方的利益。因此，信托公司在设置对赌条款时应尽量核实交易对手的经营状况、行业前景、项目的具体开发建设和销售情况等，设定较为公平合理的对赌条件，并明确补偿款或回购款的计算方式。

综上所述，笔者认为，在房地产信托融资中，对赌条款的运用需要从对赌对象、对赌条件和对赌时间3个维度来做好安排，具体如图2－7所示。

对赌对象：只能是原股东或其他第三方，不能是被投资的项目公司
对赌条件：要把握好度；标准要简单明确；条件通常是销售回款和进度指标
对赌时间：与融资类项目的到期时间相衔接（两个时间点：对赌时间、基金时间）

图 2－7　对赌条款设计的 3 个维度

增信保障措施

本案例的增信措施包括各种担保、资金监管和项目管控等，大都比较常规，在其他案例中均有涉及，此处不再赘述，下面重点谈谈几个比较特殊的风控机制。

结构化增信措施

俊丰地产以其持有的针对项目公司的 7 亿元股东借款债权认购次级信托单位，为优先级资金提供“安全垫”。为确保股东借款合法有效地转移给中能信托，需要经过如下几个步骤。

第一步，俊丰地产与项目公司提供该股东借款形成的基础法律文件和资金划付的有效凭证，业务团队聘请中介机构（律师事务所和会计师事务所）进行专项调查以确定该债权的形成和存续真实且不存在任何瑕疵。

第二步，俊丰地产与项目公司签署书面的《债权债务确认书》，确认股东借款的债权金额并由项目公司保证放弃该债权项下可能存在的任何优先权、抵押权、抗辩权等。

第三步，俊丰地产与中能信托签署《财产权信托合同》及《债权转让合同》，前者明确以债权认购次级信托单位，确定双方的信托关系，后者落实债权转让中的具体权利义务。

第四步，中能信托与项目公司签署书面的《债权债务确认书》，重新确定债权本金利息及相应的支付方式，同时将该《债权债务确认书》作为主债权设定系列担保措施。

小专题

股东借款的有效性分析

在我国相当长一段时间内，作为非金融机构的企业间的借贷行为都是无效的。1991年最高院颁布《关于人民法院审理借贷案件的若干意见》[法（民）〔1991〕第21号]对民间借贷主体仅限于至少一方是公民（自然人），而对于企业之间的借贷行为（包括股东借款），按照央行1996年颁布的《贷款通则》和最高院司法解释的规定，一般以违反国家金融监管而被认定为无效。这种规定对信托公司某些结构化方案的设计造成很大阻碍。《信托法》规定，设立信托，必须有确定的信托财产，并且该信托财产必须是委托人合法所有的财产，该财产包括合法的财产权利。如果股东借款是无效的，就不是合法的财产权利，以其来认购次级信托单位可能导致信托的设立行为无效。

但是，值得欣慰的是，2015年8月6日，最高院正式发布《最高人民法院关于审理民间借贷案件适用法律若干问题的规定》（法释〔2015〕第18号），首次确认了企业间的借贷效力。该规定第十一条明确规定："法人之间、其他组织之间以及它们相互之间为生产、经营需要订立的民间借贷合同，除存在《合同法》第五十二条、本规定第十四条规定的情形外，当事人主张民间借贷合同有效的，人民法院应予支持。"而《合同法》第五十二条、该规定第十四条规定的都是在特定情形下合同无效或借贷无效的事由。由此可以得知，房地产企业内部关联公司之间基于正常的生产经营需要产生的借款（包括股东借款）的效力得到了法律认可。

次级受益人放弃受益人大会的表决权

在很多结构化的房地产信托融资中，次级受益人在受益人大会上的表决权问题属于隐藏很深的风险点。在本案例中，俊丰地产有两个身份，一是融资方，二是信托计划的次级受益人。值得注意的是，俊丰地产作为次级受益人加入信托计划只是方案设计的需要，并不是真的要进行理财投资，在各自利益诉求不一致的情况下，其与优先级受益人在很多方面是对立的，而作为受托人的信托公司首先需要维护的是作为优先级受益人的公众投资者的利益，这就需要制定出相应的措施，避免次级受益人借助《信托法》赋予的权利损害优先级受益人的利益。

例如，受益人大会讨论表决的事项，很多时候与信托资金的回收密切相关（如项目出险，是否需要采取诉讼查封措施等），该表决事项可能会直接损害作为次级受益人的融资方的利益。在这种情况下，如果次级受益人也参与表决（根据《信托法》的规定，其拥有该权利），毫无疑问将会投否决票，由于其持有的信托单位占据了全部信托单位的一半，很容易造成所议事项无法推进，进而损害优先级受益人的利益。基于这种考虑，在本案例中，业务团队要求次级受益人（俊丰地产）出具不可撤销的书面承诺函，放弃在受益人大会上的表决权。

增资款使用中的风险控制手段

根据交易方案的安排，项目公司收到7亿元的增资款后，2亿元用于四季花城项目的开发建设，剩余5亿元中的1.5亿元以归还股东借款的形式支付给俊丰地产，另外3.5亿元以借款的形式支付给俊丰地产。这种安排有两个地方值得关注。

其一，留存2亿元用于四季花城项目的开发建设。最开始沟通方案时，俊丰地产希望拿走全部增资款，但截至放款时，俊丰地产对该项目的投入总额为9.5亿元（包括9.3亿元的土地款），如果将7亿元全部调走，则对于一个总投资接近30亿元（包括股东投入、开发贷款和销售资金返投）的大型地产项目来讲，融资方的真实投入只有2.5亿元，道德风险太大；另外，此时项目上的留存现金不足2 000万元，在银行开发贷款进入之前，项目公司的大额资金需求只能依赖俊丰地产的输血来实现，这种潜在的资金短缺风险是金融机构所无法容忍的。经与融资方反复沟通，最终确定留存2亿元用于项目开发，剩余5亿元由俊丰地产调走。

其二，5亿元的资金划拨与信息披露。在5亿元的资金划拨上，业务团队最开始希望直接以往来款的形式一笔划给俊丰地产，但遭到了中能信托法律部的强烈反对，后者认为，从法律上讲，项目公司的增资款只能用于项目本身的支出，不能无端划走，否则信托公司作为受托人没有尽到谨慎尽职的责任。但是，四季花城项目的总包方是国有建筑企业，与俊丰地产没有任何关联关系，无法通过走账的形式把资金套出来。在之前9.5亿元的股东投入方面，1亿元是注册资本，另外8.5亿元是股东借款；在俊丰地产以7亿元股东借款债权认购次级信托单位后，还拥有针对项目公司的1.5亿元的股东借款。基于此，业务团队重新设计了资金划拨方案：1.5亿元以归还股东借款的形式支付给俊丰地产，另外3.5亿元以借款的形式划给俊丰地产。可以说，该方案在资金划拨的依据上还是比较靠得住的，但法律部仍然不太满意，认为1.5亿元归还股东借款说得过去，但3.5亿元借给俊丰地产有向大股东进行利益输送的嫌疑，信托公司作为持股49%的股东，仍然有可能被投资者认为未尽到谨慎尽职的责任。最后，法律部给出了补充解决方案：项目公司与俊丰地产签署书面的《借款协议》（明确借款是无息的），同时在《信托合同》中将5亿元增资款的使用向投资者进行充分的信息披露，以减轻受托人的责任。

小专题

信息披露与受托人的责任

在“受人之托，代人理财”的信托业务中，“买者自负”是一个重要的风险评判标准。在不考虑刚性兑付的情况下，除非信托公司故意或因重大过失违背了《信托合同》的约定、处理信托事务不当造成了信托财产损失，应当以固有财产向投资者赔偿，否则，投资者应自行承担信托财产的损失风险。但是，何谓“处理信托事务不当”，法律上并没有明确标准。实务中，信托公司为规避风险，在《信托合同》的条款设计上颇费思量，其中信息披露就是一个重要手段。

信托公司在交易方案的谈判设计中，总会因为某些客观原因或交易对手不配合而遇到一些无法解决的风险点，此时信托公司一般会在《信托合同》中向投资者进行详细披露，以规避或弱化信托公司应承担的责任。如在本项目中，俊丰地产虽然将其持有的项目公司51%的股权质押给信托计划，但是与常规的信托融资不同，由于增资行为带来的股权变动，股权质押手续在增资行为完成前（即信托计划成立前）是无法办理的。这里会有一个潜在的风险，即信托计划成立并完成放款后，由于工商局或融资方不配合，可能导致股权质押手续的办理大大延迟甚至落空。业务团队在起草《信托合同》时如果仅仅说明股权质押这个担保措施，没有将质押手续办理的特殊风险详细披露，一旦出险，受托人面临的潜在责任不容小觑。

作为一种重要的责任弱化手段，特定风险的信息披露在平衡业务承做与风险承担方面起到了重要作用。很多时候，业务团队与风险部门在就某个无法解决的风险点上僵持不下而公司最终决定承做项目时，都会要求将该风险在《信托合同》中进行详细披露。但是，需要指出的是，这里披露的风险限于市场风险和信用风险、操作风险等，对于处在风控红线的法律合规类风险，即使进行了披露，也无法免除受托人的任何责任。例如，前文所述的3.5亿元的增资款是以借款的方式划给俊丰地产的，如果当时最高院没有以司法解释的形式肯定企业之间借贷的效力，信托公司想以信息披露的方式来减轻自己的责任是不可能的。

公司决策机制中的一票否决权

在很多明股实债类项目中，信托公司虽然持有项目公司股权，但并不介入公司的日常运营管理，只是在董事会中派驻一名董事，并通过章程赋予该董事一票否决权，即项目公司在对外投资、融资和担保等重大事项上，需要全体董事一致通过方可实施。同时，在有些融资方占据控股地位的项目中，为了防止融资方通过操纵股东会来改选董事，同时在公司章程中约定，项目公司的股东会决议，需要全体股东一致同意方为有效。

实务中，如果信托公司在项目后期管理上比较到位且融资方愿意配合，这种管控方式可以起到应有的效果。但是，值得注意的是，这种一票否决权的效力在法律界存在争议。本案例的外聘律师出具的法律意见为，通过章程在股东会层面赋予小股东一票否决权是没有问题的，因为《公司法》第四十二条规定："股东会会议由股东按照出资比例行使表决权；但是，公司章程另有规定的除外"；第四十三条第一款规定："股东会的议事方式和表决程序，除本法有规定的外，由公司章程规定"。

但是，对于有限公司（请注意，不包括股份公司），通过章程赋予部分董事享有一票否决权无效。《公司法》第四十八条第一款规定："董事会的议事方式和表决程序，除本法有规定的外，由公司章程规定"。第三款规定："董事会决议的表决，实行一人一票"。该律师认为，在有限公司股东会制度里，《公司法》把股东会的议事方式和表决程序与如何确定股东的表决权分开规定，并以"但书"的方式授权有限公司在章程里变更"资本多数决"制度。按照相似事务相似处理的原则，如果《公司法》允许公司章程变更"董事会决议的表决，实行一人一票"的规定，也应当把董事会的议事方式和表决程序与如何确定董事的表决权分开规定，并且也应该留有"但书"。《公司法》没有这样处理，说明立法者的本意是不允许以公司章程变更"董事会决议的表决，实行一人一票"的规定。换言之，约定某位董事享有一票否决权与《公司法》"一人一票"的表决机制相违背，应属无效。

同时，该律师认为，"董事一票否决权"的无效可能导致公司章程在工商局无法备案。实践中，有些地方的工商局对载有"董事一票否决权"条款的公司章程直接拒绝备案。有的地方的工商局虽然对各种个性化章程都予以备案，但会要求章程中载有特定的“保留条款”，例如，要求章程中载明：“本章程与法律法规不符的，以法律法规的规定为准”。这就意味着虽然公司章程能够备案，但并不保证“董事一票否决权”条款一定有效。任何时候当事人对此提出异议，都可以通过诉讼要求法院认定其效力。一旦这种章程条款被法院认定无效，信托公司将会陷入被动，且很难补救，因为重新协商修订章程的可能性很低。

对于律师的意见，中能信托非常纠结。由于俊丰地产正在进行IPO（首次公开募股）流程，希望对项目公司并表，不同意让渡项目公司的控股权，更不愿意丧失董事会的多数席位。作为整体风控方案的重要一环，中能信托如果没有董事会层面的一票否决权，将会在对项目公司的管控中丧失重要的法律依据。最后，考虑到其他律师从意思自治的角度肯定了“董事一票否决权”的效力，且该措施是很多知名私募基金的通用做法，本着“风控措施宁多勿少”的原则，还是采纳了该措施。

小专题

明股实债项目中一票否决权的管辖范围

在明股实债类项目中，信托公司通常会向项目公司派驻一名董事，并通过公司章程赋予该董事一票否决权来管控项目公司的重大事项。一般来说，全国性的品牌开发商比较强势，不会轻易接受一票否决权的安排；而实力太弱的开发商开发能力比较差，道德风险较高，信托公司基于声誉风险的考虑一般也不会持有项目公司的股权。所以，一票否决权常常存在于具有强烈扩张冲动的区域性品牌开发商的股权融资中。而根据交易对手和项目具体情况的不同，一票否决权的范围也不尽相同，明股实债项目中一票否决权的管辖范围见表2-3。

表 2－3　明股实债项目中一票否决权的管辖范围

事项	明股实债类项目中信托公司派驻董事行使一票否决权的情况
公司层面	修改公司章程 制定公司的利润分配方案和弥补亏损方案 制定公司增加或减少注册资本的方案 拟定公司合并、分立、变更公司形式或解散的方案 决定公司董事会人数的变更以及改变董事会议事程序和表决机制
财务、预算及资金监管	审批公司基本的财务制度 审批年度、季度、月度资金预算和决算方案 审批总金额达到一定标准的重大对外经济合同（该标准需要根据信托公司的风险偏好及项目公司的具体运营需求来拟定，例如100万元以上或连续3个月内累计总金额超过500万元的对外经济合同） 审批公司的对外投资、贷款、非贷款型融资、对外担保等事项 审批总金额较大的重大资产购置、处分等事项（该标准需要根据信托公司的风险偏好及项目公司的具体运营需求来拟定） 审批公司经理层的工资薪酬及其他待遇事项
项目销售	审批项目的销售计划和销售方案 审批提高或降低项目销售单价的方案
工程监管	审批月度工程预算、决算方案即季度工程预算、决算方案 决定推迟或加快工程进度
其他重要事项（兜底性条款）	其他可能影响公司正常运营、对公司财产产生重大影响或者可能会使项目公司陷入重大诉讼或仲裁的议案

销售资金监管中的特殊机制

业务团队最开始提出的销售款监管方案是：项目每销售一平方米，按照一定比例提取保证金，该部分保证金除了认购理财产品外不得用于其他方面。但该方案遭到了俊丰地产的反对，后者认为整个项目的销售资金预计有60亿元，而本次融资金额才7亿元，开始的销售回款根本不应该监管，提出只有在销售回款比例超过60%（此时项目还有20多亿元的剩余回款）才有监管的必要；而且监管的资金如果不能用于项目再投入，资金会被闲置，实际融资成本很高。

俊丰地产的意见有一定的合理性，但是考虑到项目以高端住宅为主，去化速度较慢，设定比较高的销售比例风险较大，而且如果监管资金全部可以用于项目再投入，俊丰地产可能会通过各种形式将资金套走，资金监管将会流于形式。经过数轮博弈，俊丰地产最终提出如下监管方案，且不愿意再做让步：项目销售回款进账额在未达到项目销售总额的40%之前，中能信托同意该部分资金由俊丰地产自由投入项目使用；项目销售回款进账额大于项目销售总额的40%以上的部分需要按比例留存在资金监管账户中，留存比例为30%；当监管账户中留存的项目销售回款余额大于2亿元时，俊丰地产可以向中能信托提出书面申请使用超额资金。

实事求是地讲，俊丰地产在监管方案的谈判中是比较强势的。对于一个没有任何资产（包括土地）抵押的融资项目，业务团队在销售款监控方面做出了不小的让步，主要原因是认可俊丰地产作为大型开发商的综合实力，其整体的经营性和融资性现金流是不错的，加上对项目公司的管控比较到位，可以有效控制风险。

但是，最终的监管方案由于可能存在的漏洞受到了信托公司风险部门的质疑：一是如果俊丰地产通过各种形式挪用资金，可能会导致账户上现金不足以支付工程款等应付款；二是根据该方案，如果出现项目去化很快的特殊情况，可能在信托期限内出现项目全部去化而账户上的监管资金只有2亿元的极端情况。

针对风险部门的反馈意见，业务团队经与俊丰地产沟通确认，提出了项目货值和留存现金管控机制，即在信托计划存续期内，项目公司应保证：未实现销售的项目价值减去项目应付未付的工程款后的余额应当大于项目未偿付的信托计划债权本息与银行贷款本息之和；而且，项目公司账户上的留存资金应不小于3个月内需要支付的所有利息与工程款。如果剩余货值与项目公司留存资金小于上述金额，中能信托有权要求俊丰地产予以补足，宽限期为2个月。如项目公司未能达到上述要求，中能信托有权要求俊丰地产按约定价格回购项目公司股权。

上述管控机制不仅对项目开发过程中现金的进出进行严密监管，而且还对未来项目可能产生的现金流总量做动态监控，一旦项目货值和留存资金出现偿付缺口，可以及早预警并启动应对方案，算是比较创新的。由此可见，地产项目融资中销售款的监管并没有统一的模式，需要综合考虑项目具体情况、客户需求和交易方案自身特点，做出个性化、定制化安排，与传统的银行贷款相比，这正是房地产信托融资的魅力和优势所在。

信托产品的销售

在正常的股权投资基金项目中，投资者通过信托公司间接持有项目公司的股权，承担的是股权投资的风险，享受的是无保底的浮动投资收益。而本案例披着股权投资基金的外衣，通过对赌条款和结构化安排，保证信托公司可于信托期限届满一年时，以一个合理的理由令交易对手支付债权融资的成本，提前结束信托计划，从而将一个股权投资基金产品切分成“1+2”期限的明股实债型结构化产品，最终实现了优先级投资者从单纯的股权投资转变为有债权保底收益的投资，次级投资者从单纯的债权投资转变为上不封顶的杠杆化的股权投资。但是，值得注意的是，这种结构安排使得优先级信托单位在销售时面临“三个不一致”的困境，如图2-8所示。

所以，这种安排虽然能较好地满足包括融资方和监管机构在内的各方要求，但却给信托产品的销售工作带来很大挑战。最开始，优先级信托单位全部由信托公司的财富中心直销，但在销售策略的选择上，信托公司栽了个大跟头。一开始，财富中心认为该项目的交易结构过于复杂，很难向个人投资者解释清楚，而机构投资者专业性较强，对这种产品的接受度应该比较强，所以决定将该款产品仅面向机构投资者销售。

但是，实际的销售情况令人大跌眼镜。机构投资者对项目的交易结构刨根问底，财富中心的销售经理自身对这种复杂的交易模式也不甚了

图2－8　带有对赌安排的明股实债模式的“三个不一致”

了，面对投资者的狂轰滥炸左支右绌，最终投资者心存疑虑，纷纷弃购。在信托产品的推介期（两个月）过半后只拿到了区区5 000万元的认购意向书，无奈之下，中能信托只得求助于常年的合作伙伴宇通银行，在忍痛让出项目的绝大部分收益后，宇通银行很快同意了产品代销，但在销售策略上与中能信托的做法完全相反，即只面对个人投资者，结果不到一个星期就完成了资金募集。

这种反差让人感慨不已。诚然，很多信托公司已经建立了自己的财富中心，企图与商业银行一较高下，但严重缺乏产品代销经验。从该产品的销售过程中业务团队了解到，实际上个人投资者与机构投资者所偏好的项目类型和风险判断标准有很大差异，个人投资者除了关注代销机构和信托公司的品牌实力、融资方是否是自己熟知的名牌企业、项目是否处于核心位置、投资回报是否符合自己的预期外，对于项目内部较为复杂的交易结构和协议安排并不特别关心，也没有能力和意愿去刨根问底。然而机构投资者对于拟投资项目的方方面面都会做详细调查，一定要把整个项目吃透才会做出决策，对于不了解或拿不准的项目，常常会选择放弃。也就是说，交易结构简单的大型项目，往往可以考虑主攻机构投资者，从而压低资金端的成本；而交易结构稍显复杂的项目，个人投资者显然是更好的销售对象，但不得不忍受资金端成本较高的负担。特别是对于体量较大的复杂项目，以信托公司自身的销售经验和销售来看，借助类似于宇通银行这样的代销渠道是必不可少的。

小专题

明股实债项目面临的风险

不同模式的明股实债都是在特定的交易环境下形成的，均有其存在的合理性，也有其适用的边界条件和特定的风险。例如在本案例中，由于面临“三个不一致”的窘况，可能出现产品销售遇阻的风险。总的来说，明股实债项目的风险主要表现在如下几个方面。

其一，操作风险。与简单的信托贷款相比，明股实债的交易结构一般比较复杂，既涉及投资领域的股权管理、内部决策管理、项目管控等，也涉及债权融资中的各种抵质押担保措施，法律关系众多，操作成本高，风险也大。

其二，声誉风险。信托公司作为项目公司名义上的股东（有时甚至是控股股东），虽然从法律上来看仅以出资为限承担有限责任，但如果项目一旦出险（如停工、烂尾等）将会承受来自购房人、施工方、其他供应商等方面的巨大压力，极端情况下有可能演变成无法控制的声誉危机（具体参见本书案例：中亮集团结构化股权融资项目）。

其三，法律责任风险。在明股实债类项目中，信托公司一般会派驻董事参与项目公司决策，而且在章程中约定哪些重要事项需要经过董事会的许可。但在实务中，实际控制项目公司的融资方一般很少召集董事会，不少信托公司在后期管理时粗心大意，忽略了这一点，如果项目出险并导致司法介入，信托公司的派驻董事有可能会被要求承担相应的法律责任，而且在当前维稳的特殊国情和带有地方保护主义的司法环境中，信托公司不仅要面临投资者的刚性兑付风险，还可能要为项目公司的其他负债（如工程款等）买单。

其四，主债权被认定无效，是一种需要引起特别重视的风险。明股实债在明面上是股权投资，实质上是债权融资，为保障债权的安全，通常要围绕债权设置一系列担保措施。但是，与信托贷款相比，明股实债主债权的表现形式比较多元化，有的是原股东的股权回购义务，有的是作为次级信托财产的股东借款债权等。实务中，还会根据实际情况衍变出多种其他主债权模式，在方案设计过程中，如何夯实主债权的法律基础，确保其合法性，关系着整个交易的成败，因为如果主债权无效，则依附于主债权的所有担保措施将全部无效，信托公司将面临终极的财务风险。

曾经在业内闹得沸沸扬扬的某信托公司明股实债司法纠纷案例，为该种模式的主债权设计敲响了警钟。根据该案的司法判决书及网上的各种评述，笔者推测，该项目的操作模式是：信托公司发行集合资金信托计划，信托资金部分用于向原股东购买项目公司股权，剩余资金增资进入项目公司，之后由项目公司承担定期还款义务，并以项目公司的还款义务作为主债权设定土地抵押、股权质押等担保措施。后来项目公司出险并进入破产清算程序，该信托公司以项目公司债权人的身份向破产管理人申报债权，被后者拒绝，信托公司随后向当地法院起诉。初审法院经审理，驳回了信托公司的诉讼请求。这意味着如果二审法院维持原判，信托公司对项目公司的债权将无效，所有的担保措施都将落空，在项目公司已经进入破产程序且其他众多债权人虎视眈眈的情况下，可以预见其巨额的信托资金很可能将面临颗粒无收的局面。

法院判决出来后，在整个信托圈引起轩然大波，一时间，“明股实债玩砸了”“明股实债小心！玩金融的都要高度关注”“债权主张落空，明股实债法律地位存争议”等新闻报道充斥各大网站。笔者认为，这些反应过于夸张了。这种操作模式只是明股实债的一个怪异“变种”（即前文所述的“通过项目公司退出的明股实债模式”），其主债权的法律基础非常薄弱，主要问题在于：为了规避监管限制，采取股权投资的方式向项目公司提供资金，但又生硬地嫁接了债权还款的方式，并且是以项目公司作为还款义务人，最终形成了对同一项目公司“以股权进入、以债权退出”的怪异模式。明股实债虽然最终要实现“债”的目的，但信托公司在持股期间的股东身份是毫无疑问的，从法律上来讲，在没有股东借款的情况下，股东收回投资和获得收益只能通过分红、减资或股权转让等方式，而不能采取要求项目公司定期还本付息的方式，否则股权和债权就没有实质区别了，这完全背离了《公司法》的基本原则。最高院在“海富投资与甘肃世恒案”（见上文小专题：对赌条款及其在我国房地产信托中的运用）中也明确否定了这种模式的合法性。

另外，《最高人民法院〈关于审理联营合同纠纷案件若干问题的解答〉》第四条第二项规定：企业法人、事业法人作为联营一方向联营体投资，但不参加共同经营，也不承担联营的风险责任，不论盈亏均按期收回本息，或者按期收取固定利润的，是明为联营，实为借贷，违反了有关金融法规，应当确认合同无效。需要特别注意的是，该规定直接认定合同无效，意味着一切要恢复原状，信托公司应退出项目公司，项目公司要将增资款返还给信托公司，而且信托公司一般情况下仅能以资金占用费为由获得同期银行利息，无法获得原来约定的固定利息或股息，以项目公司的定期付款义务为主债权设定的所有担保措施自然也归于无效。所以，一方面作为项目公司股东，一方面又想从项目公司获取固定回报的交易模式风险太大，切不可轻易尝试。

正常的明股实债项目，其主债权要么是原股东或第三方的股权回购义务，要么通过受让股东借款的形式使项目公司履行付款义务，法律基础都比较坚实。即使遇到司法纠纷，法院一般也会支持信托公司的诉求。例如，在新华信托与北京时光房地产开发有限公司（以下简称“时光地产”）、兴安盟时光房地产开发有限公司（以下简称“兴安盟公司”）合同纠纷一案［案号（2014）民二终字第261号］中，最高院认为，本案交易实际内容是新华信托以受让并定期出售股权等方式，向兴安盟公司投资用于房地产项目开发，到期获取固定资金收益（股权收益或利息），属于新华信托正常的业务经营活动。时光地产未按照约定回购该股权、返还融资款项及收益，已构成违约。可见，最高院并未否定名股实债的交易结构，对信托公司主张的股权回购款也予以支持。

而前述某信托公司的案例妄图通过合同约定以股东身份获得债权人待遇，违背了《公司法》的基本原则，也损害了其他债权人的利益，在项目公司进入破产清算、各方利益激烈博弈的情况下，法院驳回信托公司的诉讼请求毫不奇怪。这个案例警示我们：一是不要被明股实债概念本身所迷惑，认为这只是简单的融资行为，信托公司一旦成为项目公司股东，就要按照《公司法》及公司章程的约定切实履行股东责任，做好对项目公司的管理和监控，这不仅是保护项目公司资产、实现信托如期兑付的重要举措，也是受托人谨慎尽职责任的需要；二是在方案设计中要高度重视主债权的合法性基础，不能心存侥幸，为规避监管而使自己深陷险境。

信托的退出

信托计划届满 10 个月的时候，项目公司不出所料未能达成对赌条件，俊丰地产开始启动股权回购程序。此时，由于项目公司“四证”齐全，具备申请银行开发贷的条件，富兴银行江城分行批准了 8 亿元的开发贷款，但要求俊丰地产必须先自筹资金结束信托融资并成为项目公司唯一股东后才能发放开发贷款。俊丰地产很快筹集了还款资金，开始办理股权过户的准备工作。令人意想不到的是，在股权过户过程中遇到了两个不小的难题。

信托持股的定性问题

俊丰地产在与当地工商局就股权过户进行预沟通时，工商局提出，中能信托属于国有企业，其持有的项目公司股权属于国有资产，应该公开挂牌转让，这下俊丰地产傻眼了，气急败坏地将消息反馈给中能信托。后者对工商局的意见感到非常诧异，因为根据《信托法》的规定，该股权属于信托财产，与信托公司的自有财产的性质完全不同，压根不属于所谓的国有股权，该问题在其他类似项目中都没有出现过。但是，不管中能信托如何解释，当地工商局就是不认同，最后俊丰地产找了内部关系进行公关，工商局才勉强同意不挂牌，但提出中能信托需要拿出监管机构（即银监局）出具的书面意见，说明该股权不是其自有财产。为了满足俊丰地产快速过户的要求，中能信托费尽九牛二虎之力做通了银监局的工作，破天荒地出具了这种证明意见。

小专题

信托财产登记在实务中的意义

笔者认为，之所以会出现这种问题，除了工商局工作人员对信托制度不理解、害怕承担责任外，还与我国信托财产登记制度的缺失有关。在整个资产管理行业，信托之所以能够成为“受人之托，代人理财”的最佳选择，与信托财产的独立性以及由此带来的破产隔离功能有关，而信托财产的独立性很大程度上依赖于信托财产的登记公示制度。也就是说，只有建立了完善的信托财产登记系统，让大家通过公开系统能够查知该项财产属于某个信托计划，独立于其他信托财产以及信托公司的自有财产，信托的破产隔离功能才能真正实现，在此基础上，信托财产的转移登记才能真正被登记机关所理解和接受。就本项目来讲，如果该股权最开始过户到信托公司名下的时候在登记系统中明确标识该股权是信托财产，不属于信托公司的自有财产，在后续股权转出的时候就不会出现那种问题了。

遗憾的是，我国尚未就信托财产建立统一的登记平台或登记制度，特定信托财产的转移必须符合现有的物权登记规则，即土地及房产在国土局或房管局登记、未上市公司股权在工商局登记（可通过全国企业信用信息系统查询）、上市公司股票在中国证券登记结算有限公司登记、知识产权等其他财产权在其主管部门登记等。这些登记能够产生物权变动的效力，具有公示公信作用，但并未标明登记的是信托财产，自然无法实现信托财产的独立性和破产隔离功能。

值得注意的是，2017 年 8 月 25 日，银监会发布的《信托登记管理办法》（银监发〔2017〕47 号，以下简称《登记办法》）第九条规定：“信托登记信息包括信托产品名称、信托类别、信托目的、信托期限、信托当事人、信托财产、信托利益分配等信托产品及其受益权信息和变动情况。”由于该条规定将信托财产纳入信托登记体系之中，很多人据此认为《登记办法》建立了统一的信托财产登记制度，可以有效实现信托财产的独立性和破产隔离功能。笔者认为，该观点有待商榷，主要理由如下。

其一，《登记办法》规范的只是信托产品及受益权的登记，信托财产登记是信托产品及受益权登记的要素之一，是为了确保后者登记的完整性而存在的，这种财产登记并不产生物权变动的效力，也没有与相关的法定登记部门（如工商局、房管局等）进行有效衔接（实际上很难进行衔接，因为涉及面太广，需要整合的制度、法规、部门等太多）。也就是说，即使受托人到中国信托登记有限责任公司（《登记办法》规定的信托产品登记机构）办理了所谓的信托财产登记，也必须根据信托财产的状况在法定的登记部门再次办理信托财产流转变更手续，而且这些法定登记部门也只能做一般的财产登记手续，无法在登记系统中显示该财产属于信托财产。

其二，信托财产登记的主要目的是通过有效的公示手段，让社会公众获知财产的信托属性，从而保护信托当事人和交易第三人的利益（注意，《登记办法》从信托产品及受益权登记的角度出发，保护的只是信托当事人的利益），实现信托财产的独立性和破产隔离功能。但是，《登记办法》从信托产品的私募性质出发，对登记信息的查询设置了极为严格的条件（《登记办法》第三十一条规定，除法律、行政法规或者国务院银行业监督管理机构规定可以公开的情形外，任何单位或者个人不得查询或者获取信托登记信息），社会公众基本上无法通过合法手段获知登记信息，自然无法实现信托财产登记的基本目的；而且，一般社会公众习惯通过传统的登记机构（如土地在国土部门、股权在工商部门等）查询财产状况，极少根据《登记办法》的规定查询（实际上也无法查询）财产状况。

综合以上两点可以看出，信托财产登记和信托产品及收益权登记是完全不一样的概念。笔者认为，要想真正建立我国的信托财产登记制度，仅依靠属于部门规章性质的《登记办法》是不够的，需要从国务院的层面进行协调，要求所有的登记部门在进行相应的财产登记时，允许在登记簿或登记系统中注明财产的信托属性，从而真正建立基于物权变动的信托财产登记制度。

股权过户中的税务问题

由于俊丰地产已经启动上市程序，在办理股权分配手续前，上市保荐人提出，作为次级受益人的俊丰地产为了规避潜在的税务风险，在分配环节需要中能信托针对拟分配股权出具相关公允价值评估文件作为分配的作价依据；换言之，基于财税的合规性考虑，俊丰地产需要相关评估依据将分配的股权进行相应财税处理。

这样带来一个问题，若分配的股权评估价值高于之前交付的债权成本（即7亿元），就产生了信托投资收益，俊丰地产作为次级受益人需确认当期产生的应纳税所得额（当年度应申报完税）。在这种情况下，除损失了资金的时间价值外，若后续该次级受益人于项目公司实际清算时未产生足够盈利，则该笔税款支出将成为永久性的额外税负。

针对这种类型的税务问题，中能信托的财务部门提出如下三种缓释方法。

其一，在优先级信托单位完成分配后，次级受益人享有的应分配股权仍由信托计划代持，并于项目公司实际清算年度再进行分配，这一方面延迟了纳税义务，另一方面也为后续的税务筹划留下空间。但是，项目开发贷银行将俊丰地产成为项目公司唯一股东作为发放贷款的前提条件，该方法并不适用。

其二，在项目公司有足够未分配利润现金流的情况下，先向次级投资者进行分红（次级投资者同时也是项目公司的大股东），压低净资产估值至接近临界值水平，使得当期无应纳税所得额。在本案例中，信托计划结束时项目公司仍处于投入期，没有任何利润分配，该方法也不适用。

其三，由于项目公司股权评估的影响因素比较多，在评估过程中，尽量通过各种方式压低评估价值，同时采取各种手段（包括会计处理）压低次级受益人的当年利润水平（如造成亏损最好），降低甚至消除当期应纳税所得额。俊丰地产在与保荐人沟通后采取了该方法，并通过内部公关使得股权评估结果获得了当地税务部门的认可。

小专题

房地产信托投融资中股权转让的税务风险分析

根据《企业所得税法》（2007 年）的规定，企业转让股权取得的收入应作为收入总额计算应纳税所得额；2009 年国家税务总局颁布的《关于企业重组业务企业所得税处理若干问题的通知》（财税〔2009〕59 号）第四条第（三）项规定，企业股权转让应以公允价值为基础确定企业所得税计税基础。因此，严格按照前述税收法规，股权转让应以市场公允价值计征企业所得税，一些税源短缺的地方税务局也切实执行了该法规，往往要求股权过户前按照资产市场公允价值评估作价核算股权转让所得计征所得税。

另外，2011 年，国家税务总局、国家工商行政管理总局出台了《关于加强税务工商合作实现股权转让信息共享的通知》（国税发〔2011〕126 号），要求在股权过户的过程中逐步实现工商税务的信息联动。部分省市据此出台了股权变更税源监控登记制度，使得股权变更前须面临纳税问题的拷问。

在房地产信托实务中，融资方涉及股权转让的税务问题有如下几种类型。

其一，投资性的股权转让。例如，在真实的股权投资基金中，信托公司直接以约定价格或评估价值收购原股东持有的项目公司股权，信托公司通过分红或原股东以评估价回购（非固定溢价回购）实现退出。这种股权转让需要适用上述所得税规定。

其二，融资性的股权转让。例如，在明股实债类项目中，信托公司购买原股东的股权后，原股东在信托期限届满后以固定溢价回购该股权。这种模式从形式上看属于股权交易，但实际上是一种出于增信或规避监管考虑的融资安排。实务中，融资方往往会拿着融资文件（主要是《股权回购协议》）向税务机关解释该交易的融资属性，融资方向信托公司转让股权的行为不应纳税。一般情况下，这种解释可以得到税务机关的认同，但也不排除某些地方的税务机关由于税源短缺或不理解这种回购安排而要求适用上述规定，这是就需要一定的沟通说服工作。

有时候，出于规避监管的需要，这种融资性的股权转让还有一种变形，即股权回购方不是出让股权的原股东，而是原股东的关联人。这种情况下，由于原股东没有回购行为，很难证明将股权转让给信托公司是为了自己的融资，税务机关适用上述所得税规定的可能性很大。为了缓释这种风险，可以让原股东与履行回购义务的关联方签署协议，约定关联方的股权回购是代原股东进行的，实际的回购人是原股东，其关联人的回购实质是一种资金代垫行为。融资方拿着这些材料与税务局沟通，证明整个交易融资属性的可能性比较大。

其三，增信措施中的股权转让。在有些房地产项目融资中，信托公司引入了“一元股权转让”作为增信措施。在交易结构中，信托公司并不持有（或全部持有）项目公司股权，但为了提高融资方的违约成本，签署远期的《股权转让协议》，约定如果融资方违约，信托公司有权以一元（或其他极低的价格）对价收购原股东持有的项目公司股权（常常在签署协议中同时准备好办理股权转让所需的各种资料）。这种《股权转让协议》常常会受到税务机关的强力挑战，后者很可能不会接受所谓的增信措施的解释，直接将这种股权转让认定是原股东的故意逃税行为，从而要求按照实际评估价值履行相应的纳税义务。

其四，股权作为信托财产的交付与分配行为。在以股权作为信托财产的交易结构中，原股东签署《财产权信托合同》，以其持有的项目公司股权认购次级信托单位（具体参见本书案例：东星置地结构化信托贷款项目），这种行为从性质上来看属于非货币性资产交易，原股东通过向信托公司交付项目公司股权，虽然未经评估，获得了等值于股权账面成本的信托计划的次级信托单位，但原股东的资产并没有增值，从这个角度来看，原股东不需要为该行为缴纳所得税（此时按照严格做法，需要对项目公司股权和次级信托单位进行评估，然后根据评估结果确定是否征收所得税，但一般情况下两者的评估价值有很大可能是趋同的）。当然，由于对信托法律关系的不理解，实务中不排除税务部门不理解这种交易的实质，可能要求以项目公司股权的实际评估价值与初始取得成本的差额为基础征收所得税，这就需要沟通协调了。

信托公司将项目公司股权作为信托财产转让给原股东属于信托财产分配行为（如本案例），对于原股东而言，要根据初始交付股权的历史成本与分配股权的评估价格的差额来确认当期产生的应纳税所得额。

另外，需要指出的是，信托公司在信托业务（非自有业务）中溢价转出其持有的项目公司股权时，其获得的收益属于信托收益，按照行业惯例，信托计划不属于所得税的纳税主体，无企业所得税负。

专题分析： 房地产信托的政策监管与产品创新

截至目前，这种披着基金化外衣的明股实债类项目是笔者在职业生涯中碰到的最复杂的房地产融资项目。但是，这种操作模式并不是一开始就存在，而是随着监管政策的步步趋严而被设计出来的。实际上，在信托公司看来，交易结构并不是越复杂越好，相反，越是简洁清晰的交易结构，其主债权的法律基础越坚实，附属的担保措施越安全，操作和后期管理成本越低。但是，为了在纷繁复杂、层出不穷的监管政策压力下求得生存空间，信托公司不得不利用信托制度的高度灵活性，不断在信托融资的交易模式上推陈出新，以规避监管限制。可以说，我国房地产信托业务的发展历程，就是信托产品的创新历程，也是信托公司与监管机构玩“猫捉老鼠”的游戏过程。

下面笔者从历史的角度回顾历次房地产信托的监管政策和信托公司的产品创新情况，深入剖析这种“猫捉老鼠”的游戏特征。

央行［2003］121号文

2003 年 6 月，央行（当时银监会刚成立，银行业的监管职能还由央行负责）发布《关于进一步加强房地产信贷业务管理的通知》（银发〔2003〕121 号），通知规定：“商业银行对未取得土地使用权证书、建设用地规划许可证、建设工程规划许可证和施工许可证（以下简称‘四证’）的项目，不得发放任何形式的贷款；房地产开发企业申请银行贷款，其自有资金（指所有者权益）应不低于开发项目总投资的 30%。”

该监管文件的适用对象是商业银行，针对的是当时整体房地产市场过热和地产开发杠杆比例过高的局面。该文发布以后，商业银行在开发项目取得“四证”前的贷款基本被停止。但是，为了留住客户，银行找到同样具有贷款资格的信托公司，提出由信托公司发行信托产品募集资金，代替银行发放信托贷款，同时银行代销信托单位并为信托贷款提供担保。在这种模式下，开发商获得了急需的贷款资金（只不过成本较高，但与项目利润相比是完全可以接受的），信托公司获得了报酬收入，银行获得了企业存款以及代销费、担保费等中间收入，同时还增强了客户黏性，皆大欢喜。结果，在银行贷款急剧萎缩的时候，信托公司作为房地产融资的一股新兴力量登上了舞台，业务规模迅速做大。

银监会［2005］212号文

后来，银监会发现，由于个别银行与信托公司“狼狈为奸”，之前央行的监管文件并没有起到应有的调控作用，所以在2005年8月专门向信托公司发布《关于加强信托投资公司部分业务风险提示的通知》（银监办发〔2005〕212号），通知规定：“信托公司对未取得‘四证’的房地产项目不得发放贷款；申请贷款的房地产开发企业资质不低于国家建设行政主管部门核发的二级房地产开发资质，开发项目的资本金比例不低于35%。”这就是业内知名的房地产信托融资“432”的由来。

可以看出，212号文对信托公司设定的放款条件比银行还要严格，特别是“二级资质”这个直到现在仍然戴在信托公司头上的“紧箍咒”，为其业务开拓带来巨大挑战。笔者曾碰到过某地产项目，融资方是国内知名国有品牌开发商，项目公司完全符合“二级资质”条件，但由于一直没有申领，结果信托公司被迫选择了极为复杂的交易模式来规避监管，大大增加了交易成本。

该规定出台后，信托公司的房地产项目贷款急剧萎缩。但是，监管机构忽略了一点，即除了贷款外，信托公司还有股权投资等诸多手段可以使用。在这种情况下，一些思路灵活的信托公司开始设计出“股权投资附加回购”这种初级的明股实债交易模式。这对正处于资金渴求中的开发商来说无异于雪中送炭，所以该模式迅速打开了局面，率先“吃螃蟹”的信托公司开始以更高的收费标准迅速抢占业务机会，赚得盆满钵满。

银监会［2006］54号文

银监会很快发现了这一监管漏洞，并于2006年8月发布《关于进一步加强房地产信贷管理的通知》（银监办发〔2006〕第54号），通知规定信托公司开办房地产贷款业务，或以投资附加回购承诺等方式间接发放房地产贷款，要严格执行《关于加强信托投资公司部分业务风险提示的通知》（银监办发〔2005〕212号）的有关规定。换言之，信托公司“股权投资附加固定溢价回购”的交易模式也要满足“432”的条件。

54号文出台后，“股权投资附加回购”的交易模式偃旗息鼓，但凭借信托制度的灵活性，信托公司围绕监管条文设计出了更多的创新模式，主要有如下三种。

其一，股权投资附加回购选择权。对于回购方来说，这种固定溢价回购是一种权利而非义务，不适用监管条文中“回购承诺”的规定。而且，该模式在一定程度上还可以帮助开发商优化财务报表，即在项目投入期将项目公司控股权让渡给信托公司代持，实现出表目的，在项目进入销售阶段后择机行使选择权回购股权实现并表。当然，该模式也存在不少缺陷，由于没有回购义务，仅仅是“回购选择权”无法构成主债权，无法增加抵质押等担保措施。如果期限届满后项目出现严重问题（如停工、滞销等），回购方很可能选择不予回购，导致该股权砸在信托公司手里，原本的债权融资变成了股权投资。所以，在使用这种模式时，信托公司一般会对交易对手和项目提出非常苛刻的要求。

其二，购买股权收益权或特定资产收益权附加回购，这种模式在当时最为普遍。很多信托公司认为，该模式不是股权投资，而是一种类似衍生品的交易行为，不适用上述监管规定。笔者在2007年经办过某项目，上市的某地产公司大股东将其持有的股票收益权让渡给信托计划，期限届满后以固定溢价回购；大股东拿到资金后将其用于上市公司旗下不符合贷款资格（“四证”不齐）的地产项目。该模式的结构比较简单，但不管“股权收益权”还是“特定资产收益权”，都是信托公司为了规避监管而创设出来的概念，法律上并无明确规定，实务中存在一定争议（具体见本书案例：雨辉食品股权收益权融资项目和创高地产财产权信托项目）。而且，有的信托公司将“收益权”用到极致，甚至创设出“土地收益权”等在法律界争议更大的概念，为很多大型信托公司所不取。

其三，商品房预售附加回购。这种模式以处于预售状态的商品房作为交易标的进行融资安排，即开发商将已经达到预售状态的房产以低价格出让给信托公司，但约定一定期限后溢价回购该房产；如果到期后开发商不履行回购义务，则信托公司有权向第三方转让该房产。在该模式中，信托公司核心的风控点是对购买的预售商品房在房管局进行备案登记，否则无法防止开发商“一房二卖”的道德风险。

银监会［2008］265号文

针对信托公司的上述创新模式，银监会在两年后祭出重拳，于2008年10月发布《中国银监会办公厅关于加强信托公司房地产、证券业务监管有关问题的通知》（银监办发〔2008〕265号），通知规定，申请信托公司贷款（包括以投资附加回购承诺、商品房预售回购等方式的间接贷款）需符合“432”的规定；严禁以购买房地产开发企业资产附回购承诺等方式变相发放流动资金贷款。

265号文对信托公司的创新模式进行了全方位封堵，房地产信托融资再次受到打击，遭受重挫。为了规避监管规定，有的信托公司设计出了“股权投资附加第三方购买”的模式。信托公司认为，这种模式的股权受让方不是出让股权的原股东，而是第三方（多为原股东的关联公司），所以不属于监管条文中的“回购”。很明显，这是一种典型的文字游戏，但是，该模式在进行备案时监管机构并没有反对，而是采取了默许的态度，难道监管机构看不出其中的“猫腻”吗？

联想到该规定出台后的宏观经济形势，答案昭然若揭。2008年9月，国际金融危机全面爆发后，我国经济增速快速回落，出口出现负增长，大批农民工返乡，作为国民经济支柱的房地产行业也面临巨大挑战，经济面临硬着陆的风险。为应对这种危局，我国政府于2008年11

月推出了进一步扩大内需、促进经济平稳较快增长的“四万亿计划”。为了支持国家保增长战略，监管机构放宽了对房地产信托的监管标准，对信托公司没有明显违反监管规定的融资项目予以放行。

银监会［2009］3号文

为了进一步创造宽松的融资环境，银监会于2009年1月发布了《关于当前调整部分信贷监管政策促进经济稳健发展的通知》（银监发〔2009〕3号），通知规定，调整《中国银监会办公厅关于加强信托公司房地产、证券业务监管有关问题的通知》（银监办发〔2008〕265号）中有关房地产金融业务的规定，对符合一定监管评级要求、经营稳健、风险管理水平较高的信托公司，适当放宽对开发商资质、资本金比例等的要求。

3号文以促进经济发展为出发点，有条件地放宽了房地产信托融资的门槛，使得原本沉寂的房地产信托市场重新活跃起来。但是，该规定用语模糊，什么是“符合一定监管评级要求”？“适当放宽对开发商资质、资本金比例等的要求”到底放宽到哪一步？都没有具体明确的标准。结果一些小型信托公司开始活跃，而大型规范的信托公司反而不敢轻举妄动，出现了“劣币驱逐良币”的局面。

银监会［2009］25号文

为破解上述局面，银监会很快在两个月后（2009年3月）发布了《中国银监会关于支持信托公司创新发展有关问题的通知》（银监发〔2009〕25号），通知规定，信托公司对房地产开发项目发放贷款，应遵守以下规定：（一）不得向未取得“四证”的房地产开发项目发放贷款，但信托公司最近一年监管评级为2C级（含）以上、经营稳健、风险管理水平良好的可向已取得国有土地使用证、建设用地规划许可证、建设工程规划许可证（“三证”）的房地产开发项目发放贷款；（二）申请贷款的房地产开发企业或其控股股东资质应不低于国家建设行政主管部门核发的二级房地产开发资质，但发放贷款的信托公司最近一年监管评级为2C级（含）以上、经营稳健、风险管理水平良好的除外；（三）申请贷款的房地产开发项目资本金比例应不低于35%（经济适用房除外）。

可以看出，25号文将3号文中很多用语模糊的地方确定化，打消了很多信托公司的顾虑，房地产信托融资变得更加活跃并呈现扩大化趋势。

银监会［2009］84号文

在“四万亿”计划的经济刺激下，房地产市场迅速回暖，并在2009年下半年重新出现过热苗头，银监会于当年8月发布了《中国银监会关于信托公司开展项目融资业务涉及项目资本金有关问题的通知》（银监发〔2009〕84号），通知规定，信托公司不得将债务性集合信托计划资金用于补充项目资本金，以达到国家规定的最低项目资本金要求。前述债务性集合信托计划资金包括以股权投资附加回购承诺（含投资附加关联方受让或投资附加其他第三方受让的情形）等方式运用的信托资金。

84号文从资本金的角度限制了信托公司部分房地产股权融资业务，而且监管机构在信托公司层出不穷的创新模式下创设出了“债务性集合信托计划”这个概念，以覆盖其没有考虑到的融资模式。但是，这种限制只是针对风险苗头，并没有收紧以前放宽的融资条件；只是在项目报备时进行严格把关，信托公司的房地产融资没有受到太大影响。

银监会［2010］54号文

到了2010年，经济形势已经明显好转，部分行业（特别是房地产市场）出现过热迹象，而房地产信托融资依然如火如荼，为控制风险，银监会于2月发布了《关于加强信托公司房地产信托业务监管有关问题的通知》（银监办发〔2010〕54号），通知规定，停止执行《中国银监会关于支持信托公司创新发展有关问题的通知》（银监发〔2009〕25号）第十条中对监管评级2C级（含）以上、经营稳健、风险管理水平良好的信托公司发放房地产开发项目贷款的例外规定，信托公司发放贷款的房地产开发项目必须满足“四证”齐全、开发商或其控股股东具备二级资质、项目资本金比例达到国家最低要求等条件。各银监局要加强对既有监管规定的执行力度，强化对房地产信托融资的监管，按照实质重于形式的原则杜绝信托公司以各种方式规避监管的行为。

该规定不仅取消了25号文中放宽的融资条件，而且抛出了“实质重于形式”这个撒手锏，坚决杜绝信托公司通过规避监管创设出来的各种“创新”融资模式，信托公司的房地产融资重新陷入低谷。但是，信托公司在经过长时间摸索后，创设出如本案例那样以对赌条款和基金化操作为主要特征的明股实债模式，并一直沿用至今。

银监会［2017］6号文

进入2017年后，加强金融监管、防范金融风险成为金融行业的主旋律和重要的政治任务。在此背景下，银监会于2017年4月发布了《关于银行业风险防控工作的指导意见》，要求“加强房地产业务合规性管理，严禁资金违规流入房地产领域。各级监管机构要重点关注房地产融资占比高、贷款质量波动大的银行业金融机构，以及房地产信托业务增量较大、占比较高的信托公司”。

紧接着，不少信托公司在惴惴不安中迎来了一拨轰轰烈烈的业务大检查，各种材料报送、现场抽查，搞得“不亦乐乎”。但是，从最终结果来看，房地产信托业务在监管层面并没有受到太大影响，基本业务模式也没有发生根本性改变，究其原因，笔者认为有两点：一是6号文主要表明了监管层的一种态度，并没有像前面的文件那样有实质性的举措；二是从银监会〔2010〕54号文开始，监管机构对融资模式的监管手段几乎穷尽，在融资方面可能存在的漏洞基本上也都堵住了，而如本案例那样披着基金外衣的明股实债项目在实务中的认定比较困难，监管机构也没有轻易否定该模式，但是随着监管政策进一步收紧，不排除将来会全面叫停该模式。如果出现这种情况，笔者不得不为房地产信托默哀，因为这很有可能会“一竿子打翻一船人”，涉及某些真实的房地产股权投资基金（以股东借款认购次级信托单位，但没有所谓的对赌条款）。

总结思考

通过以上梳理，可以看出，我国房地产信托的政策监管呈现出如下几个特点：一是监管政策的发布频率比较高，监管思路以“防”为主；二是监管政策的演变与房地产市场乃至整个宏观经济形势的发展息息相关；三是监管政策的重合度较高，关系错综复杂，信托经理只有对所有生效的监管政策烂熟于胸，并灵活运用，才能设计出真正可行的交易方案；四是监管政策一般不溯及既往，对于信托公司以规避监管为主要诉求的创新业务，只要不明显违反监管规定，一般情况下只会根据需要在新的监管政策中予以禁止而不会加以处罚。

从信托行业的发展历程来看，对监管政策的理解、运用和在此基础上的创新能力，已经成为衡量信托公司核心竞争力的重要标准。在快速变化的资产管理行业，“早起的鸟儿有虫吃”，当新的监管政策出台后，如何运用信托制度的创新“基因”迅速调整方向，创设出新的交易模式，决定了信托公司在行业内所能达到的高度。

自 2017 年年底以来，整个资产管理领域相继出台了一系列严厉的监管政策。在各个资管平台上，诸如明股实债、收益权回购之类的房地产融资模式受到了一定程度的限制甚至打压。这导致很多人心中产生了疑问，融资类的房地产基金还有没有发展空间？过去十多年创造出来的诸多创新模式还有没有存在的价值？实际上，从本书的相关案例可以看出，很多交易模式的形成并不仅仅是规避监管的需要，而是由基金管理人的风险管理要求、监管政策的特殊限制、融资方的特定需求以及产品营销等多种因素合力形成的。作为介于银行借款与权益性投资之间的夹层安排，融资类地产基金需要根据项目具体情况设计定制化的交易方案，这种客观需求必然导致灵活多变的融资模式设计，而这也正是房地产私募基金的魅力所在。

另外，从过去 5 年多的发展历程来看，各资管平台（包括证券公司、基金子公司、私募基金管理人、商业银行、保险公司、信托公司等）之间的竞争壁垒已经被打破，资产管理行业快速进入竞争、创新、混业经营的大资管时代。由于不同类型的平台在房地产业务的准入方面（包括投资者准入、项目准入和交易模式准入等）存在差异性，使得跨平台的监管套利越来越普遍。但是，在国家成立国务院金融稳定发展委员会以后，随着资管行业统一的监管政策及监管标准的逐步形成，跨行业的监管套利可能会逐步萎缩甚至消亡，这也对房地产信托的投融资业务带来新的挑战。

结 语

本案例中，融资方既希望通过股权层面的合作，扩大资金来源，又不愿意分享其股权的收益给投资者；既希望能保障现有项目的开发资金，又要求确保其在后续项目储备中有充足的资金储备及资金调拨的灵活性需求。业务团队在结合市场行情、摸清股权投资的监管思路，并全面考量交易对手现有的项目资源及风险溢价程度后，在基础交易结构中引入对赌条款作为债权融资和股权投资的“切换开关”，巧妙地规避了监管部门对于房地产融资类项目的监管政策，既满足了客户的多层次需求，又保障了信托公司可于1年后以固定收益的方式退出项目，这种设计思路对类似项目的操作具备较大的参考价值。

三、金福股份股债结合项目

案例亮点：

在项目已经达到银行贷款条件的时候，信托公司针对客户特定的融资需求，采用股债结合的交易结构、准基金化的管控措施及令人叹为观止的“木乃伊”式增信手段，充分显示了定制化的方案设计能力与严密的风险控制手段。

本案例详细揭示了“黑天鹅事件”下信托公司软硬兼施、多管齐下的风险化解之道，并在风险化解过程中总结了原有增信措施的优劣得失。同时，作为商办形态的地产项目，在资产处置过程中面临的艰难险阻值得每个信托经理反思。

案例摘要：

本项目来源于中能信托对现有客户的深度挖掘。由于中能信托与金福股份合作的某信托贷款项目即将结束，该项目项下的核心抵押物（位于西南省巴山市核心地段的太阳广场三期项目土地）也将释放，金福集团希望能基于该优质资产续做一次融资，并提出扩大融资额补充股东流动资金的要求。针对客户的融资需求，中能信托在满足公司风控要求的前提下设计出整套融资方案，得到了客户的认可。

本项目为典型的“股＋债”模式的夹层融资安排。中能信托通过发行信托计划募集资金9.5亿元，其中5亿元用于收购金福股份持有的项目公司100%的股份，为金福股份提供流动资金；4.5亿元用于向项目公司发放贷款，为太阳广场三期项目提供开发资金。信托计划到期时，金福股份以固定溢价回购信托计划持有的项目公司100%的股权，并由项目公司偿还信托贷款本息。中能信托围绕股权回购和还本付息两个主债权，设置了土地抵押、保证担保、资金监管、项目管控等一系列增信措施。

本项目通过交易结构的设计，找到了满足客户融资需求与控制项目风险之间的最佳契合点。“股＋债”的交易安排虽然能够满足客户的需求，但基于本项目的特殊性，也会带来一定的风险，业务团队通过巧妙的进入与退出时点设计、信托贷款分批使用、项目进度与销售回款监管、公司证照与印章管控等风控措施的组合，有效地控制了各项风险。本项目在后期因融资方实际控制人涉嫌贪腐出现“黑天鹅事件”，中能信托在风险处置过程中，争取积极主动、把握核心风险、软硬兼施、多管齐下，最终实现了信托产品的如期兑付；同时，在风险处置过程中也暴露出中能信托对商办物业的处置经验不足以及方案设计上的一些缺陷，值得好好分析和反思。

背景介绍

金福控股集团有限公司（以下简称“金福集团”）是一家涵盖建筑、交通、地产、传媒、能源等领域的大型多元化民营企业集团，成立于2004年6月，注册资本20亿元，由许大同、许文远、许文钦和许文昭4人出资组建（其中，许大同是金福集团的实际控制人，许文远、许文钦和许文昭是许大同的儿子），出资比例分别为70%、14%、8%、8%。

地产板块是金福集团的重要组成部分，目前占集团营业收入的30%左右，金福股份有限公司（以下简称“金福股份”）是金福集团房地产板块的上市公司平台。金福股份持有金福（巴山）房地产开发有限公司（以下简称“项目公司”）100%的股权，后者成立于2006年，是开发位于巴山市黄河路108号的太阳广场项目（以下简称“太阳广场项目”）的项目公司。上述主体的股权结构如图3－1所示。

太阳广场项目位于巴山市中心商业区黄河路与庆陵路交界处，地理位置优越，周边办公楼、高端商业云集，金融、保险、外贸行业分布于周边楼宇，整体办公和综合商业经营氛围浓厚。项目总占地面积7万平方米，总建筑面积35万平方米，共分三期开发：一期为三幢住宅、一幢商业办公楼及相应地下室；二期为一幢住宅、两栋酒店式公寓；三期规划建设为商业（1～5层）和办公（6～19层），计容建筑面积6万平方米（其中商业1.5万平方米，办公4.5万平方米）。在中能信托介入前，项目一二期已基本售罄；三期正在进行桩基施工，项目“四证”齐全，自有资金出资比例超过30%，同时项目公司具备二级房地产开发资

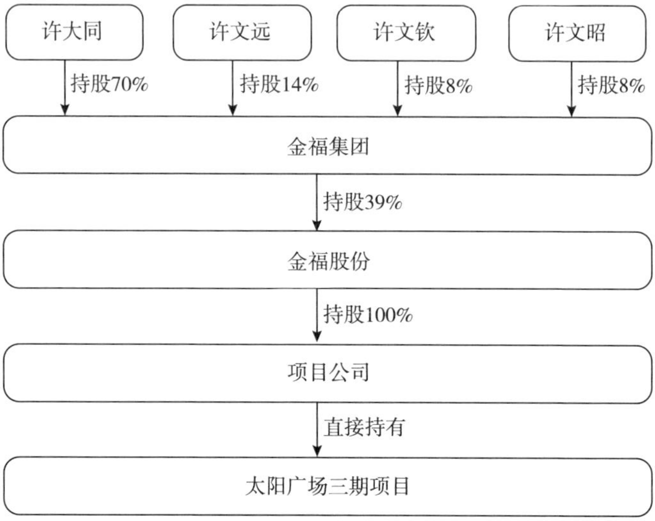

图3-1　股权结构

质（暂定）。所以，本项目符合“432”条件，满足银行和信托公司房地产项目贷款发放要求。

中能信托与金福集团在两年前合作成立了某流动资金贷款信托计划，中能信托募集资金10亿元，用于向金福集团发放流动资金贷款，并以太阳广场三期项目土地作为核心抵押物。由于该流动资金贷款项目即将结束，相关抵押物也将被释放，金福集团希望能够围绕太阳广场三期项目土地这块优质资产继续合作，以获得太阳广场三期项目的开发建设资金，同时提前变现项目的部分收益，为旗下上市公司金福股份筹措流动资金。

作为金福股份的重点合作伙伴，宇通银行巴山分行（以下简称“宇通银行”）一直对该项目保持密切关注，但受贷款额度、资金用途等方面因素的限制，一直无法设计出完全满足客户需求的交易方案。而金福集团在与中能信托长期良好的合作互动中，十分认可后者的专业能力，主动提出希望后者能介入项目之中。中能信托在充分了解项目具体情况和融资需求的基础上，经与融资方多轮沟通，拿出了令各方满意的交易方案。

主要交易结构

本项目主要的交易结构如图 3－2 所示。

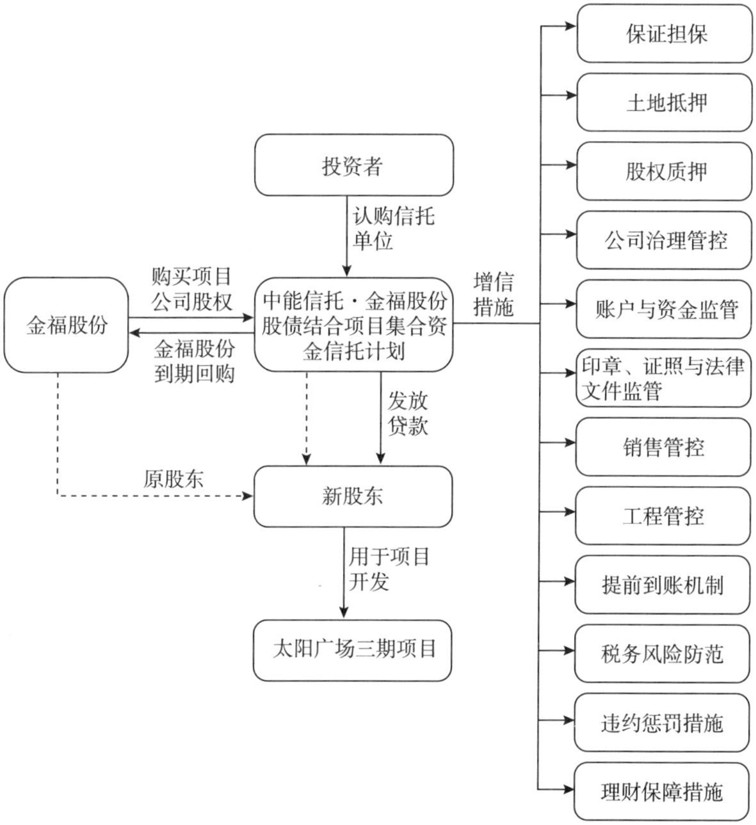

图 3－2　项目的主要交易结构

信托计划的核心要素见表 3－1。

本项目的交易结构历经多次变迁。最开始，金福股份希望做成股权投资基金项目，后来因存在各种困难而转向融资。对于一个符合贷款条件的地产项目，加上金福集团多元化产业板块，可以采用的融资模式多种多样，之所以采用“股＋债”的模式，是金福股份特定的融资需求与中能信托的风险控制共同作用的结果。为了更好地让大家理解交易结构的形成过程，笔者尝试以问答的形式来进行阐述。

表 3-1 信托计划的核心要素

核心要素	具体内容
信托计划名称	中能信托·金福股份股债结合项目集合资金信托计划
信托计划类型	非结构化的集合资金信托计划
信托计划规模	9.5 亿元
信托计划期限	2.5 年，2 年后可提前结束，但提前结束时需一次性归还全部本息，不得部分还款
信托资金用途	信托资金中的 5 亿元用于向金福股份收购项目公司 100% 的股权，剩余 4.5 亿元用于向项目公司发放信托贷款，用于太阳广场三期项目的开发
退出方式	信托计划到期时由项目公司偿还信托贷款本息，金福股份同时以固定溢价回购信托计划持有的项目公司 100% 的股权
还款来源	太阳广场三期项目的销售回款和金福股份的经营性现金流
融资成本	每年 15%
投资者预计收益率	以投资者认购的信托单位份数划分收益率区间： 认购 300 万元以下的，年收益率为 7% 认购 300 万元以上（含 300 万元）1 000 万元以下的，年收益率为 7.5% 认购 1 000 万元以上（含 1 000 万元）1 亿元以下的，年收益率为 8% 认购 1 亿元以上（含 1 亿元）的，年收益率为 9%
信托报酬及信托计划费用	打包给财富中心的费率为每年 10%（含投资者收益率），包括资金监管费、保管费、聘请工程咨询公司的费用、律师费、资产评估费及相关税费合计不超过每年 0.5%，信托报酬约为每年 4.5%，每年绝对信托收入为 4 275 万元
销售方案	中能信托直销，主要面向以保险公司和财务公司为主的机构投资者
担保措施	土地抵押：项目公司将其持有的太阳广场三期土地以及金福股份下属公司天堂市名都开发有限公司（以下简称“名都公司”）将其持有的花园城项目土地抵押给信托计划，土地评估价值合计为 20.5 亿元，按本金计算的抵押率为 46% 股权质押：太阳广场三期项目的土地抵押转在建工程抵押时，根据巴山市规定需先解除土地抵押；在解除土地抵押之前，需由金福集团将其持有的金福建设的股权质押给中能信托，办理完毕在建工程抵押后，再解除股权质押 保证担保：金福股份为项目公司的还本付息义务提供保证担保；项目公司为金福股份的股权回购义务提供保证担保；金福集团、许大同及其儿子许文远共同为上述还本付息义务和股权回购义务提供保证担保

（续　表）

核心要素	具体内容
项目管控	公司治理管控：从股东会、董事会、管理层3个方面进行公司治理机制管控 账户与资金监管：包括全部账户的清理与管理、贷款资金及销售回款的监管 印章、证照和法律文件的保管与使用：由中能信托派驻现场人员放入保险柜与融资方共同监管，并按照合同约定使用 销售管控：从销售计划、销售资金、销售价格和销售进度4个方面进行销售管控 工程管控：从项目业态、工程进度和工程质量3个方面进行工程管控
其他增信措施	提前到账机制：项目公司在监管银行开立专门的还款账户，自信托计划成立后的第25个月开始，需在每月第3个工作日向还款账户划入一定的资金 税务风险防范：以税务局在确认函上盖章的形式防范太阳广场项目一二期的增值税风险，设定股权的具体退出时点，防范太阳广场项目三期的增值税风险 违约惩罚措施：在融资方出现违约时，引入融资成本翻倍及改组董事会、全盘接手项目的违约惩罚措施 理财保障措施：对项目的开发贷资金、销售回款资金和提前到账资金进行现金理财，并在融资方出现违约时直接将理财资金冲抵还款资金 优先受偿权的放弃：由太阳广场三期项目的建筑总包商出具承诺函，承诺在信托计划结束前，放弃工程款的优先受偿权

为什么本项目最终未能实现基金化合作

最开始，金福股份希望以太阳广场项目为载体，与中能信托开展基金化合作，即出让项目公司的全部股权成立结构化的股权投资基金，引入社会投资者作为优先级，享受固定收益与小部分浮动收益；金福股份作为次级投资者，享受绝大部分浮动收益。这主要是基于3个诉求：（1）积累基金化运作的经验，为后续拿地项目开辟新的途径；（2）基于对核心城市核心地段物业的持续看好，金福股份希望未来能够以基金形式长期持有太阳广场三期项目的物业；（3）除了获取项目开发资金外，金福集团还希望通过出让项目公司股权的形式提前变现项目收益，为金福股份筹措流动资金。

根据客户的上述要求，中能信托先后设计了三种投资型的交易方案：一是资产交易，信托计划直接向项目公司购买太阳广场三期项目土地及附着物；二是直接股权交易，信托计划直接购买项目公司大部分股权；三是间接股权交易，金福股份设立新的项目公司，并将太阳广场三期项目土地及附着物注入该项目公司，信托计划向金福股份购买新设项目公司股权。

但是，由于以下几个问题的制约，基金化合作的思路夭折了。

其一，税务问题。对于本项目来说，无论采取股权交易还是资产交易，都将面临很高且无法递延的税务负担，尤其是土地增值税（经测算，交易时预计需缴纳数亿元）。这主要是因为太阳广场三期土地获取时间较早（2000 年拿地）、土地增值收益巨大（位于巴山市中心，2003 年土地成本仅为 5 000 万元，当前评估价已超过 10 亿元）。

其二，交易价格问题。由于太阳广场三期项目在中能信托介入时已进入桩基施工阶段，加上该项目一二期销售火爆，三期项目的预期收益较为明确，导致金福股份对交易价格的心理预期很高。而对于基金来说，较高的进入价格会压低基金的预期投资收益，无法满足基金发行的条件。基于此，双方在价格上一直无法达成共识。

其三，项目公司的历史遗留问题。由于项目公司存续时间已超过 10 年，历史上股权关系变动频繁，内部关系错综复杂，且公司旗下已开发的太阳广场一二期项目存在税款清缴、工程款支付等历史遗留问题，直接买断股权的潜在风险不小。

由此可见，基金化的操作模式适用于双方共同拿地或开发商拿地不久、希望引入基金抽回部分投资的情况；对于已存在数年的地产项目，基金形式的合作很难在风险、收益和税务优化上达成共识。

小专题

房地产项目转让环节土地增值税的处理

在导致本项目无法进行基金化操作的原因中，税务问题是最为突出的，而其中最为核心的是土地增值税问题。下面笔者对房地产项目交易环节的土地增值税问题做个小结。

根据《土地增值税暂行条例》（国务院令〔1993〕第138号）及实施细则，土地增值税是指转让国有土地使用权、地上的建筑物及其附着物并取得收入的单位和个人，以转让所取得的收入包括货币收入、实物收入和其他收入为计税依据向国家缴纳的一种税赋。

土地增值税属于流转税种，在进行资产交易时被征收，而在股权交易中一般则不会被征收，所以在实际操作中，相关交易主体通过以股权交易方式取代资产交易，以此规避或递延数额巨大的土地增值税。

但是，在国税函〔2000〕687号文中，国税总局明确指出，如股权交易标的为公司100%的股权，且公司资产主要体现为土地使用权或地上建筑物（后续实践中一般以是否达到公司资产总额的75%为参照）的，该类股权交易仍需缴纳土地增值税。

那么针对这一规定，如何规避土地增值税？可以从“100%”和“主要”这两个标准着手。“主要”这一标准较难回避，因为如果项目公司股权的主要价值不是土地使用权等资产，一般也无须通过股权交易方式规避资产交易面临的流转税（即可直接进行资产交易）。而“100%”这一标准更为明确和具体，这意味着更容易规避。一般而言，可以通过交易大部分股权（如90%）、分次交易（如100%的股权分90%和10%进行两次股权交易，两次股权交易之间相隔12个月以上）等方式进行规避，目前该规避方式已有成功案例（2011年黑石海外基金通过分次交易方式转让了上海普陀区的Channel 1商场）。在本案例中，由于项目公司存在历史遗留问题，中能信托担心会有负债风险，故未采用这种规避手段。

为什么本项目符合贷款条件而不全部以贷款的形式操作

太阳广场三期项目符合银行开发贷条件，且银行的资金成本要低得多，为什么不向银行贷款？核心原因在于银行无法满足融资方扩大融资的要求。由于银行只能针对项目的实际建设资金缺口发放开发贷款，如果找银行融资，该项目估计至多能获得4.5亿元的开发贷，这虽然足以使项目完工，但无法满足金福股份扩大融资的需求。而且，当时银行在监管要求下全年收紧贷款额度，加上该项目的土地已被抵押给中能信托，导致银行融资一直没有谈下来。

虽然银行贷款无法介入，但中能信托为什么不发放信托贷款呢？主要原因有两个。

其一，监管风险。如果中能信托向项目公司足额发放规模为9.5亿元的信托贷款，由于项目本身只需要至多4.5亿元的开发资金，金福股份将会通过预付工程款等各种方式将5亿元资金抽走，这种情况下，中能信托可能会因监管不力而被追究受托责任。另外，作为一个计容建筑面积只有6万平方米的地产项目，申请9.5亿元的开发贷款明显超出项目的实际需求，容易引起监管关注。

其二，债权人对项目公司的掌控力度不够，这是最核心的原因。由于本次融资金额比较大，可控的还款来源主要是项目的销售现金流，且交易对手在品牌、实力和内部管理方面并不突出，因此中能信托希望以股权投资的方式，通过加强对项目公司的掌控力来控制风险。如果向项目公司提供的全部是贷款，则中能信托仅仅是债权人，无法以股东身份参与公司的运营决策，也无法深度介入项目的日常经营管理。

在方案设计的过程中，也有人提出向金福集团发放流动资金贷款或通过购买项目公司的股权收益权附加回购等模式，都因对项目公司的掌控力度不够而被否决。

为什么本项目不全部采用股权投资附加回购的模式

如果全部以股权收购的方式向金福股份融资，除了前述基金化合作中会遇到的问题外，特别关键的是，由于股权收购款将支付给金福股份，收购完成后，金福股份与项目公司将不存在股权上的关联关系。那么，在收到股权收购款后，作为上市公司的金福股份很难通过常规渠道，将太阳广场三期项目建设所需的4.5亿元资金“输送”给项目公司。

另外，如果9.5亿元全部用于收购股权，也会使金福股份面临较大的税务风险。实际上，融资金额之所以是9.5亿元且融资结构是4.5亿元加5亿元，主要原因是，根据测算，作为高品质的商办项目开发，太阳广场三期项目的后续建设资金不能低于4亿元，所以设定了比较充裕的4.5亿元开发贷款；5亿元作为金福股份转让股权的对价，其确定依据除了考虑股权的实际价值外（由于存在回购条款，股权的实际价值在本次交易中考虑得比较少，只要不出现明显的低买高卖情况即可），还有一个起决定作用的因素就是金福股份的税务筹划结果，由于金福股份当年出现亏损，经测算，如果以不高于5亿元的价格将项目公司的股权出售，其获得的收益刚好可以弥补该亏损（这体现了亏损的存在价值）。当时，业务团队也曾提出，本项目的股权交易带有回购条款，可以向税务部门解释该交易实际上属于融资而非真实的股权出售，从而豁免以投资收益来纳税的义务。但是，这种解释是否可以得到当地税务部门的认可，金福股份心存疑虑，作为上市公司也不敢冒这个风险，所以最后敲定了5亿元的股权交易价格。

当时，有人曾提出将9.5亿元资金全部增资进入项目公司，到期由金福股份回购信托计划持有的股权。这种操作模式在当时的信托行业比较常见，但是基于如下几个原因，该模式也被否决：（1）金福股份不愿意将项目公司资本金做得太大（没有税务筹划的优势）；（2）中能信托也不希望增资款全部进入项目公司后再由金福股份抽调出去，并且这种模式使得信托计划的第一还款来源只能是金福股份的现金流，无法与项目销售现金流直接挂钩；（3）增资形式的融资通常适用于项目无法直接贷款（如“432”不齐）的情形，而本项目完全符合贷款要求，完全可以采用更优化的交易模式。

为什么说“股+债”是最合适的交易安排

其一，“股+债”模式满足了融资方提前变现项目部分净现值的需求。通过这种结构设计，金福股份实际上已将项目未来所能获取的投资收益提前变现，这是银行贷款不能做到的，也是整个交易方案的核心优势所在。

其二，“股 + 债”模式为中能信托对本项目实行基金化的管控措施提供了抓手和保障。该模式使中能信托可以名正言顺地进入股东会和董事会，并委任高管人员，从而能深入地参与并有力地影响项目公司的日常经营决策，增强了对项目的控制力度，有助于风险防控。当然，与一般的融资项目相比，本项目后期管理的成本会高出不少，但是与获得的信托报酬相比，增加的管理成本是微不足道的。

所以，“股 + 债”模式既解决了融资方的需求，也满足了中能信托自身的风控条件，是经过反复比较后最适合本项目的解决方案。

需要指出的是，中能信托之所以愿意在开发贷款之外通过股权融资的形式为金福股份额外增加 5 亿元融资，主要是考虑到项目的销售回款完全可以覆盖 9. 5 亿元的融资本息（按照保守估计平均每平方米 4 万元的销售单价，整个项目预计可实现 24 亿元的销售收入），这是一种量入为出、实质重于形式的风险控制理念。

在“股 + 债”模式中为何要持有项目公司的全部股权

中能信托之所以持有项目公司的全部股权，主要基于两个目的：一是作为全资股东，可以对项目实施更有力的管控；二是在没有其他股东以优先购买权等理由制造障碍的情况下，当项目出险时可以很便利地出售股权。实事求是地讲，在项目后期（特别是出险后的资产处置时期），中能信托的第一个目的基本实现，而第二个目的则完全落空，具体见后文分析。

在明股实债类项目中，融资方出让项目公司大部分乃至全部股权是比较常见的（但在实际的股权投资基金项目中极为罕见）。在本项目中，金福股份之所以愿意这么做，主要是基于如下 3 点考虑：（1）尽管让渡了控股权，但中能信托只是作为监督方的角色出现，项目实际控制权仍然在自己手中；（2）由于设置了固定溢价回购的退出模式，金福股份将该种交易视同融资，经与会计师事务所沟通，依然可以并表；（3）中能信托作为国有的、具有公信力的持牌金融机构，不会因觊觎公司资产而故意对股权回购制造障碍。

第 3 点原因比较特别，被很多民营地产公司所重视。笔者听说过这么一个案例：某信托公司在房地产股权融资中对其持有的项目公司股权产生了觊觎之心，在融资期限届满时以诸多理由认定融资方违约，希望将股权处置给自己的关联地产公司，融资方历经千辛万苦赎回了自己的股权，但从此对明股实债的交易模式心生忌惮，该信托公司也因该事件在业内声名狼藉，失去了很多客户。

另外，需要特别指出的是，信托公司在明股实债类业务中作为项目公司大股东，当项目出险（特别是因停工等原因导致烂尾）后极易诱发声誉风险（具体参见本书案例：中亮集团结构化股权融资项目）。所幸本案例的交易对手是上市公司，集团实力比较雄厚，违约成本很高，中能信托的后期管理也比较到位，资金基本没有出现挪用情况，项目也如期建成。尽管后来因“黑天鹅事件”出现流动性风险，但也如期安全退出。

增信保障措施

复杂严密的增信措施是本项目的一大特色。在对项目公司绝对控股的基础上，业务团队从资产抵押、公司治理、印鉴资料保管、销售监控等方面设置了多达十几项的增信措施，像一条条绳索将融资方紧紧捆绑起来。融资方在看了整个交易方案后曾抱怨：“贵公司的各种措施将我们包装成了木乃伊，没有任何自由腾挪的空间”。

中能信托之所以采取如此苛刻的增信方案，主要是考虑本次融资不同于一般的项目贷款，不仅金额巨大，而且融资方在满足项目资金需求的同时还提前变现了 5 亿元的项目收益，而可控的还款来源只有太阳广场三期项目本身。交易对手虽然是国内知名的民营企业，实力雄厚，但是根据中能信托多年来打交道的经验，其内部管理比较粗放，资产使用效率低，对外融资常常各自为政，经常出现“拆东墙补西墙”的情况。如果不设置严苛的监管条件，将有可能导致项目公司的资源被股东或其他关联方占用，从而诱发流动性危机。另外，太阳广场三期项目属于商办性质，去化速度本就比较慢，如果因为监管不力导致工程烂尾，将会面临比住宅类项目更为严峻的局面。

本项目在后期因实际控制人涉嫌贪腐出现了“黑天鹅事件”，中能信托被迫自救。虽然在自救过程中面临诸多艰难险阻，但由于管控有力，项目本身也如期建成且没有任何拖欠款项，最后其他金融机构愿意接盘，中能信托如期退出。

保证担保

金福股份为项目公司的还款义务提供保证担保；项目公司为金福股份的股权回购义务提供保证担保；金福集团、金福集团实际控制人许大同及儿子许文远共同为金福股份的股权回购义务和项目公司的还款义务提供连带责任保证担保。具体如同 3 –3 所示。

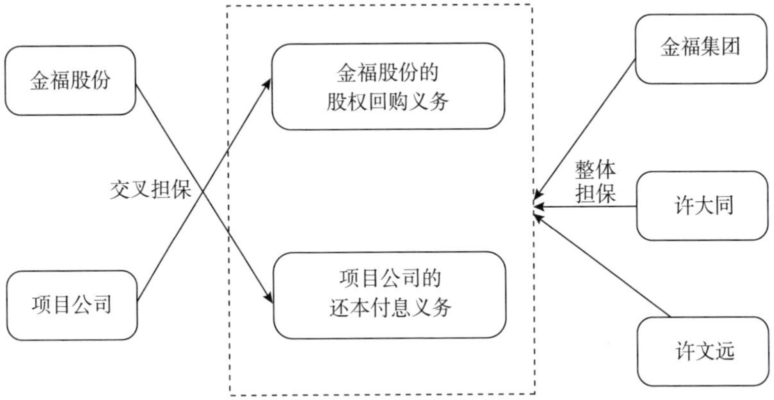

图 3 –3　保证担保

本项目有 5 个主体为两项主债权提供保证担保，初看下来，担保关系较为复杂。集团及实际控制人提供担保是常见做法，但为何还要安排金福股份与项目公司交叉担保呢?

此种安排的主要目的是将所有利益相关方通过担保关系绑定到本项目中来，为信托计划的顺利退出提供更充分的保障。

其一，金福股份为项目公司的还本付息义务提供担保，主要是考虑将上市公司的信用覆盖到本项目全部 9. 5 亿元的债权中，而不仅仅是股权回购的5亿元。这不仅为4.5亿元的债权提供了保障，而且上市公司的增信有利于信托产品的销售。

其二，项目公司为金福股份的股权回购义务做担保，是因为本项目的主要还款来源是项目公司太阳广场三期项目的销售回款，而不是金福股份的整体现金流。如果由项目公司为回购义务提供保证担保，则项目公司为金福股份支付股权回购款也就顺理成章，本项目的两个主债权都拥有面向主要还款来源的追索权。

股权质押

值得注意的是，本项目中的股权质押属于阶段性增信措施，主要是为了弥合土地抵押转在建工程抵押过程中的风险敞口。

根据工程进度安排，太阳广场三期项目预计在1年后可申请预售许可证。由于巴山市国土局和房管局是分开的，根据房管局规定，领取预售许可证前需要先解除项目土地抵押，然后才能办理在建工程抵押，期间抵押物有一段时间的风险敞口（敞口期视土地解押和在建工程抵押的办理时间而定），可能是一个星期或更长。

为降低风险，中能信托采取了如下几个措施：（1）事前与国土局及房管局做好沟通，准备好土地解押和在建工程抵押的全套资料，力争一次性办理成功；（2）在办理过程中，中能信托全程控制土地解押和在建工程抵押的全套资料（包括土地证原件）；（3）由于太阳广场三期项目有数个土地证，分批进行土地解押和办理在建工程抵押手续，尽量缩小风险敞口；（4）要求金福集团将其持有的金福能源70%的股权质押给信托计划，办理完毕在建工程抵押后，再解除股权质押。

金福能源在整个金福集团内部的地位举足轻重，占据了将近50%的业务收入，旗下控股子公司数十家。对于民营企业而言，拿这样一个居于核心地位的控股公司股权来质押绝对是一个禁忌。中能信托从风险控制的角度出发，看准了该公司对于整个金福集团的重要性，以“只有不到两周的阶段性质押”为突破口向融资方施压，最终得到了后者的同意。

土地抵押

项目公司将其持有的太阳广场三期项目土地以及名都公司将其旗下

花园城项目土地抵押给信托计划，土地评估价值合计为20.5亿元，按本金计算的抵押率为46%。

对于本项目的土地抵押，有几个问题值得重点关注。

其一，《土地出让合同》对抵押主债权的限制。这是一个令人意想不到的问题。《土地抵押合同》签署后，业务团队分别前往巴山市和天堂市办理土地抵押手续，天堂市国土局在收取土地抵押资料时突然提出，花园城项目的《土地出让合同》中明确规定，该土地不能为本项目以外的融资提供抵押，由于本次抵押的主债权与花园城项目的开发建设无关，所以不能办理抵押手续。

这个突如其来的问题将业务团队炸得目瞪口呆，后来急匆匆翻阅《土地出让合同》，果然在最后的“其他事项”中找到了该规定。国土局工作人员解释，之所以加入这一规定，是为了防止项目土地为其他债权提供抵押而可能导致的资产查封和项目烂尾。

很明显，这是一起很严重的尽职调查失职事件。在整个项目承做过程中，业务团队及相关的中台审核人员竟然都没有注意到这个问题，换言之，大家都没有完整地审核过《土地出让合同》的内容。由于当时时间比较急，融资方也拿不出其他的资产抵押，业务团队紧急与外部律师沟通协商，最后律师提出由名都公司向当地国土局出具《请示函》，请求国土局豁免《土地出让合同》中“该土地不能为本项目以外的融资提供抵押”的规定，并由国土局盖章确认。为尽快完成抵押，融资方动用了自己的人脉关系进行紧急公关，最后国土局同意了豁免请求。

该事件给大家带来了深刻的教训。在尽职调查过程中，任何一项法律资料的审核都不可掉以轻心。特别是在涉及资产抵押、股权过户等问题时，由于各地监管政策不同，更要把相关资料与政策规定吃透，万不可心存侥幸、马虎应对。

其二，同时存在数个抵押土地和数个主债权问题。笔者在不少案例中都曾讲到过土地抵押的复杂性以及可能面临的困难。但是，在所有的土地抵押案例中，笔者以为，该案例最复杂，面临的挑战也最多。

在本项目中，拟抵押的土地有7块（其中太阳广场三期项目有4个土地证，花园城项目有3个土地证），担保的主债权有两个（金福股份的股权回购义务和项目公司的还本付息义务）。在办理太阳广场三期项目的土地抵押时，巴山市国土局提出，土地抵押的主债权只能是一个，且需针对每个土地证分别办理抵押手续。在无法做通工作的情况下，业务团队只好将两个主债权合同合并为一个，即将《股权回购合同》与《信托贷款合同》合并成一个《债权债务确认协议》，该协议的一方当事人是中能信托，另一方是金福股份与项目公司，在协议中同时约定金福股份的股权回购义务与项目公司的还本付息义务。最后，以该协议作为主债权就 4 块土地逐一办理了抵押登记手续（国土局不同意将 4 块土地信息统一作为《债权债务确认协议》的附件一次性办理土地抵押手续，而是要求就每块土地分别提交抵押资料，分别办理）。

在办理花园城项目土地抵押时，天堂市国土局虽然没有要求主债权只能是一个，也没有提出针对每个土地证分别办理抵押手续，但是要求每个主债权对应的抵押金额不得超过主债权金额。例如，在本项目中，《信托贷款合同》项下的主债权金额是 6. 187 5 亿元（本金 4. 5 亿元及未来两年半的利息 1. 687 5 亿元），而花园城拟抵押的 3 块土地的最大抵押金额（由于是全额抵押，所以抵押金额等同于评估价值）是 10. 5 亿元，如果按照天堂市国土局的要求，总值为 10. 5 亿元的抵押金额中只有 6. 187 5 亿元能用来担保《信托贷款合同》项下的主债权，这种风险是金融机构难以接受的。为了打破该项政策，业务团队联合融资方对国土局进行了多次公关，但都无功而返。无奈之下，中能信托只好也将两份主债权合同合并成一个《债权债务确认协议》，该协议项下的主债权金额（考虑本金及利息/回购溢价）为 13. 062 5 亿元，高于 10. 5 亿元的抵押金额，以此办理了土地抵押手续。

实际上，上述花园城项目土地抵押的做法属于特例，并不具有普遍参考价值。因为另外还有巴山的土地抵押，所以天堂市的抵押土地价值（体现为抵押金额）没有超过两个主债权的合计金额是很正常的。但是，假设天堂市的某融资项目的主债权金额低于抵押金额（在金融机构严格的抵押率限制下，出现这种情况几乎是必然的），该如何满足国土局的要求来办理抵押手续呢？业内比较普遍的一种应对方式是拔高主债权金额，即在《信托贷款合同》中放大贷款金额（如原本是借款5亿元，但合同中写的是借款12亿元），并以该放大的主债权去办理抵押。由于《信托贷款合同》中会约定具体的贷款金额以实际发放的为准，所以这种拔高主债权金额的做法只是为了办理抵押之用，没有其他的风险隐患。

实务中还有一种更奇特的规定，即在同一个主债权对应数个抵押物的时候，有的地方的登记机关要求每个抵押物的评估价值只能担保一定比例的主债权（即不得担保整个主债权）。一般情况下，该比例是某个抵押物的评估价值与所有抵押物评估价值之和的比例。例如，抵押物A（评估价值5亿元）和抵押物B（评估价值15亿元）共同担保10亿元的主债权金额，按照上述规定，抵押物A担保的主债权金额是5÷(5+15)×10=2.5亿元；抵押物B担保的主债权金额是7.5亿元。在穷尽所有手段无法做通登记机关工作时，实务中的应对方式与前述合并主债权合同恰好相反，即按照每个抵押物可担保的主债权金额拆分主债权合同，并交叉二押，拿前述举例来说，具体操作如图3-4所示。

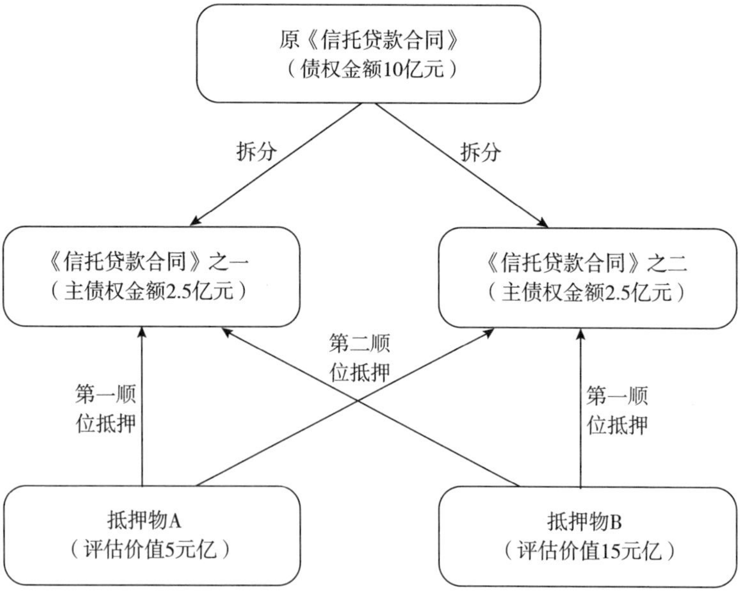

图3-4　拆分主债权合同并交叉二押的操作模式

实务中如果无法做到交叉二押，可以在分拆后的全部主债权合同中约定交叉违约条款，即任一主债权合同违约，债权人有权宣布全部主债权同时到期并处置全部抵押物。

小专题

主债权金额、抵押物价值与抵押金额

在不动产抵押中，主债权金额、抵押物价值与抵押金额这些概念常常出现在抵押文件中（如抵押申请书、抵押合同、他项权利证书等），很多人对这些概念不甚了了，各地房地产登记部门的地方性政策又加剧了大家在认知上的混乱，下面笔者来为大家梳理一下。

主债权金额指的是被担保的主债权在金钱上的价值。实务中，该金额不仅是指大家通常所理解的融资本金加利息，例如某标准版本的《土地抵押合同》，在“担保范围”这一条是这么约定的：本合同项下所担保的主债权，包括《信托贷款合同》项下的本金、利息、罚息、违约金、损害赔偿金和所有其他应付费用，以及债权人为实现债权与担保权利而发生的所有费用（包括但不限于诉讼费、仲裁费、财产保全费、差旅费、执行费、评估费、拍卖费、公证费、送达费、公告费、律师费、翻译费等）。

由此可见，主债权金额是一个变动值，除本金外，其他款项只有在实现抵押权时才能确定下来。但是，在进行抵押登记时，登记机关常常会要求在相关的抵押文件中写上具体的主债权金额。金融机构常常根据登记机关的建议写上主债权本金，但是为了防止因主债权范围缩小而导致本金之外的债权无法优先受偿，金融机构通常会在抵押合同中约定，抵押文件中约定的主债权金额仅为办理抵押登记手续之用，实际金额由抵押合同中约定的担保范围来确定。

从形式上来看，抵押物价值指的是抵押物的评估价值或约定价值（由于《物权法》禁止登记部门强制要求对不动产进行评估，实务中为了办理抵押的需要，债权人除了主动要求评估，也可以直接与抵押人约定抵押物价值，但各地对《物权法》的执行力度不一致，这种做法不具有普遍意义)，体现为某个具体的金额。但是，在实务中，真正起作用的是抵押物的变现价值，即实现抵押权时，抵押物经拍卖、变卖等获得的金额减去相关的税费后的余额，这也是一个变动值，其金额只有在实现抵押权时才能确定。而且，在抵押物变现后，由于受抵押物本身增值、实现抵押物的税费以及与正常买卖中相比的折价等因素的影响，其价值可能高于或低于抵押物的评估价值或约定价值。在进行抵押登记时，登记机关常常也会要求在相关的抵押文件中写上具体的抵押物价值金额。金融机构为了防止可能出现的抵押物实际变现价值高于抵押物评估或约定价值带来的风险，通常会在抵押合同中约定，抵押文件中约定的抵押物价值仅为办理抵押登记手续之用，实际价值以该抵押物最终变现后的金额来确定。

抵押金额又称担保金额、抵押价值等，按照笔者的理解，指的是抵押物价值中可以用来担保主债权的金额。该词语不是法定用语，算是我国房地产登记部门的“创造发明”，在实务中存在巨大争议，很多人甚至一直搞不懂何谓抵押金额，为何某些地方的登记部门一定要在抵押合同中注明抵押金额。

笔者以为，与主债权金额和抵押物价值相比，抵押金额是一个确定的数额，不会变动。而且，这个概念具有独特的存在价值。实务中比较常见的是全额抵押，即债权人对整个抵押权享有优先受偿权，此时抵押金额等同于抵押物价值。但是，有时也会存在限额抵押。例如，某抵押人只愿意将持有土地价值中的5亿元拿出来抵押，此时设定的抵押金额是5亿元，即使在实现抵押权时抵押物的变现价值是9亿元，债权人也只能在5亿元的额度内优先受偿。但是，由于实务中绝大部分都是全额抵押，而将抵押金额等同于抵押物价值也存在抵押物实际变现价值高于抵押物价值的风险，所以金融机构通常会在抵押合同中设定特别条款，约定如果抵押物的变现价值高于抵押金额，则实际抵押金额以抵押物的变现价值为准。

其三，抵押土地的价值评估问题。在房地产项目融资中，抵押土地的价值评估是整个风险控制的关键点，也是极易出现道德风险的环节。很多时候，金融机构内部的风控制度设置了比较严格的抵押率标准（例如，很多信托公司对抵押率的要求是不能高于50%）。但是，由于土地价值评估具有一定的弹性，不同的评估方法对土地价值的判断可能存在很大差异，这就让很多为促成业务的信托经理钻了空子。

在本项目中，由于融资方最初提供的花园城项目的土地评估价值只有6.5亿元，为了达到50%的抵押率，信托经理暗示评估公司将太阳广场三期项目土地的评估值做到14亿元。评估公司心领神会，最后拿出了估值15亿元的评估报告，但是该报告遭到了风险部门的强力挑战，后者认为，该评估报告采用的市场比较法和收益还原法具有重大瑕疵。

首先，就市场比较法而言，其适用的前提是选取的参照物具有相关性和替代性，所在区域类似土地的交易稳定且交易量比较大。但是，太阳广场地处巴山市核心区域，周边土地出让极少，评估报告所选取的参照物是近3年该区域唯一成交的一块商住用地，而且是在去年土地市场最火爆的时候成交的，地块容积率远高于太阳广场三期项目，评估报告并没有进行科学修正。所以，对于太阳广场三期项目土地的评估而言，采用市场比较法是不科学的。

其次，就收益还原法来说，该评估方法虽然比较适合，但评估价值严重受限于项目未来总收益和折现率，评估报告对太阳广场三期项目的总收益的确定比较客观，但对折现率的确定偏低，导致最终的评估价值过高，存在人为操纵的嫌疑。

基于以上两点理由，风险部门果断要求更换评估公司，并要求新的评估公司采用收益还原法和假设开发法进行评估，同时严格审核评估报告的论证过程。最终得出太阳广场三期项目土地的评估价值是10亿元，与原来相比少了5亿元。最后，融资方又追加了一块花园城项目土地才满足了不高于50%的抵押率要求。

小专题

土地评估的几种方法与适用条件

对于房地产融资从业人员而言，了解几种常见的土地评估方法及适用条件非常重要。实务中常见的土地评估方法有市场比较法、收益还原法、假设开发法、成本逼近法和基准地价系数修正法五种，其中最常用的是前三种方法。

其一，市场比较法。市场比较法是土地评估中最常见、最基本的方法，也是国际上通用的土地评估方法，它是指在评估土地价格时，将待评估土地与类似的土地近期交易价格进行对比，通过对交易日期、区域因素及个别因素等进行修正，得出待评估土地在评估日的价格。市场比较法的理论基础是替代原理，即在相同的市场中，效用均等的土地价格最终会趋于一致。

市场比较法是运用实际交易的市场价格来估算土地的价格，反映的是市场价值，比较容易被大家所接受。但是，市场比较法在选取可比实例时大多依靠估价人员的主观经验，且在对各种因素进行修正时没有明确的标准，容易被钻空子（如本案例）。另外，市场比较法对市场信息的依赖性比较高，若市场信息收集得不够，调查不够全面，则很难得到客观真实的价值。

市场比较法通常适用于比较稳定且有大量交易实例的市场，同时选择的可比实例要与待评估土地具有相关性和替代性，如经常发生交易且具有一定可比性的住宅、商办和工业用地等。对于如下几种情况的用地较难用市场比较法评估：一是具有一定公益性质且交易数量很少的用地，如机场、码头、学校、医院等用地；二是可比性很差的用地，如在建工程用地、具有特定用途的工业用地、所在区域极少发生交易的商办用地（如本案例）；三是在非稳定的市场环境或选取的交易案例是在非正常情况下进行的，如果土地市场处于过度炒作或低迷期，或处于急买急卖等不正常情况下，会导致评估价值偏离市场的真实价值。

其二，收益还原法。收益还原法是指以折现率将估价对象在未来每年所能产生的预期收益贴现到估价时点的收益，并将贴现之和作为估价对象的价格。收益还原法的理论基础是预期原理，即决定房地产当前价值的因素，主要是未来因素而不是过去的因素，房地产当前的价值通常不是基于过去的价格、开发成本、收益或市场状况，而是基于市场参与者对其未来所能产生的预期收益，预期收益越高，资产价值越大。

收益还原法被广泛应用于有收益的不动产价格评估，作为一种较为科学的评估方法，其准确性取决于土地未来的总收益和折现率的确定。但是，土地收益受到很多因素的影响，需要深入细致的调查和丰富的经验，而折现率的选择就更为重要和关键。收益还原法受人为因素的影响比较大，且未来具有很强的不确定性，如突然发生的金融危机或行业政策改变都会导致收益的大幅波动，这样就不能客观真实地反映土地的价值。

收益还原法适合的评估对象是具有收益性的土地，要求待评估的土地不仅在时点上有收益，而且在未来也能产生源源不断的收益，如住宅及商办用地、用于出租的标准厂房及车库等。对于没有收益的土地，如带有公益性的行政办公、学校、公园（营利性的主题乐园除外）等用地无法适用。

其三，假设开发法。假设开发法又称剩余法，是指先预测待开发土地开发完成后不动产的价值，然后再扣除开发土地的相关费用，用这个剩余值来估算土地的价格。相关费用包括建筑物的开发成本、开发成本利息、开发利润和相关税费等。假设开发法的理论基础与收益法基本相同，都是对未来剩余收益的计算。

假设开发法的本质是以土地经过开发形成的不动产的预期价值为导向求取估价对象的价值，适用于一般性的、常见用途的和市场流通性较好的建设用地评估。但该评估方法受土地利用状况的影响比较大，如对于没有开发的土地，土地实际使用不可能完全按照规划所设计的条件进行，会有不同程度的调整，估价师很难预料该土地在未来的实际使用状况，因此该评估价值具有不确定性。另外，该方法也受市场风险的影响，当市场存在泡沫时，确定的不动产的价值会偏高，如果其他参数不调整，多余的泡沫自然会转移到土地价值中，导致估算的价格偏高。

其四，成本逼近法。成本逼近法是以开发土地所必需的各项正常费用（包括正常的利润、利息、税费与土地增值）之和，来求取待评估土地的价格。成本逼近法的理论基础是生产费用价值论，即商品的价值是依据其生产所必需的费用而定。

使用成本逼近法的条件是估价对象的成本构成比较接近市场，不会带来太大的偏差。但是，成本高的土地效用和价值不一定高，反之，成本低的土地市场价值不一定低。该评估方法反映的是历史的价值，没有考虑市场的变化，适用范围比较窄，通常适用于既无收益又很少发生交易的土地评估，如学校、公园、图书馆、医院等具有公益性质的土地评估。

其五，基准地价修正系数法。基准地价修正系数法是指利用基准地价和修正系数表等评估成果，按照替代原则，将待评估土地的条件与其所处区域的平均条件进行比较，然后确定相应的修正系数，用此修正系数对基准地价进行修正，从而求取待评估土地在估价日期价格的方法。基准地价系数修正法的理论依据也是替代原理，认为同一级别的范围内用途相同的所有土地具有相似性，它们的价格也具有相似性，因此可以将基准地价进行因素修正，来求取土地的价格。

基准地价系数修正法适用于市场不发达情况下的土地评估，如新的开发区、处于衰败期的老城区等。但是，由于基准地价时间跨度比较长，在有效期限内，市场可能已经发生很大变化，原有的基准地价已不能反映区域性的平均价格，对市场敏感度较差。当待评估土地与基准地价的对应关系不明确时，评估师通常会根据自己的经验对相关参数进行修正，难以保证准确性，所以在房地产融资项目中很少使用。

公司治理管控

中能信托作为项目公司的全资股东，为保证融资安全，在公司治理层面主要从以下几个方面实施管控，具体见表 3 – 2。

表 3－2　公司治理的管控机制

管控层面	具体实施
股东会层面	决策机制：作为项目公司的唯一股东，中能信托可以不召开股东会，直接就决议事项做出决定，并在决议上签字盖章 决议事项：由于项目层面的重大管控均由董事会负责，股东会的决议事项基本上遵照《公司法》规定，在章程中不做特别约定
董事会层面	人员构成：项目公司董事会由 5 名董事构成，其中 3 名董事由中能信托提名并委派，另外 2 名董事由金福股份提名并由中能信托委派；董事长兼法人代表由金福股份委派的人担任 决策机制：所有决策事项须全体董事过半数通过方为有效 决策事项：除了《公司法》规定的决策事项外，所有项目层面的重大事项均由董事会决定，如确定项目公司银行账户的授权签字人；项目公司所有印鉴的废除、启用、变更及银行备案等；项目公司股权、债权或其他权益的让与、出售、转让、负担、处置、重组等相关事项；以项目公司的资产或以项目公司的名义向任何第三方提供保证担保或其他类似的权利负担等
管理层层面	项目公司的管理层均由金福股份推荐，并由董事会决议通过 中能信托向项目公司委派一名财务代表，直接对董事会负责，并单独向董事会汇报工作 财务代表同时也是中能信托委派的驻场人员，主要职责是：履行现场监管职能；保管项目公司的所有印章、证照和法律文件，掌管保险柜钥匙；项目公司所有印章、印鉴、证照和法律文件的使用均应取得财务代表的同意
日常运营层面	项目公司的日常运营由管理层全权负责 中能信托通过各种管控机制对项目公司的账户、开发建设及销售等实施监督

从形式上来看，业务团队设计的公司治理和管控措施体系完善、层次分明、可执行性强，对于中能信托来说，既能管控项目的主要风险

点，又没有干涉项目公司的具体开发运营。但是，在项目存续期间，有些措施执行得比较到位（如印章的监管、账户的监控等），为项目的顺利兑付立下汗马功劳；有些则成为摆设（如股东会和董事会），留下了一些风险隐患，具体见后文分析。

小专题

房地产股权融资中公司治理机制的设计要点

公司治理是由公司股东会、董事会和管理层组成的一种权力结构和运作机制；完善的公司治理需要明确划分股东会、董事会、经理人各自的权力、责任和利益，从而形成三者之间的授权与制衡关系。信托公司在股权融资项目中作为项目公司股东，不可避免地要参与到公司治理机制中去。但是，作为金融机构，信托公司有其自身的利益诉求：不仅要行使股东权利（从受托人的角度来看，也可以说是作为股东的义务），更重要的是要通过管控项目公司来保障融资安全。笔者以为，要实现这种诉求，在设计公司治理与管控方案时需要特别注意以下三个问题。

一是系统性思维问题。

系统性思维在金融机构设计公司治理方案中占据着先导作用。笔者认为，公司治理机制按照权力体系来看，可分为股东会、董事会、管理层和日常运营4个层次，其中股东会和董事会属于决策层，管理层和日常运营属于执行层，具体情况如图3－5所示。

很多信托经理在设计股权类融资方案时，对公司治理方面常常觉得难以下手，拿出来的方案逻辑混乱、漏洞百出，这与没有系统掌握项目公司的上述权力体系有关。在设计该类方案时，信托经理要根据信托公司的持股比例、对风险的把控要求以及交易对手的具体情况有序推进，依次从股东会、董事会、管理层及日常运营这4个方面入手，系统地搭建项目公司的治理机制。

二是合理分工问题。

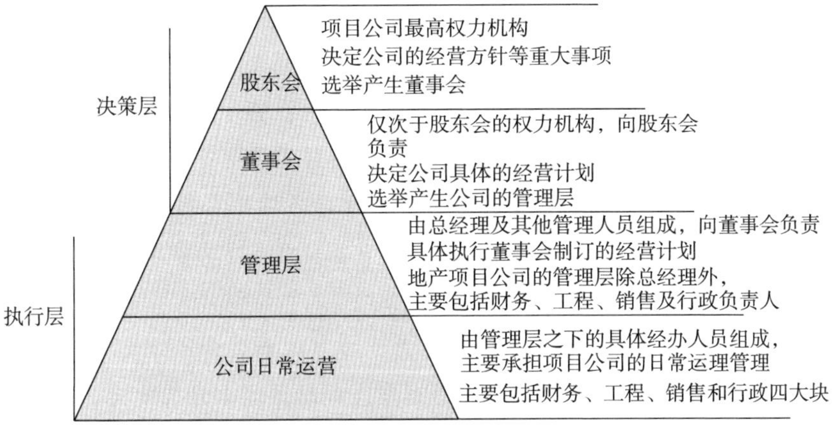

图3－5　项目公司的权力体系

对于信托公司来说，进行合理的角色分工是建立清晰可行的公司管控机制的关键。一般来说，这种分工体现在两个方面。

其一，决策运营体系的分工，即股东会、董事会、管理层和日常运营这4个权力层次的分工。一般来说，不管信托公司的持股比例如何，其在执行层（即管理层与日常运营）中并不居主导地位，只是起到监督作用（如派驻财务代表、进行资金监控等）。但是，根据持股比例的不同，信托公司在决策层的地位是不一样的。如果信托公司在项目公司中处于控股地位（如本项目），一般会要求在股东会与董事会中也处于绝对控制地位；如果只是参股，信托公司对项目公司的决策事项没有话语权，但可以通过在董事会中设置一票否决权对大股东（即融资方）进行监督和牵制。

另外，股东会和董事会之间的分工也需明确。一般情况下，股东会的决策事项比较模式化，主要根据《公司法》的规定来设置，根据笔者的经验，股东会在信托公司持股期间的主要作用是选举产生董事会；而董事会的决策事项则比较具体和个性化，信托公司在设计方案时，将很多关键的风险控制点作为董事会决策事项，如项目公司的账户开立、重大资产处置、对外担保等。有时为了增强董事会的权柄，甚至将部分原本属于股东会的权力（如决定公司的预算方案）授权董事会行使。

其二，人员的分工，主要有三点。一是董事长和法定代表人的确定。在本项目中，虽然中能信托在董事会中占据大多数席位，但项目公司的董事长和法定代表人仍由融资方推荐的人担任，主要是考虑到该种安排有利于项目的报建及其他对外沟通，而且很多民营企业老板对这种头衔比较在意。不过，由于法定代表人的对外签字直接对公司产生效力，在有的项目中，信托公司为了控制风险，也会要求董事长和法定代表人由自己委派的董事担任，或者在公司章程中限制法人代表的签字权力（如在章程中规定法定代表人在关于公司的重大资产处置、对外担保、举债等法律文件上的签字须经董事会决议通过方为有效）。二是总经理的确定。总经理全面负责项目公司的运营，主导项目的开发建设，融资方肯定会要求自己的人担任，这一点没有讨价还价的余地，作为金融机构的信托公司也没有相应的专业能力去做这些事。三是财务负责人的确定。一般来说，公司的财务总监由融资方派驻，信托公司可以派驻财务经理（财务代表）履行监督职能。在本项目中，最开始约定项目公司财务总监由中能信托的驻场人员担任，但是在后期管理中发现，财务总监在项目运营过程中需要内外协调的事情很多，驻场人员显然无法胜任这个角色，只好让金福股份请回原来的财务总监，而为驻场人员设置了财务代表的角色。

需要特别指出的是，房地产开发是一项系统性工程，需要高度的专业性、强大的资源整合能力和深厚的政府关系。信托公司需要始终牢记自己作为融资方而非开发商的角色定位，不宜对项目具体运营干涉过多。笔者记得在某项目的后期管理中，信托公司的驻场人员处处以大股东自居，不仅将资金管得死死的，而且对项目的开发运营指手画脚，甚至对户型结构的设计也提出各种意见，结果因为对当地市场不了解，加上自己的不专业，提出的意见常常很肤浅，导致融资方不胜其烦，最终与其反目，强势要求信托公司更换驻场人员，且强调再胡乱干涉项目的运营事宜，将不再接受驻场监管。

三是重视程序问题。

除了分权制衡外，公司治理的另一个核心思想是重视程序。程序的缺乏或不完整将会影响实体权利的有效性。本项目在成立之初根据合同约定向项目公司委派了3名董事和1名驻场的财务代表，但是这种委派只是通过向项目公司发函的形式而非正式的公司决策程序实施的（笔者现在想起来仍对这种操作感到十分汗颜）。半年以后，信托公司在内部例行审计的时候发现了这个问题，风险部门做出了如下风险提示："我司委派的董事没有经过股东会的正式任命，是无效的；这些董事在其参加的所有董事会上的投票效力都会受到影响。在项目出险或融资方与我司出现对立的情况下，融资方很可能以程序不合格为由否定历次董事会决议的效力，而且在信托计划无法如期兑付时，投资者也可能以我司未尽到基本的谨慎尽职义务而要求赔偿。"

实事求是地讲，对于这么大额度的融资项目，这种纰漏在中能信托内部是一个重大事件，业务团队在接受公司严厉处罚的同时，开始积极寻求补救方法。经过与律师反复沟通，最终在融资方的配合下出具了股东会决议，追认了5名董事（包括融资方推荐的2名董事）的身份以及此前几次董事会决议的效力；同时，以董事会特别决议的形式追认了中能信托推荐的财务代表的合法身份。

设计方案时要特别注意程序的细化和可操作性。例如，在很多股权融资项目中，信托公司入股项目公司后，对公司章程的修改不甚重视。即使重视，也是聚焦在实体权利上，如董事会的决议事项、董事的一票否决权等；对于程序性的事项则考虑得不是很周全，例如董事会的召开程序，由谁担任召集人、提前多少个工作日召集、议事规则和表决机制如何细化、当召集人不愿意召集董事会时的补救措施如何等。这些事项看起来很烦琐，但对信托公司履行监督职能非常重要，特别是在与融资方出现对立的情况时，信托公司要想通过公司治理机制增强控制力，就必须由细化的、可操作性的程序作为支撑，否则在融资方故意为难的情况下将寸步难行。

账户与资金监管

本项目的账户与资金监管措施见表3-3。

表 3-3 账户与资金监管措施

监管层面	监管措施
账户监管	预留印鉴。项目公司的所有账户均不得开通网银服务，并且对所有账户（包括现存的和以后开设的）加盖中能信托指定人员的名章作为预留印鉴 约定账户。项目公司应当在中能信托指定的宇通银行巴山分行营业部开立如下4种类型的账户：一是基本账户，除了每平方米销售回款中的3万元应进入还款账户外，项目公司对外有权收取的所有资金（包括每平方米超过3万元的销售回款）均应存入基本账户，支出方面除了根据相关法律规定必须由基本账户对外支付的款项外（如工资、日常费用的包销），其他款项支出应当由基本账户划至日常运营资金账户对外支付；二是日常运营账户，该账户仅用于日常资金支出。项目公司应在每月第25日向中能信托提交书面报告，汇报日常营运账户余额及次月用款计划，用款计划获得中能信托批准后，方可将所需资金从基本账户中拨付至日常营运账户；三是贷款账户，该账户用于接收中能信托4.5亿元的贷款资金，且资金专项用于太阳广场三期项目开发建设，但闲置期间可用于现金理财；四是还款账户，该账户的资金来源有两个，一是项目销售回款，二是按照提前到账的约定存入提前到账资金，该账户的资金仅限用于还款，闲置期间可用于现金理财，并且当账户内的资金达到9.5亿元时，可不再存入 其他账户。除非经过中能信托的书面同意予以保留，否则项目公司已有的在上述4个账户之外的银行账户均应在指定期限内注销。如因政府监管原因确需开立其他银行账户的，项目公司经中能信托书面同意后予以开立，且账户仅限于中能信托同意的用途
资金监管	贷款资金的监管。信托资金设置了最严格的贷款资金监管措施，要求贷款资金不仅专项用于太阳广场三期项目的开发建设，而且在资金的提取上根据工程节点（见表3-4）来支付，未达到工程节点要求的，中能信托有权拒绝支付 销售回款的监管。在综合考量市场预期售价、项目可售面积以及信托整体融资的情况下，设置了3万元的销售款监管条件，即每销售1平方米，向还款账户存入3万元保证金（超过部分存入基本账户，不足部分由金福集团补足）

可以看出，本项目的账户和资金监管措施非常严密（甚至苛刻），可以有效保障信托资金的安全。但是，在后期管理中，业务团队发现该

措施还有很多改进的余地。

一是现有账户的清理。为了解项目公司的整体开户情况，中能信托的驻场人员在进驻项目后，第一时间要求项目公司的财务负责人从央行打印了一份《已开立银行结算账户清单》，发现除了上述 4 个账户外，还存在数个历史账户，包括 2 个久悬户（因长时间未办理业务而处于休眠状态的账户，也叫呆死账户）和 1 个专门的纳税账户。对于久悬户，驻场人员马上进行注销；对于纳税专户，在加盖了预留印鉴后准予保留。

二是后续账户的开立。在后期管理中，项目公司还开立了两种账户，一是为办理按揭业务而开立的银行按揭账户（共在富兴银行、宇通银行与九州银行开立了 3 个按揭账户）；二是根据将来的预售需要在政府指定的富兴银行开立项目销售款专门账户。由于新开的账户均加盖了中能信托的预留印鉴，且其他印鉴（如财务专用章和法定代表人名章）也在驻场人员的监管之下，所以对于这些账户的开立，中能信托比较支持。但是，比较遗憾的是，直到信托计划结束，太阳广场三期项目也没有进入预售（具体原因见下文），这些新开账户没有被启用。

三是网银的开通。为了更有效地控制财务风险，中能信托在合同中明确约定，项目公司所有账户不得开通网银服务；但是，根据《人民币银行结算账户管理办法》（中国人民银行令〔2003〕第 5 号）第三十三条规定，日常经营活动的资金收付及其工资、奖金和现金的支取（如个人报销），应通过基本账户进行。在项目存续期间，驻场人员发现，由于经常性的报销审批，项目公司的小额付款笔数很多，在基本账户没有开通网银的情况下，每笔付款都需要前往银行柜台进行支票转账，对人力消耗非常大，而且效率极低，这是方案设计时没有预见到的。为了提高日常款项的支付效率，中能信托最后同意基本账户开通网银服务，但要求网银的 U 盾（网银转账的必备硬件产品）必须放入保险柜共管。

四是款项支付的优化。在对外付款的控制上，中能信托一开始要求项目公司所有付款须经过驻场人员的审核方可实施。但是很快发现，由于项目公司常规性的付款很多，驻场人员如果每笔都仔细审核，费时费力，耽误了对其他事项的监督检查时间，最后不得不优化了付款流程：对于诸如报销、工资发放等常规性付款，根据历史记录在每月初拟定一个付款总额度（如本项目的每月例行付款总金额基本在50万元以内），由驻场人员会同中能信托的后期管理团队核定，之后每月的常规性付款只要不超过这个额度，都会快速通过；对于与项目有关的大额付款，如工程款的支付，需要每笔结合付款合同及其他相关凭证单独审核。

五是贷款资金按工程节点发放的利弊分析。正如表3－4所揭示的，贷款资金按照工程节点分批发放，实质上是以资金投放节奏倒逼工程施工进度，确保融资方与中能信托在工程进度推进上的利益诉求和激励机制相一致。之所以设置这一条款，主要是基于对项目工期、完工风险和资金挪用风险的控制。实事求是地讲，该模式的确对太阳广场三期项目的如期建成立下了汗马功劳，但也导致企业大量的资金沉淀，实际上提高了整体融资利率，属于很严苛的条件，对于有一定谈判实力的地产开发商来说是难以接受的。

表3－4　提取资金的时间节点及提取金额

序号	提取资金的时间节点	提取金额（单位：元）
1	土石方完成	70 000 000
2	负二层完成	40 000 000
3	负一层地板完成	15 000 000
4	负一层顶板完成	38 000 000
5	“正负零”完成	22 000 000
6	地面一层完成	26 000 000
7	地面二层完成	25 000 000
8	地面三层完成	34 000 000
9	地面六层完成	50 000 000
10	地面九层完成	25 000 000
11	地面十二层完成	30 000 000
12	地面十五层完成	20 000 000
13	地面十八层完成	30 000 000
14	主体封顶完成	40 000 000
15	竣工	15 000 000
合计		480 000 000

六是施工建设合同的审核难题。由于中能信托管控项目公司的全部印章，所以后者每次需要在新增的对外合同上盖章时都要征得驻场人员的同意，其中比较重要的是一些施工建设的合同。虽然每次驻场人员都会按照要求，将合同文本发给信托公司由地产专家组成的后期管理团队进行审批确认，但鉴于这些同事对项目的了解程度无法与融资方的现场管理人员相提并论，仅仅能在项目的工序和工程量上给予一些经验性的意见，对于招标过程是否规范、投标机构是否符合要求、合同金额是否公允合理等，无法做到完全把控。而且，项目公司往往在快要签合同时才火急火燎地将文本提交给驻场人员，并催促尽快盖章签字，驻场人员也只好提醒后期管理的同事尽快给予审核确认，这样一个仓促的过程难免将合同审核沦为形式，让融资方利用施工方从项目公司“偷钱”成为可能。但假如驻场人员强硬提出各种关于合同的修改要求，势必会影响合同的签约进度，从而影响项目的工程进度，到时候难免会被融资方“倒打一耙”，提出工程进度未能按要求完成是中能信托的责任，以此免除自己的违约责任。

笔者认为，由于存在严重的信息不对称，想完全解决合同审核问题是不可能的。但有两种缓释风险的思路：一是放弃对建安合同的实质审核，仅仅对于工程的建安总成本与融资方进行对赌，要求超出部分由融资方及时补足，否则触发相关违约条款；二是从项目一开始就与融资方约定，所有合同文本需提前（如一个月）发给信托公司审核，信托公司中台须设有专职的合同审查人员对每份合同进行实质审核，及时反馈意见，从源头控制建安成本。笔者觉得，从实务操作的角度来看，第一种思路比较可行。

印章、证照与法律文件的保管及使用

区别于房地产项目融资中传统的“传真 + 网银”远程监控措施，在本项目中，业务部门派驻了专门人员进驻项目现场，并保管项目公司所有的印章、证照与法律文件（以下统称为“证件”），项目公司所有证件的使用均须得到驻场人员的审核与批准，具体措施见表 3 – 5。

表 3-5　印章、证照与法律文件的保管及使用

基本类型	范围	保管及使用
各类印章	包括但不限于公章、财务专用章、法定代表人名章、合同专用章、发票专用章、中能信托提供的预留印鉴、网银 U 盾、网银密码器	除中能信托提供的预留印鉴由驻场人员单独保管外，其他印章由双方共同保管；项目公司原有印章全部更换；每次印章使用均须驻场人员核准，且须复印相关文件资料留底
基础证照	包括但不限于营业执照、组织机构代码证、税务登记证、机构信用代码证、印章制作许可证、开户许可证、预留印鉴卡、贷款卡、房地产开发资质证书、国有土地使用证、建设用地规划许可证、建设工程规划许可证、建筑工程施工许可证等	所有基础证照由驻场人员与融资方双方共管；每次使用基础证照均须得到驻场人员的核准，且须复印相关文件资料留底
法律文件	包括但不限于国有土地使用权出让合同、建筑工程承包合同等	所有法律文件的原件由驻场人员与融资方双方共管；对于需要经常使用的文件复印一份，除非特殊要求，一般仅使用复印件；如需使用原件，须经驻场人员的核准

值得称道的是，本项目的驻场人员谨慎尽职，专业素质也比较高，在融资方的配合下，对现场证件的保管及使用井井有条，所有留底资料归类清晰，一目了然。在项目后期出险进行再融资谈判时，接盘的金融机构对该项目的后期管理非常满意，为顺利实现再融资立下汗马功劳。

需要指出的是，中能信托最开始要求由驻场人员单独保管所有证件，但是在实施过程中遭到了项目公司财务团队的反对，后者认为这种管控模式违反了基本的财务管理制度，可能带来极大的道德风险，因为所有证件由同一人保管，也就意味着保管人可以单独通过证件的

使用决定项目公司的所有事项，包括贷款账户内数亿元资金的对外扣划。此时，中能信托意识到在设计管控方案时只考虑到自己的独占性，忽略了其中蕴含的道德风险，最后与融资方沟通后优化了方案，将所有证件放入新购置的保险箱内，由融资方的财务人员掌管密码，并由中能信托的驻场人员掌握钥匙，每次使用证件须征得双方一致同意后方可进行。

小专题

项目交接时印章的处理

在房地产股权融资项目中，信托公司驻场人员在进行项目公司的印章交接时，常常会有如下三种处理办法。

其一，基于对融资方的信任，直接交接印章，放入保险柜实施共管。

其二，要求融资方提供给公安局备案使用的《印章制作许可证》，检查备案印模是否与共管的印章刊刻一致，核实印章的真实性（这个技术性比较强）。

其三，直接将项目公司的原有印章全部作废，重新刻制印章。

在本项目中，为了最大限度地控制风险，选取了第三种办法。在更换印章过程中，有两个地方值得特别注意。

一是更换公章时，须到当地公安部门指定的刻章中心进行，刻章中心在收到旧章后向公安部门备案，备案通过后方能刻制新章，并且需要提供公安部门出具的《刻制公章备案说明》和《公章销毁登记单》。整个过程须由信托公司驻场人员陪同融资方人员一同进行，以免出现道德风险。

二是财务专用章的更改或有特殊用途：部分银行要求更改账户印鉴卡（预留印鉴）时，新旧财务专用章须同时出具。但如果交由公安部门指定的刻章中心，在拿到刻制的新公章之前，旧公章会被销毁。所以，新的财务专用章须到无须销毁旧章的其他刻章中心进行刻制，而该过程中操作风险和道德风险的规避尤为重要，驻场人员必须全程参与并保持注意力高度集中。

工程管控

为确保太阳广场三期项目工程如期完工并实现销售，本项目除了按工程节点发放贷款外，还与项目公司约定了工程进度时间表，见表3－6。

表3－6　太阳广场三期项目工程进度时间表

序号	项目阶段	完成时间
1	土石方外运	信托计划成立后3个月内
2	地下二层施工完成	信托计划成立后5个月内
3	地下一层施工完成	信托计划成立后7个月内
4	地下室结构封顶（出“正负零”）	信托计划成立后9个月内
5	主体结构封顶	信托计划成立后18个月内
6	内装	信托计划成立后29个月内
7	外装	信托计划成立后29个月内
8	室外景观	信托计划成立后29个月内
9	消防验收（取证）	信托计划成立后29个月内
10	竣工验收（取得备案证书）	信托计划成立后29个月内
11	交房日期	信托计划成立后30个月内

中能信托与融资方在合同中约定，若项目公司实际工程进度滞后于约定进度超过3个月，将面临严重的违约惩罚措施（包括由中能信托改组董事会及管理层，掌控项目的开发销售等），这使得融资方工期延误的成本特别高，有助于项目尽快建成、尽早销售。

另外，为有效确保工程完工，中能信托建立了驻场人员和地产专业团队相配合的监管模式。其中，驻场人员由业务团队派驻，负责日常的工程、资金和销售监管；地产专业团队在每次划付工程款和确定工程进度前派人前往工程现场查看，并出具专业意见，驻场人员借此专业意见进行工程款支付并确定工程进度。

小专题

房地产融资项目中驻场人员的工作职能

由于信托公司地产专业团队的支持，本项目没有聘请第三方机构驻场管理（与此形成对比的是本书的另外一个案例：彩云地产信托贷款项目），而是由业务团队自己派出驻场人员。作为后期管理的核心，驻场人员在现场监管过程中不仅要根据合同约定做好各种具体事项，而且要有很强的沟通协调能力，统一整合项目公司与信托公司的对口负责人，以人带事，通过人的关系及能力调动促进后期各种事项的解决。以本项目为例，驻场人员的协调职能如图3－6所示。

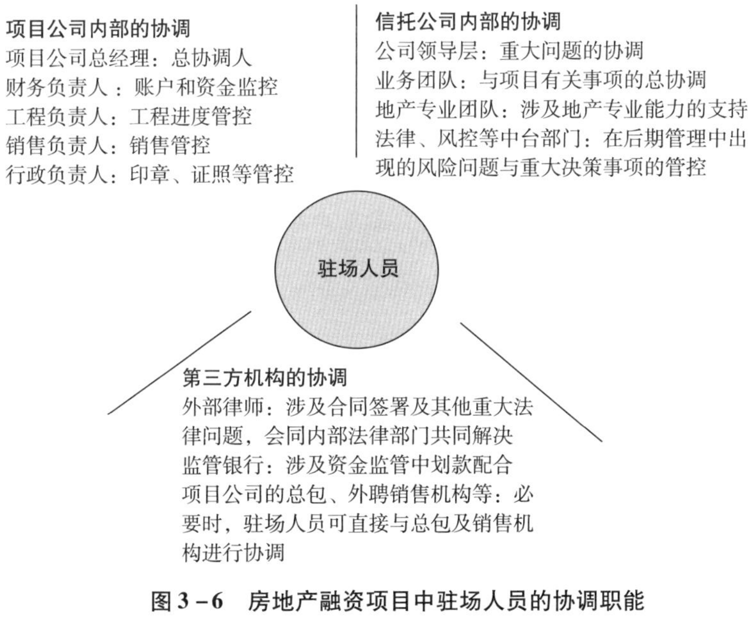

图3－6　房地产融资项目中驻场人员的协调职能

销售管控

在销售管控方面，除了前述销售款监管外，还设置了销售价格和销售进度管控机制。

其一，销售价格管控。根据合同约定，项目公司应当严格执行经董事会批准的关于产品的销售定价和价格变动机制等事项。如因市场环境变化等原因需要变更原销售计划时，应及时将调整方案提交董事会批准。该调整方案包括但不限于开盘价、价格变动方案、最高折扣、促销方案等。同时，为了防止通过房产销售进行不当利益转移，要求每套房产销售时的最高折扣不得超过5%。

其二，销售进度管控。在信托计划成立满两年时，项目去化率应达到80%以上；如果未达到80%，则触发特殊事项违约处理机制，中能信托有权改组董事会及管理层，掌握项目的销售自主权（含定价权）。

遗憾的是，本项目最终通过再融资实现了还款，并没有开盘销售。而且，在寻求资产处置的过程中，业务团队发现先前设计的销售价格和销售进度的管控机制在强势的融资方面前根本无法付诸实施，具体情况见后文分析。

提前到账机制

为了防范流动性风险，本项目设置了提前到账机制，项目公司在监管银行开设专门的还款账户，自信托计划成立后的第25个月开始，项目公司须在每月的第3个工作日向还款账户存入一定的资金，具体见表3－7。

表3－7　提前到账机制的资金存入情况

项目	具体情况					
存入时间	25个月	26个月	27个月	28个月	29个月	30个月	30个月倒数第3个工作日
存入金额(元)	1亿	1亿	1亿	1亿	2亿	2亿	1.5亿
累计金额(元)	1亿	2亿	3亿	4亿	6亿	8亿	9.5亿

提前到账机制的最大作用是预警，当融资方无力存入资金时，信托公司可以及时预知其流动性问题，从而提前根据约定对融资方和项目采取措施，为化解风险预留足够的时间。在本项目中，提前到账机制发挥了巨大作用。当实际控制人因涉嫌贪腐被控制时，融资方表面上看似正常，实际上已危机重重，但由于没有出现实质违约（即没有出现拒付利

息等情况），中能信托不敢轻举妄动。在离贷款到期半年前，融资方与中能信托沟通，希望暂缓实施提前到账机制，此时中能信托判断融资方已经陷入流动性危机，遂利用该机制所附带的违约惩罚条款，要求融资方必须按月存入资金，否则将启动追责机制，融资方在中能信托的强硬要求下，被迫连续3个月存入了合计3亿元的到账资金，将信托公司的风险敞口从9.5亿元缩小到6.5亿元，加上尚未处置的抵押物，“安全垫”已经非常厚了。

但是，提前到账机制也有一定的缺陷。为了有利于信托产品发行，实务中，提前到账的资金一般不能算作提前还款，尽管有相应的理财机制降低融资方成本，但其隐形成本仍然比较高。在笔者遇到的好几个案例中，融资方在签署合同时对该机制不甚关心，后期一旦适用时，便会激起强烈反弹。在本项目中，融资方就是以算作提前还款作为履行提前到账机制的前提条件。为了尽量缩小风险敞口，中能信托答应了融资方的要求，并在收到提前到账资金后立即对投资者进行了分配。

另外，在设计提前到账条款时，有两点需要注意。一是到账金额的安排，由于提前到账机制主要是为了防范流动性风险，在方案设计时为了减轻融资方的抵触情绪，一般要遵循“前松后紧”原则，即前期到账的金额比较少，后期逐渐增多。二是到账时间的设定，开始履行提前到账义务的时间点离信托计划到期日越远，对信托公司的风险预警越有利，对融资方越不利，要根据具体情况进行沟通协商。

税务风险防范

本项目面临着较为突出的税务问题，包括太阳广场一二期项目的历史遗留问题，以及三期项目本身在产生销售收入后面临的税务风险。业务团队通过较为巧妙的进入、退出时点设计，有效控制了税务风险。

其一，历史遗留税务问题的处理。在信托公司介入前，会计师事务所对项目公司连续三年出具的审计报告均有保留意见，主要原因是已完成销售的一二期项目的土地增值税尚未汇算清缴。对于该问题，金福股份表示，虽然太阳广场项目分三期开发，但由于整体只有一份土地出让合同，因此一二期项目只对土地增值税进行了预缴，待三期完成销售后再统一汇算清缴。

很明显，该解释苍白无力，虽然太阳广场项目为整体立项和土地购买，但由于各期都为独立开发和销售，因此一二期在达到土地增值税清缴时点时应当进行汇算清缴，中能信托完全认同会计师事务所的意见，认为税务风险实质性存在。

为有效控制该风险，中能信托要求，在项目放款前，金福股份须向项目公司主管税务机关出具书面函件，承诺无论项目公司的股权是否发生变更，太阳广场前两期的任何税费均由金福股份承担，并由税务机关盖章确认。同时，中能信托也将相关承诺内容纳入与金福股份签署的合同中，如违背该承诺，金福股份将承担违约责任。为了使本次融资尽快获得中能信托的内部审批，金福股份充分利用其在巴山市的人脉资源，在信托放款前搞定了上述函件。

对于历史遗留的税务风险，中能信托从合同条款和让税务机关背书两个方面进行控制，该方案最终获得了公司风险部门和税务专家的认同。但是，不可否认的是，在信托计划存续期间，项目公司仍为太阳广场一二期遗留税务问题的法定纳税义务主体，因此在后期管理中，驻场人员特别关注了主管税务机关领导换届等可能影响税务风险控制的相关事件的发生。

其二，三期项目的土地增值税。除了一二期的税收历史遗留问题，由于土地原始取得成本很低，太阳广场三期项目本身可能面临高额的土地增值税，根据《土地增值税清算管理规程》（国税发〔2009〕91 号）第十条的规定，对符合以下条件之一的，主管税务机关可要求纳税人进行土地增值税清算：（一）已竣工验收的房地产开发项目，已转让的房地产建筑面积占整个项目可售建筑面积的比例在 85% 以上，或该比例虽未超过 85%，但剩余的可售建筑面积已经出租或自用的；（二）取得销售（预售）许可证满三年仍未销售完毕的；（三）纳税人申请注销税务登记但未办理土地增值税清算手续的；（四）省（自治区、直辖市、计划单列市）税务机关规定的其他情况。

根据中能信托的测算，当本项目的去化率达到 80% 时，项目销售回款已经能覆盖 9.5 亿元的融资本息，但如果在信托计划到期前太阳广场三期项目的去化率超过85%，此时需要进行土地增值税的汇算清缴，则会大大摊薄信托计划的“安全垫”。

为化解该风险，中能信托在相关合同中约定，一旦三期项目去化达到80%，中能信托有权提前收回融资，即在土地增值税汇算清缴时点前，提前结束信托计划。之所以是“有权”而非“必须”，是因为若项目运作良好，也无立即清缴土地增值税的风险，中能信托可根据实际情况，不行使此项权利，延缓信托计划的退出时间，以获取更多的信托报酬。

理财保障机制

为提高监管资金的收益率，有效降低融资方的资金沉淀成本，中能信托以项目公司为委托人，为前述监管账户和还款账户内的资金设立单一信托进行理财，并通过合同条款的安排将单一信托项下的信托财产作为融资的还款保障之一。

在房地产信托融资项目中，对监管资金设置的保障机制多种多样，有保证金质押（具体参见本书案例：彩云地产信托贷款项目）、存单质押（具体参见本书案例：金桐建设应收账款融资项目）等，本案例比较特殊，直接设置单一信托形式的现金理财，并将该理财行为直接与融资方的还款义务挂钩。在设计该方案时，有人曾提出，单一信托的受益人是项目公司，如果其陷入其他债务纠纷，可能会出现信托受益权被其他债权人查封的风险。

针对这种担心，业务团队咨询了外部律师，外部律师认为，《信托法》第四十七条规定：受益人不能清偿到期债务的，其信托受益权可以用于清偿债务，但法律、行政法规以及信托文件有限制性规定的除外。根据该条规定，可以在信托合同中通过条款安排保证信托受益权免受其他债权人的追偿。最后，律师在《单一资金信托合同》中加入如下条款：在信托存续期间，若项目公司或金福股份出现违约情形，或者出现项目公司的其他债权人就其在信托项下的信托受益权主张权利的情形，中能信托有权直接终止该单一信托，分配信托利益，并由委托人（暨受益人）出具不可撤销的授权，授权作为受托人的中能信托将该单一信托项下的信托利益直接支付至中能信托指定的账户，专项用于清偿中能信托的债权。

小专题

信托受益权的质押问题分析

笔者曾遇到过这种情况，某房地产融资项目由于抵押物不够需要追加抵押，但融资方拿不出更多抵押资产，而其实际控制人曾花了1.5亿元买过某款信托产品，希望将其持有的信托受益权质押给信托公司。但是，在查证相关法规并与律师反复沟通后，笔者认为，以信托受益权作为质押标的存在很大的法律风险。

《物权法》(2007年)第二百二十三条规定了权利质押的种类，在列举了各种可质押的具体权利后，最后一款做了兜底性规定：法律、行政法规规定可以出质的其他财产权利。很遗憾，信托受益权不在《物权法》明确规定可以质押的权利种类中，而其他法律及行政法规也没有信托受益权可以质押的规定。这一点与合伙份额形成鲜明对比，虽然后者也不是《物权法》明确规定可以质押的权利种类，但《合伙企业法》(2006年)第七十二条明确规定合伙份额可以质押（合伙协议另有约定的除外）。

有人曾提出，信托产品实质上是一种基金产品，应该属于《物权法》第二百二十三条第四款规定的“可以转让的基金份额”。但是，结合《物权法》第二百二十六条的规定来看，所谓的“可转让的基金份额”，实际上是指登记在证券登记结算机构的公募基金产品，作为私募的信托受益权显然不在此列。

结合上述分析，笔者认为，在当前的法律制度下，信托受益权无法作为质押标的。有的地方性法院在司法审判实务中认为，《信托法》(2001年)规定了“信托受益权可以用于清偿债务”，以及“受益人的信托受益权可以依法转让和继承”，据此推断出信托受益权可以质押。

笔者认为，在物权法定的原则约束下，这种推断太过勉强。在最高院就该问题给出明确意见前，从谨慎角度出发，笔者不建议采取这种担保方式。

但是，在实务中，如果融资方拿出信托受益权作为增信手段，该如何操作以实现类似质押的效果呢？以下两种思路可供借鉴。

其一，在各种边界条件允许的前提下，将原来的融资模式改造成以信托受益权为标的的卖出回购式交易，即金融机构与融资方签署《信托受益权转让及回购合同》，后者将受益权以约定价格（相当于融资款）转让给金融机构，到期后以固定溢价（相当于融资成本）回购；其他各项担保措施围绕该回购义务设置。当融资项目出现违约时，金融机构可以就该受益权进行清偿（包括直接转让给第三方变现），如有剩余，则退还给融资方；如果无法覆盖融资本息，则继续向融资方追偿。操作模式如图 3－7 所示。

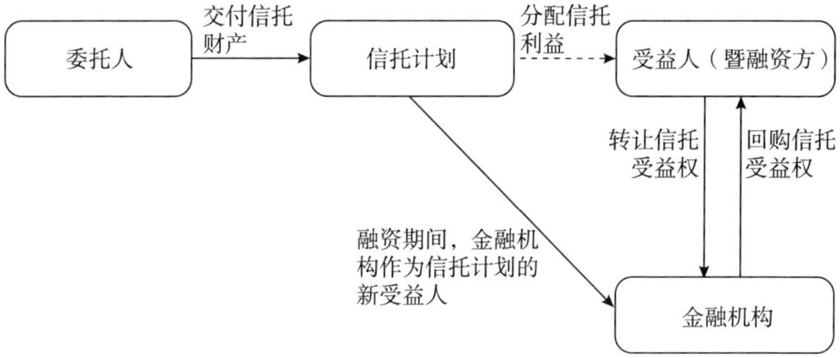

图 3－7　第一种思路的操作模式

其二，以该信托受益权作为信托财产设立财产权信托，指定金融机构为受益人（他益信托），同时在《财产权信托合同》中约定，如果金融机构的融资款没有及时得到清偿，则金融机构有权以受益人的身份要求信托公司处置作为信托财产的信托受益权，并将处置所得相当于应付未付的融资本息的部分作为信托利益分配给金融机构，如有剩余，则退还给委托人（即信托受益权的原持有人）；处置所得不足以清偿融资本息的，金融机构有权继续向融资方追偿。如果金融机构如期收回融资，则受益人自动由金融机构转为财产权信托的委托人，此时委托人可选择结束该财产权信托，取回作为信托财产的信托受益权。操作模式如图3-8所示。

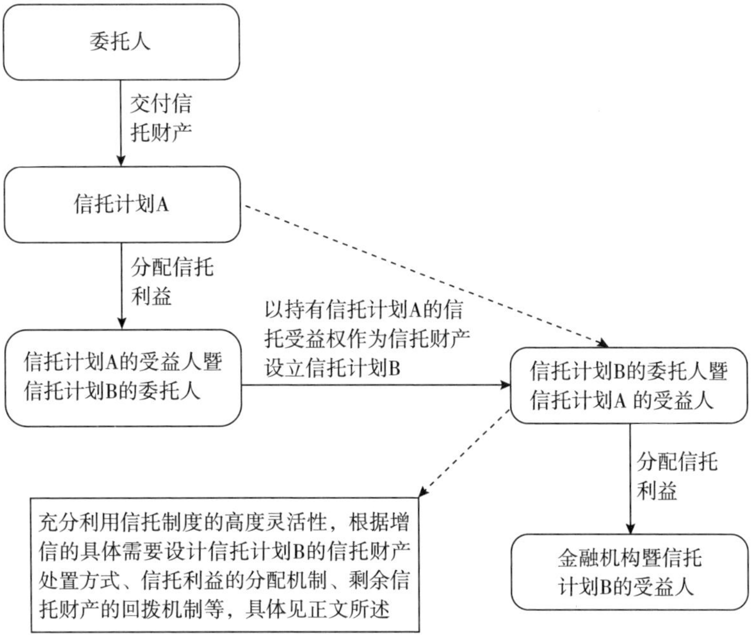

图3-8　第二种思路的操作模式

第一种思路实际上是信托融资中常用的资产回购模式，与股权回购、各种收益权回购大同小异，但受到很多边界条件的限制（如融资方即是信托受益权的持有人、信托受益权的价值与融资款之间没有太大偏差等）；第二种思路充分利用了信托制度的高度灵活性，没有边界条件的限制，但整个操作模式比较复杂，存在两个不同的信托关系，而且以第一个信托关系项下的信托受益权作为第二个信托关系的信托财产，两个信托关系中的当事人存在一定程度的叠加，对于不熟悉信托制度的人来说，理解起来比较费力。

违约惩罚机制

在传统的房地产融资项目中，违约惩罚机制常常体现在融资合同的通用条款中，没有多少个性化设计。但是，在比较复杂的房地产夹层融资中，违约惩罚机制充分体现出个性化特征，并考虑到现实的可执行性。例如，在本项目中，业务团队将违约情形设置为几个类型，见表3－8。

表3－8　违约情形

违约种类	具体内容
实质违约	项目公司未按时清偿《信托贷款合同》项下的本息，或者金福股份未按时支付《股权回购合同》项下的股权回购款（包括本金和回购溢价款） 项目公司未按照合同约定将销售回款划入还款账户 项目公司未按照合同约定向还款账户存入提前到账资金
重大违约	太阳广场三期项目的实际工程进度滞后于合同约定的开发计划超过3个月的 太阳广场三期项目的工程质量不符合约定的质量标准，并且项目公司没有在规定期限内更正的 自信托计划成立之日起满两年时，太阳广场三期项目销售率未达到80%
一般违约	一般违约情形是指除了前述两种情形之外的其他违约情形，如交易对手在未按照约定及时提供财务报表、交易对手违反了合同的陈述与保证条款等

其一，如果出现实质违约，中能信托有权将《信托贷款合同》的贷款利率和《股权回购合同》项下的回购溢价率立刻翻倍，并且翻倍后的利率从放款之日起计算；同时，中能信托有权宣布项目公司和金福股份的还款义务立刻到期，若二者未及时还款，中能信托有权执行担保措施，包括处置抵押物，追究保证人的保证责任等。

其二，如果出现实质违约或重大违约，中能信托有权重组项目公司董事会及管理层，并单方面决定太阳广场三期项目的开发与销售，包括对项目重新定价（降价）销售。

其三，如果出现一般违约，可以直接适用合同中的通用违约条款：即任何一方违反其在本合同项下的义务或承诺，或在本合同项下的陈述或保证不真实或被违背，即视为违反本合同，应对其他各方承担违约责任。由于承担违约责任的内涵很丰富，这样可以给双方一定的弹性空间，避免因很小的违约行为（如不及时提供财务报表等）大动干戈。

可以看出，本项目的违约惩罚机制设置得极有针对性和层次感，充分考虑到了项目的股权融资特点、后期管理的可执行性以及融资方的接受度。

项目的尽职调查

本项目在尽职调查环节经历了不少波折。由于金福集团是中能信托常年的合作伙伴，且本项目的第一还款来源太阳广场三期已经作为之前信托贷款项目的抵押资产，业务人员觉得在尽职调查方面不用做太多工作，直接将之前贷款项目的尽职调查报告调整修改后提交给了风险部门。结果很快被后者否决，要求严格按照公司新做项目的标准进行尽职调查。而且，当时风险部门刚换的领导来自某大型投行，该领导按照自己的过往经验对尽职调查提出了更加苛刻的要求，包括对项目公司的人力资源、税务及过往诉讼情况进行彻底调查，这种近乎企业 IPO 上市的调查模式让业务人员措手不及，也引起了企业的极大不满。据业务人员估计，如果完全按照该要求完成调查工作，至少还需要半个月的时间，而且为了一个融资项目彻查民营企业的税务问题，这是融资方难以接受的。

一波未平，一波又起。当时中能信托新成立了一个由地产专家组成的行业金融部，专门为公司的地产投融资项目提供专业意见。结果专家们对该项目提出了一大堆问题，甚至认为项目公司与总包方签署的总包合同不够规范，要求重新签署。这下业务人员彻底暴发了，将专家意见传达给融资方后，后者也被激怒，强硬提出终止合作。

此时公司大领导被惊动了，紧急与融资方高层进行沟通，后来公司通过内部专门会议做出决定：对融资类项目的尽职调查不宜过于严苛，要把握好效率与安全的平衡，本项目按照公司既有的标准和尺度进行尽职调查，不宜扩大化。在大领导发话后，风波才最终平息。

笔者认为，业务人员轻率地引用之前的报告内容，投机取巧，固然不可取；但风险部门针对这种融资项目无限扩大尽职调查的深度与广度，引起了融资方的强烈反弹，实属矫枉过正。如何把握尽职调查中的“度”，是房地产投融资业务中必须掌握的一门技能。

小专题

尽职调查中“度”的把握

作为风险管控的核心，尽职调查的作用毋庸置疑。由于在深度和广度上的不同，针对同一项目的尽职调查，有的可能需要两周，而有的则需要两个月甚至半年之久。站在风险部门的角度，从其道德制高点来看，尽职调查越详细越好，最好把企业翻个“底朝天”，拿放大镜甚至显微镜把企业看个透，这一点谁也无法否认。但是，从实务角度来看，任意一项业务的尽职调查都有一定的限度，要根据业务特点、交易对手等把握相应的尺度，否则很可能丧失客户，毕竟不发展才是企业面临的最大风险。

如何把握这种尺度，笔者认为要遵循如下原则：适可而止，因人而异，把握效率与安全的平衡。具体而言，要注意如下三个方面。

其一，业务类型。不同种类的业务，尽职调查的尺度和重点是不同的。例如，企业IPO上市和进行一般的投融资业务，前者在尽职调查的深度和广度上要远远超过后者，所耗时间和精力也不是后者所能比拟的。融资类业务和投资类业务也有区别，一般而言，普通的融资类业务依赖于企业的整体信用，调查尺度要小于投资类业务。而同样作为融资类业务的项目融资与流动资金贷款也不相同，后者主要关注企业的整体情况（特别是现金流），而前者除了企业整体情况外，还要重点关注项目管控及项目本身的现金流。另外，在投资类业务中，股权并购和资产并购在尽职调查方向上差异很大，前者要关注目标公司的几乎所有情况，包括资产、负债、诉讼仲裁、人力、税务等；而后者只需重点关注资产本身即可。

其二，客户类型。一般来说，新客户在尽职调查上花费的时间和精力肯定要远远超过老客户。在我国当前的大环境中，国有企业的信用要远高于民营企业，对前者的调查力度自然会比后者小。另外，客户自身的实力越弱，尽职调查的力度越强，特别是对于某些只有极少数核心资产的客户而言，不但在融资方案设计上要进行严格管控，而且要对客户内外部的融资特别是民间借贷等情况进行全方位摸底（该方面的教训可参见本书案例：中亮集团结构化股权融资项目）。从理论上来讲，客户实力越强，尽职调查的尺度越低，但是当客户的实力达到一定程度时（如成为年收入数百亿元的超大型企业），一些特有的风险（如政治风险）也会冒出来，这一点需要特别注意。

其三，行业类型。不同的行业，尽职调查方向会有根本性差异。如房地产行业须关注资产、负债、产品的定位等，而且在财务上要特别注意预收账款对企业真实负债率的影响；而科技行业则更关注知识产权、人力资本及产品的可替代性等。另外，对于政府平台融资，尽职调查关注的重点不是融资方（即各地的平台公司）本身的资产负债情况（因为这些平台公司的大部分资产不能产生足够的现金流且几乎无法处置），而是政府本身的财政实力、国家的转移支付制度、国家对地产政府债务的态度、国内宏观的政治及经济形势等。

综上所述，在实务中，要根据具体情况来确定尽职调查的方向、深度与广度。另外，要认清外部中介机构在尽职调查中的地位和作用，不能一股脑奉行"拿来主义"。例如，对于某些律师开出来的一长串尽职调查清单，业务人员应当从业务角度出发，结合项目实际情况、公司风险管控的基本标准和融资方的接受度等进行增删修改后方可使用。

项目风险的化解

出险前的风险判断

出险前，中能信托对项目的整体判断一直有较强信心：（1）从还款来源来看，太阳广场三期项目位于巴山市最核心区域，资产质量优质，销售回款可期；（2）从增信措施来看，本项目有足值的土地抵押、集团公司及实际控制人保证担保以及严密的管控机制，抓手比较多；（3）从交易对手来看，金福集团作为实力雄厚的综合性企业，与中能信托合作多年，企业的整体实力和信用比较可靠，利用其整体现金流还款是可行的，而且作为直接交易对手的金福股份是上市公司，出现故意违约的可能性不大；（4）项目成立后，中能信托将各项后期管控措施都落到实处，特别是对项目公司的资金进出、工程进度和重大决策进行重点管控。

所以，无论从哪个方面来看，本项目到期兑付都没有任何压力，而且在出险前一个月，融资方已经开始与中能信托沟通谈判，希望用更低成本的银行理财资金置换信托融资。但是，“黑天鹅事件”出现后，上述谈判戛然而止，立即进入紧张的风险处置阶段。

出险后的应急措施

在信托计划成立满一年半的当天晚上，新闻报道金福集团实际控制人许大同在其住所被带走协助调查。在项目存续期间，为实时掌握融资方的整体动态情况，中能信托要求驻场人员每天下班前要通过网络关键词搜索了解融资方最新动向，结果驻场人员在第一时间发现了该重大事件，并立即上报公司。第二天上午，中能信托派人赶赴金福集团总部与相关负责人沟通，实地了解情况，评估该事件对本项目的影响。

经过两天的持续沟通与走访当地金融机构，中能信托认为，该事件虽然造成了很大影响，但事态尚在可控范围内，集团及下属企业的业务仍正常开展，且银行也没有抽贷。但是，如果后续没有积极的应对措施，目前暂时的稳定可能很快演变成不可预测的危机。基于该判断，中能信托很快想出了三条危机应对措施。

其一，建立通畅的沟通渠道。“黑天鹅事件”发生后，业务团队通过协调，迅速建立起从上到下的沟通渠道，并要求金福股份指定了以分管副总裁为首的总协调人和以项目公司总经理为首的项目协调人，这一点非常关键，之后无论是信息的获取，还是向对方直接施压都极为有效。

其二，履行勤勉尽职义务。项目出险后，未来存在通过诉讼解决纠纷的可能，中能信托也将会面临投资者的质询。为了在未来可能的诉讼中占得先机，并尽可能地弱化中能信托的受托责任，业务团队对信托计划的相关法律文件及贷后管理措施进行逐项审核，查漏补缺。值得庆幸的是，本项目的法律文本非常完善，相关的授权与决策文件齐备，且后期管理工作比较到位，基本没有需要融资人配合弥补的地方。

其三，稳定金融机构的信心。出险后的第 5 天，在中能信托的要求下，金福集团召开了主要债权人内部会议。会议由金福集团董事长许文远（许大同长子）主持。参加会议的除中能信托外，还有多家对金福系有授信的商业银行负责人。在会上，许文远开诚布公地介绍了实际控制人被带走的经过与目前的状况，表示集团当前经营状况稳定，各级管理团队也按部就班，没有出现大的波动，希望金融机构能够继续支持金福集团，共渡难关。会后，各家金融机构松了一口气，对金福集团的积极应对行为表示赞赏和理解，也口头表示会支持金福系的正常授信。

毫不夸张地说，这次债权人内部会议是整个风险化解中最重要的一环。从事后各金融机构的态度来看，这是一个“团结的大会，胜利的大会”，各金融机构不但未强迫金福系企业提前还款，而且对到期的流动资金贷款也按照正常程序予以续贷（即贷款归还后立即再次发放），这证明了企业在出现危机后坦诚沟通和积极应对的重要性。

当然，金融机构没有立即发难，还有两个深层次的原因：一是虽然实际控制人对集团影响巨大，但已退休多年，其长子许文远年富力强，接班后的表现可圈可点，对整个集团掌控力比较强，在出现“黑天鹅事件”后能迅速稳住局面，这给金融机构带来极大信心；二是在当时局势不明的情况下，各大金融机构投鼠忌器，谁也不愿意因抢先抽贷而站在金福集团对立面，而且，抽贷行为可能引发连锁反应，恶化金福集团的现金流，导致还款能力枯竭而被迫违约，从而可能将金融机构拖入更深的漩涡。所以，各大金融机构达成了“不支持、不抽贷、静观其变”的默契，这为金福集团创造了难得的喘息机会。

风险化解的具体举措

上述应急措施虽然暂时稳住了局面，但如果没有后续举措，看似平静的湖面随时可能会掀起巨浪。结合集团现状和项目具体情况，中能信托很快拟定了“集团现金流还款、项目资产处置以及再融资”三大风险化解措施，并将集团现金流还款作为重中之重。

但是，比较尴尬的是，此时距离履行提前到账义务尚有半年时间，融资方的付息（包括支付股权的溢价回购款）也比较正常。中能信托虽然向金福股份明确表示希望能够尽快还款，但是除了悄悄地在熟悉的金融圈里进行再融资及资产处置的前期谈判外，实际上并未（似乎也没有理由）采取任何法律措施，出现了类似“奇怪的战争”（二战全面爆发初期，英法两国在西线对德国“宣而不战”）的局面。之所以出现这种局面，主要原因是融资方并未出现实质违约，以经营状况恶化为由要求提前还款比较牵强，而且容易激怒融资方，引起双方对立；另外，中能信托对金福集团的整体资金调度能力尚抱有期望，希望到期后能够筹集到还款资金。这种状况一直持续到半年后，融资方明确告知无力履行提前到账义务时，信托公司才正式进入债权追讨程序。

其一，集团现金流还款。在项目出险满半年后，项目公司需要按照合同约定划入第一笔提前到账资金 1 亿元，但是其在划款前 3 天向中能信托表示目前资金紧张，希望暂缓履行划款义务。业务团队经分析后认为，集团当前还有一定的资金腾挪空间，其最核心的优质资产抵押在信托计划名下，违约成本很高，应当尽快采取各种措施向集团施压，要求其统筹资金履行付款义务。

基于此，中能信托很快向项目公司出具了《风险提示函》（同时抄送金福股份与金福集团），要求其按照合同约定尽快将 1 亿元提前到账资金存入还款账户，否则中能信托有权采取利率翻倍、查封抵押资产等措施。同时，业务团队负责人亲赴集团总部，向集团总裁当面强调违约的严重性，希望能切实履行还款义务。

面对强大的压力，金福股份不得不开始紧急调动资金。但是，根据合同约定，提前到账资金不算作提前还款，对融资方而言资金沉淀成本太高。于是，金福股份提出可以履行 1 亿元的付款义务，但该付款必须算作提前还款。为顺利收回融资，中能信托很快同意了，并与项目公司签署了《补充协议》，允许将提前到账资金直接划入信托计划专户。中能信托在收到该笔资金后的当天向投资者进行了分配。

在督促融资方归还了1亿元资金后，中能信托继续将集团现金流作为还款重心，并派专人驻扎到集团总部，实时了解集团的筹资和经营状况。在后续提前到账义务陆续到来时，融资方通过各种渠道表示希望暂缓履约，此时虽然距离信托计划结束尚有几个月的时间，但中能信托没有丝毫松口，采取了寄送律师函、公司领导带队前往金福集团劝解施压等手段，最终金福集团在归还了3亿元的本金后表示再也无力从集团其他板块调集资金，希望能够通过资产处置或项目再融资归还其剩余本息。

现在来看，中能信托这种以集团现金流为突破口的做法是很明智的。在实际控制人出事后，虽然集团现金流（特别是融资性现金流）受到很大影响，但由于集团盘子比较大，尚有不少腾挪空间。但是，面对众多金融机构的到期还款要求，到底先满足谁，就看各金融机构手中掌握的筹码和手段了。所幸中能信托在本项目中控制了很多优质资产，且设置了严格的违约条款（包括利率翻倍），加上适度威慑，最终在项目资产外拿到了3亿元的还款资金。

当时太阳广场三期项目已经封顶，没有完工风险，整体资产的评估价值不低于14亿元（按照之前10亿元评估值和后续4亿元投资进行的保守估计），加上花园城项目10.5亿元的土地抵押，整个抵押资产达到24.5亿元，对应6.5亿元本金的抵押率不到30%，“安全垫”已经非常厚了。中能信托判断，对于如此规模的优质资产，金福集团不会为了区区6.5亿元本金而违约。如果现在以查封资产为名逼迫太紧，到时候如果集团真的无力抽调资金还款，中能信托将陷入两难境地，甚至可能引发双方严重对立，不利于后续资产处置和项目再融资。基于此，信托公司不再对集团逼迫太紧，而是将重心放在资产处置和项目再融资上面。

其二，资产处置。这是整个风险化解过程中最坎坷且最终无功而返的一个环节。在出险之初，中能信托信心满满，认为自己持有项目公司全部股权，在董事会中占有多数席位，且进行了全套印章监管，加上违约时的降价销售权等保障手段，应该可以很快将资产处置完毕。但是，“理想很丰满，现实很骨感”，在实际操作中，业务团队基于如下几个原因被碰得“头破血流”，最后无功而返。

第一，融资方原因，主要集中在销售策略和销售价格两个方面。

在销售策略上，虽然一开始融资方希望散售，中能信托也将散售作为项目上会时风险评估与现金流测算的主要依据。但是，信托计划成立后不久，融资方改变了主意，觉得将处于如此核心地段的独栋商办物业散售了太可惜，希望能够引入外部资金长期持有整栋物业。即使出现“黑天鹅事件”后，融资方的决策层依旧错估了形势的严峻性，认为金福集团这么大的企业归还9.5亿元的融资没有问题。这导致融资方虽然启动了“卖楼还债”的市场询价程序，但仍有“捂盘惜售”的侥幸心理，希望通过其他渠道解决信托的融资问题。结果在距离贷款到期前6个月仍未确定销售策略，错过了散售的最佳时间（根据中介机构的市场摸底和测算，这种商办项目如果要散售，至少需要9个月到1年时间，销售回款才能覆盖本息）。此时，项目只能通过整体出售变现。

另外，中能信托在方案设计上的缺陷也导致其对融资方的销售策略缺乏影响力。当时，中能信托与融资方约定，如果在融资期限届满两年时项目去化仍未达到80%，视同融资方违约，中能信托有权采取单独掌控项目销售并实施降价措施。现在来看，该项基于去化率的保障措施设计得过于粗糙，去化时间设置得过长。在项目出险后，融资期限才过去一年半，中能信托无权在项目的销售上对融资方提出要求。实际上，本项目在放款前已经开始桩基施工，按照当时巴山市的预售政策，预计最多1年后即可达到预售条件，如果当时约定项目公司应当在信托放款后的1年内拿到预售许可证，且两年内去化达到80%，否则视同融资方违约，则中能信托对融资方销售策略的影响力将大大增强。

在销售价格上，融资方表现得特别固执和敏感，中能信托几乎没有任何做主的空间。实际控制人出事后，虽然有不少买家前来洽谈认购，但是基本都抱着“捡便宜”的心态，想乘人之危痛宰一把，所以报价很低（保守估值14亿元的资产报价不到10亿元），这对融资方来说是很难接受的，其宁愿“赌一把”，希望到期筹集资金还款，也不愿意贱价出售资产。在融资期限届满两年后（即项目出险6个月后），中能信托以去化未达到80%为由要求掌握定价权，遭到了融资方的强硬拒绝，后者甚至扬言，如果中能信托强行接管项目，融资方将撤回项目公司所有员工，包括总包方的现场作业人员。这下中能信托傻眼了，尽管持有项目公司全部股权，且设置了如此严密的管控措施，但整个项目的开发仍然由融资方实际控制，中能信托实质上只是一个监督者而已，如果出现上述极端情况，整个项目将完全陷入瘫痪，中能信托根本没有能力接盘。

在距离贷款到期只有两个月不到的时候，某民营金融机构愿意以10亿元接盘，且在1个月内走完了全部审批程序，但在签约当天，集团董事长得知项目再融资取得了实质进展，有望很快放款，毅然拒绝签字，导致资产出售告吹。

另外，在整个风险处置期间，由于信托公司持有项目公司全部股权，且监管了所有印章、证照和法律文件，一直希望能够直接出售股权实现退出，也与一些潜在的买家进行了私下沟通，但效果都不理想。买家的担心有多个方面，包括如何清退融资方的派驻人员、项目公司的潜在债务风险、接盘后如何实现与原来外部机构（包括施工方、设备供应方、相关政府机构等）的沟通衔接、融资方不愿意退出引发的对抗风险等。最后，信托公司绝望地发现，就算作为全资股东，仍然无法处置股权。由此可见，即使信托公司在法律上拥有对项目的全部控制权，但要实际控制公司是一件非常困难的事情。

小专题

明股实债项目中股权处置及受偿问题的实务分析

作为一种典型的夹层融资安排，明股实债在房地产基金业务中得到广泛应用。在该模式下，由于基金直接持有股权，所以获得了股权质押融资模式下无法比拟的股权处置便利。但是，由于该模式既不是典型的股权融资也不是典型的债权融资，实务中针对该类交易引发了诸多问题，特别是在出现违约情形时，基金该如何处置其持有的项目公司股权并从中获得应有的受偿，是一个重大但常常被忽略的问题。

笔者认为，当出现违约情况时，基金在股权处置问题上有融资模式和投资模式两种不同的考虑，下面分别予以说明。

其一，从融资模式角度考虑的股权处置。

该模式希望通过股权处置收回融资本金、利息（回购溢价）、违约金等，并不谋求（甚至觊觎）股权本身的价值，该类模式最为常见，通常为一些实力较强、比较看重自身品牌和声誉的基金（如信托公司、大型的私募基金管理公司等）所认可。

首先需要明确的是，此种情况下的股权处置必须以交易本身的有效性为前提。实务中，基金如果以项目公司的定期付息作为退出路径，该模式本身无效（具体分析参见本书案例俊丰地产明股实债项目中的小专题：明股实债项目面临的风险），自然无法进行股权处置。而以原股东或其关联方的回购作为退出路径的交易模式，不管该模式是采用“股+债”（如大部分资金以贷款形式借给项目公司，用极少部分资金获得项目公司股权，并从项目公司还本付息和回购方回购股权实现退出），还是纯粹的股权投资（包括受让股权或增资入股）附加回购，法院（包括最高院的司法判例）一般都会认可该类交易的融资性质，从而认可明股实债的效力，为基金处置股权提供了法律保障。

在确认明股实债的融资性质后，基金只是项目公司名义上的股东，其持有的股权只是融资的保障措施，所以基金既不能将该股权据为己有，也无法像对待自己财产那样随意进行处置（如私自将股权卖给自己选定的接盘方），否则会遭到融资方的强力挑战，导致处置行为无效，或者即使处置行为有效（因为善意第三人制度），但基金可能在融资方提起的赔偿诉讼中一败涂地。笔者认为，此时的股权处置有两种思路可供借鉴。

(1) 以公开的市场价格处置股权，这是单独进行股权处置最关键的一点，例如在当地的产权交易所挂牌出售等。处置所得如果超过融资本息及违约金等，超过部分需返还给融资方；如果不足，则基金可继续向融资方追偿。这里需要注意的是，如果基金采取的是纯粹股权投资（包括受让股权或者增资入股）附加回购的模式，在股权被处置掉以后，融资方可能会以基金已不再持有股权，原有的《股权回购合同》因为回购标的灭失而失效，从而拒绝基金的追偿要求；相应地，担保人也会以主债权合同无效导致担保合同无效为由拒绝承担担保责任，这是基金在处置股权时面临的重大风险点，不可忽视。

（2）如果基金采取的是“股 + 债”的模式，且股权是以极低成本（如一元对价）取得的，此时基金的持股行为一般会被认为是对债权的担保，所以基金可以直接选择处置债权，并将股权作为债权的附属物随之处置掉。由于债权本身是基金所拥有的，所以该处置方式与附担保的债权处置较为类似，既可以公开处置，也可以非公开处置，且处置价格可由基金来确定。但是，该种方式面临的挑战也挺多，例如无论处置所得是否足以偿付融资本息等，均不得向融资方追偿；特别是接盘方受让债权及股权后，也仅能将股权作为增信措施看待，而不是真正获得了股权。如果基金在处置前不声明这一点，极有可能导致后续更复杂的纠纷。

其二，从投资模式角度考虑的股权处置。

该模式将股权视为基金投资的财产，将股权回购安排视为融资方对基金的保底承诺，希望通过股权处置获得远超于融资本身带来的超额收益。由于存在一定的道德瑕疵且容易引发基金与融资方的强烈对抗，该类模式不是很常见，通常存在于作风比较彪悍的小型基金公司。实际上，这种股权处置已经超越了明股实债的本义，也超越了融资方本身的心理预期，带有一定的掠夺色彩。

实务中，有的基金利用强势地位，在合同中约定如果融资方出现违约，则股权归基金所有，或者基金有权以放弃针对原股东的债权为代价获得项目公司股权。在出现纠纷时，这些约定很有可能被法院推定为违反流质契约而无效。笔者认为，基金要想真正获得其持有的股权，关键在于整个交易安排是被认定为股权投资还是融资安排，这种认定与是否存在股权回购安排无关，最核心的标准是股权取得的价值是否合理以及基金是否真正行使了股东权利。所以，在实操中要特别注意如下几个方面。

（1）股权取得方面。基金取得项目公司股权（包括以转让或增资等形式取得）需要事前评估，且评估机构及评估方法需要事前得到交易双方的共同认可。股权交易价格不能低于评估价值，最好能较大幅度地超过该价值（交易中的所得税问题可由融资方自己拿着股权回购合同向税务机关解释该交易的融资性质），所以实务中所谓的《一元股权转让合同》等方式肯定是行不通的。

（2）公司治理方面。如果基金将交易定性为融资，则只需要做好相应监管即可，不一定要深度参与公司治理；但如果要实现明股实债模式下的投资目的，则需要在公司治理方面严格遵循股权投资的套路，包括在公司章程中派驻董事及高管等约定。需要指出的是，在基金持有绝大部分股权的情形下，如果融资方不愿意基金派驻太多董事，可以在章程中约定大部分董事由基金委派，但实际操作中基金可以只派驻一名自己的董事，其他的可推荐融资方的人选。另外，在分红权的约定上要明确基金有权按照自己的持股比例获得项目公司分红（由于项目公司在融资期限内基本没有分红且带有回购条款，该约定一般不会受到融资方的挑战）。

（3）项目操盘方面。在基金持有大部分股权的情形下，为避免仍由原股东的人马操盘从而否认基金的投资属性，可约定项目公司的操盘由基金委托原股东进行，并定期支付一定的委托费用，如果融资方出现违约，基金在自行处置股权时有权解除委托关系。

（4）交易模式的选择。尽量选择以增资方式获得项目公司股权，避免从原股东手中收购股权，因为在带有回购条款的时候，后者被认定为融资行为的可能性远比前者要大。

总之，如果基金一开始在明股实债中寄希望融资方出现违约时获取股权收益，必须在整个交易安排中处处体现投资的属性，不能露出明显的马脚。如果安排得当，即使整个交易带有固定溢价回购条款，该条款也可以被解释为对基金的保底安排，是为保护投资者利益设立的（而这一点通常会得到法院的认可）。在出现违约情形时，基金可以审时度势，如果认为股权价值不大，可以要求融资方回购，并追究相关担保方的责任；如果认为股权价值很大，可以直接以投资为由处置股权，并获取股权处置的超额收益。

其三，两种模式面临的共同挑战。

上述仅仅是从形式上说明股权处置的合法性及相应的安排，实务中面临的情况要复杂得多，有的甚至构成股权处置的实质性障碍。

首先，不管哪种形式的股权处置，合同中必须明确约定，如果融资方出现实质违约（如没有按时还本付息），则丧失了回购股权的权利。否则，基金无权处置股权。

其次，不管哪种形式的股权处置，在与融资方出现激烈对抗的时候，基金将会面临数不清的实操性障碍，而这些障碍才是股权处置的真正命门所在。股权交易不同于一般的资产交易，程序性的东西比较多，即使事前做好了股权过户的所有准备工作，包括融资方配合签署的后续的股权过户合同、出具了相关的股东会决议、提供过户所需的资料等，一旦到了股权过户的时候，基金仍将面临很多不可预测的挑战。例如笔者曾经承做过某合伙制基金项目，在处置股权时，当地的工商部门要求所有合伙人（包括普通合伙人和有限合伙人）在股权转让的决议上签字，而融资方作为次级有限合伙人自然不会配合，这种与有限合伙基本法理相违背的地方政策就成了股权过户的最大障碍。另外，房地产项目开发涉及财务、总包、政府关系等方方面面的复杂问题，在原有的操盘方强烈反对的情况下，任何一个接盘方都不敢轻易涉足其中。在本案例中，即使信托公司持有项目公司100%的股权，而且做了严密的监控措施，仍然无法处置掉股权，关键原因就在这里。

所以，笔者认为，在明股实债的项目中，不管哪种形式的股权处置，与融资方完全对立都不是最优选择，基金最现实的策略是携股权处置之威，与融资方进行谈判，争取在实现各方利益平衡的情况下找到解决问题的方法。

第二，市场原因。当时整个房地产市场处于低谷期，尽管项目位于强二线城市的核心地段，但由于其商办性质，感兴趣的买家并不是很多；而且，对于这种售价10亿元以上的整栋物业，只有一些实力雄厚的大型机构才有可能接手。在信托公司接触的买家中，国有大型机构（以保险公司和银行分支机构为主）比较忌惮实际控制人的出险事件，不想牵涉其中，而且这些机构的决策链条很长，付款条件和付款进度非常苛刻，很难满足中能信托快速变现的要求；民营机构买家没有上述顾忌，决策也比较快，但普遍想趁火打劫，对价格压得很厉害，受到融资方的强烈抵触；投资基金类的买家对价格也比较敏感，对物业的各项经济指标也有各自的偏好，而本项目尚未招租，无法形成稳定的现金流预期，投资基金在此阶段介入的兴趣并不大。所以，在当时的形势下，除非融资方愿意贱卖资产，否则很难在短时间内卖出整栋物业。

第三，项目本身的原因。笔者认为，项目的商办业态是整个资产处置的最大障碍。如果本项目像前两期那样以住宅为主，在如此核心的地段，借助前两期积累起来的口碑效应，相信只要稍微降一点价，就能快速去化。但是，商办物业的买家太少，对物业本身提出的条件也太苛刻和个性化。例如，某上市公司曾有兴趣整栋购买，但是提出必须对规划做出调整，将部分写字楼改成酒店式公寓，并将部分地下车库改造成员工餐厅。这种规划调整需要重新走政府程序，且有很大的不确定性，显然无法满足中能信托快速出售的要求。

总之，在将近 1 年的商办物业处置过程中，业务团队历经艰辛，最终无功而返。根据笔者统计，在国内出险的房地产项目融资中，有相当一部分比例是针对商办项目，这不得不令人反思。笔者现在仍记得某资深地产金融专家说过的一句话："如果仅以项目现金流作为还款来源的话，即使你把深圳万象城（国内最赚钱的购物中心之一，笔者注）抵押给我，我也不一定敢提供融资，因为如果到时出现流动性风险，我不知道在短期内把这个商场卖给谁。"

其三，项目再融资。再融资是出险后融资方最欢迎的风险处置模式，因为该模式契合了融资方"以时间换空间"的思路，既不用低价甩卖资产，也不用耗用集团宝贵的现金流，还可能在两三年后获得资产的巨额增值收益。所以，融资方在项目出险后不仅自己四处寻找再融资机会，而且对中能信托的再融资安排给予最大限度的支持和配合。

实事求是地讲，如果在平时，面对这种优质资产和实力雄厚的交易对手，各大金融机构肯定会蜂拥而至。但是，在实际控制人被带走、公司前景不明的情况下，大多数金融机构（特别是国有性质的）唯恐避之不及。中能信托与金福集团不断地接触金融机构，不断地碰壁，几乎陷入绝望。所幸，在距离贷款到期不足两个月的时候，国内某作风硬朗的信托公司愿意进行融资替换（相信金福集团进行了很大力度的内部公关），在3周左右的时间内完成了内部报批、合同签署和土地抵押手续，并在信托计划到期的当天下午实现放款，整个衔接过程可谓惊心动魄。具体交易流程如图3－9所示。

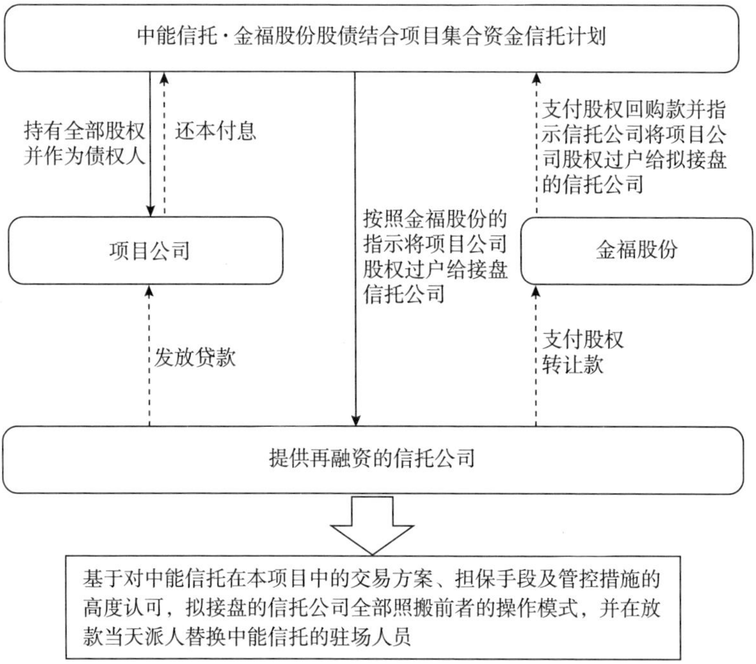

图3－9　再融资替换的交易流程

小专题

融资性现金流在地产融资项目中的重要地位

在房地产项目融资中，信托经理在还款来源方面关注的重点是项目销售产生的现金流与集团的整体经营性现金流，整个尽职调查也基本上围绕这两个方面展开。但是，根据国内某知名信托公司对过去数年间结束的100多个房地产融资项目的调查，发现真正依靠项目自身销售现金流实现还款的不到20%，依靠集团经营性现金流实现还款的占比为25%，剩下55%的项目都是通过项目或集团的融资性现金流实现还款的。

这个调查结果颠覆了大家的认知，说明了融资性现金流（融资方的再融资能力）在房地产信托融资中的重要地位。这就要求信托经理在前期尽职调查时，不仅要考察项目本身的自偿能力与集团经营性现金流的创造能力，更要重点考察项目的再融资能力与金融机构对集团公司的各种授信，特别是集团获取融资的渠道、额度、成本及放款条件，深入分析整个集团板块在扩张过程中融资性现金流的获取能力，这是信托还款来源及其重要的保障。

风险化解中投资者的反应及沟通

本信托计划的募集总规模为9.5亿元，其中6亿元由5家机构客户（主要是保险公司和财务公司）认购，其余的全部由个人客户认购。有趣的是，在项目出险后，机构投资者和个人投资者表现出了明显的差异性。

在实际控制人被带走的第二天，就有两个机构客户打电话咨询情况，这显示了专业的机构投资者对投资产品的高度关注。信托公司财富管理团队根据掌握的项目情况和公司统一制定的话术进行了详细解释，并表示后续如有任何进展，将会第一时间通报投资者。由于本项目的出险源自“黑天鹅事件”，与信托公司没有多大关系，机构客户表示完全理解，希望在后续风险化解过程中加强沟通和交流。个人客户的反应要迟钝一些，在出险后1个星期，才陆续打电话进来，沟通的重点不是了解项目情况，而是强调中能信托应当对投资者的本金及收益承担起刚性兑付责任。对于这种融资类信托产品，尽管中能信托做好了刚性兑付的心理准备，但是面对投资者时却不能做出该等承诺，只是模糊申明中能信托会尽到谨慎尽职的责任，确保投资者的本金及收益安全。

在后续的风险化解过程中，中能信托将投资者的解释沟通工作放在重要位置。机构客户自始至终表现得较为专业、冷静、克制，就项目论项目，没有过多牵扯，而个人客户就相对感性很多，除了咨询项目情况外，表达最多的就是要求中能信托刚性兑付。在中能信托对首笔提前还款资金进行分配时，机构客户表示了极大的欣慰和认可，而某些个人客户则明确表示反对，希望信托计划到期后一次性分配本金及收益，如果按照这些个人客户的意见，中能信托将会承担大量的收益补贴，甚至将全部信托报酬贴进去都不够。为此，财富团队做了大量的沟通说服工作。

实事求是地讲，就本项目而言，个人客户的要求并非无理取闹，因为《信托合同》中并没有提前分配部分本金的条款。在本项目结束后，中能信托马上组织修订了《信托合同》模板，增加了关于项目出险后可以根据本金的回收情况提前向投资者进行部分分配的约定。

需要特别指出的是，在项目出险后，中能信托不再沿用之前通过公司官网发布《信托计划后期管理报告》的做法，而是改为向投资者邮寄纸质报告。这种做法防止了敏感信息外流，较好契合了信托作为私募基金的保密性特点。

结　语

这是笔者碰到过的增信措施最严密的信托融资项目，也是后期管控做得最到位的项目。中能信托在通过“股＋债”交易模式满足了客户特殊融资需求的同时，也通过复杂多样的担保和现场监管手段控制了项目风险。本项目虽然在后期因“黑天鹅事件”出现了流动性危机，但业务团队历经千辛万苦，最终通过再融资收回本息，实现了信托计划的如期兑付。另外，业务团队在风险处理的过程中不但找出了之前方案设计的缺陷，同时也明白了对项目公司的法律控制只是有效实现后期管理的手段，其本身不能等同于实际控制，更不能在项目出险后发挥扭转乾坤的作用。实务中的风险处理要在把握核心风险的基础上找准客户的痛点，软硬兼施，多管齐下，尽量在维持双方合作关系不破裂的前提下收回资金。

四、金桐建设应收账款融资项目

案例特点：

这是一个典型的资产回购模式的“另类”房地产融资案例。在融资方、代销银行和监管政策的多重作用下，简单的项目融资被“包装”成应收账款的卖出回购交易，标的资产的重构、多元化风控手段的运用，充分体现了信托公司方案设计的灵活性以及实质重于形式的风险控制理念。

本案例系统地梳理了应收账款在房地产融资中几种典型的交易模式，以及应收账款重组过程中的主要技术环节与相应的风险控制措施，同时系统地总结了房地产信托融资中的产品设计思路，对实务有一定的借鉴意义。

案例摘要：

本项目来源于中能信托常年合作伙伴九州银行的介绍。两年前，地产开发商金桐股份在申请银行流动资金贷款时，将其位于五羊市的紫瑞花园项目土地抵押给了贷款银行。目前，该项目已进入开发阶段，实际评估价值达 12 亿元，与先前抵押融资的 4 亿元资金相比，资产使用效率下降十分明显。于是，金桐股份希望以筹集紫瑞花园项目建设资金的名义，从外部融入资金，提升资产的使用效率。

中能信托发行集合信托计划募集资金 10 亿元，用于折价收购金桐集团旗下金桐建设持有的针对金桐物流 14 亿元的应收账款。信托期限届满后，金桐建设溢价回购应收账款。增信保障措施包括土地及物业抵押、保证担保、股权质押、销售资金监管等。表面上看，主体交易结构是以应收账款回购的形式为金桐建设提供融资，实质上是通过掌控紫瑞花园项目这一核心资产向上市公司金桐股份旗下的项目公司发放抵押贷款。

除了作为实质还款来源的紫瑞花园项目的开发销售情况外，本次融资面临的另一核心风险是作为交易标的的应收账款在真实性和质量上存在瑕疵。本案例首次系统性地梳理了应收账款融资需要注意的各类风险要素，提出了“四步走”的风险控制技术，并对无效转换条款的设置进行了详细阐述。另外，交易结构设计过程中所体现出来的“实质重于形式”的风险控制理念，以及各项增信保障措施的运用，也值得其他项目借鉴。

背景介绍

五羊市金桐集团有限公司（以下简称“金桐集团”）是一家多元化的大型现代化企业集团，成立于2005年7月，注册资本30亿元，由李文彬、李晓欢、李晓勇出资组建（李文彬是金桐集团的实际控制人，李晓欢和李晓勇是李文彬的儿子），出资比例分别为80%、10%、10%。金桐集团实力雄厚，横跨建筑、地产、物流、传媒、消费品等行业，是国内知名的民营多元化产业集团。

金桐房地产开发股份有限公司（以下简称“金桐股份”）是金桐集团房地产板块上市公司平台，持有五羊市金桐紫瑞房地产实业有限公司（以下简称“项目公司”）100%的股权，该项目公司专注于开发位于五羊市文化路199号的紫瑞花园项目。

另外，金桐建设集团有限公司（以下简称“金桐建设”）与金桐物流发展有限公司（以下简称“金桐物流”）均为金桐集团下属子公司，金桐集团分别持有上述两家公司85%和90%的股权。金桐建设是实力雄厚的民营建筑公司，专门从事房屋建筑工程、市政公用工程、建筑装修装饰工程等，是金桐集团的核心企业，营业收入占整个集团的50%左右。金桐物流是金桐集团近年来重点发展的物流板块，具体负责位于华南省锦江市大型物流基地建设项目（以下简称“金桐物流项目”）。

上述主体的股权结构如图4-1所示。

紫瑞花园项目位于五羊市文化路199号，毗邻升仙湖国家级旅游度假区，距离市中心不到10千米，地理位置优越，周边医疗、学校、商业等配套齐全，是金桐股份倾力打造的高端住宅小区。该项目占地面积20万平方米，总建筑面积38万平方米，主要业态为高层住宅和洋房，

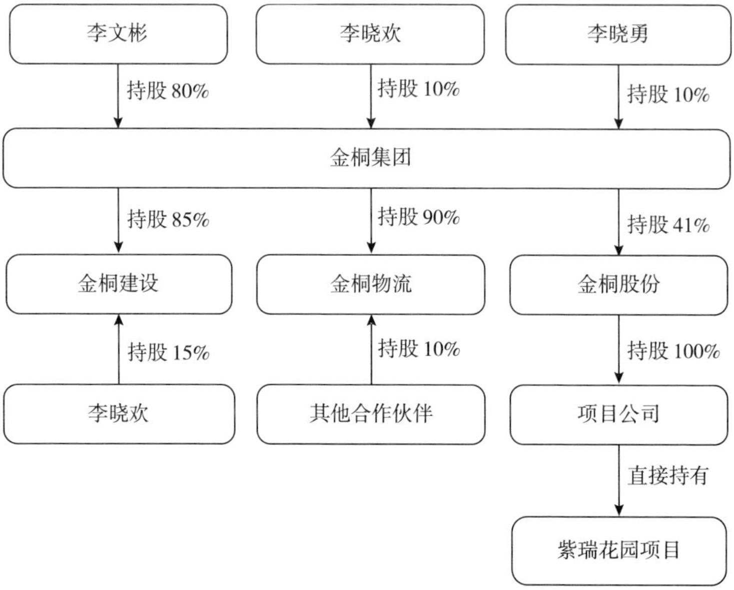

图 4-1 股权结构

配有不超过 10% 的社区商业。整个项目共分两期开发，截至中能信托介入前，一期已经开发并销售完毕，二期可售面积为 20 万平方米，已获得土地规划许可证和国有土地使用权证，正在积极申领工程规划许可证。

金桐物流项目位于华南省锦江市东部，距离市中心 15 千米，毗邻该市万吨级临海码头，整个物流园区占地面积 2 平方千米，共分三期建设，其中一期拟建成 13 座大型物流仓库，总投资超过 45 亿元。

两年前，金桐股份向九州银行申请期限为两年半、金额为 4 亿元的流动资金贷款时，以紫瑞花园项目的土地作为抵押。截至中能信托介入前，抵押土地的价值已由原来的 7 亿元大幅提升至 12 亿元（依据最新的评估报告）。相对于 4 亿元的融资额度，金桐股份认为资产使用效率下降十分明显，并且，紫瑞花园项目后续还需约 5 亿元的开发建设资金。金桐股份向九州银行提出希望以该项目作为载体融资 10 亿元，其中 4 亿元用于归还九州银行贷款，5 亿元用于项目开发建设，剩余 1 亿元用于金桐股份的流动资金周转。

九州银行囿于行内政策的限制，无法继续向紫瑞花园项目发放开发贷款，只好将项目介绍给中能信托，希望后者能发挥信托优势，设计出符合客户需求的交易结构，同时九州银行通过包销信托计划及参与资金监管，获得存款与中间业务收入。但是，由于当时的监管政策比较严厉，银行代销房地产信托产品大多被叫停，九州银行希望中能信托能够以紫瑞花园项目作为增信保障措施，但资金用途不要涉及房地产。

在上述限制条件下，寻找合适的融资载体，并在此基础上设计出满足各方需求的交易方案，是业务团队一开始要面对的问题。经过对金桐集团全面的资产盘点，业务团队发现，金桐建设与金桐物流之间存在一批合计 14 亿元的应收账款。该账款是在金桐物流项目建设过程中，由项目总包方金桐建设的垫资行为逐步形成的。最终，中能信托以金桐建设为载体，以该批应收账款为交易标的设计出满足各方需求的信托方案，并顺利承做该项目。

主要交易结构

本项目主要的交易结构如图 4－2 所示。

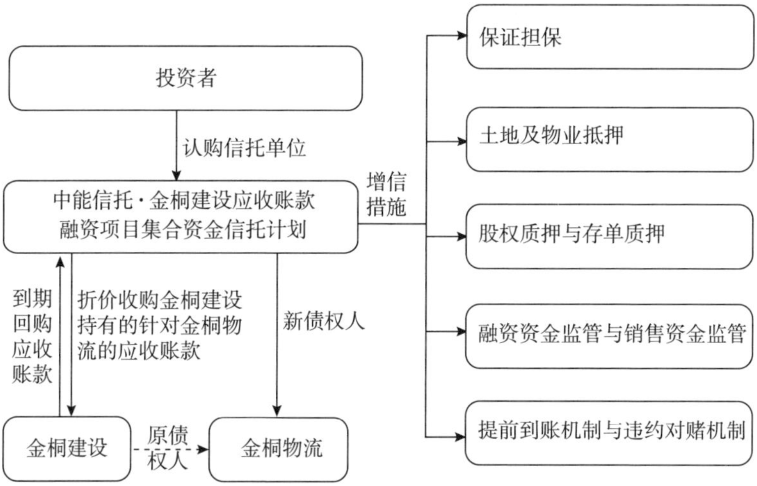

图 4－2　主要的交易结构

信托计划的核心要素见表4-1。

表4-1 信托计划的核心要素

核心要素	具体内容
信托计划名称	中能信托·金桐建设应收账款融资项目集合资金信托计划
信托计划类型	非结构化的集合资金信托计划
信托计划规模	10亿元
信托计划期限	2年，满1年后可提前还款
信托资金用途	信托计划资金全部用于向金桐建设收购其持有的针对金桐物流的14亿元应收账款
退出方式	期限届满后金桐建设以固定溢价回购应收账款
还款来源	第一还款来源是金桐建设整体经营性现金流，第二还款来源是紫瑞花园项目的销售回款
核心增信措施	保证担保：金桐集团、金桐股份、项目公司及实际控制人李文彬、李晓欢、李晓勇提供连带责任保证担保 土地抵押：项目公司将其持有的紫瑞花园项目土地抵押给信托计划 物业抵押：金桐集团关联公司将其持有的莲花商场整栋物业抵押给信托计划 股权质押：金桐集团将其持有的金桐物流90%的股权、金桐股份将其持有的项目公司100%的股权质押给信托计划 资金监管：项目公司在九州银行开立监管账户，同时与中能信托及九州银行签署资金监管协议，对紫瑞花园项目的销售资金进行全封闭监管 提前到账机制：金桐建设在九州银行开立还款账户，在信托计划到期前6个月，每个月的第1个工作日及最后1个月的最后1天分别存入资金1亿元、2亿元、3亿元、5亿元、8亿元、9亿元、10亿元；存入资金专门用于归还贷款本息。监管账户和还款账户的资金之和达到10亿元时，可不再存入 存单质押：中能信托与项目公司及金桐建设签署《存单质押协议》，对监管账户和还款账户资金开立存单，质押给中能信托
融资成本及各方费率	固定回购溢价为每年11%，每半年支付一次 其中，投资者收益率为每年7.5%，销售费为每年2%，托管费为每年0.1%，信托报酬为每年1.4%（绝对信托报酬为每年1 400万元）
销售方案	九州银行代销9.5亿元，中能信托财富中心代销5 000万元

交易结构的变迁

整体来看，本项目的交易结构经历了项目直接融资、向金桐建设发放流动资金贷款、应收账款的卖出回购式融资三个阶段。

第一阶段：项目直接融资。

从融资方的角度来看，最开始的诉求是基于提高资产使用效率，直接通过紫瑞花园项目进行扩大融资。但是，由于该项目土地已经抵押给九州银行，其他银行不愿意介入；另外，九州银行已经以该土地抵押为增信条件为金桐股份发放了4亿元贷款，行内政策也不允许就同一抵押物再次发放贷款。所以，传统的银行融资已无法解决客户需求。

基于长期良好的合作关系，九州银行把该项目引荐给中能信托，后者接手项目后，一开始也是以项目本身为载体来设计交易方案，但是，在与九州银行沟通后发现，当时正处于房地产宏观调控特别严厉的阶段，九州银行对代销地产类信托产品把关很严，通过的可能性不大，希望中能信托把信托产品设计成非地产类。

实事求是地讲，基于该交易对手和谈成的增信条件，该项目由中能信托自己承做并销售是没有问题的。但是，由于整个项目是九州银行介绍并主导的，其自身需求对整个交易结构的设计有决定性影响。为了继续维持与九州银行的良好关系，中能信托只好放弃直接融资，另辟蹊径。

第二阶段：向金桐建设发放流动资金贷款。

由于需要借道非房地产融资载体，中能信托对金桐集团进行了全面的资产盘点，最后将目光转向集团旗下实力最强的子公司金桐建设，并计划通过向金桐建设发放流动资金贷款的方式间接解决紫瑞花园项目的融资问题。

金桐建设作为建筑类企业，主要的融资手段是流动资金贷款，但金桐建设在本项目中却不愿意接受流动资金贷款的模式，主要原因有两点：（1）本项目的贷款利率显著高于其存续的其他银行贷款的利率水平，金桐建设担心其他银行对此可能会有反弹，影响其后续融资；（2）流动资金贷款虽无须对应具体项目，但其发放规模、用途、流向仍会受到限制，根据《贷款通则》的要求，中能信托对该笔贷款有法定的监管义务，而金桐集团希望资金使用能较少地受到限制，以满足其多元化的融资需求。

另外，金桐建设的经营范围中包括“二级房地产开发”，而信托公司的监管政策严禁向房地产开发企业发放流动资金贷款，并要求严格防范对建筑施工企业、集团公司等的流动资金贷款用于房地产开发。虽然金桐建设并未取得房地产开发资质，也未从事房地产开发业务，但实际操作中有打擦边球的嫌疑，可能会引起监管机关关注。九州银行作为信托计划的代销行，从审慎合规的角度出发，也不同意向金桐建设发放流动资金贷款。

第三阶段：应收账款的卖出回购式融资。

由于上述条件的限制，业务团队最后将方案设计思路聚焦在金桐建设资产负债表中的某项资产，希望通过“卖出回购”的形式进行交易性融资。最终以金桐建设持有的以金桐物流为债务人的 14 亿元应收账款为标的，以折价购买并到期回购的方式发放了 10 亿元融资。由于附带回购承诺，本项目应收账款的转让实质上是“卖出回购”形式的融资，该交易模式没有贷款发放过程，能有效地规避潜在的合规风险，也能够在当时的市场环境下利用非地产项目的噱头，促进信托产品的销售。

当然，金桐建设作为建筑承包商，与房地产具有很高的关联性。从尽职调查的情况来看，在每年 200 多亿元的总收入中，房屋建筑占了近 40%（其余是市政、水电等行业的建筑收入）。同时，为进一步弱化合规性风险，中能信托在与金桐建设及金桐物流签署的《应收账款转让合同》中明确约定，金桐建设通过卖出应收账款获得的资金不得用于其承包的房地产项目的开发建设，并通过具体的资金监管措施落实这一约定。

实际上，作为多元化的集团企业，金桐集团旗下还有教育、传媒、消费品等板块，之所以选定金桐建设作为融资载体，主要是考虑到本项目的融资规模比较大，只有金桐建设这种具有数百亿元资产及收入的企业可以承载，不管从资金需求还是还款来源来看都比较合理，而其他板块规模都比较小，作为融资载体很容易受到监管挑战。

小专题

房地产信托融资中的产品设计思路

在房地产信托方案的设计过程中，科学合理的思路非常重要。很多信托经理在进行方案设计时由于缺乏系统性思维，抓不住重点，费时费力。笔者认为，就融资类地产信托项目的方案设计来说，需遵循如下3个步骤。

首先，确定交易主干，这是整个方案设计中最重要也是须首先考虑的一步。所谓交易主干，简单来讲就是信托资金是如何运用的，它撑起了整个交易的框架，犹如树木的躯干，而其他担保和增信措施是依附于躯干的枝丫。在初次接触项目时，信托经理首先要思考通过什么方式将资金用到项目上去，这涉及整个交易的主债权基础以及相关的财务、税务、合规等方方面面的考虑。有些经验不足的信托经理在方案设计时首先将大把精力放在争取各种担保措施和资金监管等方面，最后才发现资金的运用面临严格的边界条件（如本项目），不得不重新开始交易主结构的谈判，耽误了很多时间。

在融资类项目中，交易主干不外乎贷款、明股实债、资产回购（如应收账款、股权收益权、特定资产收益权等）、财产权信托4种。受限于监管、税务、融资方需求等各种边界条件的限制，每种主干又可以根据实际情况分裂出不少特定模式（如“股+债”）。另外，为了满足合规、增信等方面的特殊需求，有些时候需要运用结构化思维，将资金运用端和募集端结合起来设计交易主干。具体情况如图4-3所示。

确定交易主干后，接下来需要围绕主干设置各种担保措施。地产融资中可供选择的担保措施多种多样（见图4-4），作为一名合格的信托经理，需要熟悉每种担保措施的保障力度、变现性、适用条件、登记流程（如需）等，并根据项目具体情况选择适用。一般来说，担保措施越多越好，但在实务中要从价值和流动性等角度优先争取保障力度最大的，如土地抵押、股票质押等。有的担保措施虽然从财务角度来看价值不大，但对道德风险和资产转移风险的防范有很大作用（如个人担保、

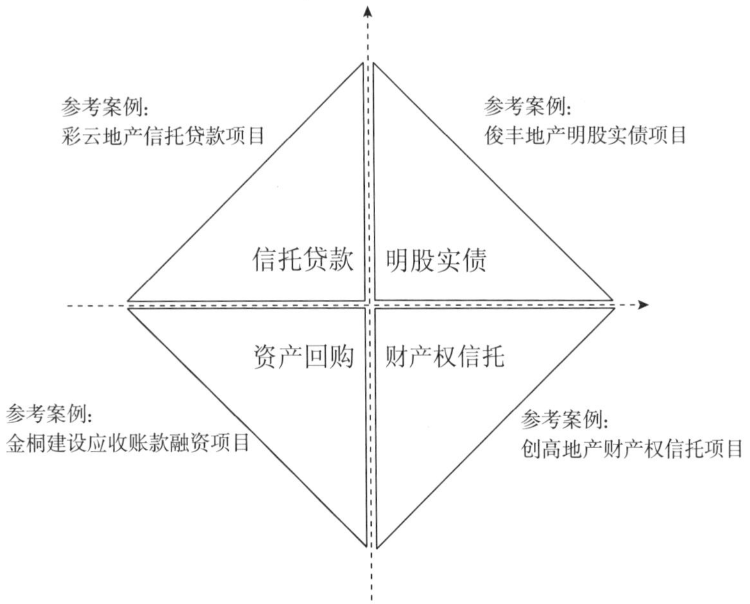

图4－3　交易主干的设计思路

股权质押等)，需要根据具体情况有目的地选用。同时，实务中也要综合考虑保障性和操作成本等各项要素来设计担保方案，切忌为了促成交易而东拼西凑、贪大求全（具体经验教训参见本书案例：东星置地结构化信托贷款项目)。

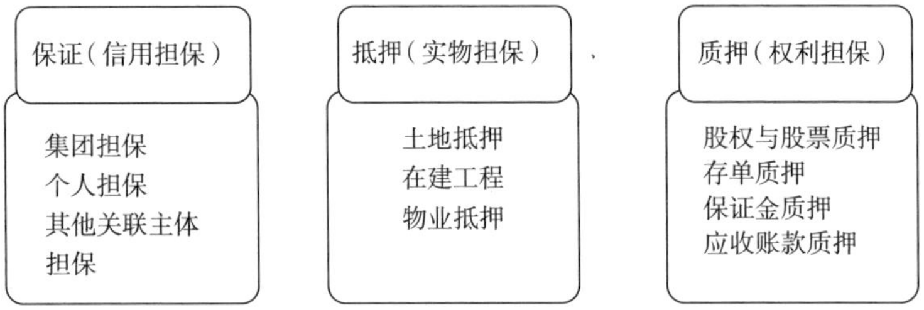

图4－4　房地产信托融资中常见的担保措施

其他增信措施要更加多样化和个性化（见图4－5)，但对于房地产项目融资而言，最重要的是销售资金的监管和项目公司的管控。需要特别指出的是，这两种增信措施都需要根据不同的交易对手来设计管控尺度。例如，在销售款的监管力度方面要有的放矢。如果交易对手比较弱，可以全封闭监管资金，不许融资方挪作他用，且对于监管资金也要设定保证金质押或存单质押；但是，对于比较强的交易对手（如全国性的品牌开发商），从风险可控性和客户认可度考虑，必须要在资金监控上有一定容忍度，如允许企业有一定比例的自由调配权。

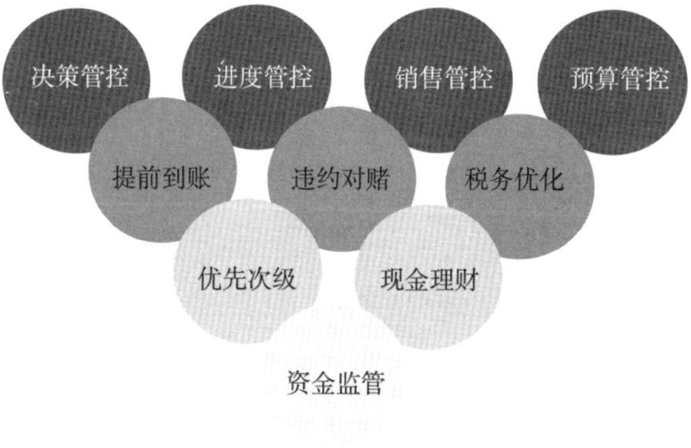

图 4－5　房地产信托融资中常见的增信保障措施

上述只是一些基本思路，实际上，完整的信托交易方案设计是一项系统工程，涉及资金运用、担保增信措施、期限收益、结构化工具等方面的内容，信托经理在设计方案时需要胸有丘壑、心思缜密，注重各项要素的关联性，在充分了解各项边界条件（如客户需求、外部监管环境、信托公司本身的风险偏好等）的情况下设计出符合实际需要的方案。

设置合理的资金划转流程

从形式上来看，10 亿元的信托资金全部用于购买金桐建设持有的应收账款，作为一种交易行为，金桐建设获得该笔资金后如何使用是不受中能信托监管的；但实质上，该笔资金中的 4 亿元需用来归还九州银行的贷款，5 亿元用于紫瑞花园项目的开发建设，剩余 1 亿元用于金桐股份流动资金周转。在实际操作中，本项目不能像其他信托项目那样进行资金的全流程管控，否则就会直接面临合规性风险（紫瑞花园项目不符合信托贷款条件）。

为解决该问题，业务团队经过与金桐集团反复沟通，最后决定由金桐建设先拿一笔为期两天的10亿元过桥资金给金桐股份，由后者将其中的5亿元划入项目公司的资金监管账户（该账户预留中能信托的印鉴，资金专项用于项目开发建设），4.14亿元用于归还九州银行的流动资金贷款本金及剩余利息。完成上述行为后，中能信托才将10亿元资金划入金桐建设的收款账户，用于归还过桥贷款。

实事求是地讲，这种操作只能在一定程度上弱化合规风险，而不能完全规避。这种游荡在灰色地带的做法在很多信托项目中存在，对于监管政策层出不穷的信托行业来讲，这实属生存压力下无奈的“创新”之举。

实质风险的把控

业务团队在项目承做过程中践行了“实质重于形式”的风险控制理念。在本项目中，信托资金用于购买应收账款，但由于金桐物流项目尚处于投入期，在信托计划的存续期间内并不产生现金流，所以最终还款来源并非应收账款本身的回款，而是金桐建设的经营性现金流以及抵押物紫瑞花园项目的销售收入。从实质风险控制的角度来看，虽然金桐建设有一定的回购实力，但是中能信托无法控制其现金流。本项目之所以能够得到中能信托和九州银行的认可，主要还是看中了紫瑞花园项目土地的潜在价值和变现能力，以及相对可控的项目销售回款。所以，本项目从形式上来看是建筑企业应收账款融资，但整个交易方案的核心是围绕作为抵押物紫瑞花园项目而设计的增信担保和销售回款监控措施。

另外，本项目的抵押物（包括紫瑞花园项目土地与金桐集团后续提供的莲花商场物业）评估价值为15亿元，从融资本金角度来看抵押率只有67%，远远未达到中能信托不得高于50%的风控要求。但是，业务团队在与风险部门反复沟通后认为，紫瑞花园项目位于强二线城市的核心地段，20万平方米的可售面积按照1.5万元/平方米的保守销售价格，可以获得30多亿元的销售回款，完全可以覆盖融资本息；而且作为第一还款义务人的金桐建设体量大，经营性和融资性现金流都很好，出现风险时可腾挪空间大，整个项目风险是可控的。这种“量入为出”的实质风险控制理念对推动项目顺利通过审批起到了重要作用。

笔者认为，在实质风险能够控制的前提下，通过一系列的交易结构设计对信托产品进行各种包装运作，实质上是为了满足融资方、监管机构、代销银行等各种边界条件的要求。房地产信托融资应当充分发挥信托制度的灵活优势，努力践行“实质重于形式”的风控理念，达到风险控制与各项边界条件的完美契合。

应收账款交易过程中的风险控制

本项目的交易标的为金桐建设持有的针对金桐物流的 14 亿元应收账款，该项资产是整个交易结构的基石，在此之上设立了一系列增信担保措施。鉴于以应收账款作为融资标的在风险控制和实际操作中的特殊性，结合本项目的情况，现将相关问题梳理并小结如下。

应收账款的定义和分类

2017 年 10 月 25 日，央行颁布了新修订的《应收账款质押登记办法》（中国人民银行令〔2017〕第 3 号），并于当年的 12 月 1 日生效，该办法第二条对应收账款的定义是：“应收账款是指权利人因提供一定的货物、服务或设施而获得的要求义务人付款的权利以及依法享有的其他付款请求权，包括现有的和未来的金钱债权，但不包括因票据或其他有价证券而产生的付款请求权，以及法律、行政法规禁止转让的付款请求权”。

与大家通常的理解不同，实际上应收账款的范围很大，包括：（1）销售、出租产生的债权，如销售货物，供应水、电、气、暖，知识产权的许可使用，出租动产或不动产等；（2）提供医疗、教育、旅游等服务或劳务产生的债权；（3）能源、交通运输、水利、环境保护、市政工程等基础设施和公用事业项目收益权；（4）提供贷款或其他信用活动产生的债权；（5）其他以合同为基础的具有金钱给付内容的债权。

需要指出的是，新修订的《应收账款质押登记办法》对应收账款的定义更加准确，并且增加了兜底条款（其他以合同为基础的具有金钱给付内容的债权）；同时，在文字表述上明确将某些公用事业的收费权定义为项目收益权，并纳入应收账款的范畴，这在现行的政策法规体系中是比较罕见的。

根据不同的标准，前述应收账款可以分为不同的类型。

根据应收账款的形成原因，应收账款可分为融资型应收账款和交易型应收账款。前者主要是基于贷款而形成的，如银行贷款、股东借款等；后者主要是基于提供产品或服务而形成的，如出租房屋产生的租赁债权、销售货物产生的应收款等。融资型应收账款一般只涉及资金的出借行为，基础法律关系简单清晰；而交易型应收账款由于作为交易标的的产品或服务可能存在质量问题而赋予债务人付款抗辩权、损害赔偿请求权等附加权利，使得该类应收账款的基础法律关系错综复杂（如本项目）。

根据债权人与债务人的关系性质，应收账款可分为外部应收账款和内部应收账款。前者的债权人与债务人之间无关联关系，而后者存在关联关系。对于金融机构而言，在其他条件不变的情况下，外部应收账款的质量要显著优于内部应收账款，因为后者的信息不对称更严重，导致其真实性、合法性等风险点更难以判断（如本项目）。

根据应收账款产生的时间，应收账款可分为现有的应收账款和未来的应收账款。前者是根据现有的交易关系已经存在的应收账款，如基于贷款的发放产生还本付息义务的应收账款、基于货物交付或提供服务产生支付义务的应收账款（如本项目）；后者是当下并不存在、但基于依附于某项特定的服务或交易而源源不断产生的应收账款，最典型的是高速公路收费权。已经提供产品或服务的现有应收账款法律基础扎实，作为交易标的问题不大。而未来的应收账款属于未来债权，当下并不存在，除非法律明确许可，否则无法作为交易标的。

交易型应收账款的主要风险点

笔者认为，在房地产信托融资中，交易型应收账款（特别是资产包）是最复杂、风险最不确定的融资标的。就本项目而言，其风险和复杂性体现在如下几个方面。

其一，真实性，指应收账款赖以存在的基础债权债务关系是否真实。这一点不同于股权、贷款债权等融资标的有具体可行的查证标准，如持股情况可以在工商局查询其真实性，贷款债权可以通过贷款协议和银行转账记录核实真实性，但对于交易型应收账款，由于基础交易（提供货物或服务）多种多样，没有明确标准可以证明该种交易的存在，很难证明该应收账款的真实性。如果应收账款不存在（如本项目中金桐建设与金桐物流可能只是签署了承包协议而没有按照约定提供开发建设服务，这在实务中很难查证清楚），则将直接导致作为主债权的《应收账款回购合同》无效，那么依附于主债权合同的相关担保措施也将无效，对于融资类项目来说，这是无法承受的风险。

其二，合法性，指形成应收账款的交易是否合法，即是否存在因交易标的或交易程序不合法而导致应收账款无效。在本项目中，应收账款的合法性没有问题。

其三，期限及金额的错配，不同应收账款的期限、到期时间、金额、付款条件等均有可能会存在差异，为应收账款的监控（质押情形）和清收（交易情形）带来较大操作成本。特别是在卖出回购式信托融资中，应收账款本身只是融资的手段而非真实的还款来源，如果应收账款的笔数较多，且有不同的到期时间和付款条件，则会给信托计划的实施带来困扰。如在本项目中，如果某笔应收账款在信托计划到期前需要还款，则需要面临补充新的应收账款或提前偿还信托计划部分本金的尴尬局面。

其四，未达成付款条件，在应收账款形成的基础合同（如货物买卖合同等）中通常会约定债务人向债权人支付相关款项的条件，那么应收账款到期时，可能会发生债务人基于付款条件未满足（如货物或服务的质量或标准问题）而拒绝付款甚至要求赔偿的风险。如在本项目中，若金桐建设的施工质量不合格，金桐物流有权拒付相关款项。

其五，质量问题，应收账款的质量指应收账款债务人的还款能力。债务人实力越弱、现金流情况越差，应收账款质量越差。在本项目中，金桐物流的码头项目尚处于建设期，本身并不产生经营性现金流，没有还款能力，这就导致以其为付款义务人的应收账款质量一般（值得注意的是，这里仅仅是从债务人角度来考量应收账款质量，比较狭义；广义的应收账款质量分析包括多个维度，具体参见本书案例：雨辉食品股权收益权融资项目)。

应收账款融资“四步走”的风险控制措施

基于交易型应收账款存在的上述风险，本项目在承做过程中，为有效化解风险，针对应收账款提出了“四步走”的重组措施。

第一步，资产审核。

本项目所涉及的应收账款初始状态是作为总包方的金桐建设针对作为发包方的金桐物流垫付的工程款及其他应收款，具体情况见表4-2。

表4-2 应收账款的具体情况 (单位：万元)

序号	债权人	债务人	内容	已完工产值	已付款	未付款
1	金桐建设	金桐物流	场地平整	40 000.00	16 000.00	24 000.00
2	金桐建设	金桐物流	停车场建设	19 000.00	4 000.00	15 000.00
3	金桐建设	金桐物流	仓库建设	84 000.00	23 000.00	61 000.00
4	金桐建设	金桐物流	商务办公用房	43 000.00	12 000.00	31 000.00
5	金桐建设	金通物流	配套用房	14 000.00	5 000.00	9 000.00
合计				200 000.00	60 000.00	140 000.00

为了对该批应收账款进行审核与改造，事先需要开展法律与财务方面的尽职调查，收集相关的法律文件（包括产生应收账款的基础合同、付款凭据等）和相关主体的基本资料（包括金桐建设与金桐物流的企业相关证照、财务报表等)。本项目聘请了专业律师对应收账款的法律文件和相关原始凭据进行了审慎审核，确认应收账款的真实性与合规性，并聘请专业的会计师事务所对该笔应收账款的形成和相关主体进行审计，出具了专项审计报告。

需要指出的是，基于企业内部交易型应收账款的复杂性，尽管有专业律师和会计师的尽职调查，但仍难以穷尽所有风险（特别是在融资方有意识做大应收账款的时候)。为了尽量减轻信托公司的受托责任，本项目在《信托合同》中就该等风险（包括应收账款无效导致交易及担保措施无效的风险）进行了充分的信息披露及风险揭示。

第二步，资产重组。

在本项目中，金桐建设将其参与金桐物流项目建设产生的多笔应收账款进行打包融资，这种情况下存在多笔应收账款在时间和金额上的错配风险，需要在交易前对原应收账款进行重组，而在重组过程中需要满足“三确定原则”。

其一，确定时间。应收账款在卖出回购式信托融资中只是融资手段而非真实还款来源，如果笔数较多，且有不同的到期时间，则会给项目的后期管理带来困扰。在本项目中，金桐建设与金桐物流签署《债权重组协议》，将全部应收账款的到期日统一为信托计划到期后6个月，避免了应收账款到期但信托计划尚未到期，从而需要信托公司追讨债务的尴尬局面。但是，为了确保出现违约情况后中能信托可以将应收账款债务人纳入追责范围，在《债权重组协议》中同时约定，如果金桐建设未履行回购义务（包括未按时支付回购溢价），则中能信托有权宣布应收账款提前到期，并直接要求金桐物流履行付款义务。

其二，确定金额。应收账款的金额即债务人（金桐物流）的总付款额，由于可能存在债务人已支付部分款项而债权人（金桐建设）并未将该部分债权消灭的情形，为确保信托公司受让的全部应收账款的真实性，需要在《债权重组协议》中由债权人和债务人重新确认应收账款的金额。

其三，确定付款条件。通过《债权重组协议》，消除应收账款中的抗辩权，明确了应收账款债务人无条件付款的原则，避免了金桐物流在应收账款到期时基于付款条件未满足等理由行使抗辩权的风险。

这样，在应收账款重组中通过“三确定原则”理顺金桐建设和金桐物流两大主体之间的债权债务关系，统一确定了应收账款的金额和还款时间，并消除了付款抗辩权，使拟购买的应收账款变成了风险可控、权属清晰、操作便利的资产。

第三步，资产交易。

通过《应收账款转让合同》，金桐建设将其持有的针对金桐物流的应收账款转让给中能信托，后者成为应收账款新的债权人。为进一步控制因应收账款在真实性或合法性上的瑕疵带来的交易无效风险，中能信托在法律文本中设置了无效转换条款，即在相关合同中约定：若因任何原因导致中能信托受让的应收账款在效力上存在瑕疵，中能信托有权将支付的应收账款收购价款立即转换为向金桐建设发放的流动资金贷款。

无效转换条款是本项目在交易结构上的突出特色，该条款实质上通过落实备选方案，为在真实性和合法性上存在潜在瑕疵的标的资产的交易提供了一道额外保障，在出现极端情况时，中能信托可将主债权从应收账款回购义务转化为流动资金贷款的本息清偿义务，夯实了交易的法律基础。

实务中，增设无效转换条款不是简单地在合同中多写几个条款，而是一项系统性工程。由于该项条款一旦触发，本项目的主债权、放款性质、担保对象等均将发生实质性变化，所以需要从主交易合同、主债权合同及担保合同 3 个层面对无效转换条款予以全面落实。即当主债权发生变化，相关合同立即建立起与新的主债权相配合的、有效力的勾稽关系。具体到本项目，有以下几点需要注意。

首先，在主交易合同中明确无效转换条款。《应收账款转让合同》约定：金桐建设同意，中能信托有权将其在本合同项下向金桐建设支付的转让价款转化为中能信托向金桐建设发放的流动资金贷款。一旦触发该条款，《应收账款转让合同》就变成新的主债权合同了。需要明确的是，无效转换条款是债权人的一项权利而非义务，可以视情况自由选择适用。

其次，在主债权合同中确认无效转换条款。《应收账款回购合同》约定：当中能信托根据上述合同约定行使无效转换条款时，金桐建设的应收账款回购义务自动转化为向中能信托清偿贷款本息的义务。

再次，在各项担保合同中依照主债权合同的表述落实无效转换条款，即在保证合同、土地抵押合同、股权质押合同中明确：在触发无效条款后，担保人的担保责任不变，各项担保合同项下的担保仍然有效，由原来为主债务人对于应收账款的回购义务的担保转为为主债务人清偿贷款本息的担保，合同项下的所有条款对担保方仍有约束力。

在项目出险时，虽然执行无效转换条款会将主债权变为流动资金贷款，交易方案的合规性会受到挑战，但在此情形下，合规问题宁可退居次席，也要确保主债权的有效性，从而保障各项担保措施的有效性。该项保障措施具有很强的推广意义，对于股权收益权、特定资产收益权等同样可能存在交易标的无效的项目来说，无效转让条款同样可以作为备选方案放入合同，以增强对债权人的保障。

小专题

债务人的参与程度与应收账款转让的效力分析

从法律上来讲，绝大多数的应收账款属于合同债权，应收账款的转让实际上是合同权利的转让。根据《合同法》（1999 年）第八十条第一款的规定：债权人转让权利的，应当通知债务人；未经通知，该转让对债务人不发生效力。根据该款规定和实务中的具体情况，就债务人的参与程度而言，应收账款的转让分为三种情况。

其一，债务人全面参与。即转让人、受让人和债务人三方签署《应收账款转让协议》，全面约定应收账款转让中的各方权利义务，债务人在协议中不但认可应收账款的转让，而且对应收账款的金额、付款时间和付款条件等要素进行确认，必要时可根据交易需要消除债务人的付款抗辩权，并对付款时间等各项要素进行重组。这种情况下应收账款的转让效力最强，对受让人的保护最周全，但该种转让需要债务人的全面配合。通常适用于单个项目的回购式或买断式融资，且转让人对受让人有一定的影响力（二者通常为关联人），如本项目。

其二，债务人通知参与。即转让人和受让人签署《应收账款转让协议》，并共同向债务人发送《债权转让通知书》，其中又分为债务人回执确认和不回执确认两种情形。这种债权转让对债务人生效，债务人应当把应付款项支付至《债权转让通知书》中规定的新的债权人账户。但是，该种转让除了更换债权人外，其他方面均无变化，通常适用于金融贷款债权的转让，且转让行为得到债务人的认可。

其三，债务人不参与。即转让人和受让人签署《应收账款转让协议》，但该转让不通知债务人。这种转让行为在转让人和受让人之间是有效的，即应收账款的风险和收益已经转移至受让人；但是，该转让对债务人不生效，债务人仍然会将款项支付至转让人（即原债权人）账户。在这种模式中，转让人和受让人通常会签署《委托管理协议》（或者在《应收账款转让协议》中加入委托管理条款），由后者委托前者管理已转让的应收账款，在前者收到债务人支付的款项后应及时转让给后者。该模式通常适用于金融机构之间的贷款债权转让，且债务人一般比较强势，不希望付款对象发生变更，而转让方希望在不惊动债务人的前提下通过转让债权的方式来调节信贷额度。

第四步，登记公示。

很多应收账款融资项目只做到了第三步，实际上，应收账款的转让应当进行登记公示，使整个交易透明化，在公众面前明确权属关系，避免同一应收账款被二次转让或后续进行质押融资，以保护交易安全。

根据《中国人民银行征信中心中征动产融资统一登记平台操作规则》（2014 年），中国人民银行征信中心动产融资统一登记平台可以进行应收账款的转让登记（需要特别指出的是，该登记平台还可以进行应收账款质押登记、租赁登记、所有权保留登记、租购登记、留置权登记、存货/仓单质押登记、保证金质押登记、动产信托登记等业务类型）。该操作流程非常简单：首先，信托公司需要在登记平台上开户；其次，赋予项目经办人员系统操作员的权限；最后，上传转让清单，并填写系统中的相关表格和涉及应收账款的各项详细信息。至此，整个登记公示过程完成。在本项目中，为保障交易安全，风险部门特地将应收账款登记手续的完成作为放款的前提条件之一。

从实际操作来看，应收账款转让登记已经得到了行业主管部门的支持。新修订的《应收账款质押登记办法》第三十三条规定，权利人在登记公示系统办理以融资为目的的应收账款转让登记，参照本办法的规定。该条规定明确将应收账款的转让比照应收账款质押的流程办理登记手续。

另外，应收账款转让登记的效力也获得地方司法部门的认可。在中国银行业协会发布的有关保理业务的文件，以及深圳、广州、重庆、上海和天津等地保理试点文件中，都有对各类交易主体在登记系统开展转让登记的规定。2014 年 11 月 19 日天津市高级人民法院印发了审理保理合同案件的审判委员会纪要，专门规定了应收账款转让“登记公示和查询的效力”，明确了在征信中心登记系统进行登记与查询可以产生对抗善意第三人的司法效力。在新的《应收账款质押登记办法》明确了应收账款转让登记的程序后，该登记的对抗效力会更加明确。

小专题

房地产信托融资中应收账款的交易模式分析

作为一种重要的标的资产，应收账款在地产公司的融资业务中占据重要地位，目前有回购式、买断式、应收账款流动化和房地产投资信托四种操作模式。

模式一：应收账款回购式融资。

正如本项目所揭示的，应收账款的回购式融资是以应收账款作为载体，以资产交易替代直接贷款，在规避监管的同时满足融资方和代销银行的特定需求。从法律角度来看，该种模式下债权债务实现了转移，但从财务角度来看，由于存在承诺回购条款，应收账款并没有出表，除了满足融资需求外，不能从根本上改善企业的资产负债结构。另外，在实务中有的信托公司根据需要在应收账款回购融资的基础上设计出了应收账款收益权带回购的融资模式，即仅将应收账款未来产生的收益转让出去，应收账款本身并不转让，实质上是建立在原应收账款基础上的一种金融衍生品。这种模式下不仅应收账款无法出表，而且债权债务关系也没有转移。

模式二：应收账款买断式融资。

应收账款买断式融资不带有回购条款，须由信托公司持有到期。与回购式相比，该模式在很多方面存在差异，具体见表 4－3。

表 4－3　应收账款回购式与应收账款买断式融资的区别

	应收账款回购式融资	应收账款买断式融资
交易模式	带有固定溢价回购	没有回购条款，信托公司持有应收账款直至到期
法律关系	债权债务关系转移	债权债务关系转移
财务处理	不出表	实现了应收账款出表，提高了应收账款周转率，优化了公司财务报表
第一还款来源	原债权人回购，依赖于原债权人的现金流	原债权人不回购，依赖于应收账款债务人的还款能力
担保主债权	原债权人回购义务	应收账款债务人的付款义务
应收账款性质	多为内部应收账款	在地产融资中以外部应收账款为主
重组安排	应收账款转让前会根据实际融资需要对应收账款进行重组，重新确定付款金额、时间，并消除抗辩权	由于外部的债务人一般比较强势，一般很难对应收账款付款时间、金额等进行重组确认，很难消除抗辩权
折扣率	由于带有回购条款，可以根据风险控制的需要自由约定折扣率（如本项目用10亿元资金购买了14亿元的应收账款，折扣率达到71.4%）	折扣率不能随意约定，需要根据融资期限和融资成本来确定

实务中，应收账款的买断式融资需求一般发生在持有成熟商办物业的开发商身上。笔者遇到过这种项目：某中型开发商希望以其持有的某商场的租金收入来融资，但为了不增加自己的有息负债率，不愿意采取回购模式，业务团队在分析了该商场的租金构成后，发现绝大部分租金收入来自作为主力租户的国内某大型零售商，非常稳定，所以同意了客户的买断要求并引入机构投资者的长期资金对接。

另外，应收账款的买断式融资中还需特别关注税务问题。如在未来

5 年的租金买断项目中，信托公司实际上是一次性向业主（即融资方）支付了未来 5 年内已经及将要形成的应收租金款。根据《关于企业与银行等金融机构之间从事应收债权融资等有关业务会计处理的暂行规定》（财会〔2003〕第13 号）的规定，企业将其按照销售商品、提供劳务的销售合同所产生的应收债权出售给银行等金融机构，在进行会计核算时，应按照“实质重于形式”的原则，充分考虑交易的经济实质。对于有明确的证据表明有关交易事项满足销售确认条件，如与应收债权有关的风险、报酬实质上已经发生转移等，应按照出售应收债权处理，并确认相关损益。所以，在以一次性折价方式买断的应收账款交易中，应收账款的出让方（原债权人）应按出售应收债权的方式处理应收账款交易，并在每期获得并确认原应收账款项下相应现金流时，结转相应的应收账款转让损失，并计入当期损益。

那么，在这种情况下，如何有效利用应收账款转让的折价损失作为原债权人（融资方）的“税盾”（税盾是指可以产生避免或减少企业税负作用的工具或方法）呢？根据《企业资产损失所得税税前扣除管理办法》（国家税务总局公告 2011 年第 25 号）的规定，企业将不同类别的资产捆绑（打包），以拍卖、询价、竞争性谈判、招标等市场方式出售，其出售价格低于计税成本的差额，可以作为资产损失并准予在税前申报扣除，但应出具资产处置方案、各类资产作价依据、出售过程的情况说明、出售合同或协议、成交及入账证明、资产计税基础等确定依据。企业资产损失按其申报内容和要求的不同，分为清单申报和专项申报两种申报形式。其中，属于清单申报的资产损失，企业可按会计核算科目进行归类、汇总，然后再将汇总清单报送税务机关，有关会计核算资料和纳税资料留存备查；属于专项申报的资产损失，企业应逐项（或逐笔）报送申请报告，同时附送会计核算资料及其他相关的纳税资料。

这种税务问题虽然是融资方的事情，与信托计划本身关系不大，但是，笔者认为，作为一名合格的信托经理，需要掌握这种专业知识，在承做该类项目时，应当提醒或协助交易对手通过税前列支应收账款折价转让损失，助其降低企业所得税负，从而在融资服务外，为融资方提供专业的税务筹划服务，以增强与客户的黏性。

模式三：应收账款流动化。

应收账款流动化（又称“准资产证券化”）是对原有回购式和买断式（以下统称“传统模式”）在交易模式上的颠覆。传统模式的操作流程是：信托公司发起设立信托计划，募集资金用以收购融资方持有的应收账款，该种模式被称作应收账款融资中的“正向操作模式”。而应收账款流动化的操作流程是：融资方将其持有的应收账款交付给信托公司设立财产信托，由信托公司对信托受益权进行结构化处理，一般分为优先级和次级，并将优先级信托受益权份额化后出售给优先级投资者，融资方持有次级信托受益权；融资方通过让渡优先级信托受益权给投资者而收取前者交付的认购资金（一般情况下由信托公司代为转交），从而实现融资目的。与前述正向操作模式相对，这种模式被称为“反向操作模式”。该模式的交易结构如图4-6所示。

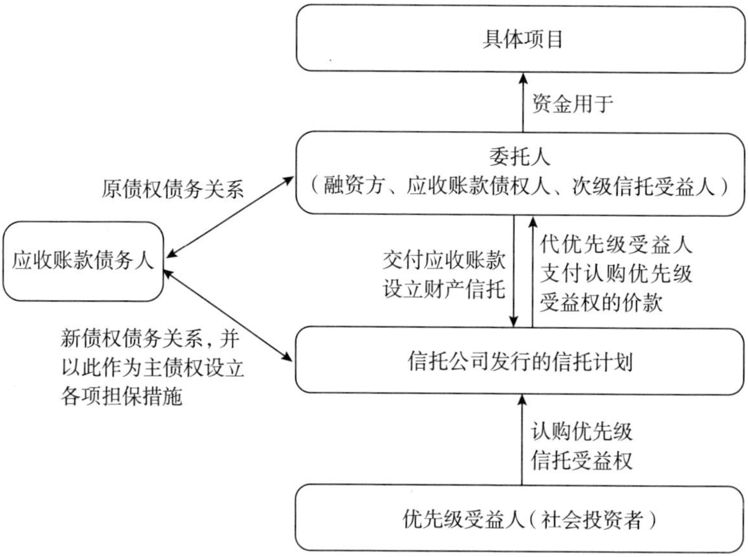

图4-6　应收账款流动化信托的交易结构

应收账款流动化基于财产信托的设立和优先级信托受益权的对外发行，其创设目的在于通过将融资方持有的应收账款信托化后，能够将优先级信托受益权对外发行以实现融资，其创设原理源于信贷资产证券化业务。由于该种操作模式无法实现标准化并在资本市场流通，不属于典型的资产证券化业务，通常称之为“准资产证券化”。

在房地产信托融资中，有时候之所以放弃传统模式而选择应收账款流动化，主要原因如下。

其一，防范法律风险。在传统的应收账款回购式融资中，为了获得足够的“安全垫”，信托公司往往以很大的折扣收购应收账款（如本项目）。根据《合同法》第七十四条规定：“债务人以明显不合理的低价转让财产，对债权人造成损害，并且受让人知道该情形的，债权人也可以请求人民法院撤销债务人的行为”。在应收账款回购式融资中，虽然融资方需要回购应收账款，但不排除其债权人以该条规定为由要求撤销交易。而采用应收账款流动化模式并非以不合理的低价转让财产，同时融资方作为次级信托受益人享有信托财产的兜底分配权，不会对债权人造成损害，因此不存在被债权人申请撤销的风险。

其二，减少资本计提。根据《中国银监会关于印发信托公司净资本计算标准有关事项的通知》（银监发〔2011〕第11号）的规定，对于融资类信托业务，在计算风险资本时，单一类信托业务的风险系数远低于集合类信托业务，故较之于正向操作模式，采用流动化这种单一类财产权信托模式可以使信托公司减少风险资本计提。

其三，避免国有资产转让的烦琐程序。若信托公司采用正向操作模式，根据《企业国有资产法》（中华人民共和国主席令第5号）、《企业国有资产监督管理暂行条例》（中华人民共和国国务院令第378号）等规定，如果融资方是国有地产公司，向信托公司转让的应收账款属于国有资产而可能须履行烦琐的评估、进场交易等程序，而在流动化信托模式下，融资方将其持有的应收账款交付于信托公司是一种信托行为，且融资方作为次级信托受益人享有信托财产的兜底分配权，在该种模式下，可以申请免于评估、进场交易等程序（但实务中是否能得到各地国资管理部门的认可，尚有不确定性）。

其四，降低计收信托业保障基金。随着《信托业保障基金管理办法》（银监发〔2014〕第50号）、《关于做好信托业保障基金筹集和管理等有关具体事项的通知》（银监办发〔2015〕第32号）的相继出台，信托公司在开展信托业务时需要缴纳保障基金，加重了业务成本。而根据前述监管文件，财产（权）信托的保障基金计收明显低于资金信托，信托公司利用应收账款流动化模式减少保障基金的计收也是必然趋势。

其五，方案设计上的包容性。与传统模式相比，该模式充分利用了信托制度的优势，可以在信托计划结束后向平台公司原状分配应收账款债权。因此，融资方可以不断地将形成的应收账款交付给信托公司形成新的信托财产，而信托公司可以不断地将优先级信托受益权向投资者出售，以此形成巨大的流动性。

模式四：REITs（房地产投资信托）。

与前3种模式相比，REITs是标准的资产证券化操作模式。由于完全实现了信托受益权的标准化（表现为受益凭证）且可以在银行间市场或交易所市场流通，该模式在融资的资金量、成本和期限上具有其他模式所不可比拟的优势，具体操作模式如图4－7所示。

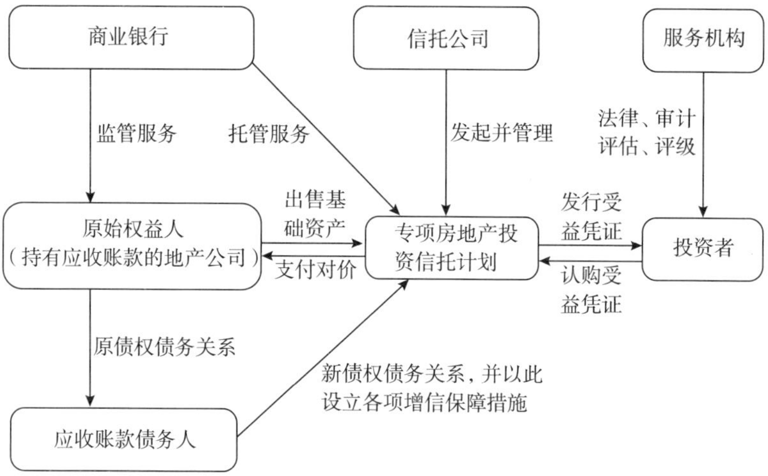

图4－7　REITs的操作模式

作为一种极具潜力的融资模式，REITs代表了房地产信托未来的发展方向。对于持有大量成熟商办物业的地产公司而言，通过REITs实现租金权益的证券化，是改善企业报表，获得大量低成本资金的绝佳途径。几年前，笔者去美国纽约参观学习，有一次夜游纽约，随行的一位美国朋友指着曼哈顿上空鳞次栉比的高楼大厦告诉我们，这些大厦几乎都被包装成REITs产品在金融市场上流通。这句话带给笔者很大震动，同样，如果我们站在上海外滩，看到陆家嘴林立的高楼时就会发现，这些高楼绝大部分是通过经营性物业贷款抵押在商业银行名下，企业背负着大量负债，且严重缺乏流动性，这种情况在国内普遍存在。相信随着我国资产证券化市场的快速发展以及相关制度配套不断完善，这些高楼大厦也会被包装成 REITs 产品在市场上流通，这将会是一个数万亿元的市场机会。

几个特定的担保措施分析

保证担保

本项目的保证人比较多，包括金桐集团、金桐股份、项目公司及实际控制人等，其中有两个担保主体的设置值得关注。

其一，金桐股份的保证担保。最开始，金桐股份以融资主体不在其体系内为由拒绝提供担保，但中能信托与代销银行基于如下几点考虑，共同将该项担保作为合作的前提条件：（1）虽然从形式上看融资主体不是上市公司，但资金实际是由上市公司及其下属公司使用；（2）由上市公司提供担保，有利于信托产品的销售；（3）与其他兄弟单位相比，金桐股份作为整个集团唯一受监管的上市公司，管理比较规范，资产比较优质，将其纳入担保体系，可以大大增强保障力度。在中能信托和代销银行的强烈要求下，金桐股份最后同意提供担保，但由于上市公司为关联公司提供担保需要履行严格的审批程序，金桐股份做了大量沟通说服工作，最后在大股东提供反担保的情况下才得以审批通过。

小专题

反担保的意义和作用

反担保又称“对担保的担保”，是指债务人或第三人为确保担保人承担担保责任后实现对主债务人的求偿权而设定的担保。其主要的法律结构如图4-8所示。

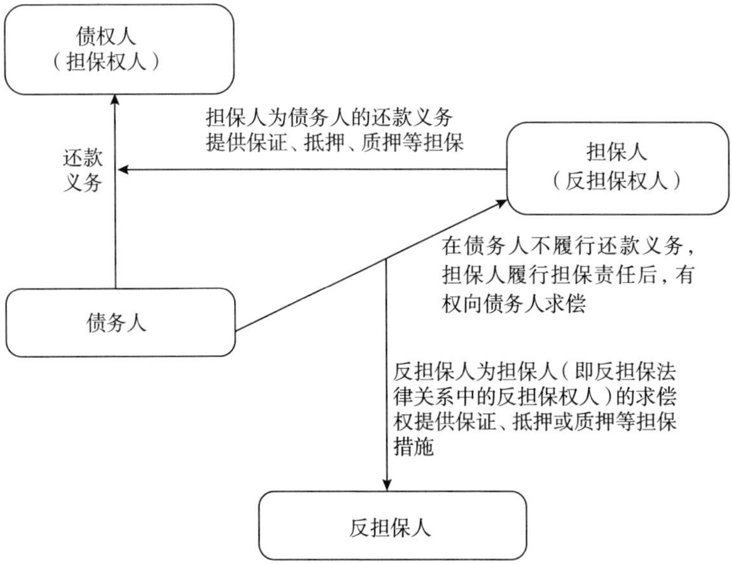

图4-8　反担保的法律结构

作为担保的一种，反担保与一般意义上的担保并无实质差别，同样可以采取保证、抵押、质押等方式，担保的同样是主债权的实现，同样从属于主债权。不同的是，一般担保的主债权是贷款合同、回购合同等，而反担保的主债权一般是担保的担保合同，简而言之，其担保的是一般担保中担保人在履行了担保责任后向债务人的求偿权。

担保的无偿性决定了担保人在没有对价的情况下承担着为被担保人履行债务或代为赔偿的风险，反担保的存在，就是要告诉那些意欲为他人提供担保却又担心利益受损的人去放心地作担保人，因为他们可以得到反担保的保障。在本项目中，金桐股份作为上市公司，为大股东的下属企业提供担保，按照法律及公司章程规定需要通过董事会和股东大会表决，由于涉及关联交易，大股东的派驻董事不得参与董事会表决，且大股东自身不得参与股东大会表决。由于实际用款方是上市公司，其担保的合理性毋庸置疑，这一点与上市公司独立董事沟通后，得到了他们的理解，董事会顺利通过了决议。但是，在召开股东大会前，中能信托的外聘律师提出，虽然上市公司的担保存在合理性基础，但由于中能信托具有规避监管的嫌疑，这种理由不能拿到股东大会上去讲，为了提高通过率，需要对上市公司的担保行为提供有力保障，建议由大股东以保证的形式为上市公司提供反担保。最后，上市公司采纳了律师的意见，并在股东大会召开前与几个持股比例较大的机构投资者进行了深入沟通，最后股东大会顺利通过。

同理，作为金桐股份的全资子公司，项目公司在本项目中的保证担保及旗下的紫瑞花园项目的抵押担保也获得了金桐集团的反担保。

其二，项目公司的保证担保。很多人可能会问，项目公司已经将其旗下的唯一资产紫瑞花园项目的土地抵押给了中能信托，为什么自己还要为中能信托提供保证担保？实际上，业务团队在最初设计方案时并没有纳入该项担保，但是在与风险部门沟通时，后者提出，项目公司在本项目中的角色不仅是抵押资产的提供者，还是最重要的还款来源，所有的资金监管措施都是围绕紫瑞花园项目的销售回款展开的，如果没有保证担保的存在，届时中能信托除了处置抵押资产外，无权要求项目公司用销售回款来还款（本项目设定的存单质押效力存在一定的不确定性，详细分析见下文），即使强行划拨，由于欠缺保证担保这个法律基础，也可能会被项目公司以不当得利为由追讨。

此时，业务团队意识到，这是一个隐藏很深的风险漏洞，立即向金桐股份提出追加该项担保，由于该担保没有动用其他资产，金桐股份很爽快地答应了。

另外，在这个环节还有个插曲。由于涉及上市公司，金桐股份提出要由其聘请的律师起草全部交易合同。当时业务团队存在偷懒思想，轻率地答应了，结果不但在合同的审核和修改上花费了比自己起草合同多几倍的精力，而且法律部门在进行合同审核时还发现了一个致命的漏洞，即所有的《保证合同》将本来确定的连带责任保证写成了一般保证。根据《担保法》的规定，一般保证的保证人在主合同纠纷未经审判或者仲裁，并就债务人财产依法强制执行仍不能履行债务前，对债权人可以拒绝承担保证责任。换言之，在项目出现风险的时候，中能信托不能立即要求金桐集团等保证人履行代为付款义务，这是一个巨大的漏洞。该事件说明，对于金融机构来说，掌握合同的起草权对风险控制非常重要。

物业抵押

在本项目中，金桐股份的融资需求是10亿元，而紫瑞花园项目土地的评估价值只有11亿元，远远达不到中能信托内部设定的50%的抵押率标准，即使项目预测的销售回款可以覆盖融资本息，但如果不追加抵押资产，将很难获得风险部门的认可。最后，金桐集团的关联公司（以下简称“业主”）提供了位于华南省珠江市的莲花商场作为抵押。

莲花商场是关联公司整体持有的具有单一产权的商业中心，位于珠江市核心地段，建筑面积2万平方米，共有3层，租户包括零售、服装、餐饮等业态。经中能信托指定的评估公司评估，该物业价值为4亿元（考虑到位于三线城市与单一产权等因素）。加上原有的土地抵押，整体抵押率为67%，最终获得了风险部门的认可。

在办理物业抵押的过程中，笔者认为有3个问题值得关注。

其一，物业的租金收入。作为抵押物本身产生的收益，物业的租金应当被纳入债权的整体保障措施之中。最开始，业务团队为加强对租金的管控，提出将租金收取账户改为以中能信托名义开立的银行账户，很明显，这是一个糟糕且业余的建议。莲花商场的租户有近百家，如果按照该建议来操作，业主不仅要与租户进行大量的沟通说服工作，而且有可能因此造成租户的流失。结果，该建议遭到业主的强烈反对，金桐集团也明确提出，如果中能信托坚持该建议，宁愿终止合作。最后，业务团队提出以增加预留印鉴的方式监管原有的数个租金收取账户，得到了业主认可。

其二，人为因素导致抵押物价值减少的风险。与传统的土地及在建工程不同，成熟商办物业的价值与租金收入密切相关，该类物业进行交易时，交易价格的重要基准就是物业未来租金收入的折现值。在以该类物业作为抵押资产时，存在一个很重要的风险点：在抵押期间，业主可能通过与租户签署“阴阳合同”（名义的租金很低，实际大部分租金私下收取）规避对租金的管控；而且还可能通过大幅度降低作为关联公司的租户租金进行利益输送，降低物业价值。为了控制该种风险，中能信托在与业主签署的《物业抵押合同》中明确约定，业主在整个抵押期间接纳新的租户或与原租户重新签署《租赁协议》时，如果约定的租金低于原来的租金，需要得到中能信托的书面同意。同时，中能信托在与金桐建设签署的《应收账款回购合同》中明确约定，如果业主不遵守《物业抵押合同》的约定，未经中能信托的书面同意擅自降低租金，中能信托有权要求金桐建设提前履行回购义务（提前还款）。

其三，抵押手续的办理。业务团队在对该物业进行尽职调查时发现，业主对该物业同时持有土地证和房产证（有的地方是合二为一的）。在办理抵押手续时，业主以“地随房走，房随地走”为由，提出只办理土地抵押，以减轻工作量。但是，业务团队出于审慎考虑，拒绝了该要求，坚持同时办理土地抵押和房产抵押。

小专题

房地产抵押中的“房地一体”原则及风险防范

《物权法》（中华人民共和国主席令第62号）第一百八十二条规定：以建筑物抵押的，该建筑物占用范围内的建设用地使用权一并抵押。以建设用地使用权抵押的，该土地上的建筑物一并抵押。即使抵押人未进行一并抵押的，未抵押的财产视为一并抵押。该条法规规定了房地产抵押关系中的“房地一体”原则，即通常所说的“地随房走，房随地走”。根据该原则，在建设用地使用权与地上建筑物并存的时候，即使只办理了其中一种抵押手续，抵押权人对二者都具有优先受偿权。

实务中，在“房地一体”原则的适用上，需要特别关注两个问题。

其一，如何理解“正在建造的建筑物”。

如果建筑物是已经获得房产证的物业（如本项目），适用“房地一体”原则当无任何异议。但是，正在建造的建筑物（即大家通常所理解的在建工程）适用该原则吗？换言之，正在建造的建筑物是不是可以归入《物权法》第一百八十二条规定的“建筑物”范畴？

《物权法》第一百八十条将建筑物和正在建造的建筑物并列，都纳入了抵押财产的范畴，同时《物权法》第一百八十七条规定，以正在建造的建筑物抵押的，应当办理抵押登记，抵押权自登记时设立。很多人根据这两条规定，认为在建工程应当独立看待，不是《物权法》第一百八十二条规定的“建筑物”，不适用“房地一体”原则。

但是，最高院在（2015）民二终字第269号民事判决书中支持了在建工程抵押时也适用“房地一体”原则。

该案的民事判决书认为：《物权法》第一百八十二条的规定遵循了房地产交易中“房随地走”和“地随房走”双向统一原则，其立法旨意在于重申“房地一体”的原则，防止引发抵押权实现时的困境，使债权人的利益受到损害。依据该规定，当事人应对土地使用权及其地上建筑物一并抵押，如果当事人未按照该条第一款规定一并抵押，则法律直接规定“视为一并抵押”，即只要土地使用权或地上建筑物中的一项办理抵押登记，即使另外一项没有办理抵押登记，也依法推定为两者一并抵押。

本案中，中行龙珠支行与国托公司已就土地使用权办理了抵押登记，依法设立了抵押权，即便在土地他项权利证明书中未注明抵押物包括地上建筑物①，依据《物权法》第一百八十二条第二款的规定，涉案地上建筑物也应视为一并抵押，该土地使用权的抵押权效力及于地上建筑物，中行龙珠支行也应就本案享有的债权依法对涉案地上建筑物享有优先受偿权。

其二，如何理解“新增的建筑物”。

《物权法》第二百条规定：建设用地使用权抵押后，该土地上新增的建筑物不属于抵押财产。该建设用地使用权实现抵押权时，应当将该

① 根据案情，该地上建筑物是在建工程，笔者注。

土地上新增的建筑物与建设用地使用权一并处分，但新增建筑物所得的价款，抵押权人无权优先受偿。该条对“新增的建筑物”确立了“可以一并处分但不可优先受偿”的原则，即对于新增的建筑物不适用“房地一体”原则。

何谓“新增的建筑物”，在实务中有不同理解。如果新增的建筑物不是原有的在建工程的增加部分，而是直接在抵押土地上另行建造的建筑物，适用“可以一并处分但不可优先受偿”当无异议，但是，如果新增的建筑物是原有的在建工程的增加部分，这种“新增的建筑物”是适用“可以一并处分但不可优先受偿”还是“房地一体”原则呢？笔者以为，抵押手续办理时，对于在建工程已完工的部分，适用“房地一体”原则当无异议；对于在建工程未完工的部分如果抵押手续办理后完工的，由于后续完工的部分已经成为整个在建工程的一部分，适用“房地一体”原则也合情合理。但是，法律并没有对此做出明确规定，出于谨慎考虑，在当地抵押政策允许的时候，实务中应当及时对在建工程的后续增加部分另行办理抵押手续。

由于上述“房地一体”原则的存在，实务中信托公司在办理抵押手续前务必做好对抵押资产的尽职调查工作，特别要摸清土地及地上建筑的抵押情况。正如上述司法判决所提到的：“从市场交易的风险防范角度来看，《物权法》已经确立了房地应一并抵押的原则，并明确规定土地或者地上建筑物未一并抵押的也视为一并抵押，参与或从事房地产抵押实践的市场主体应当知悉该规定。其在设立土地抵押权时，对该土地上的建筑物是否已设定抵押权负有注意义务，并应积极向登记机关进行查询，以避免出现风险，反之亦然。市场主体如果因未尽到上述注意义务而遭受风险，则该损失应由其自行负担。”

笔者以为，尽管有“房地一体”原则的规制，对于金融机构来说，出于谨慎考虑，在当地政策允许的前提下，尽量将土地及地上建筑物一并抵押；如果地上建筑物无法办理抵押，要在抵押合同中明确约定抵押物包括地上建筑物，同时也要尽量争取在土地抵押的他项权证上注明抵押物包括地上建筑物，以尽量缓释各地对“房地一体”原则执行标准不同带来的风险。

存单质押

在针对紫瑞花园项目的管控措施中，被监管的销售资金仍然存放在项目公司账户上；虽然这些资金由银行进行监管，若没有中能信托的指令，融资方不得扣划，但如果项目公司出现债务纠纷或破产（甚至可能内外勾结，恶意制造债务纠纷或破产），则监管资金可能被司法冻结，信托公司最终丧失其控制权。为防范该风险，中能信托与银行联手设立存单质押机制，要求被监管的资金每超过 1 000 万元即由项目公司授权银行开立存单质押给中能信托。

在存单质押机制的设立过程中，有两个地方值得关注。

其一，融资方与监管银行的利益博弈。与保证金质押相比，存单质押内的资金在融资期限内被冻结，融资方既不能用于项目开发，也不能进行理财投资，隐性成本非常高，会遭到融资方的强烈反对（具体可参见本书案例：彩云地产信托贷款项目）。但是，本项目的资金监管银行与金桐集团在多个领域都有深入合作，对后者影响非常大。为了通过促成存单质押获得该笔企业存款，监管银行与融资方进行了多轮谈判沟通，最后在承诺对融资方其他业务给予大力支持的前提下，融资方答应了存单质押措施。

其二，主债权对质押效力的影响。本项目中存单质押的主债权是金桐建设对应收账款的回购义务，但是，根据银监会发布的《单位定期存单质押贷款管理规定》（银监会令〔2007〕第 9 号），银行只能为贷款形式的主债权办理存单质押手续，而对于带有回购性质的主债权则无法办理。因此，资金监管银行的风险部门质疑存单质押的效力，一开始否决了该项担保措施。

中能信托的业务团队向外部律师求教，最后由律师对存单质押的效力出具了肯定意见：由于《物权法》对存单质押的适用范围并无限制，《单位定期存单质押贷款管理规定》只是部门规章，层次比较低，不能与作为上位法的《物权法》相抵触，如果商业银行愿意为带有回购性质的主债权办理存单质押，该种质押是合法有效的。

同时，基于对企业存款的渴求，监管账户的开户支行在得知律师意见后开始以此为基础进行积极的内部沟通说服工作，最后获得了银行风险部门的同意。

小专题

担保措施中的主债权分析

对于担保的主债权，很多人首先想到的是贷款，但是，实务中的主债权是多种多样的。从法律属性上来看，凡是款项的支付义务（注意，不是权利）都可以作为担保主债权。按照这个标准，贷款、回购（如股权回购、股权收益权回购、特定资产收益权回购等）以及其他的支付义务（财务顾问费、收益补偿费等）都可以作为担保主债权。

通常情况下，主债权的金额在担保手续办理时基本确定，如贷款本金和利息、回购本金和溢价等；但是，在房地产股权投资基金中，信托的退出通常是地产商回购股权，但回购价格以退出时股权的实际评估价格为准，笔者认为，在这种情况下，即使回购价格在担保手续办理时不确定，只要地产商在回购股权上负有义务，这种回购就可以作为担保主债权（但是这种担保在办理相关手续时不一定能得到登记部门的认可）；与之相反的是，如果地产商只是享有回购选择权而无义务，不管回购价格是固定的还是浮动的，该回购均不得作为担保主债权。

从法律上来讲，所有的主债权都可以适用保证、质押、抵押等担保措施；但在实务中，情况却很不一样。

其一，保证担保在实务中一般只需签署《保证合同》即可，无须履行其他手续，任何主债权都可适用，实务中没有障碍；在办理股权质押和股票质押时，工商局和证券交易所一般也不会对主债权有特别要求，办理起来比较顺利；另外，保证金质押也只涉及保证人和债权人之间的事情，如果没有第三方（包括银行）的掣肘，对主债权也没有特别要求。

其二，有点麻烦的是存单质押，正如上文所言，银监会发布的《单位定期存单质押贷款管理规定》将存单质押的主债权限定为贷款，对于带有回购性质的主债权无法适用，这是存单质押的一大缺憾。不过，根据前文律师的意见，由于该规定与作为上位法的《物权法》相抵触，如果有商业银行愿意为其他类型的主债权办理存单质押，该质押是有效的。但是，需要指出的是，我国的法律适用通常会出现“县官不如现管”“下位法在适用上盖过上位法”的现象，项目出险后如果诉诸法院，法院会如何认定非贷款的主债权项下的存单质押效力，存在一定不确定性，这个风险不可忽视。

其三，最麻烦的是需要与国土局或房管局打交道的土地、在建工程和物业的抵押。受限于专业知识，国土局经办人员对作为贷款的主债权比较容易认可，但对于回购或其他的款项支付义务作为主债权很难认可，这时候很难通过知识普及做通经办人的工作，需要信托公司联合交易对手做大量的说服工作，必要时还须动用高层关系。若最后实在无法办理成功，通常有两种变通方式：一是与交易对手签署“阴阳合同”，即为办理抵押，另外生造一份普通的贷款合同，此种方式有较大的风险，不推荐（具体参见本书案例：创高地产财产权信托项目）；二是与交易对手另外签署一份《付款协议》，将交易对手的款项支付义务从复杂的主债权合同中提炼出来，形成一份通俗易懂的以款项支付为核心的协议，形式上与普通的贷款合同类似，作为主债权供当地国土局或房管局办理抵押登记之用。这种模式在实务中有较大的可行性，得到很多知名律师的认可，推荐使用（具体操作参见本书案例创高地产财产权信托项目中的小专题：《付款协议》在房地产信托融资中的功能与起草技巧）。

股权质押

为担保金桐建设的应收账款回购义务，金桐股份将其持有的项目公司 100% 的股权质押给信托计划，金桐集团将其持有的金桐物流 90% 的股权质押给信托计划。

由于欠缺流动性及内在价值的不确定性（如一纸对外担保可将公司资产全部掏空），非上市公司的股权质押通常被认为是增信措施中的

“鸡肋”，不被各金融机构所重视。在房地产信托实务中，之所以存在股权质押，主要基于两点考虑。一是防范道德风险，对于某些民营企业而言，如果质押的是其核心企业的股权，其实际保障效果可能比其他资产抵押措施都要好。二是防止股权转移，根据《物权法》的规定，股权质押后，非经债权人同意不得转让；而在实务中，已被质押的股权实质上处于冻结状态，非经解押无法在工商局办理股权过户手续。股权质押是一个比较常规的、针对项目融资的风险控制手段，目的在于锁定交易对手，防范因股权转移导致项目公司易手。

这里让人比较费解的是金桐物流的股权质押。很多人可能会问，金桐物流作为应收账款的付款义务人，通过应收账款的重组以及提前到账机制的设立已经完全被纳入整个信用体系之中了，为什么还要将其股权质押给信托计划？

实际上，业务团队在方案设计之初并没有考虑这种质押，后来在尽职调查中发现，金桐物流作为潜力巨大的朝阳产业，在整个金桐集团的地位举足轻重，可以说代表了金桐集团未来的产业转型方向；而且，金桐集团的实际控制人有意将金桐物流从集团公司剥离出来独立运营，并寻求与各大物流公司的战略合作。了解到这些情况后，业务团队立即与风险部门沟通，双方一致认为金桐物流是金桐集团的“心头肉”，控制了金桐物流的股权，也就抓住了客户最大的“痛点”，其增信效果要远高于其他担保措施。

本项目在后期曾出现过流动性风险，由于宏观调控政策的影响，紫瑞花园项目去化速度低于预期。在项目存续满一年半后，金桐建设向中能信托提出，由于紫瑞花园项目的去化影响，从目前来看如期还款存在一定困难，希望考虑新发信托计划来置换本次融资。中能信托得知该情况后，立即向其发了一封公函，表示由于监管限制，无法通过新发信托计划来接盘，如果金桐建设有任何违约，中能信托将考虑处置包括金桐物流在内的担保资产。收到公函后，金桐方立即表示将会切实履行合同约定，并在项目到期前两个月通过内部筹集资金提前回购了应收账款，信托计划顺利结束。

小专题

风险控制中如何抓住客户的“痛点”

在房地产信托融资中，如何在方案设计中抓住客户的“痛点”，是一个至关重要的问题。所谓“痛点”，就是客户的核心利益。抓住了“痛点”，就相当于抓住了客户的“七寸”，会大大提高其违约成本。当客户出现违约迹象时，通过刺激“痛点”来增强其还款意愿；即使出现系统性风险，当各大金融机构蜂拥而上时，也要通过刺激“痛点”让客户优先归还自己的融资。

但是，实务中如何抓住客户的“痛点”呢？

对于金融机构来说，寻找客户的“痛点”需要有一双善于发现的眼睛和灵活的方案设计能力。笔者以前经办过某项目，交易对手是综合性民营企业集团，旗下资产众多，其中通过旗下投资公司持有某保险公司30%的股权。在了解到该情况后，业务团队打算要求融资方将该股权质押给信托，但考虑到该股权是对方的命根子，基本不会答应，且有可能打草惊蛇，最后提出融资项目被风控会否决，希望追加该投资公司作为保证人。由于该要求没有直接触及保险公司的股权，融资方答应了。后来该企业出现严重的经营危机，表示已无力归还贷款。中能信托以要求投资公司承担担保责任为由查封了上述股权，该动作使融资方大惊失色，最后东挪西凑首先归还了信托贷款。

有时候，业务团队可以通过大大提高客户的违约成本来创造“痛点”。例如，在某区域的龙头地产项目融资中，业务团队在方案中设置了违约对赌机制：如果融资方违约，自贷款发放之日起（注意，不是违约之日）贷款利率翻一倍。这是一个很要命的惩罚机制，在充分的资产抵押情况下，如果要实施该机制，则拍卖资产后的所得将大部分被信托公司拿走，对融资方来说具有很强的震慑力。

总之，寻找或创造客户的“痛点”是信托经理在地产项目融资中的重要使命，也是一个颇有技术含量的工作，需要对客户进行全面细致的尽职调查和资产盘点，尽量找出其最在意的资产或事项，并通过巧妙的方案设计将其纳入信用体系之内。

信托产品的销售

产品设计中的加息保护机制

加息保护是信托融资中很重要但又容易被忽略的一种保障措施。本项目在承做时，房地产调控政策已初见端倪，市场预期即将进入加息通道，投资者也普遍存在加息预期。从维护自身客户利益的角度出发，代销银行希望在方案设计中考虑到投资者的加息需求，即在投资者初始预期收益率的基础上设置收益率上浮条款（俗称“加息保护”）。本信托计划项下的初始贷款年利率为11%，在贷款存续期间如遇央行调整贷款基准利率，则同向同幅调整，但向下调整时，贷款年利率最低仍为11%。这一条款在后来屡次被触发，最高贷款年利率曾达到11.75%，投资者的收益率也一度从7.5%上升至8.25%。可见通过加息保护机制，可较好化解利率上浮风险，满足投资者的收益需求。

加息保护设定了最低利率标准，对融资方而言实际上是比较苛刻的，其实施依赖于两个前提条件：一是融资方的配合，二是市场预期将进入加息通道。

小专题

资金端收益与资产端利率联动的重要性

对于信托计划来说，资金端的收益率与资产端的利息成本是紧密相连的，一般来说，资产端的利息 = 资金端的收益 + 信托报酬 + 信托计划的其他税费开支。由于信托计划的其他税费开支通常是固定的，业务团队在设计交易方案时，要重点考虑资产端利息、资金端收益与信托报酬三者之间的联动关系，否则可能在利率剧烈变动的市场环境中遭遇风险。

记得某业务团队曾在2008年上半年承做过一单期限为2年、规模为10亿元的地产融资项目，约定贷款利率是完全浮动的，而投资者的预期收益是固定的，结果从2008年9月到12月，1~3年期的贷款利率从7.29%大幅降至5.40%，下降了189个基点。在贷款利率飞速下滑的情况下，由于投资者的预期收益固定，在刚性兑付的大背景下不能下调，信托公司只能从信托报酬中扣减，所以原本2%的信托报酬率最后降到只剩0.11%，差一点需要信托公司动用自有资金去补贴投资者收益。这种风险的出现就是在方案设计时忽略了上述联动关系，其带来的恶果现在回想起来仍让人心有余悸。

直销与代销的冲突

本项目由九州银行介绍，最开始也确定全部信托单位由九州银行代销。当时中能信托财富中心刚成立，需要一些规模较小的产品试水，所以与代销银行沟通，希望后者能够在本项目中分拨一些额度由中能信托直销。鉴于双方长期以来的合作关系，九州银行给中能信托留了5 000万元的直销额度。但是，就是这5 000万元的直销额度，差点导致两家金融机构反目。

由于财富中心刚刚成立，客户资源缺乏。相比于代销银行轻松完成9.5亿元的产品销售，中能信托在区区5 000万元的产品销售中举步维艰。最后，为了产品如期成立，只好采取变通措施，把本属于财富中心2%的代销费通过与投资者签署《返利协议》的形式返给投资者，这样中能信托销售产品的实际年收益率为9.5%，远高于代销银行的7.5%。采取返利措施后，中能信托的产品销售速度大大加快，但也捅了一个马蜂窝。

在采取返利措施后不久，代销银行就不断接到投资者的投诉，质问同样一款信托产品，为何中能信托自己销售的要比银行代销的收益率高出两个百分点，强烈要求代销银行按照中能信托的直销标准补偿收益。

接到投资者的投诉后，代销银行极为恼怒，直接由分行副行长带队前往中能信托沟通解决方案。面对代销银行的兴师问罪，中能信托只好马上停止产品销售，并与已经签署《返利协议》的投资者协商解除协议，然后将所有剩余额度全部分给代销银行销售，同时书面承诺再也不会发生类似事件。

实事求是地讲，中能信托此举纯属自找麻烦。从《信托法》的基本原理来看，公平地对待每一个受益人是受托人的基本职责。在没有将收益率与认购额度挂钩或采取优先劣后的结构化设计的前提下，中能信托擅自提高一部分受益人的收益率，实属没有尽到上述职责，如果真的闹出纠纷，绝对是理亏的一方。对于急切希望提高自己的直销能力的中能信托而言，该教训不可谓不深刻。

结 语

作为一个典型的以资产回购为模式的“另类”房地产信托案例，本项目“明修栈道，暗度陈仓”的融资思路充分体现了信托公司在方案设计上的灵活性。在融资方、代销银行和监管政策的多重作用下，简单的项目融资被“包装”成应收账款的卖出回购交易，凸显了信托公司在外部压力下的创新冲动；当然，这种游离在灰色地带的“创新”，也反映了我国的信托公司在层出不穷的监管政策下求生存的无奈。

五、雨辉食品股权收益权融资项目

案例亮点：

本项目通过股权收益权融资满足了综合型企业在土地变性上的资金需求，方案设计中关于交易对手、交易模式、交易标的选择以及推进过程中的各种谈判博弈和资源整合，都从不同角度为信托经理与其他大型、综合型企业的谈判合作提供了不可多得的参考样本。

本案例围绕资产收益权、质押型应收账款、差额补足及信托经理的角色定位等问题进行了系统梳理和深入剖析，并根据资金运用端的土地收储程序来确定资金募集端的交易结构和时间节点，体现了流程化的方案设计和风险控制理念，值得后续类似项目借鉴参考。

案例摘要：

本项目来自东江市宇通银行地产金融团队的推荐。当时，中能信托的业务团队刚做完一单综合型企业的地产融资项目，发现这种交易对手在房地产下行的市场环境下具有独特的抗风险能力，正在有意识地发掘该类项目。雨辉集团是宇通银行跟踪多年的重点客户，最初向银行提出其总部所在区域的土地变性融资需求，但囿于当时信贷额度及受托支付的限制，银行无法满足该需求。作为多年的合作伙伴，宇通银行在业务沟通中了解到中能信托当时的业务导向，遂将该项目推荐给后者。业务团队在深入了解客户需求后，经过多次沟通探讨，最终拿出了令客户满意的交易方案。

本项目的主体交易结构为股权收益权的卖出回购，信托计划募集的30亿元资金全部用于购买雨辉食品持有的目标企业的股权收益权，到期由雨辉食品按照固定溢价回购；信托资金名义上为补充雨辉食品的流动资金，实际上为支付土地变性款。信托计划存续期间，目标企业的股权全部质押给中能信托，雨辉系公司提供足额的资产抵押，实际控制人提供连带责任保证担保。

本项目较好地体现了信托公司在方案设计上的灵活性，以股权收益权为基础，通过交易对手、交易模式、交易标的选择以及一系列增信措施的设置，既满足了信托公司自身对风险控制的要求，也满足了交易对手特定的融资需求以及在财务、税务上的考量。另外，本项目在方案设计方面具有鲜明的流程化特点，根据资金运用端的土地收储程序来确定资金募集端的交易结构和时间节点，值得后续类似项目借鉴参考。

背景介绍

雨辉集团是一家以食品为主，集物流、商业、旅游、房地产、金融等产业于一体的大型企业，创建于1987年，总部位于江南省东江市，下属子（分）公司300多家，遍布全国各地。集团旗下拥有多家食品与商业类上市公司。

雨辉食品集团有限公司（以下简称“雨辉食品”）是雨辉集团下属的食品深加工业务的主要载体，由实际控制人周淮安夫妇共同持有全部股份。根据交易安排，雨辉食品将设立由其100%控股的目标企业，该目标企业的股权收益权将成为交易标的；目标企业通过股权收购的方式持有东江市雨辉致新产业集团有限公司（以下简称“雨辉致新”），该公司是东江市雨福食品有限公司（以下简称“雨福食品”）和东江市雨祥食品有限公司（以下简称“雨祥食品”）的控股公司，后两者作为雨辉集团总部工业土地的权属人，是本项目标的资产的直接持有人。交易中涉及的各方主体股权结构如图5－1所示。

雨辉集团总部地处东江市京安新区的核心区域，地块附近有3条地铁线交汇，经过多年发展，该区域已成为东江市重要新区，土地开发价值开始显现，吸引众多大型开发商进驻。雨辉集团计划在该地块上投资新建雨辉集团总部产业园暨全球物流总部基地，并将剩余土地用于房地产项目开发，以最大限度地挖掘地块价值。项目总投资约300亿元，总占地面积约33.9万平方米，建设期约4年。因项目土地的性质当前为工业用地，根据当地法规要求，雨辉集团需通过“招拍挂”的形式一次性支付土地价款30亿元以完成土地

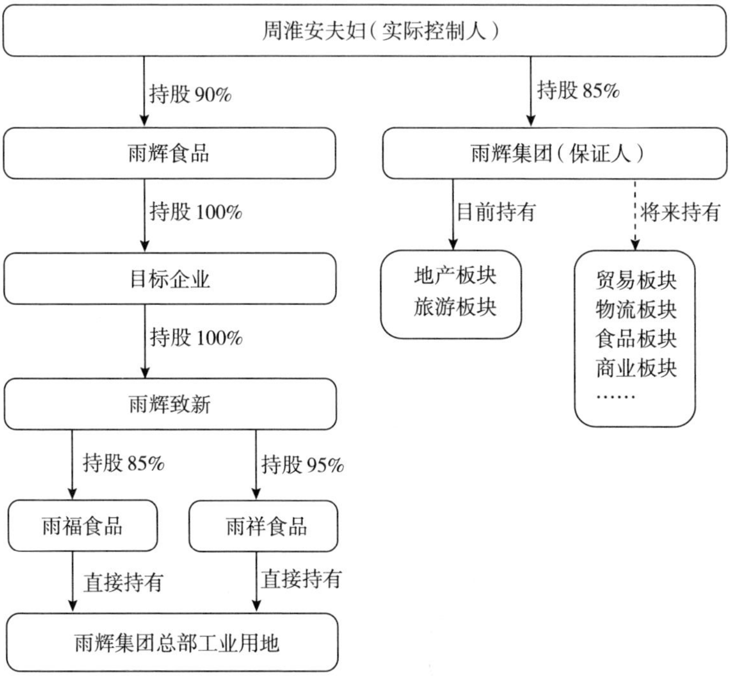

图5－1　股权结构

变性手续（变更为商业、办公、研发、公寓用地）。受限于当时银根紧缩与受托支付等限制，雨辉集团无法从传统银行融资渠道获得足够的资金支持，需要自行支付相应的土地价款。集团整体虽然有能力承担30亿元的土地成本支出，但该笔巨额支付势必在短期内耗费集团大量流动资金，不可避免地会对企业日常经营带来不良影响。综合各方面考虑，雨辉集团希望通过其他非银行渠道寻求融资，一次性解决资金问题。

站在中能信托的角度，雨辉集团恰好符合业务团队当时对交易对手选择的偏好。1年前，国家针对房地产市场的政策调控初显成效，行业开始出现下行趋势，地产项目的风险逐渐加大。当时，中能信托与某综合型企业集团进行过一次项目合作，通过对非地产板块的交易性融资间接为其地产项目输血。该项目的成功运作使业务团队意识到，在弱市背景下，通过对综合型企业的房地产板块提供融资，不仅可以有效对冲市场风险，而且能够获取相对较高的综合收益，因此在该项目之后，业务团队开始有意识地寻找该类客户。宇通银行是中能信托常年的合作伙伴，当时也在跟踪雨辉集团的土地变性项目，但由于银行政策限制无法满足客户要求，在了解到中能信托的业务导向和客户偏好后，遂将该项目推荐给后者。经过半个多月的艰苦谈判，中能信托拿出了符合客户要求的整体方案，顺利承做了该项目。

主要交易结构

本项目主要的交易结构如图 5－2 所示。

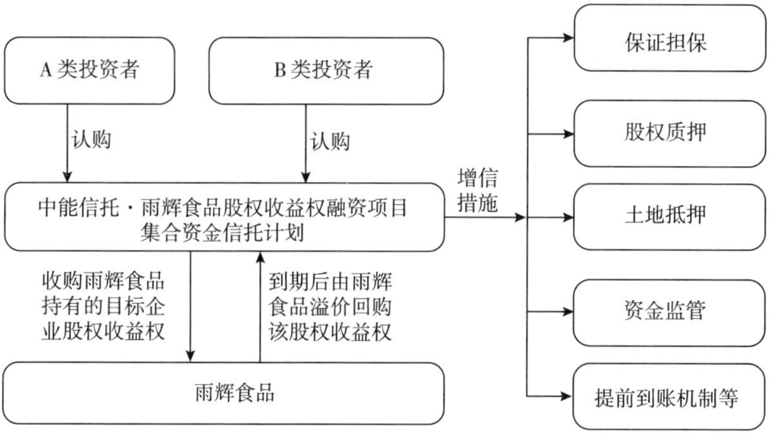

图 5－2　主要的交易结构

信托计划的核心要素见表 5－1。

本项目交易结构的形成过程一波三折，虽然最终确定为看似简单的股权收益权卖出回购交易，但其中对交易对手的选择、交易模式的安排和交易标的的设置等都颇有讲究，下面逐一展开评述。

交易对手的选择

就融资类项目而言，交易对手的选择是指以哪一个主体作为承债主体。就本项目而言，选择交易对手时首先考虑的是主体合规性，即承债主体不能与地产有明显的关联性。由于本次融资将全部用于缴纳总部所

表 5－1　信托计划的核心要素

核心要素	具体内容
信托计划名称	中能信托·雨辉食品股权收益权融资项目集合资金信托计划
信托计划类型	结构化的集合资金信托计划；分为 A 类投资者和 B 类投资者
信托计划规模	30 亿元；其中 A 类信托单位和 B 类信托单位各 15 亿元
信托计划期限	A 类信托单位期限为 9 个月（满 6 个月后可提前结束），B 类信托单位为 24 个月（满 12 个月后可提前结束）
信托资金用途	信托计划资金全部用于收购雨辉食品持有的目标企业 100% 股权的收益权；资金实际用于雨辉集团总部工业用地的土地变性
退出方式	雨辉食品到期以固定溢价回购股权收益权
还款来源	东江市土地储备中心的土地补偿款以及雨辉食品的现金流
核心增信措施	保证担保：雨辉集团及其实际控制人周淮安夫妇为雨辉食品的溢价回购义务提供连带责任保证担保 股权质押：雨辉食品将其持有的目标企业的股权质押给信托计划 土地抵押：雨辉集团的关联公司将其持有的土地抵押给中能信托，抵押率不超过 50%（经中能信托认可的评估公司评估，抵押土地的评估价值不低于 60 亿元） 应收账款质押：土地原权属人将其持有的针对东江市土地储备中心的 19 亿元应收账款质押给信托计划 差额补足：东江市雨辉物流有限责任公司（以下简称“雨辉物流”）出具《承诺函》，为雨辉食品的溢价回购义务进行差额补足 资金监管：包括 3 个方面，信托资金的监管、A 类信托单位还款来源的监管以及目标企业的监管（具体见下文） 高管认购：为防止道德风险，中能信托要求雨辉食品及其关联企业的部分高管人员作为 B 类投资者加入信托计划，合计认购金额不得低于 3 000 万元
融资成本及各方费率	A 类信托资金为每年 10%；B 类信托资金为每年 13.5%。其中投资者收益：A 类信托资金为每年 6%；B 类信托资金为每年 9%；九州银行代销费和保管费分别为每年 1.9% 和每年 0.1%；宇通银行财务顾问费为每年 0.5%（仅针对 B 类信托资金）；信托报酬为每年 2%
销售方案	九州银行包销

在地的土地变性价款，而变性后的土地将用于总部产业园的开发建设（包括办公、商业、公寓等业态），资金实际上是被用于地产领域。但在当时的大环境下，信托公司直接对地产商拿地进行融资存在诸多合规性障碍，而且信托计划一旦与房地产开发挂钩，资金成本势必上涨。因此，无论从监管还是信托产品发行角度来看，本项目都需要经过一定包装，以避免与房地产发生直接关联，上述考量促使业务团队将目光聚焦在雨辉集团旗下的非地产业务板块。

选择交易对手，其次考虑的是主体的承债能力。当时，在雨辉集团的战略业务板块中，非地产板块主要包括食品加工、物流和商业贸易三大块。由于雨辉方面计划在土地变性后进行全球物流总部基地的开发建设，计划将参与土地摘牌的项目公司纳入物流板块，因此以物流板块作为交易对手似乎成为顺理成章的选择。但彼时的雨辉物流作为集团内的新设板块，正处于投入期，商业模式尚未成型，没有稳定现金流，整体资产和收入规模均不足以支撑 30 亿元的融资，因此业务团队排除了该板块，将选择范围又进一步缩小到食品和商贸板块。

当时雨辉集团商贸板块的主要载体是国内的某上市公司，如果选择该主体，将会因为上市公司涉及重大融资需要对外披露，进而对其资本市场表现造成不可预知的冲击。此外，上市公司重大融资需要履行的程序烦琐，资金使用监管严格，如果选择上市公司作为交易对手，项目的推进效率和实施效果都会大打折扣，因此无论雨辉集团还是业务团队，都希望将一个非上市主体作为交易对手。

经过上述层层筛选之后，本项目的交易对手最终锁定为雨辉食品。该主体无论是资产规模还是营收体量都在百亿级以上，抗风险能力较强，具备相应的承债能力。此外，作为雨辉食品主营业务的食品加工属于非周期性行业，能够带来稳定的现金流，可以为集团其他业务板块的发展提供良好的支持。可以说，在当时的情况下，雨辉食品是平衡承债能力、还款控制和违约成本等多方面因素后做出的最优选择。

而且，以雨辉食品作为直接交易对手，除了解决上述承债能力和还款来源问题之外，最关键的还在于规避了信托资金实质上被用于房地产相关领域的合规性障碍。这种操作也为我们在与其他综合型企业进行地产业务合作时提供了一个思路，即可以通过集团内不同业务板块间的资金调度，实现直接交易对手与最终用款主体的转换，间接为地产板块提供融资。相较于直接地产融资，这一安排至少具备两个优势：(1) 降低融资成本和信托产品的发行成本；(2) 规避房地产直接融资带来的合规性障碍。当然，在目前监管环境日趋严格的情况下，在进行上述交易对手的转换安排时要注意交易结构设计的合理性，一般情况下，不宜采用直接贷款的形式，建议通过资产收益权或股权回购等交易安排将项目包装为资产交易，从而摆脱对贷款资金监管的直接责任。此外，还应关注非房融资主体的资产规模与新增融资是否匹配、该企业非房板块的体量占比情况、资金流转痕迹是否存在显著瑕疵等。最后，由于交易对手与还款来源没有直接对应，在交易结构设计时还应特别考虑如何对最终还款来源实施有效控制。

交易模式的选择

交易模式直接关系到信托资金通过何种方式交付给最终用款主体，这不仅涉及合规性要求，并且不同交易模式的选择也会对交易对手产生不同影响。具体到本项目，业务团队在与雨辉集团的沟通过程中，先后提出过 3 种交易模式。

其一，流贷模式。直接向雨辉食品发放流动资金贷款。这种模式的优点是操作简单，且雨辉食品及其下属子公司均未涉足房地产行业，可以规避资金实际用途（缴付地价款）的不合规性。但经过与雨辉方面反复沟通，该模式也存在不少缺点：(1) 本项目涉及融资规模巨大，如果简单发放流动性贷款，将显著增加雨辉食品的有息负债率，而当时的雨辉食品正在谋求上市，负债率的上升将会扰乱其上市计划；且股权收益权回购式交易虽然本质上也是融资行为，但在合同安排和信息披露方面比直接贷款存在更多灵活操作的空间，并不会必然带来有息负债的上升；(2) 雨辉集团的对外负债多为期限短、金额小、利率低的银行流贷，而本项目的融资成本比其平均贷款利率水平高很多，如相关信息泄露到市场上，将会影响企业在银行渠道的议价能力；(3) 在雨辉食品并无大规模对外扩张或兼并收购计划的背景下，集中发放如此大规模的流动性贷款不符合商业逻辑，容易引起监管和市场关注；（4）根据国家法律规定，贷款人对贷款资金用途负有监管义务，这就使中能信托无法完全解脱在资金实际用途方面的监管责任，从而埋下合规隐患。

其二，股权回购模式。信托资金用于购买目标企业的股权，到期后雨辉食品以固定溢价回购。此交易模式可以使中能信托直接控制该项目公司，从风险防范角度来说较为有利，但对雨辉集团来说，巨额的股权转让价款使得企业须承担高额税负，交易成本陡然上升；更重要的是，未来目标企业所持有的地块（拟变性土地）及其产业将是雨辉集团的核心资产，价值数百亿元，远超信托计划规模，雨辉集团出于对交易对手的不信任（虽然该交易对手是国有金融机构），不放心贸然将该核心股权对外转让，故否决了该种模式。

其三，股权收益权回购模式。该模式一举解决了上述两种模式的弊端，不会直接增加企业有息负债，并且不涉及股权过户，减少了交易对手的顾虑，对雨辉集团而言，是一个两全其美的选择；但对中能信托来说却存在一定风险，最大问题就是交易标的在法律上的认可度及可控制性，因此业务团队围绕该模式衍生的风险设计了诸多增信保障措施。

值得注意的是，在交易文件的起草过程中，企业提出了特殊要求。最开始，业务团队按照行业惯例，将股权收益权的转让及回购行为放在同一份合同中，起草了《股权收益权转让及回购合同》。但是，在全套合同初稿提交给雨辉方面后，后者提出要将《股权收益权转让及回购合同》一分为二，分别起草《股权收益权转让合同》和《股权收益权回购合同》。业务团队对此感到很奇怪，但雨辉方面比较坚持这一意见，且未给出让人信服的理由。由于这种改变并未增加实际风险，业务团队同意了，将主合同拆分为两份，并以《股权收益权回购合同》为主债权合同，办理了各种抵质押手续。

后来在一次私下交流的时候，企业经办人向业务团队透露了其中的玄机：提出上述要求是为了给雨辉食品的报表“优化”创造便利条件。项目成立后，雨辉食品在报表编制的过程中，只向其会计师提交了《股权收益权转让合同》。由于该合同明确约定目标企业的全部股权收益及相应风险转移给中能信托，因此实现了目标企业（包括旗下的全部资产）的出表，30亿元的融资不但未增加雨辉食品的负债率，还在一定程度上降低了负债水平，实现了报表“优化”的目的。如果最终签署的是《股权收益权转让及回购合同》，由于雨辉食品承担了固定溢价的支付义务，不但无法实现资产出表的目的，而且有可能在要求严格的会计师那里被认定为金融借款，这是企业非常不愿意看到的局面。

通过该事件，笔者不得不感慨地产私募基金灵活的融资模式所带来的或明或暗、或合法或非法的套利空间。而且，本案例中的套利行为不仅存在于股权收益权的融资模式中，对于所有资产回购式融资（如股权回购、应收账款回购等）都有适用的可能性。在这种操作手法下，融资方“光鲜”的财务报表导致外界对其真实的资产负债水平产生了很大误判，由此带来不小的风险隐患。

小专题

资产收益权信托产品归纳总结

随着金融创新的迅速发展，“收益权”这个概念被广泛运用于国内金融实践，产生了种类繁多的收益权类投资产品，其中以信托公司发行的“资产收益权信托计划”最为典型。大多数情况下，该类信托计划直接在资产端进行收益权投资，即以信托资金购买融资方名下的“资产收益权”；还有少部分以资产收益权设立财产权信托，并通过对外发行优先级信托单位募集资金（具体参见本书案例：创高地产财产权信托项目）。资产收益权的内涵和实质究竟是什么？这类产品存在哪些风险？该如何规避？笔者接下来将进行系统梳理，以期对实务中的方案设计和风险控制有所帮助。

（一）资产收益权的定义与特性

资产收益权作为金融行业创设出来的衍生品，在我国相关政府部门的规范性文件中时有出现，但是均未对其进行明确定义。一般情况下，信托项目的法律文件中对其权利范围都有明确约定，包含基础资产的卖出收入；基础资产因损毁、灭失等原因获得的赔偿、代位权利等取得的收入；基础资产的从物、从权利、附着物、附合物、加工物、孳息及代位物因卖出或毁损及灭失等原因获得赔偿、代位权利等取得的收入中应归属于基础资产持有人的部分；以及基础资产产生的其他收入。

从外在形式来看，资产收益权种类繁多，包括股权（及股票）收益权（如本项目）、债权收益权（如应收账款收益权、票据收益权）、土地收益权、红酒收益权、艺术品收益权以及作为综合性概念的特定资产收益权等。从理论上来说，只要某项资产可以产生收益，就可以将其作为基础资产创设出资产收益权。

从本质上来讲，资产收益权属于金融衍生品，它并未由现行法律明确规定，而是由交易双方通过协议约定自行创设出来的权利，即资产收益权的内涵与外延由交易双方根据其特殊的交易需要和不同的基础资产，通过协议等方式进行约定。这种衍生权利不是一种独立的权利，它依赖于基础资产，如果基础资产灭失或被转移，交易合同中的资产收益权也就消失了。以本项目为例，作为基础资产的目标企业股权是法定权利，可以通过工商登记查询进行确定，但股权收益权来源于中能信托与雨辉食品签署的《股权收益权转让合同》的约定，如果作为基础资产的股权被转让或因某种原因被宣告无效，则股权收益权也就消失了。所以，收益权所对应的基础资产作为担保物抵押（或质押）给信托公司是该类交易模式的标准配置，这是确保交易标的真实性乃至保证整个交易有效性的关键。

（二）资产收益权的存在价值

在信托行业，资产收益权类项目的兴起源自国家对部分产业的限贷政策和随之产生的监管套利需求。无论以资产收益权作为交易标的还是直接作为信托财产，都可以将信托资金的使用在形式上包装成一个投资或交易行为，而非直接的借贷行为，既可以规避监管机构对融资项目设置的诸多限制，又可以变相纾解交易对手的融资困局。但是，从另一个角度来看，这种项目的产生并非基于一种独立的、全新的交易模式，相反，由于融资方最终会以固定溢价回购，其本金和收益的来源实质上仍是基于传统借贷关系下融资方的还本付息，而围绕该回购义务所采取的各种增信保障措施也多为传统的信贷增信手段。因此，究其本质而言，资产收益权并非一项真正意义上的金融创新，其存在的意义更多的是作为一项融资的载体或通道。

从监管角度来看，随着资产收益权信托在实践中的大量应用，监管部门也开始将其纳入融资类项目管理，并要求该类项目的资金运用仍应当比照监管部门关于融资类项目的相关规定和条件执行。显然，由于制度套利方面的优势不复存在，“资产收益权投资附加回购”的交易模式在实践中的应用正在逐渐减少。

但是，需要特别指出的是，不管监管套利的优势是否存在，资产收益权信托都有其独特的存在价值。例如，在本项目中，股权收益权的交易模式设计不仅使信托公司可以在一定程度上规避监管限制，而且满足了交易对手不愿意增加有息负债、规避交易税费以及实现交易便捷化（不用股权过户）的需求。

另外，在某些创新型的信托产品设计中，“收益权”的设计思路可以规避重大的交易风险。某信托公司曾发行过关于葡萄酒收益权的信托产品，信托资金用于向交易对手购买高端葡萄酒的收益权，兑付方式分为两种，一种由交易对手到期回购该收益权，另一种由信托计划的投资者选择在特定期间内认购消费收益权对应的葡萄酒，消费款项将在信托计划到期时从收益分配中直接扣减。这种交易模式是“收益权”概念在消费信托领域的另类运用。通常而言，为保证交易安全，避免权属纠纷，采用“实物资产购买+回购”的模式应是最稳妥的选择。在该葡萄酒收益权项目中，业务团队最初提出的交易模式也是直接购买葡萄酒，以取得其所有权。但在项目的推进过程中发现，由于交易标的的特殊性，如果直接进行葡萄酒购买及回购，将会面临增值税与消费税两道税负，而且在两次交易（买入和回购）中均须缴纳，整个交易安排的税负非常惊人；而以葡萄酒收益权作为交易标的，由于葡萄酒的所有权本身并未发生转移，所以不存在上述问题。

（三）资产收益权信托产品设计的关键风险与防范措施

其一，基础资产及其收益权的合法性风险。信托公司与融资方签订的《资产收益权转让合同》，本质上是双方以资产收益权作为交易标的的买卖合同。《合同法》（1999年）第一百三十二条规定："出卖的标的物，应当属于出卖人所有或者出卖人有权处分。法律、行政法规禁止或者限制转让的标的物，依照其规定。"根据该规定，资产收益权作为买卖标的，出卖人（即融资方）应当享有充分的、不受限制的所有权或者处分权；此外，作为基础资产的衍生品，资产收益权的合法性也受制于基础资产的合法性。所以，在围绕资产收益权进行相关交易以前，信托公司首先应对基础资产的合法性进行审查，防止由于标的瑕疵导致交易无效。审查内容主要包括以下几个方面。(1) 融资方是否是基础资产及其收益权的所有权人；如果不是，融资方是否对基础资产及其收益权具有处分权。如本项目中的股权收益权，信托经理在核实其合法性时应当重点关注作为基础资产的股权是否合法有效，通过工商登记查询等方式验证其是否真实存在并合法有效（包括出资是否到位、是否被司法冻结等）。(2) 融资方是否已就基础资产及其收益权发起类似交易，是否已就基础资产设定类似抵押、质押等权利负担。特别是，由于资产收益权的转让不像基础资产那样一般需要经过登记，仅依据合同就可以完成转让，因此要特别注意防范出现"一物二卖"的情况，前文提到的股权质押就是一种有效的防控措施。(3) 融资方取得基础资产的方式是否符合法律规定或者有相关合同约定。

资产收益权的方案设计还要特别关注基础资产的特定化。例如，笔者曾经办过某矿业公司的融资项目，交易模式是收购该矿业公司的经营收益权，到期由矿业公司以固定溢价回购。但是，在内部审核时，法律部对交易标的提出了反对意见，认为经营收益权的基础资产是矿业公司进行经营、投资、资产转让等活动，该基础资产的内涵过于宽泛，边界不够清晰，而且涉及非财产类事项（如"经营"这个概念的内涵就与财产无直接关联性），建议改成特定资产收益权，并将基础资产明确界定为矿业公司的掘进工程、厂房建筑物、机器设备、交通设备以及采矿权、土地使用权等具体化、特定化的资产，以此保证整个交易法律关系的稳定性。经过沟通，业务团队采纳了法律部的意见。

另外，基础资产的特定化，还要对创造出来的"收益权"概念在合同中进行明确的定义。例如，本项目的《股权收益权转让合同》中，将股权收益权定义为：股权收益权的持有者享有的、在本合同期限内基于标的股权产生或获取的下述全部收入的权利：(1) 标的股权的卖出收入；(2) 基于标的股权取得的股息分红收入等；(3) 基于标的股权产生的其他收入。

其二，收益权持有过程中基础资产落空的风险。信托公司在受让了资产收益权后，收益权所对应的基础资产仍归融资方所有，融资方在法理上有权对该资产进行处分。一旦基础资产易主，相应的收益权交易安排将可能由于丧失了交易基础而全盘落空。如本项目中，如果作为基础资产的目标企业股权在信托计划存续期限内被转让，中能信托与雨辉食品签署的《股权收益权回购合同》就会因为股东变更而失去效力。此外，目前收益权交易缺乏登记公示制度，如果融资方以信托公司已经获取的收益权进行二次融资，信托公司难以对抗善意第三人。所以，信托公司应当对此类风险予以重点关注，综合采取多种手段进行风险控制：(1) 将基础资产为主债权设定抵押或质押，如本项目中，目标企业股权质押给了信托计划；(2) 就资产收益权的实现设立监管账户，进行资金监管，如本项目中，中能信托要求在信托计划存续期限内通过设置监管账户的方式控制目标企业股权产生的全部收益；(3) 就融资方违反约定处置基础资产或收益权设定违约条款，增加融资方的违约成本；(4) 设立无条件转换条款，即如果相关司法机构、政府部门等认定资产收益权交易无效，则该资产收益权交易行为自动转化为向融资方发放流动资金贷款（针对该无效转换条款的具体内容和注意事项参见本书案例：金桐建设应收账款融资项目）。

交易标的选择

为适应本项目交易方案的设计，在信托计划成立前，雨辉集团设立新的目标企业，由雨辉食品 100% 控股，作为拟变性土地的摘牌企业。为使该地块的权属关系更加清晰，在目标企业成立后，原来由周淮安夫妇控制的雨辉致新的全部股份将转移至目标企业名下；相应地，该公司下属的两家子公司雨福食品和雨祥食品也随之变更至目标企业旗下，而这两家公司是拟变性土地的所有权人。至此，经过一系列股权变更安排，本次交易涉及的核心资产（即拟变性土地）已被完全纳入目标企业的控制。该土地的原权属关系和变性后的新权属关系如图5－3所示。

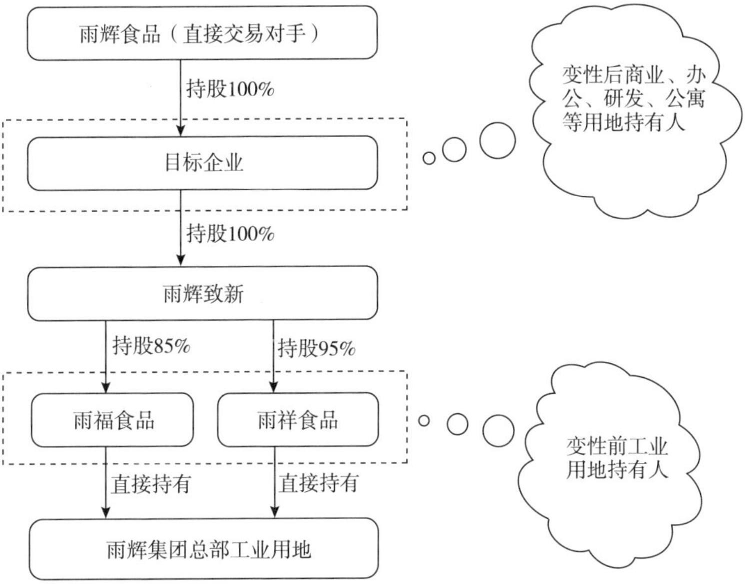

图5－3　土地的原权属关系和变性后的新权属关系

可能有人会问，为何不直接以原土地权属人雨辉致新作为变性土地的摘牌主体，并以其股权收益权作为交易标的，如此一来，交易流程岂不更加简单明晰？的确，如果不考虑复杂的现实情况，上述交易安排无疑更加合理顺畅。但雨辉致新作为一家成立多年的老牌企业，经营历史和对外法律关系极其复杂，如果直接以其股权收益权作为交易标的，为控制风险，业务团队势必需要耗费大量时间和精力对该企业进行尽职调查，且还不能百分之百排除潜在隐患（包括各种或有负债与纠纷）。权衡之下，最终选择新设目标企业，尽管这一安排会带来交易流程的增加，却能最大限度地保障交易标的无瑕疵，并且便于信托计划存续期内的监管控制。

此外，为杜绝合规隐患，新设企业名称定为“雨辉食品科技有限公司”，并且在工商登记的经营范围中完全排除房地产开发经营等相关领域，使得交易标的从形式上完全与房地产业务“绝缘”。

本交易另一个引人注意之处在于其高额的交易对价：目标企业的股权收益权转让对价高达30亿元。按照常理来讲，作为一个注册资本只有10亿元且未开展实质经营的新设企业，其净资产价值最高不会超过10亿元，以30亿元收购价值10亿元的资产，显然不符合商业逻辑。因此，为做实交易的合理性，业务团队要求将持有数百亩拟变性土地的雨辉致新100%的股权装入目标企业，以增厚目标企业的净资产价值。此举一方面加大了交易对手的违约成本，另一方面，由于雨辉致新是土地原权属人，是土地收储补偿金的直接权利人，将该企业股权纳入目标企业旗下，也使目标企业后续对收储补偿金的权利要求更加“理直气壮”。

土地变性流程及其对资金募集端的影响

土地收储及补偿金返还流程分析

在本项目中，业务团队为做好资金募集端的方案设计，专门聘请当地律师事务所就东江市土地收储及补偿金返还流程进行了专题调查，如图5－4所示。

结合上述流程，可以看到，收储补偿金的返还在很大程度上依赖于土地收储和挂牌出让进程，由于我国执行“收支两条线”的土地财政管理体制（政府的卖地收入进入其财政大账，土地补偿金的返还根据相关的流程从政府财政划拨，两种资金流转是各自独立的程序；也就是说，卖地的收入与土地补偿金的返还并不是一一对应起来的），因此土地收储和补偿金的返还在形式上可以划分为两个相对独立的环节。

其一，土地流转环节。该环节以政府制订的年度收储计划作为起点，随后经过拟收储土地规划指标的确定和收储成本的核算，最终由当地土地储备中心作为主体与原土地使用权人签订收储协议或办理收购手续；土地收储完成后，国土部门将负责后续的土地“招拍挂”工作，一般会在正式拍卖前30天进行土地上市公告，中标后，国土部门会与中

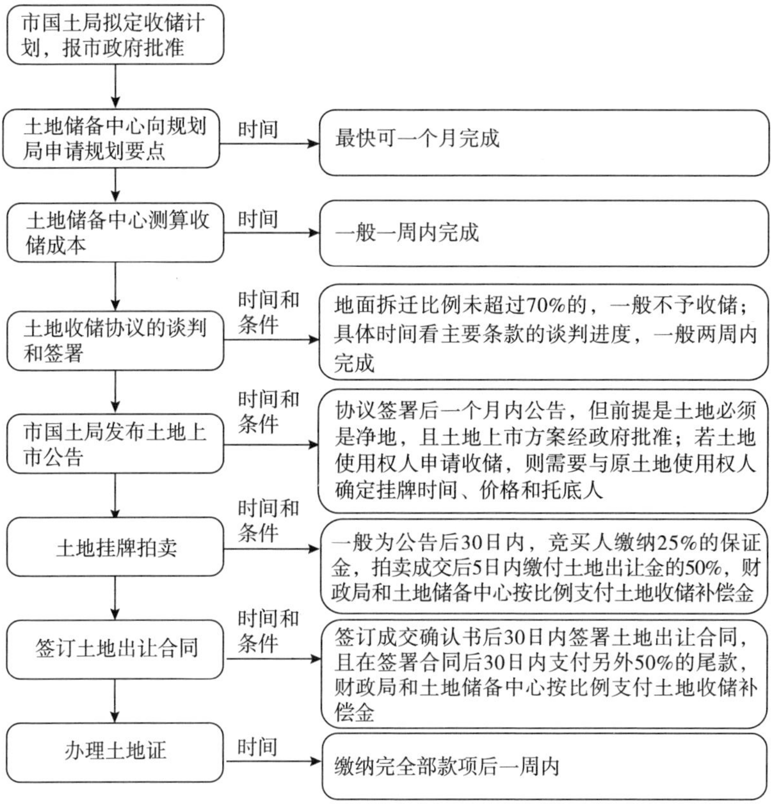

图 5－4　东江市土地收储及补偿金返还流程

标人签署土地出让合同，中标人须按照合同约定及时缴清土地出让金，取得土地使用权证。在一二级联动的房地产项目中，往往会涉及上述从收储到挂牌的全流程，信托经理应特别关注上述操作在形式上的合法性，同时结合土地挂牌条件等判断能否在挂牌拍卖环节完全锁定土地与地价，是否存在土地旁落等可能，并在方案设计中提前做好预案。

其二，补偿金返还环节。收储补偿金的返还一般通过收储协议进行约定，但在实践中，出于对土地上市进程的不确定性的考虑，政府部门往往不会在协议中明确支付时间，而仅仅是对支付前提等做原则性约定。在项目承做过程中，信托经理如遇到涉及土地出让金返还的情形，须仔细查看原收储协议的相关条款，结合具体情况和实际操作案例，合理判断补偿金收取的可能性和到账时点，提前做好资金安排。

土地变性流程对资金募集端结构设计的影响

本信托在资金端进行了结构化的分层安排，将信托资金拆分为A类和B类两种信托单位，其中A类信托单位的规模为15亿元，期限9个月，满6个月后可以提前结束；B类信托单位的规模也为15亿元，期限2年，满1年后可提前结束。

上述结构分层的根本原因在于不同类别的信托单位对应了不同的还款来源。其中A类信托单位的还款来源为东江市土地储备中心应支付的收储补偿款，这是因土地收储而应由政府部门返还给原土地所有权人的补偿款。在补偿款的返还时间上，根据前述流程分析，正常情况下需要4~5个月的时间；由于原土地所有权人与摘牌人都是雨辉，加上雨辉集团与东江市政府的良好关系，比较有把握将整个流程控制在这个时间之内；在补偿款的返还额度上，根据雨辉集团与东江市政府达成的协议，30亿元的土地出让金中，政府需要返还19亿元。所以，最开始，业务团队将A类信托单位的存续期限设定为6个月，规模为15亿元；B类信托单位的规模是15亿元，其还款来源主要为雨辉集团的经营性收入和融资替换；在综合评判企业还款能力后，业务团队将该类信托单位的期限设定为2年。

但是，业务团队在与风险部门沟通时，后者认为A类信托单位预留的缓冲空间不大，出于对控制流动性风险的考虑，要求将A类信托单位延长3个月。上述期限的延长带来了资金成本的上升，雨辉方面认为此举不必要地增加了其财务负担，拒绝接受。几经磋商，A类信托单位最终被确定为9个月，但允许雨辉食品在届满6个月后提前还款，同时为了激励融资方尽快搞定政府相关流程，在融资成本方面做了对赌安排，即如果A类信托单位届满6个月时结束，则融资成本为每年10%；但如果超过6个月，则融资成本从一开始即为每年12%。

上述资金端的分层设置是本项目的一大特色，与一般以内部增信为目的的优先劣后的结构化安排不同，本项目的分层安排是基于期限不同而进行的结构化。其根本原因是两类信托单位对应的还款来源实际上相互独立、互不干扰，通过将资金端按照还款来源进行划分，可以更清晰地进行期限收益安排，也方便投资者按照各自的风险偏好选择对应的投资类别。

土地变性流程对资金募集端时间节点的影响

一般而言，信托计划在推进过程中存在4个关键节点，包括信托计划的发行、成立、放款和提前结束。上述节点界定了信托计划的资金安排，如何围绕这些关键节点安排相应的前置事项是将信托计划的资金端和资产端进行有机统一的过程。具体到本项目，应考虑如何将信托计划层面的资金募集和发放与资产端的土地变性进程相协调，以兼顾资金募集的效率和安全。

节点一：信托计划发行。

根据交易安排，信托计划在发行前，须完成如下前置事项：（1）东江市土地储备中心与拟变性土地原权属人签署《土地收储协议》，并明确土地补偿价款不低于19亿元；（2）雨辉食品已出资设立目标企业，且将雨辉致新100%的股权登记在目标企业名下；（3）东江市国土局已初步确定拟变性土地的“招拍挂”方案，或者东江市国土局已发布相关土地的上市公告；（4）土地和应收账款完成抵质押登记手续并拿到他项权证书；（5）项目涉及的相关信托资金运用合同、抵质押合同等已经签署完毕。

信托计划发行意味着项目正式启动，“开弓没有回头箭”，否则将会对信托公司的信誉造成重大不利影响。在发行前应重点考虑如何控制项目面临的不确定因素，并落实核心保障措施。就本项目而言，最大的不确定性在于土地能否如期取得；出于控制上述风险的考虑，业务人员最初提出以取得《土地成交确认书》作为信托计划发行的前置条件。但雨辉方面认为本次募资规模巨大，如果在土地成交后再进入发行，则可能存在因不可预测的因素导致信托计划不能发行或不能及时足额募集的风险，进而影响土地款的缴纳。经过反复磋商，双方各让一步，中能信托同意将土地成交确认延后至信托计划成立后、放款前这一时间段，但雨辉方面须承担因交易不确定带来的额外成本，即如果信托计划发行后雨辉没有获得土地，则发行阶段投资者的收益由雨辉方面承担。同时，为了有效应对信托计划面临的不确定性，业务人员把与土地收储和挂牌相关的事项作为本阶段的关注重点，并通过上述（1）～（3）项加以确认。

节点二：信托计划成立。

信托计划的募集期为45天，募集成功后中能信托有权单方面宣布信托计划成立。雨辉食品应从信托计划成立当天开始支付目标企业股权收益权溢价款。

本环节中，由中能信托掌控信托计划成立的主导权，也是为了进一步应对土地交易的不确定性，避免因交易周期过长而导致信托计划迟迟无法成立。但同时，对融资类信托而言，信托计划成立意味着对投资者开始计算收益，但如果此时信托资金尚未发放，资产端无法产生收益，这就出现了资产端和资金端的脱节。为了控制这一风险，中能信托要求届时不管雨辉方面是否实际使用信托资金（换言之，不管届时是否放款），都应从信托计划成立日开始承担融资利息，从而将资金端和资产端的收益强制统一起来。

节点三：信托计划放款。

中能信托将放款的前置事项设定为：目标企业已签署《土地成交确认书》，且最终土地摘牌价格不超过预设地价55亿元。

信托成立不等于必然放款，在本项目中，如果雨辉方面最终未能成功拍得土地或拍地价格远高于预估价，而此时信托资金已经发放，那么信托计划面临的风险将即刻成倍放大，因此信托经理应当严控信托计划放款的前提，最大限度地保留信托公司在放款环节的权利，这可以说是整个项目前期风险控制的重中之重。

节点四：信托计划成立后的提前结束。

为避免土地不能如期摘取的风险，如在信托计划宣布成立之日起3个月内，雨辉食品仍未满足上述放款的前提条件，则中能信托有权单方面结束信托计划，且雨辉食品应按照约定的溢价率支付相关成本。

围绕土地交易不确定性所安排的最后一道防线是赋予中能信托提前结束信托计划的权利，这是在出现土地旁落等意外情况时，为信托资金预留的退出途径；相应地，雨辉方面应承担这一期间的资金成本。

从实际操作的情况来看，在信托计划发行的准备工作（包括各项审批、账户的开立与信托合同的印刷等）完成1个月后，雨辉方面经过努力，终于满足了信托计划发行的前提条件，并由九州银行正式启动代销工作。虽然信托合同约定的资金募集期为45天，但由于九州银行强大的销售能力，在1个多星期内即完成了30亿元资金的募集工作，但此时目标企业尚未与政府签署《土地成交确认书》，放款条件不具备，为了尽量压缩信托计划成立日与放款日之间的额外成本，雨辉集团希望中能信托暂缓宣布信托计划成立。

考虑到项目的实际情况，中能信托明确告知雨辉集团最多将信托计划的成立日定在资金募集期届满之日。但资金募集期届满后，《土地成交确认书》仍未签署下来，中能信托此时单方面宣布信托计划成立，并以函件的形式要求雨辉食品按照合同约定承担回购溢价，由于未满足放款条件，信托资金仍然存放在信托专户。雨辉集团感受到了巨大压力，进一步加紧与政府的沟通协调工作，终于在信托计划成立两个星期后签署了《土地成交确认书》，中能信托在签约当天向雨辉食品支付了30亿元的股权收益权收购价款。

小专题

房地产信托项目中资金端与资产端的协调配合

通过上述分析，不难看出，信托计划的节点设置受其资产端的资产状况和交易流程的影响极大。在很多房地产信托项目中，关键节点的安排更是与土地的获取情况紧密挂钩，归纳起来，主要有如下几种典型情形。

其一，在普通的融资型项目中，项目土地往往已经取得，信托计划推进的最大不确定性已经消除，在这种情况下，一般只需签署全套合同并落实抵押担保等关键增信措施，信托计划即可启动发行。

其二，在拿地项目中，融资的目的是缴纳土地出让金，土地的获取以信托资金到账为前提。这种情况下，信托公司往往会要求将取得《土地成交确认书》或签署《土地出让合同》作为信托计划发行的前提，以在一定程度上锁定土地；尽管也可能出现合同签署后交易条件发生变化的情况，但总体而言风险相对较小，此时信托经理更应当关注的是信托募集期能否匹配土地出让金缴纳时点和用款时点的安排。

其三，在更复杂的情况下，如在某些基金类项目中，对资金到账的时点要求严格，以取得《土地成交确认书》等作为发行前提可能不能满足对资金的时间要求，这就需要信托经理更加谨慎地对潜在的各种风险进行全面考量，酌情设置关键节点和前置事项，提前做好风险防控安排。一般来说，对项目推进影响越大的因素应越早落实，否则可能导致信托资金端和资产端严重脱节，出现难以挽回的局面。

信托产品的销售

本项目发行的信托产品规模达30亿元，作为一款主动管理型产品，该规模在业内比较罕见。由于信托公司自身的财富管理团队比较弱小，无力承销，只好转向银行代销。最开始，信托公司遵循业内惯例，将该产品的代销交由项目介绍方宇通银行负责。但是，宇通银行的零售业务（特别是面向高净值客户的私人银行业务）比较弱小，而且该行的对公和零售业务泾渭分明，相互的利益共享与业绩分成机制不够明晰。作为项目介绍人的对公部门，没有动力去协调零售部门的产品代销事宜。另外，根据业务团队的了解，鉴于项目规模过大，如果交由宇通银行代销，不仅成本高（包括给投资者的收益和宇通银行的代销费用），导致中能信托无利可图，而且程序复杂，内部审批面临很大的不确定性。

基于上述原因，业务团队决定另辟蹊径，找到当地私人业务银行非常强大的九州银行东江分行，由于后者对公业务比较薄弱，产品创设能力不强，在中能信托将该优质项目介绍过去后，后者喜出望外，拍着胸脯表示产品代销没有问题，但是该项目的所有账户（包括信托计划的托管账户和雨辉方面开立的所有监管账户）必须开立在该行。

实事求是地讲，九州银行的要求并不过分，如果不由本行进行资金监管，将无法保障代销资金的安全，而且九州银行认为，整个项目的资金都由自己提供，理应获得最大收益，如果连资金监管都无法争取到，宁愿不代销这个产品。但是，宇通银行作为项目介绍方，也希望在其中分一杯羹，特别是在资金监管方面，这是获得对公存款（银行绩效考核的核心指标）的绝佳手段，轻易不愿放弃，项目推进陷入了僵局。

当时，业务团队有人提出，经过与雨辉方面两个多月的磨合，双方关系已经非常到位，完全可以抛开宇通银行直接与九州银行合作。但是，这种短视的做法立即被公司领导拒绝，因为这样做不仅将得罪宇通银行这个大客户，而且会影响中能信托在业内的声誉，恐怕以后没有银行会为其介绍项目了。经反复斟酌，中能信托劝说宇通银行退出本项目的资金监管，但从自己的信托报酬中拿出了0.5个百分点（以B类信托单位为基础，每年750万元，根据B类信托单位的存续时间支付）作为宇通银行的财务顾问费，最终摆平了两家银行的纷争。

在得到自己想要的东西后，九州银行立即行动起来，在分行层面通过代销审批后，由分行行长亲自挂帅前往总行公关，最终用了不到两个星期的时间将全部代销程序走完，可谓神速。在产品进入销售阶段后，专门空出档期全力推介该产品，最终30亿元的额度在1个多星期内即全部认购完毕，充分显示了该行在零售方面的强大实力。

小专题

商业银行在房地产信托业务中的角色定位

在我国房地产信托业务的发展历程中，商业银行与信托公司唇齿相依，合作远大于竞争。对于商业银行而言，其分支机构广泛，渠道资源丰厚（包括项目和资金渠道），但是囿于监管限制，对地产项目只能提供开发贷款、按揭服务、经营性物业抵押贷款等传统业务；而信托公司虽然手段灵活，可以在不同的监管环境下设计出符合客户要求的金融方案，但是自身分支机构极其有限，资金和项目资源短缺。因此，紧密合作，优势互补，便成为双方共同的选择。一般来说，商业银行除了满足地产商的传统金融需求外，还需要在信托公司的帮助下对某些地产项目提供个性化、定制化的解决方案。打个比方，如果商业银行是正规军，那么信托公司就是特种部队。

在与信托公司的合作中，商业银行根据项目情况承担多重角色，获得多种收益，具体见表5－2。

表5－2　商业银行在房地产信托业务中的角色定位

角色定位	服务内容	收益
产品代销	利用自己的客户渠道代销信托单位	代销费
资金托管	提供信托计划资金托管服务，包括资金清算、代理收付等	托管费
资金监管	基于账户管控基础上的贷款资金监管和销售回款监管	监管费
后期管理	为某些当地项目提供特定的后期管理服务，如监测融资方的经营状况、征信查询服务等	管理费
信用增级	为信托融资提供担保（在当前的监管环境下，该项服务不被允许）、配合办理存单质押手续等信用增级	担保费或服务费
财务顾问	在特定情况下（如本项目）提供财务顾问服务	财务顾问费（实际上是项目介绍费）

在房地产信托业务中，商业银行通过提供上述服务除了获取中间业务收入外，还实现了如下几个目的。

其一，满足行内的其他考核要求。通过产品代销、资金托管和销售回款的监管，满足了行内诸如托管规模、对公存款规模等的考核要求。

其二，实现客户开拓与维护。这是商业银行特别看重的一点，借助于信托融资满足了传统银行业务无法满足的需求，可以有效防止客户流失或争取新的客户；对于高净值私人银行客户而言，通过优质信托产品的发行，满足了其投资需求，在产品短缺或项目整体收益较少的时候，很多商业银行为了保证高净值客户不被其他银行挖走，甚至不赚钱也保证产品发行的频率。

其三，为后续传统业务奠定基础。通过信托公司满足地产商拿地或“四证”前的融资需求，在项目进行到一定程度后（如“四证”齐全后），商业银行可以顺理成章地提供开发贷款、按揭服务、经营性物业抵押贷款等传统服务。这样，商业银行与信托公司联合起来，可以为地产商提供从拿地到开发、销售甚至持有物业阶段的全方位金融服务，从而将客户牢牢掌握在自己手中。

在本项目中，九州银行之所以积极推动代销业务，除了可以获得丰厚的中间业务收入外，还可以通过这种业务关系将雨辉集团这个原本不熟悉的客户转化为自己的客户，为后续传统业务的合作奠定基础。九州银行在前期坚持由自己进行资金监管，除了风险控制和获得企业存款的考量外，更深层次的原因是可以通过账户开立及资金监管服务增强客户黏性，为客户转化创造条件。

在房地产信托业务的开拓过程中，信托经理需要对合作银行的角色定位有清晰的认识和深刻的理解，特别是在多家银行卷入的情况下（如本项目），更要把握和甄别每家银行在项目中的地位和所发挥的作用，合理进行权责利分配，实现各方共赢。

增信保障措施

保证担保

为担保雨辉食品按时履行股权收益权回购义务，雨辉集团及其实际控制人周淮安共同提供不可撤销的连带责任保证担保。

在安排信托项目保证人时，“集团 + 实际控制人”的设置已成为业内“标配”。但就本项目而言，业务人员最初并没有把雨辉集团纳入考虑，这主要是因为当时的雨辉集团尚未完成股权梳理，各主要经营实体的股权分散在不同的持股人名下，所谓的“雨辉集团”更多是一个虚拟的概念。当时雨辉集团名下仅持有雨辉地产和雨辉旅游两家规模相对较小的公司股权，而作为集团核心产业的食品加工板块，仍由周淮安夫妇以个人名义持有，雨辉集团的整体担保实力较弱。业务人员最初希望雨辉系的上市公司提供担保，但由于集团下属各板块间独立性相对较高，跨板块的担保协调比较困难，而且上市主体为关联企业提供担保需履行烦琐的审批程序，因此被雨辉方面拒绝。后来业务人员了解到，尽管雨辉集团在当时实力较为薄弱，但在企业的战略规划中却占据极为重要的位置，未来各主要经营实体的股权都将陆续过户到集团名下，使其成为真正意义上的控股平台公司，从发展的眼光来看，将其列为担保人可以大大提高融资方的违约成本。经反复权衡以后，业务团队最终接受了雨辉集团的担保。

比较麻烦的是争取实际控制人的担保。由于雨辉集团实力雄厚、管理规范，在对外融资时，实际控制人周淮安一般不提供个人担保。但是，信托公司的风险部门认为，该项目规模巨大，且雨辉集团未来的整合具有不确定性，必须将其纳入担保体系之中。业务团队经反复沟通争取，效果甚微。雨辉方面甚至放话，如果非要实际控制人担保，宁可不做该项目。业务团队经分析后认为，雨辉方面的态度仅是谈判策略，在当前的市场环境和时间要求下，另找其他金融机构是不太可能的，所以，实际控制人的担保并非争取不到，关键要找到合适的理由作为突破口。最后，对方的融资主管私下告知，周淮安本人比较好面子，且对信托的高成本颇有微词，如果能适当降低成本，将其纳入担保是可能的。最后，中能信托将B类信托单位的资金成本降低了0.5个百分点（从每年14%降到每年13.5%），每年可为雨辉集团节省几百万元的利息成本，并将该成本的降低归于实际控制人担保的增信作用。对于这种做法，周淮安本人比较受用，也有了合适的台阶，最终答应了担保要求。

目标企业股权质押

为锁定股权收益权的基础资产，雨辉食品将目标企业100%的股权质押在中能信托名下。

需要指出的是，这种安排的根本目的不是看中了股权本身的价值，而是为了夯实交易基础，保证股权收益权交易的有效性，进而确保附着于本交易的各项担保措施始终有效。正如前文所述，由于信托计划取得的股权收益权是基于合同约定产生的衍生权利，一旦有善意第三人通过合法程序取得了作为基础资产的目标企业股权，则依附于该股权的收益权回购安排就会失效（皮之不存，毛将焉附），以该回购义务作为主债权而设置的各项担保措施（包括土地抵押和保证担保等）将全部落空。而且，股权收益权作为一种基于合同约定的衍生权利，没有对抗第三人的效力，届时中能信托也不可能向该善意第三人主张权利。

为避免出现上述困境，通过质押作为基础资产的目标企业股权，确保信托存续期内股权不被转移，股权收益权交易始终有效，围绕该收益权交易而设置的各种担保措施也就有了坚实的主债权基础。考虑到无论何种形式的收益权转让交易均会存在上述风险，因此这种针对基础资产的抵质押措施应作为基本的风险控制手段，在交易安排中予以考虑。

小专题

股权质押的办理流程

2016年，国家工商总局颁布了新修订的《工商行政管理机关股权出质登记办法》（工商总局令第32号），详细规范了股权质押的办理流程。与土地抵押相比，实务中股权质押的办理手续要简便快捷得多（快的话可以做到当天递件，当天拿到《股权处置设立登记通知书》），而且担保的主债权不拘泥于贷款，包括股权回购、应收账款回购等主债权，一般都会得到办理机构（当地工商局）的认可。

这里主要讲讲两种比较特殊的股权质押流程（仅限于有限公司，不包括股份公司）。

其一，国有企业股权质押。这里的国有企业股权包括国有法人股和国家股，前者是国有企事业及相关单位持有的股权，后者是国有资产管理部门直接持有的股权。很多人认为，国有企业的股权质押只需相关的国有资产管理机构批准即可，但是笔者以为，国有企业股权质押需要经过两个阶段：质押的设立和质押的实现。这两个阶段需要履行的程序是不同的。

股权质押设立阶段：无须经过国有企业产权转让程序，换言之，该质押手续无须国有资产管理部门批准，也不需要履行资产评估等程序。目前，在质权设立阶段，我国没有任何法律法规要求国有股权的质押需要经过审批。根据《物权法》《担保法》《工商行政管理机关股权出质登记办法》的相关规定，质押权自工商局登记之日起生效；而工商局登记所需提交的文件中，也未要求提交国资委的批准文件。实务中，由于法律并未规定此种批准制度，国资委无法进行批准。从制度目的的层面来看，股权出质行为不同于股权转让或股权质权的实现。质权是一种担保物权，其本质是以担保债权的实现为目的限制债务人或第三人对担保标的物的处分权。为此，法律设置了抵押登记制度，在法律上对担保人的处分权加以限制。此种制度意味着，尽管股权出质行为产生质权人对质押股权的控制权，蕴含着股权质权实现的可能性，但股权出质并不立即导致质权人对质押股权的自动取得和出质人对质押股权的自动丧失。因此，法律不应苛求当事人在股权出质环节遵守相关程序性规定。当然，我国常年存在“县官不如现管”的现象，不排除各地有自己当地的政策，强制要求在股权质押阶段取得主管机关的批准。

股权质押实现阶段：需要经过国有企业产权转让程序。在债务到期而债务人出现违约时，质权人可以出质股权的价值优先偿还债务，称之为质权的实现。国有股权质权的实现，其结果是发生国有股权的转让，所以出质股权的处分必须符合法律关于股权转让的规定。《企业国有产权转让管理暂行办法》（财政部〔2003〕第3号）及相关法律法规规定，企业国有产权转让需要遵循如下程序：进行资产评估；在依法设立的产权交易机构进行公开转让；根据具体情况采取拍卖、招标、协议转让等法律规定的方式转让；转让行为应当经过法定程序批准。

其二，外商投资企业股权质押。这里的外商投资企业股权包括境外投资者持有的、依照我国法律在境内设立的中外合资企业、中外合作企业和外商独资企业的股权。根据《外商投资企业投资者股权变更的若干规定》（外经贸法发〔1997〕第267号），不管在股权质押的设立阶段还是实现阶段，都需要得到原批准设立该外商投资企业的商务部门批准，否则该行为无效；在获得批准前，工商局也不会配合办理股权的质押或转让手续。

土地抵押

雨辉食品的关联公司将其持有的土地抵押给中能信托，抵押率50%，待拟变性土地完成变性手续并办理完毕土地证后，将该地块抵押给信托公司替换原有抵押物。

土地抵押是大部分房地产信托项目采用的增信手段，但本项目特殊之处在于：用于抵押土地的成交价格和评估价值之间存在着巨大落差。当时确定用于阶段性抵押的土地数量达到了27块，分散在5个城市，合计面积271.9万平方米，评估总值高达60多亿元；上述土地是雨辉以在当地建立大型物流中心为筹码，通过政府补贴等非市场化手段获得，土地获取成本很低，单就成交价格而言，总额不足30亿元，抵押率超过100%。

在后续项目内部审批环节，土地价值的准确性和可实现性成为风险部门关注的焦点，业务人员几经博弈，最终从以下3个方面说服风险部门接受了上述抵押土地：（1）承认以上土地交易有其特殊背景，但土地获取的历史成本并不能准确反映其真实的内在价值；（2）本项目中用于抵押的土地全部来自物流板块，这是雨辉集团实现战略转型的关键所在，一旦触发违约并开始土地处置，雨辉集团的战略规划将全盘落空，违约成本极大，间接对雨辉集团形成更强的制约；（3）本项目的拟抵押土地不是工业用地，而是商业、办公和住宅用地，且均为净地，地理位置虽未处于中心城区，但都处于交通发达的地段，具备快速变现的可能性。

土地评估中遇到的这种问题，恰恰反映了综合型企业在地产业务中的竞争优势以及中能信托当时的战略选择。实力雄厚的综合型企业在非地产业务板块的开拓中（如雨辉集团在各地物流中心的筹建过程中），通过与地方政府的谈判获得了大量的配套土地，这些土地很多具有商办性质，且价格非常便宜，与一般的地产开发商通过“招拍挂”获得土地的路径相比，该模式拥有强大的价格竞争力。对于中能信托而言，选择这种交易对手，不仅在项目销售阶段获得了很高的安全边际，而且通过集团担保间接获得了拥有极好现金流的非地产板块的信用支持，大幅对冲了国家对房地产的宏观调整政策带来的市场风险。在过去的几年里，中能信托曾经承做过好几单类似的项目，交易对手的主营业务涉及食品、建筑、电器、物流等不同行业，最终项目都顺利兑付。

应收账款质押

由于A类信托单位对应的还款来源为东江市土地储备中心应支付给雨辉方的收储补偿金，为控制该部分还款来源，中能信托要求土地原权属人将其持有的针对东江市土地储备中心的19亿元应收账款质押在信托计划名下。

这种增信措施是业务团队与风险部门博弈的产物。业务团队最初并未考虑应收账款质押，但由于风险部门对抵押土地的价值存疑，要求补充抵质押物，这才迫使其将该笔应收账款纳入考虑。这一安排虽说具有偶然性，但在事后重新审视该项目时，发现这笔应收账款不仅质量优良，并且弥补了最初方案设计的漏洞。

在设计应收账款质押方案时，由于原土地权属人有两家企业（即雨福食品和雨祥食品），直接以原权属人作为质押主体，操作上较为烦琐且不利于统一监管，因此中能信托要求这两家企业在与土地储备中心签署的《收储协议》中，统一指定融资方雨辉食品作为收款人，使得后者成为应收账款的债权人。信托公司直接与雨辉食品签署《应收账款质押协议》，并办理相关的质押手续。

在本项目中，应收账款质押的最大意义在于提升了中能信托的受偿顺位，从而保证信托公司对该笔回款享有优先受偿权。在采取质押措施前，中能信托对应收账款的控制仅限于对收款账户进行监管，即通过与九州银行和雨辉食品签署协议，约定监管账户内的资金划拨须经过中能信托的事先同意。这种约定不具有对抗第三人的物权效力。在 A 类信托单位存续期间，如果雨辉食品的其他债权人查封资产，该笔应收账款可能被用来归还其他债务，中能信托没有优先受偿权。在 A 类信托单位到期时，如果雨辉食品违约，中能信托也无权直接处置该笔应收账款。但通过设置应收账款质押，上述问题都可以得到解决。

在应收账款回购式融资（具体参见本书案例：金桐建设应收账款融资项目）中，应收账款只是作为融资媒介存在，既不是真实的还款来源，也不是主要的增信手段，所以信托公司关注的是应收账款形成过程的真实性、合法性以及作为交易标的的有效性，并不特别在意应收账款本身的可回收性（例如在本书案例金桐建设应收账款融资项目中可以接受企业内部应收账款作为交易标的）。但是，在应收账款质押融资中，其作为核心的增信措施，需要关注的方面很多。在本项目中，业务团队为了向公司证明应收账款的质量，从如下六个方面进行了系统分析。

其一，债务人的还款能力。债务人的还款能力是决定应收账款质量的客观要件。一般而言，对还款能力的分析主要关注债务人的财务基本面和应收账款本身对应的还款来源。在实务中尤其需注意该债务人是否是融资方的关联企业，如果是，则应收账款质押属于内部增信，其担保效力要大大弱于外部增信；而且，对很多民营企业而言，应收关联方的款项往往并无真实的交易关系，交易基础的薄弱会进一步削弱该类应收账款质押的效力。

就本项目而言，该笔应收账款的债务人是东江市土地储备中心，属于政府机关，应收账款的偿还实质上依赖于政府信用。而东江市作为我国重要的区域性中心城市，经济实力雄厚，财政情况健康稳定，每年的财政收入增长率保持在 15% 以上，具备很强的还款能力。从还款来源来看，该笔应收账款是雨辉交付的 30 亿元土地价款中扣留政府收益后返还的部分，只是按照政府收支两条线的要求要有一个从财政局到土地储备中心的流转过程，即补偿款的来源是非常确定的，有别于一般的政府平台融资。如果政府未支付土地补偿款，原因不会是无支付能力，只能是政府中间截留，不愿意及时支付，而这就涉及应收账款债务人的还款意愿分析。

其二，债务人的还款意愿。债务人的还款意愿是决定应收账款质量的主观要件。在应收账款质押关系中，由于应收账款债务人与质押权人没有直接的债权债务关系，在债务人违约的情况下，质押权人的处境比较被动。一旦项目出险，该因素可能对应收账款的变现造成至关重要的影响。判断债务人的还款意愿一般需调查其过往是否出现过信用违约或道德违约，并分析其在该笔债务中的违约成本或应收账款形成的交易背景。

从东江市政府平台过往的融资情况来看，从未出现违约情况；从政府的违约成本来看，雨辉集团作为国内综合实力排名位居前列的大型民营企业，是东江市乃至江南省的纳税大户，雨辉总部产业园也是市重点项目；而且，信托计划由九州银行面向全国发行，社会影响较大，东江市不大可能冒如此大的风险截留补偿款。另外，雨辉集团的实际控制人周淮安在东江经营 20 多年，在东江市政商两界的地位都比较高，具备与政府沟通的实力，如果出现补偿款延缓支付的情况，他会全力去做政府部门的工作，这也是本项目较一般政府平台融资的优越之处。

其三，应收账款的交易基础。应收账款的交易基础是指该笔应收账款赖以形成的基础交易关系，在进行应收账款质量分析时，应重点关注基础交易的真实性和合法性，否则，一旦基础交易存在瑕疵，则因该交易产生的应收账款极有可能因基础交易的无效而灭失，从而使得所有担保增信措施落空。从实务角度来看，相比于股权和土地等可以直接通过登记机关核实其真实性和权属关系的抵质押物，应收账款交易基础的真实合法性是最难验证的，尤其是对于某些因关联交易而产生的应收账款，情况更为复杂。

就本项目而言，应收账款的形成是基于土地收储行为，为确保基础交易的真实合法，业务团队主要关注如下两点：（1）土地收储流程是否严格按照国家法律和东江市相关规定执行，不存在操作流程方面的瑕疵；（2）原土地所有权人是否完全按照《收储协议》的约定及时交付土地，并确保交付土地的状况满足协议要求，充分履行合同义务。

其四，债务人的抗辩权。债务人的抗辩权来源于基础交易合同中约定的付款条件，债务人有权基于付款条件未被满足而拒绝付款。例如，因货物买卖形成的应收账款，债务人（即收货人）可以货物存在某种瑕疵为由拒绝付款。在应收账款被质押时，由于质押权人不是债权债务关系的直接参与方，质押权的实现在一定程度上取决于债务人的履约情况，较为被动。在应收账款债权人较为强势的情况下，可以考虑通过重组应收账款的付款条件，消除债务人的抗辩权，使得该应收账款成为一项以权利为主的“积极财产”，提高对债权的保障程度（这种针对应收账款的重组优化可参见本书案例：金桐建设应收账款融资项目）。但是，在更多的情况下，则需要业务团队仔细分析应收账款付款条件的达成情况，确保不存在应收账款实现的实质性障碍，整体风险敞口可控。

就本项目而言，政府支付收储补偿金的前提条件是原土地所有权人将土地按照约定状态及时交付，并配合办理完成土地变更登记。这一过程在信托资金进入前已经完成，后续发生纠纷的可能性较小；换言之，在信托进入时，该笔应收账款的付款条件均已达成，债务人的抗辩空间较小，不存在显著的付款瑕疵，可以对信托还款构成保障。

其五，应收账款的账期。应收账款的账期可以理解成自合同卖方（应收账款的出质人）按照合同履约后至合同约定的付款日期之间的天数，该账期不一定会与信托计划的期限完美匹配。信托项目中涉及应收账款的转让或出质时，业务团队必须留心应收账款账期与信托期限是否匹配，如有冲突，则须通过具备法律效力的方式对该账期进行调整；特别是，在以若干笔应收账款组成的资产包进行质押的情况下，就更有必要进行开包检查，根据信托计划的期限对各笔基础债权的账期进行调整和统一，避免两者产生直接冲突。

本项目的特殊性在于，由政府返还土地补偿款形成的应收账款的账期无法确定，这就增加了项目期限与账期匹配的难度，同时也带来了相应的流动性风险敞口。当地律师通过研究东江市过往相似案例，给出了该账期预计为 4 ~ 5 个月的结论意见。项目团队以此为依据，最初将 A 类信托单位期限定为 6 个月，后根据风险部门的意见，将期限进一步拉长至 9 个月。如此一来，因账期不匹配导致的风险得以控制。

其六，资产的变现性。资产的变现性是指将资产转换为资金的能力或可能性。资产变现性的分析主要关注两点：一是变现时间，二是变现所得金额与资产内在价值的差额。

就本项目而言，与股权质押相比，应收账款的价值较为清晰，不会出现过大的偏差，并且可以有效防范目标企业因资产被转移导致股权价值落空的情况；与土地抵押相比，应收账款变现程序更简单，且依靠东江市政府的财政信用，保障力度强，内在价值不弱于抵押土地。

小专题　应收账款质押的实务操作

目前我国有关应收账款质押的实务操作主要受《应收账款质押登记办法》（中国人民银行令〔2017〕第3号）和《中国人民银行征信中心中征动产融资统一登记平台操作规则》（2014年）约束。根据规定，央行征信中心应建立应收账款质押登记公示系统（www.pbccrc.org.cn），以该登记公示系统作为应收账款质押登记的平台，质押登记由质权人办理，并通过互联网进行操作。与一般抵质押登记不同，该应收账款质押程序全部通过互联网操作完成，无须任何机构审核，十分简单便捷。其具体操作流程如下。

其一，签署《应收账款质押登记协议》。质权人与出质人须就质押登记事项签署协议，协议应载明：质权人与出质人已签订质押协议；由质权人办理质押登记。也就是说，在办理应收账款质押登记的过程中，除主债权合同和《应收账款质押合同》以外，质权人和出质人还须额外签署一份《应收账款质押登记协议》，该协议内容虽然比较简单，却是后续登记过程中必须提交的书面材料。

其二，质权人注册成为登记公示系统的用户。按照相关规定，质权人是质押登记的发起主体，质权人须先在互联网上填写用户资料，然后到当地的央行征信分中心进行现场审核，审核通过后该用户即可启用。该用户名以公司名义申请，一个用户名可以全公司共用，因此建议公司安排专人负责申请和维护该用户名。

其三，质押初始登记。在用户注册成功后，质权人可以就应收账款质押进行正式登记；初始登记的内容包括质权人和出质人的基本信息、应收账款的描述、登记期限，同时应将上述质押登记协议作为附件上传登记公示系统。需要特别指出的是，与其他担保登记程序不同的是，在应收账款质押登记中，主债权金额等并不是必填项。

其四，获取初始登记证明和修改码。质权人将登记内容提交登记公示系统后，由系统记录提交时间并分配登记编号，生成应收账款质押登记初始登记证明和修改码提供给质权人，作为初始登记生效的证明。

其五，后续变更操作。质权人凭修改码办理展期、变更登记和注销登记；登记公示系统记录登记时间、分配登记编号，并生成变更登记或注销登记证明。质权人办理应收账款质押展期、变更登记的，应当提交与出质人就展期、变更事项达成的协议。

在办理应收账款质押的过程中，应关注以下事项。(1) 质押登记的期限：应收账款质押的登记期限最短为6个月，最长不得超过30年；在登记期限届满前90日内，质权人可以申请多次展期，每次展期期限不得超过30年。(2) 质权人信息更新：质权人办理登记时所填写的出质人法定注册名称或有效身份证件号码变更的，质权人应当在变更之日起4个月内办理变更登记。(3) 拟质押应收账款的性质：带有公益性质的应收款项（如医院、学校、公园等）一般情况下不可以办理应收账款的质押登记。(4) 修改码的保管：为防止他人未经授权修改自己的登记，质权人应该妥善保管修改码。(5) 同一应收账款质权人的受偿顺序：在同一应收账款上设立多个质权的，质权人按照登记的先后顺序行使质权。

差额补足

雨辉物流向中能信托出具《承诺函》，承诺为雨辉食品的溢价回购义务进行差额补足，即雨辉食品在未能按时支付股权收益权的回购价款时，雨辉物流就差额部分为雨辉食品承担连带还款责任。

这是一个比较特殊的增信措施，其形成过程也充满了戏剧性。在尽职调查的过程中，业务团队发现雨辉集团正在进行一场深刻的战略转型，从传统的食品、地产和商贸业务向作为朝阳产业的物流行业转型。

这种转型虽然看起来比较缓慢，但步伐非常坚定，且整个集团的资源都在有意识地向物流板块倾斜。基于此，业务团队和风险部门一致认为雨辉物流在集团未来的发展中占有极其重要的战略地位，虽然该板块当前处于投入阶段，经营性现金流很差，作为本次融资载体不太合适，但其未来发展潜力不可限量，很有可能成为集团未来的核心业务。由于当时雨辉物流的股权尚未整合到雨辉集团旗下，从风险控制的角度出发，有必要将雨辉物流纳入保证人之列，当雨辉食品出现违约时可以直接查封雨辉物流旗下的各物流项目公司的股权，与前文的土地抵押形成遥相呼应的关系，从而全面控制物流板块的资产，极大提高雨辉方面的违约成本，增强其还款意愿。

但是，雨辉方面很强势地拒绝了业务团队的要求。原因是雨辉物流由实际控制人周淮安名下的东江市雨辉投资发展有限公司（以下简称“雨辉发展”）与另一合作伙伴东江市潜龙发展有限公司（以下简称“潜龙发展”）共同出资设立，其中雨辉发展持股60%，潜龙发展持股40%。根据公司章程规定，雨辉物流对外提供担保需要全体股东一致同意。鉴于本次融资与雨辉物流关系不大，潜龙发展同意的可能性很小，而且雨辉方面也不愿意就该事惊动合作伙伴。

但是，中能信托的风险部门对该项担保措施比较坚持，双方僵持不下，雨辉方面甚至一度威胁终止合作。这时中能信托的法律顾问提出可以由雨辉物流单方面出具《承诺函》，承诺在雨辉食品未能按时支付股权收益权的回购价款时，雨辉物流就差额部分与雨辉食品共同承担还款责任。这种差额补足义务从法律上来看并不属于担保，可以不用出具股东会决议。律师的建议较好地弥合了分歧，得到了双方的一致认可。

小专题

房地产投融资业务中的差额补足

差额补足，实务中又称流动性支持，是房地产投融资业务中比较常见的保障措施。作为一种有别于传统担保措施的增信手段，差额补足在实务中并没有公认的定义。笔者认为，所谓差额补足，是指为确保某项债权或投资收益的实现，在债权的付款义务人未能按照约定履行付款义务或投资收益未能达到约定标准时，由第三人就差额部分履行补足义务的行为。

差额补足在房地产私募基金中的运用比较普遍，但由于这一概念在法律上并没有明确界定，内涵和外延也不明确，实务中的类型与表现形式多种多样，导致很多人对其适用性无法全面准确地把握。笔者现结合实务操作和司法判例，对这一概念进行全面梳理，供大家参考。

（一）差额补足的适用原因

在实务中，某项投融资业务之所以采用差额补足义务，不外乎如下几个原因。

其一，金融创新的需要。随着金融市场的不断发展，各类创新型金融产品层出不穷。传统民法体系下的债权规定，已经远远不能满足实务中对权利保障的需要。当某项权利难以被定性为债权时（如获取投资收益的权利），保证、抵押、质押等传统的法定担保措施已无法满足保障主权利的需求。而差额补足可以通过合同约定实现当事人的特殊需求，比法定担保措施更加灵活，更能适应各种金融创新的方案设计需要。

其二，财务优化的需要。财务报表中可能涉及对外担保的包括资产负债表中的“预计负债”科目和财务报表附注中预计负债的明细情况以及或有负债的披露。而差额支付并非法定的担保方式，部分融资方认为差额补足无须体现在或有负债或预计负债中。相对于保证来说，差额补足实际上为义务人实现了优化财务报表的目的。另外，传统的保证担保有可能将担保行为记入央行征信系统，影响担保方的后续对外融资；而差额补足当前并没有记入征信系统的硬性要求，从而被某些担保方所青睐。

其三，难以履行担保的某些特定程序。根据《公司法》第十六条的规定，公司对外提供担保应当依照公司章程的规定出具董事会或者股东会、股东大会决议。然而，实践中由于担保提供方股权结构复杂、公司章程设定了对外担保限额或者作为上市公司的担保程序非常烦琐等原因，很多情况下其董事会或股东会、股东大会决议难以提供，这就使担保的设立产生了障碍。由于这一障碍的存在，部分融资方主张以差额补足的方式来实现权利保障的目的。另外，对于某些上市公司而言，提供保证担保需要信息披露，而差额补足在信息披露方面有一定的豁免空间。

（二）差额补足的主要类型

其一，从基本属性来看，差额补足可分为对主债权的差额补足和对投资收益的差额补足。就前者而言，差额补足主要保障的是特定付款人的付款义务得以全部履行，如还本付息义务、各种形式的回购义务（如本项目的股权收益权回购义务）、特定账户的资金归集义务等。这些付款义务是基于某项特定的债权债务关系产生的，对付款人来说是必须要履行的。

就后者而言，差额补足主要保障的是某项特定的投资收益能达到约定的标准，如投资者在某基金中的收益率、某股权投资项目中项目公司的分红要求等。从基金或项目公司本身来看，所谓的收益率或分红要求要根据基金或项目的具体情况来确定，基金或项目公司并没有义务一定要达到所谓的收益率或分红要求；换言之，基金或项目公司与投资者之间并不是传统的债权债务关系，而是投资关系。

从房地产基金项目的角度来看，主债权一般出现在基金的资金运用端，而投资收益既可以出现在资金运用端，也可以出现在资金募集端，具体如图5－5所示。

其二，从表现形式来看，差额补足可分为以函件形式体现的差额补足和以协议形式体现的差额补足。前者由差额补足义务人单方面出具函件（如承诺函、确认函等），表明愿意履行差额补足义务的意思；后者以差额补足义务人与权利人（债权人或投资者）签署协议的方式明确双方的权利义务关系。

（三）差额补足的效力分析

不同类型的差额补足，不同的义务人设置与条款安排，产生的效力也不相同。

其一，对主债权的差额补足。根据义务人承担差额补足的条款安排的不同，对主债权的差额补足可能存在保证担保、债务承担、代为清偿三种法律关系中的一种。

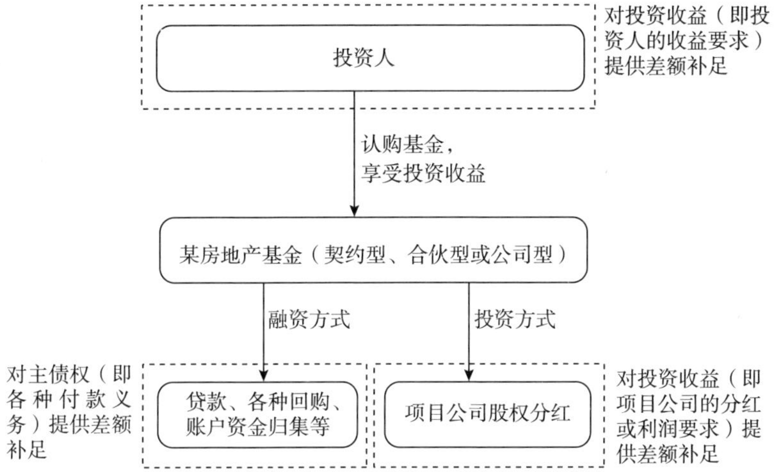

图 5－5　主债权和投资收益在房地产基金中的分布

一是保证担保。根据最高院的判决，如果承担人承担债务的意思表示中有较为明显的保证含义，可以认定为保证［参见最高院（2005）民二终字第200号民事判决书］。如相关法律文件约定：如果主债权的义务人没有按时履行相应的付款义务，则由差额补足义务人直接对债权人承担差额补足的连带保证责任。这种情况下直接按照担保关系去处理即可，比较简单；换言之，即使法律文件的标题没有明确是保证担保，但如果从文件内容推断出保证担保的内容，实务中也会按照保证担保处理。

这种情况下有以下两个问题需要注意。(1) 鉴于保证担保分为一般保证和连带责任保证，而一般保证对债权人的保护力度远低于连带责任保证［根据《担保法》(1995年) 第十七条第二款的规定，一般保证的保证人在主合同纠纷未经审判或者仲裁，并就债务人财产依法强制执行仍不能履行债务前，对债权人可以拒绝承担保证责任。而根据该法第十八条第二款的规定，连带责任保证的债务人在主合同规定的债务履行期届满没有履行债务的，债权人可以要求债务人履行债务，也可以要求保证人在其保证范围内承担保证责任］，实务中为保护债权人利益，在差额补足的条款安排中要明确连带责任保证的性质，最好不要出现诸如

“债务人不能履行到期债务时，差额补足义务人履行差额补足的义务”等较为含糊的描述，因为这很容易被认定为一般保证。(2) 对于房地产基金而言，采用差额补足一般是为了规避保证担保带来的诸多不便，所以实务中在拟定差额补足的法律文件时一般很少会出现被认定为保证担保的情形。

二是债务承担。债务承担分为免责式债务承担和并存式债务承担，前者是指主债权的债务人脱离了原来的债权债务关系，而由差额补足的义务人承担全部付款义务的情形；后者是指主债权的债务人并未脱离原来的债权债务关系，而是由差额补足的义务人加入债权债务关系，共同为主债权履行义务。

根据《合同法》(1999 年) 和最高院的司法判例，免责式债务承担未经债权人同意，不发生债务转移 [《合同法》(1999 年) 第八十四条规定：债务人将合同的义务全部或部分转移给第三人的，应当经债权人同意。最高院在 (2011) 民提字第 68 号判决书中认为，第三人向债权人出具承诺由其代偿债务，除非债权人明确表示，否则不应视为免责式债务承担，不发生债务移转]。在房地产投融资实务中，差额补足作为一种增信手段，基本不会出现债权人同意债务人转移债务的情况。

并存式债务承担并没有免除主债权中原债务人的义务，而是在此基础上新增了义务人，增加了对债权的保障力度，房地产投融资实务中绝大部分对主债权的差额补足都是并存式债务承担 (如本项目)。与免责式债务承担不同的是，并存式债务承担并不需要债权人的同意。最高院在 (2006) 民二终字第 199 号司法判决中认为，债务加入承诺，自做出时生效，无须经债权人同意。换言之，差额补足义务人只需出具单方面承诺，自承诺书出具之时起即成为共同债务人，无须征得债权人同意。

鉴于差额补足条款安排的千差万别，实务中最有可能出现争议的是某种差额补足属于保证担保还是并存式债务承担。从债权保障的角度来看，二者并无实质差别。最高院在 (2005) 民二终字第 200 号民事判决书中认为，该案中的《承诺书》到底是定性为保证人增加，还是定性为债务人增加，二者在案件的实质处理上并无不同，只是在性质上有所不同。保证是从合同，保证人是从债务人，是为他人债务负责；并存的债务承担是独立的合同，承担人是主债务人之一，是为自己的债务负责，也是单一债务人增加为二人以上的共同债务人。判断一个行为究竟是保证，还是并存的债务承担，应根据具体情况确定。如承担人承担债务的意思表示中有较为明显的保证含义，可以认定为保证；如果没有，则应当从保护债权人利益的立法目的出发，认定为并存的债务承担。

三是代为清偿。《合同法》（1999 年）第六十五条规定：当事人约定由第三人向债权人履行债务的，第三人不履行债务或者履行债务不符合约定，债务人应当向债权人承担违约责任。如果差额补足义务人承担的是此类义务的话，那么对于债权人而言意义不大，因为作为增信措施，目的在于引入第三方承担责任，如果第三方不履约，债权人无法向其追责，还要再向原债务人主张，明显不利于债权人，与增信目的相矛盾。但是，很多时候，差额补足的条款设计又与代为清偿很相似，在设计条款时稍有疏忽，很有可能被认定为代为清偿。为控制该类风险，在起草差额补足的法律条款时要明确约定，“差额补足的义务人与主债权的原义务人共同对债务人承担还款义务”。

其二，对投资收益的差额补足。就房地产基金而言，对投资收益的差额补足分为两个方面：资金募集端投资收益的差额补足和资金运用端投资收益的差额补足。

资金募集端投资收益的差额补足实质上是对基金的投资本金和/或收益进行保底。不管是何种形式的地产基金（包括契约型、合伙型和公司型），由基金管理人或基金销售机构对投资收益进行差额补足不但违反了私募基金的监管规定，而且与基金运作的基本原理相悖，应当是无效的。但是，如果由基金当事人之外的第三人进行差额补足并没有违反法律法规和监管政策的规定，按照民法意思自治的原则，应当被认定有效。

根据最高院在（2012）民提字第 11 号《海富投资与甘肃世恒最高人民法院再审判决书》中的意见精神，资金运用端投资收益的差额补足（如对项目公司分配固定利润的约定）需要把握一个原则即可：由被投资的项目公司本身进行差额补足脱离了项目公司的经营业绩，损害了项目公司的利益及债权人的利益，该约定无效；但是，由项目公司之外的第三人（包括项目公司股东）提供差额补足并没有损害项目公司的利益及债权人的利益，也没有违反法律法规的禁止性规定，是有效的（具体参见本书案例俊丰地产明股实债项目中的小专题：对赌条款及其在我国房地产信托中的运用）。

（四）差额补足义务在实操中的注意事项

虽然以函件形式体现的差额补足在法律效力上没有多大问题［见前文最高院在（2006）民二终字第199号判决意见］，但与协议相比，单方出具的函件毕竟存在一定缺陷：（1）函件的内容一般比较简短，在差额补足的条款设置上可能会出现考虑不周的情况；（2）函件一般不会约定争议解决条款，在要求差额补足义务人承担责任未果需要诉诸司法或进行诉前财产保全的时候，债权人无法确定对自己有利的管辖法院或仲裁机构，或者在法院或仲裁机构的选择上容易与义务人产生争议；（3）函件一般不会有违约惩罚条款，相较于协议而言对差额补足义务人的震慑力不够大。

在实务中，如果无法争取以签署协议的形式确定差额补足，建议差额补足的权利人（通常为金融机构）在起草函件时注意以下几点：（1）该函件在抬头处务必明确具体的权利人，实务中曾出现过在函件中没有写上权利人名称，结果出现纠纷时差额补足义务人胡搅蛮缠，认为函件不是出给权利人的，为权利人的维权行为带来很大干扰；（2）充分考虑条款的周全性，在函件中最好能约定争议解决机制以及不履行义务时的惩罚机制；（3）如有可能，最好在函件中留有权利人的盖章指示，由权利人对函件盖章确认。

资金监管

本项目的资金监管分信托计划层面的资金用途与还款来源监管，以及信托计划的底层资产（目标企业）的资金监管。

其一，信托资金用途监管。雨辉食品、中能信托与九州银行签署《资金监管协议》，雨辉食品应将30亿元信托资金专项用于投资新建项目、扩大产能、补充公司的日常运营资金等，所有划款经中能信托审核后九州银行方可操作。

上述监管的目的是为了弱化资金用途的合规性问题，通过绑定九州银行的监管，避免资金直接流向可能引起争议的领域，确保资金使用在形式上合规。此处有一个操作细节需要注意，因《资金监管协议》约定：信托资金可用于补充雨辉食品下属企业的流动资金，而目标企业属于其下属企业范畴，因此业务团队在前期目标企业设立环节，要求其经营范围不得包含房地产开发，以免引起不必要的监管关注。

此外，为避免九州银行出于存款考核等考虑，故意截留资金、影响项目用款，中能信托特别向九州银行强调：一旦信托公司同意划款，九州银行方面应立即配合执行，不得故意拖延。事实证明，在所有需要银行配合划款的信托项目中，提前做好划款方面的考虑和准备是极有必要的。一般而言，建议从如下4个方面提前安排：（1）确保信托计划成立时间与信托资金的用款时间一致，如果两者之间存在时间差，则须提前明确期间的信托收益承担问题；（2）注意信托划款的时点尽量不要安排在月末、季末和年末，因为此时正值银行考核时点，银行方面截留资金的意愿最为强烈；（3）在相关资金监管协议中明确约定银行方面的义务，提高其违约成本；（4）在实际操作中，提前与银行的经办人员进行沟通，留足头寸。

其二，还款资金监管。由于B类信托单位的还款来源是雨辉食品的经营性和融资性现金流，无法进行实质监管，所以还款资金的监管主要针对A类信托单位，包括共管账户设置和现金理财机制两种手段。

一是共管账户设置。为控制A类信托单位的还款来源，业务团队将东江市土地储备中心与拟变性土地原权属人签署的《收储协议》中约定的收款账户（以雨辉食品名义开立）设置为共管账户，该账户预留中能信托的预留印鉴，未经中能信托书面同意，该共管账户不得对外划款；东江市土地储备中心、拟变性土地原权属人与中能信托签署《收储协议补充协议》，约定未经各方一致同意不得对收款账户进行修改；同时由九州银行向中能信托出具《承诺函》，承诺未经中能信托书面同意，不办理任何更换共管账户的申请；该《承诺函》由雨辉食品（账户所有人）盖章确认。通过上述环环相扣的操作，使得中能信托牢牢管住了共管账户的资金外流。

二是现金理财机制。同样针对A类信托单位的还款来源，当东江市政府将土地补偿款支付到共管账户后，此项应收账款债权即归于灭失，则其上设置的质押权也一并灭失，信托公司将不再享有担保项下优先受偿的权利。为了对该笔款项进行有效控制，业务团队同时要求，当上述应收款项的回款进入共管账户以后，雨辉食品应委托中能信托将该笔资金设立单一理财信托，并约定了极端情况下中能信托可以就该笔信托财产优先受偿。

现金理财机制是对共管账户的强化。共管账户通过预留印鉴保证了对监管资金的控制权，但这种控制权比较弱，只能防止资金不被划走，不能主动实施资金扣划，且在账户出现司法冻结时没有优先受偿权。而现金理财机制弥补了该缺陷，通过设定单一信托，使中能信托完全掌握了该笔资金，同时约定出现极端情况（如融资方违约或共管账户被查封）时，中能信托有权终止该单一信托，并将信托财产直接用于偿还雨辉食品的融资款（即抵扣股权收益权的回购价款）。

其三，目标企业资金监管。通过协议约定，在信托计划存续期间，目标企业股权产生的相关收益，包括但不限于现金分红等归中能信托所有（该部分资金可以抵扣雨辉食品的融资款）。

实际上，该项安排对最终还款的保障作用几乎可以忽略不计，更多的是在形式上满足股权收益权交易的合理性。从理论上来讲，在信托计划购买了股权收益权后，对应的股权分红在信托存续期内应当作为信托资金运用产生的收益而归入信托财产；但从现实角度来看，目标公司在信托计划存续期间根本不可能分红，但为了让股权收益权交易在细节上更加到位，在协议中加入了该条约定。笔者认为，与相关股权质押措施一样，该安排也应当成为股权收益权交易的必备条款。

高管认购信托产品

为强化企业管理层对本项目的推进意愿和信托计划投资者的信心，业务团队要求雨辉食品及其关联企业的部分高管人员作为B类投资者加入信托计划，合计认购金额不得低于3 000万元。为了提高信托收益的吸引力，九州银行和信托公司分别将各自的代销费和信托报酬让利给高管。

这个较为特殊的增信措施是中能信托风险部门提出来的。风险部门认为，本项目的融资方雨辉食品主营食品的生产和加工，容易出现食品安全事故，且近年来雨辉食品扩张步伐较快，兼并收购的中小型企业较多，容易出现管理上的阶段性不平衡。考虑到本信托计划对于B类信托的还款缺乏主动控制的手段，由高管认购B类信托单位，可以将其个人利益与信托计划的兑付捆绑起来，减少管理层的道德风险，也可以间接增强其对企业经营的责任心。

考虑到高管人员成为信托计划投资者后，有动力尽快在集团内部推进该项目，业务团队一开始比较支持该项措施。但是，在与雨辉方面多次沟通后发现，作为一个融资类项目，信托计划的收益率与其他投资类项目相比并不具备吸引力，高管认购的积极性不大。了解到该情况后，业务团队马上反馈给风险部门，但是后者依然坚持自己的观点，并将该项措施作为项目成立的前置条件。没有办法，为了尽快推动该项目，业务团队与九州银行商量后，决定将各自3 000万元额度内的信托报酬和代销费让渡给高管，以提高信托产品的吸引力。由于让渡后的B类信托单位年化收益达到12.9%（9% +1.9% +2%），达到不少高管的收益预期，被认购了1 800多万元，但尚有部分高管嫌收益太低，以没钱为由拒绝认购，最后由雨辉集团向高管统一提供低息贷款才解决了该问题。

实事求是地讲，这是一项比较失败的增信措施。虽然该措施的出发点比较好，但没有考虑项目的具体情况，引起了部分高管不满，并没有达到预期效果（甚至起到了一定的反作用）。风险部门之所以坚持该项措施，除了自身坚持的风控理念外，主要原因是业务团队的沟通不够充分。业务团队曾反复强调因为高管不认可信托收益率而无法落实该项措施，没有认识到风险部门考虑问题的角度与业务团队完全不同，前者只关注风险问题，后者主要考虑项目推进，业务团队反馈的理由在风险部门那里根本不会被认可。

实际上，该项措施最大的问题不是没有得到高管的支持，而是不会达到预期的增信效果。雨辉食品规模太大，还款渠道众多，不像项目融资那样具有特定的、可控的还款来源，加上实际控制人已经提供了个人担保，区区3 000万元的高管认购起不到应有的风险控制效果，与项目还款也没有严格的正相关关系。当时风险部门没有意识到该问题，如果业务团队能够站在风险部门的角度，从增信的实际效果出发去沟通，相信会得到风险部门的理解和认可。

小专题

业务人员与风险部门的沟通经验总结

对于任何一个信托公司的业务人员而言，与风险部门的博弈和斗争是日常工作的一部分。为了项目顺利过会，大家“八仙过海，各显神通”，与风险部门斗智斗勇，有的成功通过，兴高采烈；有的在风险部门的铜墙铁壁面前碰得头破血流，黯然神伤。

实事求是地讲，不同的信托公司有不同的风险偏好，公司内部不同的风险审核人员的风险偏好和风险认知能力也不尽相同，在实务中很难有一套统一的与风险部门打交道的标准可以遵循，但是，笔者根据多年的业务经历，总结了以下若干条经验，供大家参考。

其一，思想认识方面。业务人员要认识到，在业务的推进过程中，自己是踩油门的，而风险部门是踩刹车的，两者的定位不同，看问题的角度自然也不相同，对于风险部门提出的各种问题，业务人员首先不要认为是在刁难自己（这是新员工常犯的思想认识错误），要端正思想，积极沟通，不能带有个人情绪，否则只会为项目推进带来阻碍。另外，业务人员要认识到，风险部门是怀疑一切而非否定一切，这一点非常重要。风险部门提出问题不是要否定这个项目，而是需要业务人员澄清自己心中的疑问，只有认识到这一点，业务人员才能真正认识到自己沟通的意义所在，减少自己在沟通过程中的负面情绪，为项目沟通创造良好的条件。

其二，沟通交流方面。做好沟通工作是业务人员与风险部门打交道的不二法门。首先，要善于沟通。业务人员必须找到风险部门的关注重点，有针对性地做好沟通工作。例如，过多地强调项目的优势可能反而会引起风险人员的反感，后者更关注的是项目存在的风险及其风险解决或缓释办法，业务人员不如大方地承认并主动揭示风险，并积极向风险人员证实风险是可控的。其次，要勤于沟通。对于风险人员来讲，其顾虑更多来自对项目的不了解，业务人员要不断地加强沟通的广度和深度，让风险人员从不同的角度认识项目、熟悉项目，做到心中有数，只有在全面了解的基础上，才能最终认可项目。在将本项目报给公司风险部门时，由于规模巨大、结构复杂、前期的资料收集也不是很全，风险部门一开始差点判了项目死刑，后来业务人员不厌其烦地加强沟通工作，甚至数次邀请雨辉集团相关高管与风险人员座谈，让后者逐渐认识到融资方的行业地位、项目的增信措施、还款来源的可靠性以及复杂的交易流程中每一步的风险应对措施，逐渐扭转了风险人员的认识，最终同意了该项目。最后，要勇于沟通。很多信托公司的风险部门在公司内部一贯处于强势地位，部分风险人员在沟通过程中不免出现态度强硬、语气不善等情况，使得很多业务人员不愿意（或不敢）与风险人员进行过多沟通交流。这是一个重大缺憾，如果连沟通的勇气都没有，如何让风险人员了解和熟悉项目呢？业务人员要充分认识到沟通的重要性，敢于据理力争，只有这样，才能获得风险人员的认可和尊重。

其三，外部协助方面。业务人员必须认识到，在信托公司（特别是国有信托公司）内部，没有哪位领导愿意直接要求风险人员同意承做某项目（否决项目倒是比较常见），这是犯大忌讳的事情。所以，业务人员在沟通遇到障碍时，单方面寻求上级领导施压是最不明智的选择，可能会造成适得其反的效果。此时要注意方式方法，巧妙地将项目推进的压力传导到公司相关领导那里，并处理好与风险人员的关系，不能让其认为是在告黑状，这是一门高深的学问，笔者自问还未达到运用自如的境界。

其四，自身能力方面。俗话说，打铁还需自身硬。业务人员在与风险人员沟通时，自己需要对项目有全面的了解，胸有成竹，对项目的风险点和应对措施心中有数，否则在风险人员的追问之下手忙脚乱，理屈词穷，很容易将一个本来不错的项目搅黄。

对于信托公司而言，建立强大而稳定的风险管理团队对业务的发展至关重要（很多时候甚至起到决定性作用）。笔者以为，风险管理团队的强大不仅体现在专业素养方面，更体现在团队的责任心、勇于担当和沟通文化的普及方面。特别是在沟通上，信托公司不仅要鼓励业务人员善于沟通、勤于沟通、勇于沟通，更要让整个风险管理团队普及沟通文化，消除固执己见、不愿深入沟通的顽疾，让项目的风险与应对措施在不断的沟通中越来越具体明确，在此基础上的决策（不管是同意还是否决）才能让各方信服。

后期管控与项目结束

后期管控

尽管本项目规模巨大、结构复杂，但由于信托公司比较认可雨辉集团的信誉和履约能力，加上各种担保增信措施比较完善，所以在后期管控上并没有采取诸如驻场监管、印章管理等措施（当时雨辉集团也不允许采取这些措施），而是根据还款来源的不同采取不同的应对方案。

其一，A类信托单位的还款来源是东江市政府的土地返还款，所以信托公司在后期派专人追踪政府收储及返还款的支付流程，并在雨辉集团的协助下不时敦促政府相关部门加快流程审批。

其二，B类信托单位的还款来源是雨辉食品的现金流（包括经营性现金流和融资性现金流），所以信托公司采取了如下几个管控措施：（1）圈定了雨辉食品（包括几个重要的项目公司）及雨辉系其他几个重要的子公司，每周查询其银行征信情况，包括在金融机构的履约情况和新增负债情况；（2）密切关注雨辉系上市公司的公告，从资本市场的角度观察集团的整体经营状况；（3）定期收集雨辉食品的财务报表并了解、分析其投融资计划；（4）每周通过网络关键词搜索和同业渠道了解雨辉系与相关食品行业的负面报道及传闻，做好系统性风险下的应对准备。

项目结束

其一，A 类信托单位的结束。尽管雨辉集团在政府层面做了大量工作，但是土地收储及返还款的支付流程仍然未在 6 个月内完成，这印证了风险部门的担心。正如上文所述，如果 A 类信托单位的存续期限超过 6 个月，融资方要多支付很高的利息成本。为了不触发对赌条款，雨辉集团内部调集 15 亿元资金先归还了 A 类信托单位的融资，同时进一步加大政府返还款的催收力度，最终在 7 个多月的时候收到了全部返还款。

在短时间内调集 15 亿元资金不是一般企业可以做到的，雨辉集团的这种资金调度能力进一步证实了中能信托在交易对手的选择上“傍大款”的重要性。

其二，B 类信托单位的结束。A 类信托单位结束后，整个项目的风险敞口只有 B 类信托单位的 15 亿元（以本金计算），但抵押土地却有 60 多亿元的估值。对于雨辉集团这种民营企业而言，如此低的抵押率属于资产的极大浪费，是难以容忍的，所以向中能信托提出释放部分抵押土地，但由于双方的协议中并没有对释放抵押物做出约定，且风险部门以 B 类信托单位的还款来源不确定、需要控制项目风险为由拒绝释放抵押土地。

为更有效地盘活利用资产，在 B 类信托单位存续期限届满 1 年后，雨辉食品筹集资金提前归还了 B 类信托单位的融资，从而结束了整个项目，并以释放的土地为抵押，陆续在其他银行获得了总计超过 30 亿元的贷款。

笔者以为，就本项目而言，中能信托在抵押率的设置上过于保守和僵化。从当时的情形来看，整个雨辉集团的现金流是很不错的（从其对 A 类信托单位的资金筹措能力上可以看出），如果在最初进行方案设计时设定一个动态抵押率（如保持不高于 50% 即可），在 A 类信托单位结束后，允许在满足动态抵押率的前提下释放部分抵押物，相信雨辉集团不会大动干戈地结束项目重新融资。业务团队花费无数精力设立的信托计划也不会只存续了1年即宣告结束，少赚了数千万元。

小专题

信托经理的角色定位思考：行业专家还是资源整合者

通过上述分析，不难看出，在一个复杂的大型信托项目推进过程中，信托经理需要兼顾的方面是非常多的，该案例启发了笔者对信托经理角色定位的深入思考。传统上，评判信托经理能力高低的一个很重要的标准就是其“专业性”，要求信托经理对项目涉及的各方面问题都具有深刻的认识和妥善的解决方案。这一标准在信托业发展初期项目情况相对简单的背景下比较适用；但是，在信托项目日益大型化、复杂化的今天，如果仍然要求信托经理面面俱到、事必躬亲，不仅在客观上难以实现，而且会分散其大量的时间和精力，模糊重点，影响项目整体的推进效率。

以本项目为例，需要信托经理处理的主要事项如图5-6所示。

图5-6　需要信托经理处理的主要事项

可以看出，需要信托经理处理的问题不仅牵涉面广，而且情况复杂，以正常人的时间和精力很难做到全面兼顾，信托经理唯有站在更宏观的角度去审视项目，抓大放小，集中精力关注核心风险、解决关键问题，同时整合各方资源为我所用，才有可能在有限的时间和精力约束下确保项目顺利推进。

因此，笔者认为，在整个资产管理行业升级转型的大背景下，信托经理应该从过往的专家定位向资源整合者和关系协调者转变，主要责任是确保项目推进方向正确、方案实施迅速有效。在涉及专业问题时，信托经理应充分信赖专业机构的能力，根据其专业意见做出决策判断。唯有如此，信托经理才能始终掌握主导权，确保项目高效推进。

结　语

本项目是一个典型的资产收益权回购式融资，以股权收益权这个创造出来的金融衍生品作为基础，通过交易对手、交易模式、交易标的选择以及一系列增信措施的设置，既满足了信托公司自身的风险控制要求，也满足了交易对手特定的融资需求与在财务和税务上的考量。另外，本项目在方案设计方面具有鲜明的流程化特点，即根据资金运用端的土地收储程序来确定资金募集端的交易结构和时间节点，值得后续类似项目借鉴参考。

六、东星置地结构化信托贷款项目

案例特点：

这是一个需要全面反思的案例，揭示了强势的项目主导银行对整个交易模式的决定性影响。在项目承做过程中，信托公司为确保银行推荐项目的顺利做成，在一定程度上丧失了自主性，在交易结构的设计上“明修栈道，暗度陈仓”，增信措施的“碎片化特征”非常明显，风险隐患突出。

本项目在后期出现了严重的流动性风险，最终融资方通过自身的资金筹措能力实现了信托计划的顺利兑付，本案例着重对兑付风险的系列化解措施进行提炼分析，揭示了代销银行与信托公司在项目出险后的各种博弈，具有重要的参考意义。

案例摘要：

本项目由富兴银行推荐并负责代销。当时富兴银行云州分行刚刚成立，尚未正式开展表内信贷业务，往往通过与信托公司合作解决客户的融资需求。融资方是云州本地的房地产龙头企业，通过公开“招拍挂”竞得云州市珍珠湖假日广场项目地块，有缴纳后续地价款的融资需求。鉴于过往良好的合作关系，最终富兴银行推荐中能信托介入该项目。

本项目在交易结构的设计上“打擦边球”的迹象比较明显。中能信托发行结构化信托计划，募集优先级信托单位资金 5 亿元，融资方交付假日广场项目公司 100% 的股权认购次级信托单位。信托资金在表面上通过向融资方发放贷款的形式用于龙珠花园项目的开发建设，经往来周转，最终用于缴纳假日广场项目的地价款。还款来源为假日广场项目的销售收入，增信措施包括土地抵押、股权质押、实际控制人保证担保等。

在交易过程中，强势的项目主导银行对整体交易方案的控制十分明显，多次的交易结构变更都与银行内部的审批要求密切相关，而信托公司在银行的强势挤压下丧失了自己的独立性，只能一退再退。贷款发放后，假日广场项目因种种原因未能及时取得土地证，导致项目在信托期间未产生销售回款从而出现严重的流动性风险，虽然通过双方的积极应对，最终化险为夷，但其中的经验教训值得吸取。作为一个典型的银信合作的出险项目，本案例从外部的交易结构、担保措施、尽职调查、资金监管，到信托公司内部的流程设计、风险审核和合同管控等方面进行了全面的反思和总结。

背景介绍

江北省东星置地集团有限公司（以下简称“东星置地”）是云州市本地的房地产龙头开发商，成立于1998年6月，注册资本8亿元，法定代表人卢家耀，由卢家耀和卢晓京出资组建（其中，卢家耀为实际控制人，卢晓京为卢家耀之子)，出资比例分别是30%和70%。东星置地实力较为雄厚，位居江北省本土开发商前十名，合并总资产规模达100多亿元，在省内各大城市同时开发有十几个地产项目。本项目的融资载体龙珠花园是东星置地直接开发的唯一项目。

云州市东星发展有限公司（以下简称“项目公司”）是东星置地旗下的全资子公司，专门开发运作假日广场项目。卢家耀个人还和当地的合作伙伴合资组建了云州市德兴物业发展有限公司（以下简称“德兴公司”)，专门负责开发云州市旧改项目德兴花园。上述主体的股权结构如图6－1所示。

龙珠花园项目地处云州市中心，项目总建筑面积85万平方米，楼面地价仅为2 300元/平方米，由东星置地直接持有，项目分四期开发，在信托公司介入时，前三期已基本销售完毕，四期正处于桩基工程施工阶段。整个项目“四证”齐全，自有资金投入比例符合监管规定，且东星置地拥有一级房地产开发资质，具备发放信托贷款的条件。

假日广场项目位于云州市珍珠湖风景区，紧邻市中心，为珍珠湖区域绝佳地块，区位优势非常明显。在中能信托介入时，东星置地刚竞得项目土地，土地性质为商服旅游、文化用地，土地面积14.5万平方米，总建筑面积约25万平方米。项目拟分两期建设，一期为用于出售的高

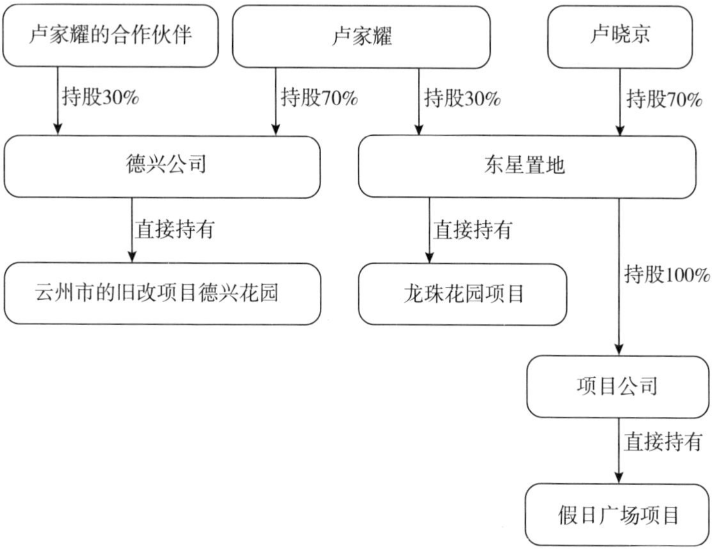

图6－1　股权结构

级公寓和商铺，二期为超五星级酒店，土地竞拍前已确定引入千豪酒店，预计运营之后将成为云州市顶级酒店。

德兴花园项目位于云州市二环内，是中心区最后一个大型旧改项目，占地面积6万平方米，总建筑面积接近40万平方米，80%为小户型住宅，其余为洋房和配套商业。由于附近有云州市最好的实验小学，预计项目开盘后会得到热烈追捧。信托公司介入前，整个楼盘已接近完工，但由于云州市当地旧改政策的特殊性，项目尚未拿到土地使用权证和工程规划许可证等，需要等到开盘前一次性拿到包括预售许可证在内的所有证件。

在中能信托介入前3个月，东星置地通过公开“招拍挂”竞得假日广场项目地块，总计地价款约9亿元，已陆续缴纳5亿元，需融资5亿元左右用于支付剩余地价款、相关税费及项目其他开支，但这种拿地资金的需求无法以银行贷款的形式得到满足。当时富兴银行正在筹建云州分行，尚未正式开展表内信贷业务，为了事先锁定并维护好这个客户，拟引入中能信托解决其融资需求。

鉴于缴纳地价款的融资需求在信托层面受到严格监管，而地价款缴付时间较紧，供方案论证探讨及与监管部门沟通博弈的时间不多；另外，富兴银行为争取这个客户，也给中能信托施加了很多压力，业务团队采取了最直接的绕监管的方案满足了客户的需求。

主要交易结构

本项目主要的交易结构如图 6－2 所示。

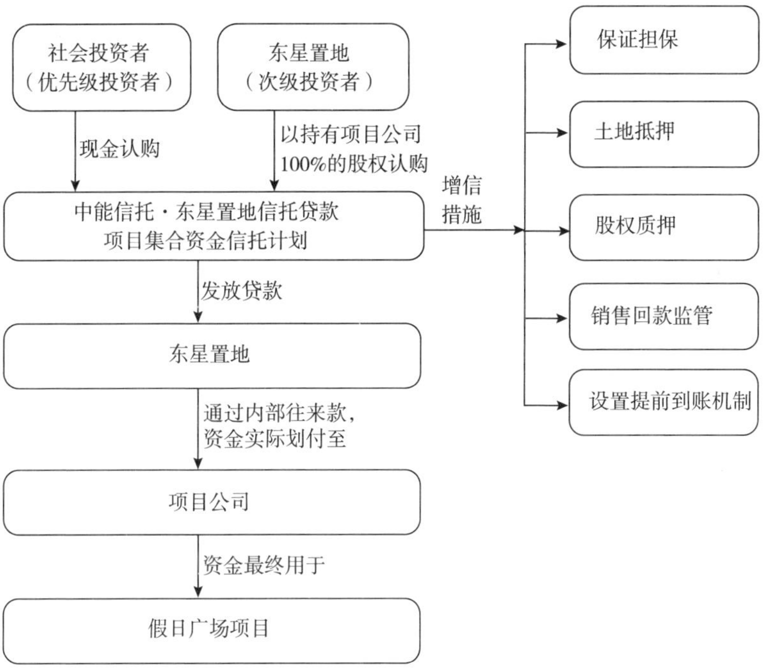

图 6－2　主要的交易结构

信托计划的核心要素见表 6－1。

主体交易结构的形成过程

在设计交易结构时，由于资金用途的限制，业务团队首先考虑的是融资载体的选择。从监管的角度来看，无论银行还是信托公司，在拿到施工许可证之前，均不得直接向项目公司发放贷款。按照当时业内通行的做法，有的银行可以借用开发商旗下符合监管要求的项目作为融资载

表 6-1 信托计划的核心要素

核心要素	具体内容
信托计划名称	中能信托·东星置地信托贷款项目集合资金信托计划
信托计划类型	结构化的集合信托计划；其中优先级的信托单位由社会投资者以现金形式认购，次级信托单位由东星置地以其持有的项目公司 100% 的股权认购
信托计划规模	5 亿元（优先级）
信托计划期限	一年半，满一年后可提前还款
信托资金用途	信托资金全部用于向东星置地发放信托贷款；贷款资金以往来款的形式转入东星置地下属的项目公司，最终用于缴纳假日广场项目的土地出让金
退出方式	东星置地还本付息
还款来源	形式上的还款来源是龙珠花园项目的销售回款，实际还款来源是假日广场项目的销售回款
核心增信措施	保证担保：德兴公司、项目公司以及东星置地的实际控制人卢家耀、卢晓京提供连带责任保证担保 土地抵押：东星置地在取得假日广场项目的土地使用权证后抵押给信托计划；同时，融资方提供龙珠花园项目土地的第二顺位抵押以及位于云州市汉南县的聚峰花园项目土地抵押 股权质押：卢家耀将其持有的德兴公司 70% 的股权、卢家耀和卢晓京将其合计持有的东星置地 100% 的股权质押给信托计划 资金监管：与富兴银行签署《资金监管协议》，对龙珠花园、假日广场和德兴花园的销售回款进行监管 提前到账：设置提前到账机制，在信托计划到期前 6 个月，每个月的第 1 个工作日及最后 1 个月的最后 1 天分别存入资金 5 000 万元、5 000 万元、5 000 万元、1 亿元、1 亿元、1.5 亿元；存入资金专门用于归还贷款本息
融资成本及各方费率	信托贷款年利率为 12% 其中，投资者年收益率为 8%（单笔认购 1 亿元以上的投资者年收益率为每年 10.5%），销售费为每年 2.5%，托管费为每年 0.1%，第三方委托监管费用为每年 50 万元；信托报酬为每年 1.4%（绝对信托报酬为每年 650 万元）
销售方案	富兴银行包销

体发放贷款，并通过资金腾挪间接满足拿地资金需求，如龙珠花园就是这样一个得天独厚的载体。但是，当时富兴银行云州分行刚刚筹建，尚未正式开展表内信贷业务，自己无法操作，只好将项目引荐给中能信托。

中能信托介入后，在交易结构的设计上颇费思量。由于直接发放信托贷款触发了监管红线，而投资附加回购等变通模式也存在政策上的障碍，业务团队经过反复斟酌，决定采用股权投资基金的交易形式，并通过对赌条款的安排实现融资目的（具体操作流程可参见本书案例：俊丰地产明股实债项目）。在经过法律部门初步认可后，业务团队很快将该方案反馈给东星置地和富兴银行，让人意外的是，东星置地表示同意，富兴银行却提出了反对意见，后者认为，从产品销售角度考虑，该交易方案设计得过于复杂，销售时不太容易向投资者解释，希望中能信托采用银行惯用的以符合监管要求的项目载体进行贷款操作的模式。

实事求是地讲，富兴银行的意见有一定的合理性，但对于中能信托来说，由于资金募集与资金使用一一对应的特征（这是信托与银行的区别所在），采用上述银行惯用的操作模式将会带来很大的受托人责任风险。但是，几经周折后，中能信托同意了富兴银行的意见，采用以符合监管要求的龙珠花园项目作为融资载体、贷款资金实际用于缴纳假日广场地价款这种“挂羊头卖狗肉”的交易模式，主要原因有3点：（1）当时距离东星置地缴纳最后一笔地价款只有两个月的时间（中间还隔着一个春节），时间非常紧迫，过于复杂的交易结构使得内外沟通的时间比较长，而且中能信托自身也没有十足的把握可以通过银监局备案；（2）中能信托对东星置地这个交易对手比较认可，对项目的如期还款有信心；（3）富兴银行对自己的意见比较坚持，表示如果中能信托不同意，将会另选其他信托公司，为了维护与银行的关系，抓住东星置地这个看起来不错的客户，中能信托存在一定的侥幸心理，愿意承担这种交易模式带来的风险。

资金划转流程的设计

确定交易结构后，为了弱化合规风险，业务团队曾向融资方提出，在贷款发放前，先由东星置地的关联公司拆借一笔过桥资金，周转后划给项目公司用于缴纳地价款；信托贷款发放给东星置地后通过各种周转，最后用于归还关联公司的过桥融资，在资金的划转路径上不要被追查到是用于缴纳地价款。但是，融资方表示企业资金面比较紧张，无法在短期内融到过桥资金，最后通过富兴银行向中能信托施压，迫使业务团队采用直接绕监管的模式，即5亿元贷款资金达到东星置地账户后，先以工程款形式将其中4.5亿元支付给其旗下的建安公司，再通过建安公司将其中4.2亿元划付至东星置地的关联公司，最终由该关联公司以往来款形式将其中4亿元资金划拨给项目公司用于支付地价款，整个资金划转流程如图6－3所示。

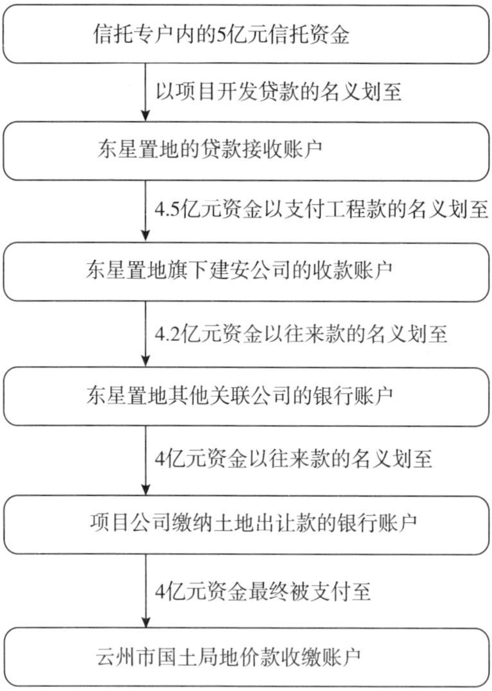

图6－3　资金划转流程

在资金流转的过程中，业务团队为尽量降低监管的关注煞费苦心，每次划拨的资金数额都不一样（逐次递减）；另外，要求所有参与资金流转的主体都必须在富兴银行开立银行账户，并对这些账户实行全封闭监管，以避免资金挪用的风险。

信托公司与代销银行的责任分析

必须指出的是，此种交易结构虽然形式合规，但如果细究整个操作流程，中能信托刻意规避监管的迹象非常明显。信托合同披露的资金用途与实际完全不一致，而且中能信托参与并主导了整个资金挪用过程。一旦出现融资方违约的极端情况，在中能信托与东星置地因债务纠纷而出现对立时，上述精心安排的资金划转流程很可能被公之于众，这将会坐实中能信托在谨慎尽职方面的重大责任，极有可能被迫以自有资金赔偿投资者的损失，而且会受到监管机构的严厉处罚。

小专题

资金挪用与受托人的责任

在房地产信托实务中，资金挪用是普遍存在的现象。由于信息不对称以及信托公司在贷后管理中的专业能力所限，开发商在获得项目融资后或在项目实现销售回款后可以很轻易地通过各种路径（如支付工程款等）将资金挪作他用。很多大型开发商在财务管理中采取的“资金集中管控”措施（即将各子公司的资金归集到总部的资金池中统一调配使用）也是一种变相的资金挪用行为。

我国《信托法》第二十五条规定了信托公司在信托财产的管理运用中应尽到谨慎尽职的责任。虽然当前在实务中对这种责任的认定没有统一标准，但信托项目中的资金挪用多少会对信托公司的谨慎尽职责任造成一定影响。那么，这种影响到底有多大？在何种情况下可以追究信托公司未尽到谨慎尽职的责任呢？

坦率地讲，这是很难回答的问题，实务中的情况远比法条规定的要复杂，笔者只能按照自己的理解做些简单的梳理。

首先，需要强调的是，尽管资金挪用是普遍存在的现象，但基本上都带有一定的隐蔽性，表面上看起来合情合理（如工程款的支付等），再加上资金流转的环节一般比较多，监管机构在对信托公司进行检查时不会追根问底（实际上也做不到），所以在大多数房地产融资项目中，只要项目本身不出问题，能够如期还款，信托计划也能顺利兑付，资金挪用行为很难被发现，也就无所谓责任承担问题。这种情况告诉我们，对于信托公司来讲，最重要的事情是做好项目实质风险的把控。

但是，如果在整体交易方案中出现纰漏，即使项目没有出险，也有可能被监管机构发现资金挪用情况并加以处罚，例如，项目融资款明显超过实际需求的（如开发成本仅需10亿元的项目直接融了30亿元的资金）。不过，笔者认为，在固定收益类信托项目中，受托人对投资者的责任承担只有在项目出险后才可能存在。只要信托计划能顺利兑付，信托公司面临的可能只是合规责任，不用向投资者承担所谓的谨慎尽职责任。

比较麻烦的是项目出险后的责任，笔者认为这主要涉及举证问题。如果是一个完全合规的融资项目，如向符合“432”规定的地产项目发放贷款，而且贷款额度也符合项目的实际需要，这种情况下开发商若有挪用资金行为，而且最后项目也出险了，信托公司是否要向投资者承担责任，要看信托公司对项目公司的对外付款是否负有审核义务以及是否有证据证明项目公司存在资金挪用行为。一般来说，前者比较容易证明，因为很多信托公司为防止资金挪用风险，都会通过设置预留印鉴或与银行合作的方式建立资金监管机制。对开发商来说，这种监管是信托公司的权利，但从信托计划投资者的角度来看，这种监管却是信托公司的义务。所以，信托公司对项目公司的对外付款审核义务很容易从合同约定中得到证明。但是后者的证明则比较麻烦。正如上文所言，资金挪用通常都披着合法的外衣，带有一定隐蔽性，如何证明工程款的支付是不合理的？作为金融机构的信托公司在工程款的支付审核上要达到何种专业程度才算尽到谨慎尽职责任？这些都是很复杂、很专业的问题，我国的司法实践并没有总结出相应的判断标准，这种情况下该如何做出判断，谁也说不清楚。

但是，为了规避监管限制，信托公司采取如本案例这种“挂羊头卖狗肉”的操作模式，显然没有尽到谨慎尽职的责任，且在实务操作中存在诸多漏洞。

其一，对于房地产公司而言，符合监管要求的融资载体一般情况下都有银行开发贷款（如本项目中的龙珠花园项目有云州银行3亿元的开发贷款），该融资载体实际上并不需要开发资金，强行以其作为融资载体，虽然形式合规，但一旦认真追查起来，很容易发现其中的猫腻。

其二，在这种交易模式中，信托公司为了控制开发商的道德风险，一般情况下会对资金的流向进行严格监管，这极易留下把柄。当项目违约且出现讨债纠纷时，监管机构（或法院）很有可能会发现信托公司不但在交易结构的设计上有故意规避监管的嫌疑，而且在实务操作中参与了资金的挪用，此时信托公司对投资者的赔偿责任以及监管机构施加的行政处罚将不可避免。

既然这种交易模式存在上述风险，为何富兴银行希望中能信托采用，甚至不惜以更换信托公司相威胁？除了前文提到的产品销售原因外，富兴银行的相关负责人认为（根据笔者事后的私下了解）：这种模式存在的瑕疵问题应当由作为受托人的中能信托自己承担，代销银行只负责产品销售，不用承担实质的兑付风险；在当前对固定收益产品实行“刚性兑付”的行业环境下，即使出了风险，信托公司也会兜底，而且中能信托实力雄厚，有兜底能力，这是我们在该项目上选择中能信托的重要原因。这是不是信托公司的悲哀？

笔者认为，抛开刚性兑付的因素，本项目出险后如果诉诸司法，虽然中能信托的赔付责任不可避免，但富兴银行作为代销机构的责任也很难规避。我国法律尽管对代销银行的权责没有明确的界定，但对这种“挂羊头卖狗肉”的信托产品进行代销，其对投资者的信息披露当然不可能触其实质，对于专业的金融机构而言，这是一个不可饶恕的疏漏。如果信托公司出现无力赔付的情况，代销银行在监管机构和投资者的双重压力下很有可能会承担全部或部分代垫责任（国内已有多起相关案例）。

主要增信措施

增信措施的演变历程分析

在确定融资载体后，业务团队拿出了初始方案，但该方案与最终方案在增信措施方面（包括费用收取）有重大区别，具体见表6－2。

表6－2　初始方案与最终方案的区别

增信措施类型	初始交易方案	最终交易方案
土地抵押	只有假日广场项目土地抵押	假日广场项目土地抵押（信托计划成立后办理）；聚峰花园项目土地抵押；龙珠花园项目土地第二顺位抵押
股权质押	只有东星置地100%的股权质押	德兴公司70%的股权质押；东星置地100%的股权质押
保证金质押	将假日广场项目的部分销售回款存入以中能信托设立的保证金账户，设立保证金质押	没有
资金监管	只有假日广场的销售款监管措施	监管龙珠花园、假日广场和德兴花园的销售回款
印章监管	东星置地的全部印章（包括公章、财务章、法人章等）全部由富兴银行保管，并根据中能信托的书面指令确定用章事宜	由中能信托聘请的第三方工程咨询公司负责
费率	中能信托的报酬率为每年1.9%，富兴银行的代销费为每年2%	中能信托的报酬率为每年1.4%，富兴银行的代销费为每年2.5%

初始方案形成后，在中能信托的风险部门、富兴银行及融资方的意见和压力下，经历了数次演变才形成最终方案。

方案第一次变更。对于初始方案，风险部门首先给出了否定意见，认为作为第一还款来源的假日广场项目以商铺和高级公寓为主，酒店按照政府规定只能整体出售，去化速度很慢，现金流严重不足；而且，在信托放款前，没有任何资产抵押，担保措施非常薄弱。针对风险部门的意见，业务团队与融资方进行了深入沟通，后者拿出实际控制人卢家耀个人持有的德兴公司作为保证人（其旗下的德兴花园项目是以刚需房为主的住宅项目，现金流很好）；同时追加位于云州市汉南县聚峰花园项目的土地抵押（该土地位于汉南县最核心位置，评估价值3亿元）。

方案第二次变更。针对融资方追加的增信条件，风险部门仍然不满意，认为德兴公司作为保证人只是第二还款来源，而且中能信托对该项目的现金流没有任何掌控力；追加抵押的土地位于经济实力薄弱的四五线城市，变现能力太差，而且与5亿元的贷款本金相比，抵押物价值严重不足。针对风险部门的意见，业务团队在与融资方沟通后对交易方案做出了较大调整，将卢家耀持有的德兴公司70%的股权也作为信托财产认购次级信托单位，委托富兴银行监管该公司的相关印章和销售回款账户；同时，追加龙珠花园的项目土地作为第二顺位抵押，该项目虽然抵押给云州银行，但土地评估价值为7亿元，之前的贷款本金为3亿元，尚有4亿元的剩余价值。这次追加的保障条件，特别是德兴花园项目的销售款监管条件，得到了风险部门的初步认可。

由于龙珠花园项目的土地已经抵押给云州银行，根据当地国土局的规定，办理土地第二顺位抵押时须提交第一顺位抵押权人的书面同意函。由于本次融资的主导方是富兴银行，基于同业竞争的考虑，云州银行一开始并不愿意出具同意函，融资方与其进行了多次交涉，承诺如果配合出函的话将会在其他项目上优先考虑其融资，否则将全面终止与云州银行的合作。由于云州银行是当地的小银行，融资方是其重要客户，在“胡萝卜加大棒”的压力下，最终同意配合办理第二顺位抵押，但前提条件是龙珠花园的销售回款须优先归还云州银行的贷款，且中能信托不得对该项目进行任何实质性监管。

前两次的方案调整在还款来源和抵押措施上增厚了信托融资的“安全垫”，但是，这种调整是在风险部门的要求下被动进行的，业务团队本身没有提出任何建设性意见。作为风险管理的第一道防线，在项目还款来源不足和抵押措施薄弱时，业务团队没有去积极争取有利条件，而是抱有侥幸心理，将风险控制的全部希望寄托在风险部门上，这种做事的态度和风险控制意识值得深刻反思。

方案第三次变更。在获得风险部门初步认可后，业务团队在没有与代销银行充分沟通确认的情况下匆匆开启了内部审批流程，结果在项目上风控会之前，富兴银行对交易方案提出了修改意见：取消保证金质押，改为存单质押；提高代销费率0.5个百分点至每年2.5%，由于融资总成本不变，中能信托的报酬率相应下降了0.5个百分点至每年1.4%。

富兴银行给出的修改理由是：保证金存放在以中能信托名义开立的账户上，经办支行无法获得企业存款，承做项目的积极性不高，应当改成以项目公司名义开立账户的存单质押；在内部汇报项目时，富兴银行某领导认为，项目是由银行推荐的，资金募集也由银行负责，信托公司只是起到类似“通道”的作用，银行理应提高代销费率，获得更高收益。

富兴银行的修改意见充分体现了其作为项目主导方的霸道和专横。实事求是地讲，将保证金质押改为存单质押并未降低信托公司的风险，但该项修改受到了融资方的强烈抵制，因为存单质押的资金是被冻结的，融资方既不能使用，也无法进行现金理财，只能获得存款收益，隐性成本太高。富兴银行在协调无果的情况下，提出将保证金质押改为资金监管，销售回款存放在以项目公司名义开立的监管账户上，该账户内除了预留一定比例的存款外，其他资金只能购买富兴银行的理财产品。为保障信托公司的利益，要求该账户加盖中能信托的预留印鉴；同时，在《资金监管协议》中约定，监管账户内购买银行理财产品的资金只能原路返回，银行承诺不将该资金划入其他任何账户，也不接受融资方提出的任何更换监管账户的请求，在信托贷款出现违约时，银行将根据中能信托的书面指令直接将监管账户内的资金划入信托计划专户偿还贷款。

对于银行的修改意见，中能信托颇感无奈。一方面信托报酬率下降，另一方面保证金质押改为资金监管，中能信托丧失了对销售回款的优先受偿权，风险上升了。但是，经权衡利弊后，中能信托还是接受了修改意见。

方案第四次变更。方案第三次修改后，项目进入上会流程，但在过会后的合同起草阶段，富兴银行又提出了修改意见：取消对项目公司与德兴公司的印章监管，仅保留这两个项目销售回款的资金监管服务。理由是：在进行内部审批时，银行风险部门提出由其进行印章监管面临的道德风险太大，应由信托公司自行或委托其他第三方监管。

该修改意见让中能信托措手不及，因为此时全套合同已经起草完毕，按照该意见不但相关合同要重新起草，而且还要敲定新的印章监管模式。最后，中能信托从控制风险的角度出发，聘请之前有过业务合作的某工程咨询公司作为印章监管机构，为此每年多付出了 50 万元的委托管理费，信托报酬率进一步降低。

在这两次方案变更中，除了项目主导银行的强势外，业务团队也负有不可推卸的责任，在项目承做过程中与合作银行的沟通严重不足，而且过于相信作为对接部门的私人银行部的意见，忽略了经办支行的利益诉求以及审批部门的风险考量。

方案第五次变更。方案重新调整后，业务团队重新履行了内部审批流程，在快要进行全套合同签署时，融资方抛出了一个大炸弹：由于小股东反对，原定以德兴公司 70% 的股权认购次级信托单位的方案无法实施，只能改为股权质押。

此时，业务团队几乎陷入崩溃。在之前的多次沟通中，融资方都没有任何反对意见，现在突然提出来，加上之前代销银行对方案的不断调整，使得信托公司对承做该项目彻底丧失了信心。经过私下沟通，业务团队了解到，作为旧改项目，德兴公司是由卢家耀与当地具有深厚政府关系的几个自然人合资组建的。在与业务团队沟通方案时，卢家耀过于自信，认为将自己持有的公司股权过户给信托计划没有问题，但是到了合同签署阶段，由于股权过户需要通知其他股东，卢家耀的合作伙伴得知该情况后，认为卢家耀将股权过户给他人是想从项目中抽身，而且股权受让方的国有背景使这几个作为自然人的小股东极度没有安全感，所以强烈反对卢家耀转让股权，甚至威胁如果强行转让，则会采取各种办法让公司陷入瘫痪。在反复沟通无果后，灰头土脸的卢家耀不得不提出以股权质押代替过户。

对于该调整，风险部门坚决不予接受，认为在前两次调整中，信托公司已经做出了很大让步，本次调整严重削弱了信托公司对德兴花园这一重要还款来源的控制力，没有再后退的空间了。而业务团队则积极争取，认为即使转为股权质押，仍然可以对销售回款进行监管，实质风险差别不大。在双方僵持不下的时候，富兴银行云州分行的行长带队拜访信托公司，希望后者能从双方合作的大局出发同意该条件，富兴银行可以在后续的业务合作中给予最大支持。最后，为维护与银行的合作关系，中能信托的高层经反复权衡后接受了该条件。

小专题

房地产项目融资中的小股东问题

在我国房地产市场，对利润空间巨大的优质项目的争夺往往十分激烈。由于政府部门的决策流程不完全透明，背后的利益关系错综复杂，存在大量可寻租的灰色空间，所以现实中常常会有这么一批人，在当地有着深厚的人脉资源和政府关系，具有很强的项目获取实力，但并不具备房地产项目的开发运营能力（或开发运营能力很弱）。在与专业地产开发商的合作中，他们通常以入股项目公司的方式（成为小股东），将所拥有的资源“套现”。尽管小股东们在项目公司中的股权占比一般不高，但话语权很强，对项目成功实施有着举足轻重的影响作用。

对于信托公司而言，这种具有“小股东现象”的地产项目既是机遇，也存在风险。一方面，在这种项目中，小股东也需要按照持股比例投入资金，但其往往缺乏资金，存在强烈的融资需求，信托公司可以较高的成本为小股东融资，并将项目公司的销售回款作为还款来源，由于该类项目一般都比较优质，且有品牌地产商作为大股东来操盘，安全性较高，信托公司可以在有效控制风险的同时获得较高收益；另一方面，该类项目在获取阶段可能存在一定的利益输送，且小股东背景深厚、利益诉求强烈，大股东在很多方面不一定能掌控项目公司，信托公司在进行融资方案设计时要特别注意这一风险。

增信措施的“碎片化特征”分析

为保障信托贷款的偿还，本项目设置了多项增信措施，包括 3 项土地抵押、2 项股权质押、4 项保证担保以及 3 个项目的销售回款监控，保障性貌似不错，但这些增信措施的“碎片化特征”非常明显，保障性均不如意。

其一，土地抵押。项目公司在取得假日广场项目的土地证后抵押给信托计划；同时，提供位于云州市汉南县的聚峰花园项目土地抵押以及龙珠花园项目土地的第二顺位抵押。实际上，由于假日广场项目在信托放款前尚未取得土地证，且后续何时取得具有很大的不确定性，在放款前实际上存在很大的风险敞口（直到信托计划结束，该土地证仍未办理下来）。汉南县城的土地价值有限，且位于四五线城市，变现能力很差。另外，龙珠花园的土地只是第二顺位抵押，不但在受偿顺序上劣后于前序抵押权人，而且在资产处置时，由于评估价值与实际处置价值往往存在巨大落差，届时可能根本没有多少剩余价值。

其二，股权质押。融资方将德兴公司 70% 的股权和东星置地 100% 的股权质押给信托计划。从财务角度来看，由于非上市公司股权价值的不确定性以及或有负债的存在，股权质押的保障意义不大，主要作用在于防范道德风险和防止股权变更。当然，对于民营企业的实际控制人来说，如果质押的是其核心公司的股权，实际效果就好很多。本项目在出现流动性风险后，由于整个集团的经营状况尚属正常，卢家耀为了保住作为控股公司的东星置地的股权，积极配合业务团队筹集还款资金，这说明股权质押在特定情况下也有其独特的作用。

其三，保证担保。德兴公司、项目公司以及东星置地的实际控制人卢家耀和卢晓京为信托贷款提供连带责任保证担保。在实务中，实际控制人提供个人担保是一种常规做法，这里比较特别的是德兴公司和项目公司的担保。从财务角度来看，中能信托已经持有项目公司100%的股权，且德兴公司70%的股权也质押给了信托计划，再提供保证担保意义不大。但从法律角度来看，项目公司旗下的假日广场虽然被视为第一还款来源，但项目公司作为一个独立的法人实体，与中能信托并无直接借贷关系，只有通过连带责任保证担保，才能在东星置地出现违约时名正言顺地以履行担保责任的名义从项目公司划拨资金用于还款；否则，中能信托只能处置项目公司的股权，而不能直接划拨资金（这是一个非常重要的方案设计思路）。作为第二还款来源的德兴公司的担保，也是基于同样道理。

其四，资金监管。从形式上看，中能信托对龙珠花园、假日广场及德兴花园的销售回款进行了监管，还款渠道貌似很多，但实际上龙珠花园项目已有云州银行的抵押贷款，项目所有现金流由其管控，中能信托的监管徒有其表。德兴花园作为旧改项目，涉及多方博弈，预售许可证一直办不下来，无法实现销售。由于贷款期限过短，再加上土地证由于客观原因迟迟没有办下来，作为第一还款来源的假日广场项目直到信托结束也没有实现销售，资金监管自然无从谈起。由此导致整个信托项目在后期出现了严重的流动性危机。

通过以上分析可以发现，本项目的增信措施看似很多，但没有一个完整且足值的抵押资产，而且缺乏充足确定的还款来源。在项目推进过程中，业务团队在各种压力下丧失了基本的风险判断，为做项目而做项目，“削足适履”的迹象非常明显。为了达到所谓的增信效果，东拼西凑，过多增加了与实际用款项目无关的担保措施和还款来源，不但降低了前期沟通的效率，而且大大增加了项目后期的管理成本。

资金募集端的结构化分析

原因分析

在设计交易方案时，基于如下几点考虑，业务团队要求东星置地以其持有的项目公司100%的股权认购次级信托单位，并将股权过户给中能信托。

其一，基于风险控制的考虑。在信托贷款发放前，假日广场项目尚未取得土地证，无法办理土地抵押手续，存在较大的风险敞口。业务团队考虑到项目公司已实际竞得该土地，且已通过股东借款缴付5亿元土地款，作为新设立的项目公司，其全部股权对应的净资产价值至少是5亿元；由股东出具书面承诺，在信托公司贷款本息清偿前放弃对项目公司股东借款的追偿权，中能信托取得项目公司的股权，可以通过对项目公司重大事项决策权的掌控以及印章的监管变相实现对土地资产的控制，从而在一定程度上弥补放款前土地抵押缺失带来的风险敞口。

其二，基于资产处置的考虑。由中能信托持有项目公司股权，在项目出险后，中能信托可以直接寻找接盘方处置股权，流程相对便捷快速，这是股权质押无法比拟的优势。虽然这种股权处置在实务中会面临诸多障碍，但其潜在的威慑力不容小觑。从项目后期风险处置的情况来看，由于中能信托有权直接处置该股权，而且融资方已经对项目投入了5亿元真金白银，违约成本很高，所以才会拼命筹集资金归还信托贷款。

其三，基于产品销售的考虑。在资金募集端引入结构化设计，通过交付项目公司股权认购次级信托单位，有利于优先级信托单位的销售，这一点是作为代销机构的富兴银行比较乐意见到的。

小专题

房地产信托业务中结构化工具的使用

结构化工具的使用是房地产信托的一大特色，其方案设计通常围绕信托财产展开，既表现在资金募集端，也表现在资金运用端，如图6-4所示。

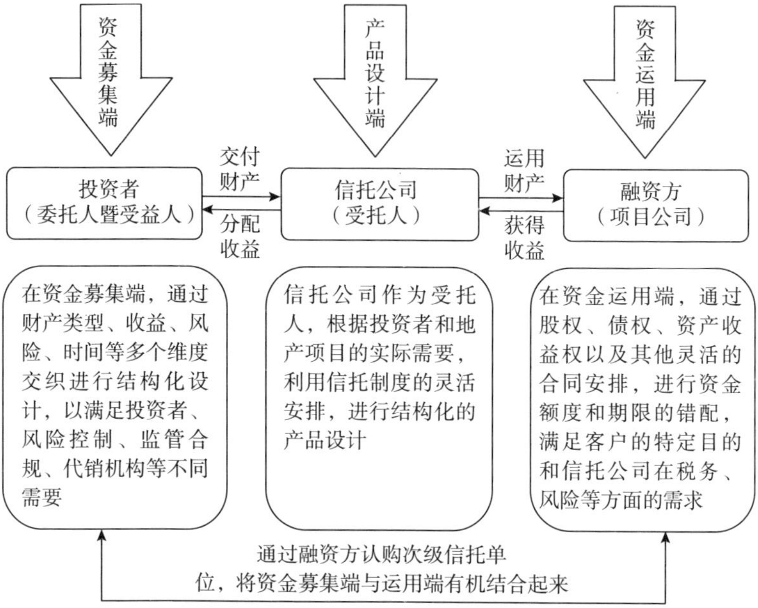

图6－4　信托资金的募集和运用中的结构化说明

在资金募集端，结构化设计的维度主要有收益、风险、期限、金额、财产类型等，而且这些维度通常是交织在一起的。

业务中比较常见也比较简单的是风险和收益的结合，根据分配顺序和杠杆比例的不同来实现风险和收益的匹配，以满足不同投资者的需要。例如某2年期的房地产贷款项目，信托公司预计可以给投资者的收益是每年10%，在信托产品销售的时候根据投资者风险偏好的不同可以将信托单位分为优先级和次级（期限都是2年），在两者比例为1∶1的情况下，优先级投资者的收益率如果确定为每年8%，则次级投资者的收益率是每年12%；如果项目出险，信托公司通过债权处置清收回来的资金，在扣除相关费用后将首先用来支付优先级投资者的本金和收益，如有剩余，才会向次级投资者分配。次级投资者的杠杆比例越高，风险越大，收益也越高，如果将上述优先/次级的比例调整为3∶1，优先级投资者的预期收益率还是确定为每年8%，则次级投资者的收益率可以达到每年16%，足足是优先级的两倍，但风险要比之前高很多。

在房地产股权投资基金项目中，比较常见的是收益、风险和期限3

个维度的结合。出于税务等考虑，股权投资基金项目通常采用股债结合的方式运用资金，其中债权以股东借款的形式投向项目公司，期限较短，收取固定利息；股权以增资方式进入项目公司，期限较长，主要获取分红等浮动收益。在资金端进行结构化设计时，优先级信托单位通常对应股东借款部分，获得固定收益且期限较短，而次级信托单位对应股权投资部分，获得浮动收益且期限较长。

有时候，在募集时为吸引大额资金，方案设计通常会将收益和金额结合起来。例如本信托计划的年收益率为8%，但为了吸引大额资金认购，将单笔认购1亿元以上的投资者年收益率设定为10.5%。这种情况下虽然收益率有所差别，但所有投资者面临的风险是一样的，并无优先、次级之分。

有时候，根据还款时间不同，可以将收益和期限结合起来。笔者曾做过某地产项目，在总共10亿元的融资规模中，融资方明确表示其中的6亿元1年后偿还，而剩余的4亿元2年后偿还。业务团队最开始在设计方案时，对投资者没有做结构化安排，后来财富中心反馈，如果采用该方案，1年后分配60%的本金，2年后再分配剩余本金，对投资者吸引力不大，因为其很难对自己的理财进行整体规划。后来根据财富中心的建议将信托单位设计成A类和B类，其中A类期限为1年，收益较低，主要面向以流动性管理为主的机构投资者，B类期限为2年，收益较高，主要面向个人高净值客户。两类投资者没有优先、次级之分，如果项目在1年内出险，则所有投资者承担同样的风险。

将非现金财产纳入结构化方案是房地产信托的一大优势和特色。通常情况下，由于交易税费的限制，交付信托的财产以债权（股东借款为主）和项目公司股权居多，而且基本上由融资方（或其关联人）作为次级信托单位持有人，以保障优先级信托单位的安全，本项目就是一个典型的例子。

需要指出的是，由风险、收益、期限、金额这些维度构成的结构化方案以两层居多，但也有多层的结构化方案。例如在风险分级上，有的房地产股权投资基金中设置有优先级、中间级和劣后级3种信托单位，其中优先级信托单位获取固定收益，中间级获得固定收益（主要来自项目分红，但在受偿顺序上优先于所有浮动收益，换言之，计算浮动收益时需先扣除该部分固定收益）以及一小部分浮动收益，主要用来满足部分既想获得浮动分成又不愿意承担太大风险的投资者，而次级获取纯浮动收益，一般由开发商自己认购。

在全部以现金认购信托单位的情况下，资金端的结构化设计主要考虑投资者的需要，通过将不同的信托单位卖给不同的风险收益偏好的投资者，可以更好地实现产品销售。而很多以非现金财产认购信托单位的结构化设计往往是出于控制项目风险、满足融资方特定目的以及规避金融监管的需要。例如本案例中，中能信托之所以要融资方以其持有的项目公司股权认购次级信托单位，就是希望通过控制项目公司来加大融资方的违约成本，保障信托贷款的安全。在一些“四证”不全的房地产融资项目中，采用“股权投资附加对赌回购”的交易模式，开发商以股东借款认购次级信托单位，是为了规避房地产信托的政策监管并满足客户优化报表的要求（具体参见本书案例：俊丰地产明股实债项目）。在某些房地产股权投资基金项目中，为了同时满足信托公司收益保底和开发商以较少股权获得较多分红的要求，也会采用结构化的方案设计，即开发商以股东借款认购次级信托单位。

人们通常认为，机构投资者的风险承受能力比较强，适合认购期限长、风险相对较高的信托单位；而个人投资者刚好相反。笔者在多年的信托生涯中发现，实际情况可能完全相反。我国的机构投资者以国有银行、保险公司、财务公司为主，在投资时青睐风险较低的固定收益类产品，基本不碰次级信托单位（一些民营的机构投资者除外），在期限上有的较长（如保险公司），有的较短（如银行、财务公司等）；而带有浮动收益的次级信托单位通常被个人高净值客户买走。

在资金运用端，结构化工具主要体现在根据项目的具体情况灵活采用股权、债权、资产交易等多种方式，进行资金和期限的错配，以满足开发商的特定目的以及信托公司在税务和风险控制上的需求。例如，在有的房地产股权投资基金项目中，要在综合考量税费节省以及资本弱化的基础上适当调配股债比例。

需要指出的是，资金的募集端和运用端是紧密联系、相互影响的。在很多房地产股权投资基金项目中，资金运用端的结构化安排可能会倒逼募集端的结构化设计，这种因“二次结构化”带来的现金流调配问题对整个地产基金的方案设计具有重要影响。

以上分析仅仅触及房地产信托结构化工具的冰山一角，通过这些分析可以发现，信托是一种极具灵活性的制度安排，由于信托财产的多样性和运用上的多元化，加上收益、风险、时间、期限、金额等各种维度的交织运用，信托项目的方案设计具有极大的弹性空间，可以根据实际需要衍变出千变万化的形态。笔者认为，只有掌握了结构化工具的使用，才算真正掌握房地产信托方案设计的精髓。

操作流程

以项目公司股权认购信托单位，须将该股权过户到信托公司名下，从形式上看，这是一个简单的过户行为，但是由于工商局对这种交易方式的不理解，导致过户的时候问题频发。总的来讲，整个过户分为两个步骤。

第一步，排除原股东的借款风险。项目公司原股东（东星置地）签署《关于股东借款的承诺函》，承诺：在信托贷款本息清偿完毕之前，项目公司原股东不得请求项目公司归还股东借款；如果因贷款违约导致项目出险，信托公司在处置项目公司股权时，原股东无条件放弃股东借款，信托公司处置项目公司股权的所得在清偿剩余贷款本息并支付相关费用后如有剩余，则剩余部分作为信托财产在信托计划清算时分配给次级投资者（东星置地）。

之所以做出上述安排，主要是考虑到项目公司的股东出资大部分是借款形式，只有很少部分作为注册资本存在（如本项目东星置地的投入为5亿元，只有5 000万元作为注册资本，剩下的4.5亿元全部是股东借款）。在这种情况下，信托公司虽然持有项目公司股权，但项目公司对原股东还有大笔负债，股权价值要大打折扣。要解决这个问题，除了上述签署承诺函的方法外，还可以要求原股东以持有的项目公司股权和股东借款一并认购次级信托单位。当然，后者存在一定弊端，即信托公司成为项目公司的债权人后，在没有基金化的外在包装时，很有可能会被监管机构认定为直接向项目公司融资，从而引发合规风险（该操作的具体方式参见本书案例：俊丰地产明股实债项目）。

第二步，办理股权过户手续。为实现股权过户，需要从信托关系和股权过户两个层面签署协议。在信托关系上，由信托公司与东星置地签署《财产权信托合同》，约定东星置地将其持有的项目公司股权过户给信托公司，作为认购次级信托单位的对价。由于股权转让中各种权利义务的安排比较多，不太适合在《财产权信托合同》中体现，而且工商局基本上不认可将《财产权信托合同》作为股权过户的法律依据，所以一般情况下会另行起草一份《股权转让协议》作为股权过户的依据。

但是，实务中遇到的问题远超想象。在本项目中，云州市工商局并不认可信托公司起草的《股权转让协议》（以下简称“复杂版本”），而是坚持使用自己拟定的格式版本的《股权转让协议》（以下简称“简易版本”），只有两三页纸，仅仅约定了诸如当事人、股权对价和支付方式、过户时间等核心要素。无可奈何之下，信托公司只好签署两个版本的《股权转让协议》。同时，为控制风险，在复杂版本中约定（如果工商局许可，也尽量在简易版本中做出同样约定）：简易版本仅供过户之用，如有未尽事宜，适用复杂版本的约定；如果简易版本的内容与复杂版本有冲突的，以复杂版本的约定为准。

从法理上讲，在这种架构设计中，东星置地将股权过户给信托公司，获得的对价不是转让款，而是次级信托单位。但是，在办理过户手续时，工商局并不认可这种对价安排，要求在《股权转让协议》中明确约定股权转让的价格。无奈之下，信托公司只好在简易版本中象征性地约定了1元对价，但是，工商局依然不认可，认为价款明显不合理。最后，信托公司只好以注册资本（5 000万元）作为交易对价（很不幸，笔者在职业生涯中多次碰到过这种奇特事件）。同时，为了免除股权转让款的支付责任，信托公司又与东星置地签署了一份《补充协议》，约定提交给工商局的《股权转让协议》仅作为过户之用，信托公司不需要实际履行款项支付义务。

综上所述，在极端情况下，上述股权的过户需要签署4种合同文本，如图6-5所示。

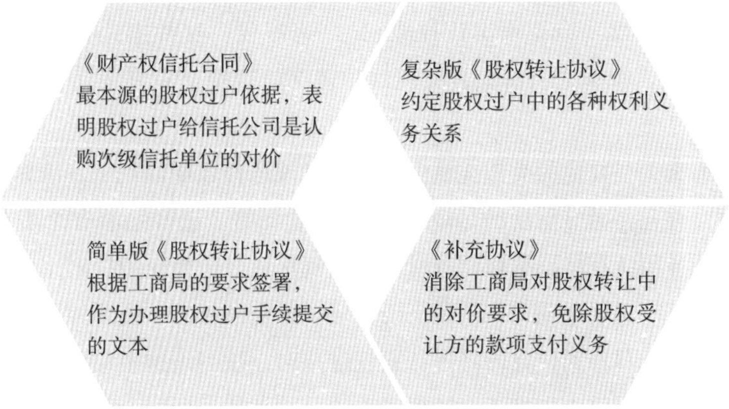

图6-5　股权作为信托财产交付过程中可能需要签署的4种合同

需要指出的是，这种让人无奈的做法不仅出现在股权作为信托财产的交付环节，在股权作为信托财产的分配环节也可能出现，这是当前我国工商部门对信托制度的不理解以及僵化的股权过户机制造成的。

另外值得关注的是，国家税务总局颁布的《关于企业重组业务企业所得税处理若干问题的通知》（财税〔2009〕第59号）第四条第（三）项规定，企业股权转让应以公允价值为基础确定企业所得税计税基础。因此，如果严格按照该规定，股权转让应以市场公允价值计征企业所得税，而一些地方税务局也切实执行了该法规，往往要求股权过户前通过第三方评估作价核算股权转让所得计征所得税。所幸当时云州市税务局并未严格执行该规定，否则本项目很可能夭折。

由此可见，与传统的银行融资相比，房地产信托在交易结构上的很多特殊安排虽然解决了融资方的很多问题，但也在诸如股权转让、资产抵押等方面受到了政府部门的挑战，这种挑战源于对信托制度的不理解或不认可，信托在我国的普及之路还很漫长。

限制股权转让的风险及应对措施

在实务中，为了防止炒地皮，有些地方的国土局可能会在《土地使用权出让合同》中做出如下限制性规定：如果投入开发建设的资金少于基本建设项目总投资的25%（土地出让价款除外），不得出让项目公司的股权（或不得出让控股权）。有时候，这种出让行为还包括增资入股。所幸本项目没有出现这种情况，否则交易方案又要重新设计了。

那么，在其他的类似交易中，如果出现这种限制性规定，该如何应对呢？首先，做好前期的尽职调查是最重要的。记得之前有个类似项目，业务团队在前期尽职调查时没有认真审核《土地使用权出让合同》，漏掉了这一重要条款，在项目已经完成全部合同签署，抵质押手续办理完毕，资金募集到位且即将进行股权过户时，被当地国土局拒绝，结果项目被紧急叫停，引发了一场很严重的公关危机。所以，业务团队须时刻牢记，尽职调查在任何时候都是业务承做的基石，马虎不得。

其次，笔者认为，对于这种限制性规定，根据实际情况有两种解决方案。

方案一：如果完全限制项目公司的股权转让，则可以通过转让项目公司股东的股权来间接控制项目公司，如图6－6所示。

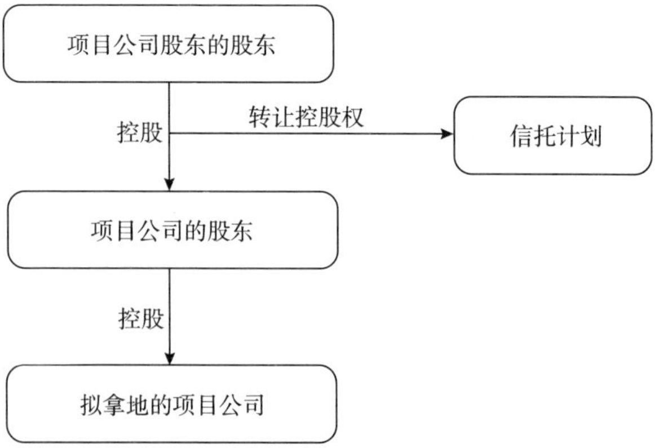

图6－6　在项目公司股东层面进行股权转让的说明

该方案有一些限制性条件，即项目公司的股东必须是壳公司，除了持有项目公司股权外没有其他资产，比较干净。如果股东是个人，或者还持有其他资产，则比较麻烦。实务中，信托公司在初谈方案时，如果尚未签署《土地使用权出让合同》（很多地方土地“招拍挂”是以开发商的名义直接竞拍，得手后再由其指定的项目公司与国土局签署出让合同），则可以建议开发商在已设立的项目公司之上再加设一层壳公司作为股东，以便于后续操作。

方案二：如果只是限制控股权转让，则可以参股，然后通过系列手段控制项目公司。例如，建立特别分红机制，通过章程约定，信托公司虽然持有项目公司少部分股权，但可以获得绝大部分分红（这是《公司法》所允许的），如果出现融资方违约，信托公司需要向第三方出让股权时，该分红机制依然有效；通过董事会控制公司，信托公司虽然只是小股东，但可以通过派驻多数董事（部分董事通过大股东派驻）的方法来控制公司；通过协议约定管控项目公司的印章和银行账户等。大家要明白，在房地产信托融资方案中，控制项目公司从来都不是目的，只是保障资金安全的一种手段。

信托产品的销售

实事求是地讲，这是一个典型的“两头在外”的信托项目。项目本身是由富兴银行介绍的，产品销售也由富兴银行负责，信托公司仅充当了“产品生产商”的角色，自身对项目和资金没有任何掌控力，说是富兴银行的“通道”并不为过，这是我国金融混业经营下一种常见的银信合作模式。在这种模式下，商业银行几乎掌控了项目运作的方方面面，产品销售环节自然也不例外。

信托期限的确定

最开始，业务团队设计的信托期限是两年半，满两年后可以提前结束，因为信托贷款的第一还款来源是假日广场项目的销售收入，考虑到放款时该项目的土地证尚未取得，后续还有各种报建、开发、销售等程序，如果期限设置得过短，容易出现流动性风险；而且假日广场的一期是去化速度较慢的高级公寓和商铺，二期的五星级酒店只能整体转让，整个项目没有去化速度较快的纯住宅项目，所以业务团队选择了相对较长的信托期限。但是，作为代销机构的富兴银行认为，本项目用款比较紧急，留给其销售的时间不多，如果产品期限过长，一方面会导致投资者的收益率要求比较高，另一方面也会放慢销售进度，可能会影响项目用款，而且，即使项目到期后销售款无法覆盖，因为企业的综合实力比较强，完全可以通过集团统筹或融资替换来还款，所以希望信托公司将信托期限设从两年半缩短为一年半。

现在来看，富兴银行的这个要求完全是从自身利益出发，将自己对项目的风险判断强加给信托公司，锚定信托公司作为国有金融机构会履行刚性兑付的责任，无视项目本身存在的自偿性风险。而对于信托公司来说，在项目主导银行面前没有话语权，同时也存在幻想，认为项目是银行介绍的，产品也由银行代销，即使将来出现流动性风险，银行也不会坐视不管。双方都把希望寄托在对方身上，在重要的产品期限设置上没有慎重考虑风险因素，为项目最终出险埋下了隐患。

从产品实际销售情况来看，信托计划的投资者更关注的是产品的期限和收益率，没有特别关注项目本身面临的风险。很多投资者认为其购买的是富兴银行代销的产品，信托公司也是国有背景的，没有到期无法兑付的风险；即使项目出了险，投资者一旦闹事儿，金融机构也会乖乖兑付。这是目前我国信托行业面临的重大问题，也是刚性兑付迟迟无法打破的根源所在。

信托收益的结构化安排

信托产品销售过程中出现了一段小插曲。原本 5 亿元优先级信托单位全部由富兴银行面向个人高净值客户销售，但在产品快要推向市场的时候，有一个机构投资者主动找到银行要求认购 1 亿元的优先级信托单位，而且希望在收益率上加上富兴银行的代销费率（由每年 8% 提升至每年 10. 5%）。由于该机构投资者是富兴银行常年的业务伙伴，考虑到双方的合作关系，富兴银行同意了该客户的要求。但是，由于该机构投资者的收益率比客户的收益率要高，在如何协调两者的关系上经历了一番波折。

最开始，富兴银行提出调整资金募集端的结构，将其代销的信托单位界定为优先级，该机构投资者认购的信托单位界定为中间级，东星置地仍然以项目公司股权认购劣后级。这一提议得到了信托公司的认可，但遭到了机构投资者的反对。笔者后来与该机构投资者负责人私下沟通，其认为这种安排将会导致其受偿顺序劣后于富兴银行代销的个人客户，无法享受刚性兑付的保障。

后来，该机构投资者提出可以按照8%的年收益率签署信托合同，但信托公司需要以返利的形式将另外2.5%的收益私下返还给机构投资者。这一提议遭到富兴银行和信托公司的反对，因为在富兴银行看来，如果该返利的内容曝光，富兴银行将无法向其他客户交代；而信托公司认为返利模式违反了受托人应公平对待所有同一类型信托受益人的《信托法》原则。

最后，信托公司提出采用如下模式：在信托合同中明确约定，认购金额在1亿元以下的投资者年收益率为8%，而认购金额在超过（含）1亿元的年收益率为10.5%。由于该款信托产品主要面向富兴银行的个人客户销售，所以几乎没有认购金额超过1亿元的，10.5%的年收益率实际上是为该机构投资者量身定做的。由于该模式直接以认购金额来区分收益率，具有一定的合理性，也是信托行业常见的做法，最后得到了各方的一致认可。

小专题

机构投资者如何从风险控制的角度认购信托产品

在我国目前的理财市场上，证券投资类的信托产品早已打破刚性兑付的魔咒，而固定收益产品还在其中苦苦挣扎。出于监管机构的维稳需要以及信托公司自身的声誉考虑，对于面向个人投资者的固定收益率类产品，如果项目出险，一般都会选择刚性兑付；但对于全部由机构投资者认购的信托产品，由于在项目出险后不会像个人投资者那样带来巨大的社会影响和维稳压力，一般情况下信托公司遵循“买者自负”的原则，不会选择刚性兑付。所以，对于机构投资者而言，在投资固定收益类信托产品时，其风险控制的理念和角度值得关注。

笔者认为，机构投资者在认购固定收益的信托产品时，刚性兑付的国情考量比项目本身的风险判断更加重要。笔者曾承做过某集合信托项目，该项目规模8亿元，全部由5家机构投资者认购（包括1个央企财务公司和4个保险公司），资金用于向某大型民营企业发放流动资金贷款。后来该民营企业老板由于涉嫌贪腐被带走调查，杳无音讯，项目陷入严重危机，到期无法还本付息。在信托公司向投资者发出风险预警后，认购了3亿元信托单位的央企财务公司用尽各种办法软硬兼施，逼迫信托公司承担刚性兑付责任，信托公司都不为所动，目前该项目仍然在查封诉讼中，兑付时点遥遥无期。

假设一下，如果当时认购该信托产品的还有相当数量的个人投资者，笔者认为，“刚性兑付”将不可避免，信托公司出于公平对待所有受益人的角度考虑，肯定也会对认购同一产品的机构投资者履行兑付责任。所以，本项目中的机构投资者坚持要求与其他个人投资者处于同等地位，正是想通过“刚性兑付”的行业潜规则来控制风险。笔者觉得，这种思路结合我国国情真正抓住了风险控制的痛点。

关于项目承做流程的反思

由于业务团队的经验缺乏，信托公司内部的流程不够清晰，再加上时间紧急，融资方和项目主导银行施加了很大压力，导致在整个项目推进过程中问题频发，严重耽误了时间，所幸在缴纳地价款的最后两天实现了信托放款，但其中的教训值得认真吸取。根据事后梳理，这些问题主要体现在如下几个方面。

其一，尽职调查问题。过早启动全面尽职调查，浪费了客户大量的时间。最开始与客户接洽时，选定的融资载体不是龙珠花园，而是位于云州的一个项目，该项目由实际控制人个人持有，业务团队在没有核实该项目是否具备融资条件的情况下就发过去了一份长长的尽职调查清单，涉及几十项尽职调查资料的提供。融资方花了 1 个多星期将全部尽职调查资料收集齐全寄送给业务团队，后者才发现该项目公司只有房地产开发暂定资质，无法满足发放房地产信托贷款需要“二级房地产开发资质”的要求，只能另寻融资载体，客户之前提供的资料几乎全部作废，导致客户对信托公司产生了极大的抵触心理，最后在富兴银行的劝解下才勉强作罢。

其二，法律文本起草问题。过早启动全套法律文本的起草，导致后来交易方案发生变更时在合同修订上面花了太多时间。业务团队为了加快项目推进，在完成尽职调查报告后即要求律师起草全套法律文本，在后续与各方的沟通过程中数次更改交易方案，业务团队在每次更改方案后都要求律师修订全套法律文本，有的文本甚至需要全部推倒重来，例如，在富兴银行否定了保证金质押和印章监管措施后，原先起草的《保证金质押合同》作废，而《印章监管协议》因管理人由银行换成第三方机构，很多条款安排需要推倒重来，这不仅使外部律师疲于应付，而且浪费了业务团队和公司法律部门大量的合同审阅时间，拖累了项目进展。

其三，上会审核问题。正如前文所述，代销银行对本项目有很强的影响力，业务团队并没有意识到这个问题，为了赶时间，在立项报告完成后并没有与代销银行和融资方进行深入沟通确定即开始申请上会，结果项目上会通过后，代销银行和融资方经内部讨论后都对交易方案提出了修改意见，导致业务团队需要重新沟通谈判，并重新申请上会，浪费了公司的资源，也影响了项目进度。

其四，账户开立问题。没有及时完成信托计划托管账户的开立手续，对信托产品的销售造成了极为不好的影响。业务团队忙着加快项目进程，没有和财务部门做好沟通，忽略了托管账户开设这种“小事儿”，在印刷信托合同时只是通过私人关系向富兴银行的客户经理要了托管账户的账号填上去，并没有及时通知财务部门履行正式的开户程序，结果在产品销售时因为托管账户没有启用，使得很多投资者的划款被退回，招致代销银行兴师问罪，对信托公司的市场形象带来了很大的负面影响，事后为挽回形象由信托公司的相关领导带队前往银行赔礼道歉，业务团队为此数次检讨，教训不可谓不深刻。

小专题

房地产信托融资中的流程注意事项

由于交易方案的复杂性和定制化特征，房地产信托在承做过程中往往要面临千头万绪的局面。在整个流程推进过程中，哪些事情先做，哪些事情后做？某一特定程序的启动需要哪些先决条件？这些都会对项目的顺利推进产生重大影响。笔者根据自己十几年的从业经验，整理了流程中的几个关键节点，供大家学习参考。

其一，初步洽谈阶段。该阶段主要进行基本的风险判断，确定合作的基本方向和可能性。例如在合规风险方面，融资方如果要直接申请信托贷款，其是否满足信托的放款条件（如“四证”齐全、“二级资质”等），如果不符合，是否可以采用其他的交易结构来规避；在信用风险方面，主要核实交易对手或项目本身是否符合公司的风险偏好，例如项目业态是商业综合体，存在巨大的去化障碍，不符合公司准入条件，或交易对手只是地方的小型开发商，实力很弱，尽管愿意付出较高成本，但主体信用很难得到公司认可。

这一阶段业务团队不需要大张旗鼓地开启尽职调查工作，只需要拿到有助于风险判断的基本材料即可，如项目公司的“四证”、房地产开发资质证书等，或交易对手集团公司最新的合并报表等。现代社会资讯发达，有的信息获取（如交易对手的基本情况）甚至只需要在网上收集即可。在这一阶段，很多经验不足的信托经理容易犯错误，例如在没有判断基本可行性时就开始全面尽职调查或兴冲冲地出差去看项目，结果劳民伤财，耽误了自己和客户的大量时间。还有的信托经理过于相信融资方经办人员的口头说明，未加核实就盲目进入下一步程序，结果发现实际情况与之前说的完全不一致。笔者在数年前承做某地产项目时，对方经办人员在电话中信誓旦旦地表示项目公司有二级房地产开发资质，笔者未加核实便开始兴冲冲地进行交易方案设计和谈判工作，结果忙活了半天，在全面尽职调查阶段发现项目公司只有暂定资质证书，之前谈好的交易方案全部作废。

其二，方案设计阶段。在判断项目具备基本可行性后进入方案设计环节。该环节主要是通过书面方案落实交易主结构、增信担保措施以及项目的核心要素（如期限、利率、付息方式等)。这一阶段可能会根据方案设计的需要让客户提供一定材料，但仍不具备全面尽职调查的条件。另外，在该阶段需要特别注意，如果交易方案中的某些主体（如担保方）涉及上市公司或外资或国有资产的，需要根据公司章程或法律规定履行相应的程序（如需要董事会、股东会或国家相关部门的审批同意)，而这些程序通常耗时较长且交易各方均无法控制，此时业务团队需要在方案建议书中明确提示对方要根据项目的推进情况尽快启动审批程序。笔者之前所在团队承办的某地产项目融资涉及香港上市公司担保，根据香港特别行政区相关法律规定，该担保的债权金额超过了董事会权限，需要上市公司股东大会批准，而融资方经办人员经验不足，没有及时启动股东大会的相关程序，结果在快要敲定合同时才发现这一问题，最后只得临时更换担保主体。

其三，尽职调查阶段。作为前提性条件，在进行正式尽职调查前，项目的交易结构、增信措施等已经基本与融资方达成一致，且交易方案所涉及的合规性问题已基本解决。尽职调查分为书面调查和现场调查，对于前者，要根据项目的具体情况设计合理的尽职调查资料清单；对于后者，除了做好项目现场考察和交流外，对交易结构中涉及股权转让、土地抵押等事项的，业务团队需前往项目所在地的相关政府部门（如工商局、国土局等）落实需要的各项手续和资料清单。需要特别指出的是，尽职调查既是技术活，更是一门艺术，并不是越详细越好，要根据交易对手、交易模式和项目的具体情况把握好度，善于抓住核心资料。有时候，过于细致的尽职调查可能因耗时过长而失去客户，例如本来是简单的贷款融资项目，如果非要比照股权并购去对项目公司进行地毯式调研，很容易引起客户反感。

其四，项目审批阶段。作为前提性条件，在项目进行内部审批（包括上风控会审核）前，业务团队应当完成全部尽职调查工作，并且在尽职调查过程中没有发现无法解决的重大瑕疵，各项交易细节也与对方达成一致。需要指出的是，有的信托公司要求业务团队在项目上会时须同步提交全套法律文本，笔者认为这很不恰当。项目上会是为了通过审核交易结构、交易对手和项目情况，进行总体的风险判断，从而决定是否承做该项目；而法律文本是对交易方案的落实，关注的更多是细节问题。信托项目的交易结构通常比较复杂，对法律文本的要求也比较高，个性化也比较强，有些复杂项目甚至需要起草十几份合同，耗费律师和业务团队大量的时间与精力。但是，项目上会并不意味着一定能通过，也不意味着无须对交易结构做出调整，如果项目最终被否或需要做出重大的结构调整，则之前花费大量精力起草好的法律文本可能全部废掉或者需要进行修订，这在程序上是极不科学的。所以，笔者认为，法律文本的起草应当满足如下条件：项目已经通过公司风控会审核同意，并且风控会提出的待落实条件经与交易各方沟通均可以落实。

其五，合同的起草、签署以及各种内外部手续的办理。这一阶段的工作是信托产品发行或融资款发放的前提条件，最大的特点是事项繁杂，需要协调的方面很多，而且主要是程序性事项，不涉及风险判断。信托经理最核心的任务是确保各种事项能够有序推进，不出现遗漏，否则可能引发不可预测的风险事件。为了做好这些工作，避免挂一漏万（例如信托放款前临时发现没有向监管机构报备），信托经理需要掌握特定的工具或技巧。笔者过去承做项目时，习惯在项目通过公司审批后立即起草一份《项目文件备忘录》，将该阶段需要完成的工作和相应的注意事项按照时间顺序整理清楚，并根据工作完成情况对照备忘录逐一勾画。

其六，产品销售和项目成立阶段。一般情况下，信托产品在销售前需满足如下条件：项目所涉及的所有法律文件（与投资者签署的信托合同除外）已经完成签署，并且所有已签署的法律文件要素齐全，没有漏填事项；项目所涉及的所有已签署法律文件的附属文件（如股东会或董事会决议、授权委托书等）已经完成签署，并且已经签署的附属文件要素齐备，没有漏填事项；信托计划的托管账户已经完成开户手续且资金可以自由进出；项目所涉及的所有登记手续（如抵质押、过户等）已全部完成，并且已经取得相关登记部门出具的权利证明原件。

实务中，很多信托公司为了赶进度，将完成登记手续作为信托放款（即项目成立）的前提条件，这种做法有其合理性，但也要看到，登记手续虽然只是程序性事项，但由于某些信托交易的特殊性和复杂性，例如，抵押主债权不一定是贷款而可能是资产回购，股权过户不一定是基于买卖而可能是以股权认购信托单位等，在进行登记时可能会面临登记部门的挑战，这中间会有大量的说服沟通工作，时间上难以保证。如果耗时过长，在销售期结束后仍然无法完成手续，将会面临信托资金募集完毕而无法放款的窘境。特别是在极端情况下，如果登记手续的完成遥遥无期，信托公司无法放款和起息，不但要面临融资方的用款压力，而且会面临投资者收益起算的压力，即使最后决定信托计划不成立，将募集资金返还给投资者，也会给信托公司造成巨大的声誉危机。

项目出险及风险的化解

本项目自土地证办理遇到障碍开始，风险逐步暴露升级，信托公司的应对措施层层加码，融资方对事态的认识和配合也逐步推进。最终，通过信托公司与融资方的良好沟通应对，凭借融资方自身的资金调度和筹措能力实现了信托兑付。

风险预警

本项目的风险预警主要体现在两个重要事件上。

其一，土地证办理遇到障碍。按照当时的合同约定，自信托贷款发放之日起 3 个月内融资方须办妥假日广场项目的土地证。在满 3 个月前，融资方即向信托公司汇报了办理土地证遇到的障碍。信托公司当时认为融资方已缴纳了全部土地款，应有足够推动力协调政府及时办证，因此同意其延期办理土地证；同时，业务团队派专人跟踪事项进展，不定期进行现场沟通督促。但是，在距离放款时间已过了接近 1 年的时候，土地证仍然没有办理下来，此时信托公司意识到假日广场项目已经不可能在贷款期限内实现预售，第一还款来源不靠谱了。

其二，提前到账机制无法履行。按照《信托贷款合同》的约定，融资方应当在贷款到期前 6 个月开始每月向监管账户存入一定比例的资金，专门用于归还贷款本息。但由于提前到账资金不视为提前还款，这对于当时已经捉襟见肘的融资方来说压力巨大，其反复申明此前并不知晓提前到账资金不被视为提前还款，认为信托公司没有尽到合同重要条款的提示义务。后经过谈判，鉴于当时融资方还款意愿正常，尚有一定还款能力，为延缓其实际违约时点，避免过早违约触及信息披露和监管报备等诸多敏感事项，信托公司决定将提前到账期限缩短为 3 个月，且每次存入监管账户的资金随即划入信托专户，视作提前还款。但融资方仅在贷款到期前第 3 个月存入 2 亿元资金，但在第 2 个月时便无力存入资金了，此时信托公司意识到融资方已经出现了严重的流动性危机。

出险原因分析

根据事后总结分析，项目出险的主要原因有以下 3 个。

其一，宏观市场原因。信托贷款发放后不久，云州市开始实行限购限贷政策，东星置地位于云州市的数个开发项目虽然在限购背景下销售态势依然强劲，但限贷政策却影响了销售款的正常回笼。随着房地产调控政策的升级，东星置地位于省内的其他项目，均较大程度地受到调控政策的影响，销售进度和回款情况均远远落后于预期，从而导致融资方的整体资金面偏紧。

其二，信托公司原因。正如前文所讲，本项目在增信措施上的“碎片化特征”比较明显，缺乏明确有力的还款保障；受限于代销银行的压力，信托期限设计得过短，缺乏缓冲余地。而且，根据事后查证，假日广场项目的土地证之所以迟迟未能办理下来，是由于地块位于珍珠湖风景区，临近水利设施且地下有军用光缆，需与政府协调重新确认地块红线。这是业务团队在尽职调查方面的重大失误，再次印证了专业详尽的尽职调查工作对风险控制的重要意义。

其三，交易对手原因。主要体现在 3 个方面。

从决策机制看，作为典型的民营企业，实际控制人过于强势，决策基本属于“一言堂”。例如，诸如销售降价等决策需要实际控制人定夺，而其较为固执，降价措施未能及时落地，导致无法在调控政策出台后及时对龙珠花园等项目降价销售实现资金快速回笼。而且实际控制人对外地项目公司享有集权决策，其他高管的影响力极为有限，集团内部资源调度机制不顺畅，资金使用效率低，在流动性趋紧的情况下，无法及时截留外地公司回款，提早化解流动性危机。

从内部沟通来看，管理层应急信息沟通机制不畅，特别是财务总监与实际控制人的信息沟通存在滞后。当时融资方的资金调度系于财务总监一人，但其过于自信，未及时向实际控制人反映真实情况，导致集团总体资金链的紧张情况未能及时反馈至实际控制人，影响了后者的判断和决策效率，延误了解决问题的时机。

从还款意识来看，融资方经常与银行打交道，习惯了借新还旧、届满展期的玩法，以为信托公司也可以如此，所以在项目出现流动性危机时，融资方根本不紧张，以为信托公司会自己解决。只有当最后被告知无法借新还旧，也无法展期，如果违约可能导致公司所有资产将被查封拍卖时，融资方才真正着急重视起来。

出险后信托公司与代销银行的博弈

在出现首次风险预警时，信托公司马上将预警事件（即土地证办理遇到障碍）告知代销银行，并立即进行了紧急磋商，但双方讨论的第一个问题不是如何保障贷款安全，而是信息披露。

根据信托合同约定，信托计划成立后，信托公司有义务每季度向全体投资者出具《信托事务管理报告》，汇报该季度内信托财产的管理运用情况；如果出现受托人认为可能对信托财产的安全造成损失的重大事件，应当及时出具临时报告。假日广场项目的土地证未能在合同约定的期限内办理下来，融资方已经出现了实质违约，无论从哪个方面看都属于信托合同约定的“重大事件”。但是，是否要按照合同约定披露该事件，信托公司和代销银行意见不一致，前者赞同，后者反对。

实际上，这个问题很简单：如果确定要刚性兑付，反正不管项目是否出险都要向投资者兑付，现在就没有必要披露，否则不但会引起投资者的恐慌，对风险化解带来不可预测的影响，而且会招致信托公司和代销银行的声誉损失；如果决定不刚性兑付，那么现在就必须立即向投资者披露，否则受托人属于故意隐瞒重大不利信息，违反了信托合同的约定，不但会招致投资者的诉讼，而且代销银行会第一个跳出来追究受托人的责任。

所以，事情的关键在于是否要刚性兑付。

实际上，当时不管是信托公司还是代销银行，都不愿意打破“刚性兑付”魔咒，给自己的声誉造成不可挽回的损失。所以，不披露该事件是双方内心的共同选择。那么，信托公司为何要提出相反的意见呢？

信托公司做出这种选择，实属无奈之下以退为进的策略。在其看来，融资项目是代销银行介绍的，资金募集也由代销银行负责，而且在很多方案设计方面也得屈从代销银行的意志，信托公司更多的只是承担“通道”的角色，做出该选择，也就向代销银行表示不应该由自己承担刚性兑付的责任，而投资者都是代销银行的客户，一旦提出披露该事件，着急的是富兴银行，其应当采取各种办法敦促企业还款，必要时向企业发放银行贷款以归还信托融资。

不得不说，信托公司的想法是美好的，但现实却非常“骨感”。代销银行希望信托公司慎重考虑信息披露带来的严重后果，同时认为融资方虽然出现了违约，但是已经缴纳全部土地款，无法办理土地证是客观原因造就的，并不是企业故意为之。而且，现在距离信托放款只有 3 个月的时间，整个集团的经营状况很正常，现金流也比较稳定，应该是有还款能力的。如果现在披露，不但会使信托与银行的声誉受损，而且会引起其他金融机构对该企业的关注，恶化企业的生存环境，使本来可以解决的问题雪上加霜。

同时，代销银行强调，虽然项目是由其介绍的，但银行在法律上只是信托产品的推介方，作为一个集合资金信托计划，受托人应当按照监管规定切实履行主动管理责任，积极敦促企业与政府沟通，尽快获得土地证并抵押给信托计划，在此过程中代销银行可以提供必要协助。在沟通的过程中，代销银行负责对接的客户经理还透露，已经通过企业了解到土地证无法及时办理下来的原因，信托公司在前期尽职调查中没有发现并揭示这一风险隐患，是要承担一定责任的。

面对代销银行的意见，信托公司的相关负责人心中苦涩，深刻体会到什么是“拿着卖白菜的钱，操着卖白粉的心”。无奈之下，只有同意代销银行的意见，暂不进行临时信息披露，但已经做好了刚性兑付的心理准备。

在距离信托结束只有两个月的时候，融资方无力存入提前到账资金，信托公司意识到，企业已经出现了严重的流动性风险，危机真正来临了。代销银行获知该情况后也着急了，带队拜访信托公司，“绵里藏针”地表示，为了双方今后合作的顺利进行，希望信托公司切实按照行业惯例承担起刚性兑付的责任。信托公司很明白，如果自己不刚性兑付，不但会使自己陷入无可挽回的声誉危机，而且从此以后会失去代销银行这个大客户，可谓全盘皆输。最后，信托公司权衡之下通过了刚性兑付的内部决议，备好了兑付金，并全力开启贷款催缴。所幸最后企业在信托公司的压力下通过自身的资金筹措归还了剩余贷款，信托计划顺利兑付。

档案审核，查漏补缺

在融资方出现严重的流动性危机时，为应对可能到来的诉讼纠纷，业务团队在法律部的支持下对项目所有档案资料进行逐项审核，查漏补缺，结果发现了几个重要瑕疵：（1）在《信托贷款合同》上签字的不是项目公司的法定代表人，而是其副总裁，且没有法定代表人的授权委托书；（2）根据东星置地的章程规定，超过（含）5亿元的对外融资需要股东会批准，而档案中只有董事会决议，没有股东会决议；（3）很多合同原件在签署日期等地方是空白的，没有填写；（4）贷款发放后，再也没有拿到保证人德兴公司的财务报表等基础资料。

上述瑕疵对信托公司而言是非常致命的，特别是授权委托书和股东会决议的欠缺，可能会直接影响《信托贷款合同》的效力，从而导致所有担保措施无效，这是一个巨大的风险敞口；另外，在后期管理中缺乏保证人基本的财务资料，很难说明信托公司作为受托人在信托财产的管理运用中尽到谨慎尽职的责任。

发现这些问题后，业务团队在公司领导的严令下马上制订补救方案。最后以应付监管为由，连哄带骗地让融资方补全了上述资料，消除了风险隐患。

小专题

信托融资中关于合同的注意事项

合同（包括与之配套的法律文件，如授权委托书、董事会或股东会决议等）是项目最终成果的体现。前期所有的努力，最终都会转化为经签署盖章的合同文本。作为整个交易的权利义务载体，合同不但指导着交易的进行，而且是项目后期管理以及解决项目纠纷的重要依据。笔者认为，从风险控制的角度来看，整个合同管理流程中有几点需要特别注意。

其一，合同的起草。首先，合同起草阶段，最重要的事情是争取合同的起草权。起草合同看似费心费力，但便于从自己的角度出发在合同中安排各种权利义务，从而最大限度地为己方争取利益；如果拱手让出合同的起草权，则交易对手可能在合同起草的时候预埋很多“地雷”，使己方处于很不利的境地，大大增加了合同审核和谈判的难度。其次，要根据具体的交易模式和增信措施设计合理的合同体系。很多房地产信托项目结构复杂且个性化很强，需要起草的合同可能有七八份乃至十几份之多，如何将整个交易分解为不同的法律关系并合理地安排在不同的合同中，同时做好合同之间的勾稽关系，是一个系统性工程。最后，起草合同时要高度重视模板的使用。对于信托公司来说，针对每种交易模式设计相应的合同模板，统一文本的格式和风格，实现共性内容的固化，要求凡是相同法律关系（如贷款、土地抵押等）的合同起草（包括自己起草和交由专业律师起草）都在同一模板上进行，可以在提高效率和质量的同时节省信托经理大量的时间和精力。

其二，合同的修改。在无纸化办公时代，合同修改基本上是通过电子邮件往来进行的，而且一般采用修订模式以利于对方审阅。实务中，对于交易对手通过电子邮件传递过来的修改版本，信托经理切记不要直接在该版本上进行二次修改。如果接受对方的修改意见的话，要先将该意见整合到自己留存的合同文本后再进行修改；当然，如果非要在对方的版本上修改，可以在修改前先使用软件中的“比较”功能进行文本对比，审查一下有没有隐藏的修改意见。这是一个很重要但经常被忽视的风险点。记得笔者初进公司承做某项目，在合同即将签署时法律部门发现有个合同某条款我们根本无法接受，后来经排查，该条款是对方加上去的，并且针对这一条款没有使用修订模式，由于笔者直接在对方发过来的版本上修改，并且没有进行文本对比，没有注意到这个隐藏的问题，差点酿成大错。

其三，合同签署。在整个合同流程中，签署环节最容易出事儿。很多出险项目最后诉诸司法时，都因为合同签署阶段的疏忽（如没有授权委托书、缺乏骑缝章等）给自己带来很大麻烦。2016年金融圈内闹得沸沸扬扬的“国海证券萝卜章事件”，与合同签署环节把关不严有很大关系。总的来见，这个环节要注意以下事项。

签署前合同的打印。与银行、券商等金融机构印刷好的格式合同不同，房地产信托的个性化太强，无法实现合同的标准化，一般在定稿后直接打印签署。为了防止操作风险和可能的道德风险，信托公司严禁信托经理自行打印合同去办公室盖章，而是由办公室专门的合同专员从内部的合同审批系统中直接下载打印。

签署前未填事项的审核。合同签署前，经办人应详细检查合同正文及附件中有无未填事项（如法定代表人或负责人姓名、公司住所、交易金额、交易日期、签署日期等），确保合同的完整性。

签署前主体资格与资质的审核。合同签署前，经办人应核实合同他方主体资格的合法性，审查能够证明合同他方主体资格的相关资料，包括但不限于身份证明文件、营业执照、批准设立文件等。对于某些具有行业或业务准入限制的企业，与其签署相关合同之前，还应审核有权机关批准的准入资格证明文件。

合同签署的有效性审核。该审核包括两个方面。一是交易对手内部授权的有效性，房地产信托的融资规模一般比较大，信托经理在合同签署前要认真审阅对方的公司章程，并根据章程规定要求对方出具董事会或股东会决议，以确保合同的效力；在章程没有规定时，一般情况下要求出具股东会决议。二是交易对手签字人的有效性，交易对手属于机构的，一般情况下要求其法人代表本人或负责人签字，本人无法签字的，需要出具授权委托书。值得注意的是，对于授权委托书，信托经理应着重审核4个方面：(1) 该授权委托书是否由法人代表签署，并由公司加盖公章；(2) 该授权委托书的被授权人是否为合同的签字人；(3) 授权签署的合同名称和编号是否与拟签署的合同完全一致；(4) 合同签署日期是否在该授权委托书的授权期限内。笔者之前碰到过一个案例，某出险的信托项目在诉诸法院前被发现合同的签署日期是空白的，经办人员自作主张填了一个日期，后来发现该日期与授权委托书的授权期限不一致，结果对方以此主张该合同无效，令信托公司非常被动。

合同的签署顺序。实务中，如果对方最后签署合同而直接持有合同原件时，在信托公司因各种原因（如资金未募集到位）无法放款时，有的交易对手可能会拿着合同生事儿，所以，一般情况下合同以对方先签署为原则。信托公司最后签署并持有全部合同，待信托计划成立并放款后才将合同寄送给其他当事人。从流程来看，一般是办公室打印合同后，先在合同上加盖骑缝章以锁定签署版本，经办部门将此版本送达交易对手签署，待交易对手签署完毕后再由经办部门提交办公室加盖信托公司印章。但是，若因特殊原因由交易对手打印合同并先签署的，信托公司在盖章前须严格审查并确保签署版本与审批版本的一致性。而且，法律部门也须注意控制因合同签署生效带来的无法履行的风险，在此种情况下一般将合同的生效日期界定为某项特定条件（如资金到账等）成就之时。

合同的签字盖章。就签字而言，一般情况下，信托公司只接受法定代表人或授权代表本人亲自签字，不接受所谓的私章或签字章，但交易对手是金融机构且该私章或签字章在当地公安局备案除外。就盖章而言，一般情况下只接受在当地公安局备案的公章或合同专用章。需要特别注意的是，如果加盖的是合同专用章，需要认真核对该印章是否与合同约定的印章一致，因为一般情况下合同的生效条款写的是“本合同自双方的法定代表人或授权代表签字并加盖公章后生效”，此时如果加盖的不是公章而是合同专用章的话，可能会导致合同无效，要特别小心。另外，合同为两页以上（含两页）的，如果合同他方为机构的，应由该机构加盖骑缝章，且骑缝章应与合同签署印章一致；如果合同他方为个人的，原则上应由该个人在骑缝上签字或加盖私章。笔者之前经办过某煤炭融资项目，在找该公司的实际控制人面签《个人保证合同》时，该煤老板主动要求“小签”（除了在合同签署页签字外，还在每页合同上签上自己的姓）。笔者很佩服也很惊讶，问其原因，答道：之前有次只签署了合同最后一页，结果被坑，现在多了个心眼儿。

合同的面签。面签是确保对方签字盖章真实性的最有效的方法，原则上讲，信托公司派出去面签的人员至少为两名；面签时，经办人应亲自到场核实对方印章和签字人的真实性与有效性，包括核对印章上的名称是否与营业执照一致，签字人本人是否和对方事先提供或当场提供的带照片的身份证明文件相符。必要时，经办人可事前通过工商局查询、互联网搜索等手段确认签字人的身份。

确立风险化解方案及还款计划

信托公司启动风险应对机制后，面对严峻的局面，必须对融资方的内部情况进行摸底，以了解其还款意愿和还款能力，制订切实可行的风险化解方案。

首先，派出两名财务人员进驻融资方的集团公司，核查财务和资金情况。驻场人员通过与财务经理、会计、出纳人员的沟通，建立了良好的关系，了解到资金收付的流程，并争取与财务经理同桌办公，及时查看每笔转账的登记并进行询问；进场1个星期后，除支付原有的银行贷款本息和应缴税费外，无一笔超过50万元的对外付款（包括工程款），基本控制住了资金外流。同时，派驻人员调看连续10日的银行日记账并核对网银转账登记后，发现融资方的资金划转较为规范，可作为监管的依据，而无须收取其公章、财务章。在熟悉融资方的资金运作模式后，采用变通的软性监管方式不会引起融资方的反弹，其配合的意愿较高，实际监控效果较好。

在对融资方整个集团的投融资情况进行摸底时，信托公司发现东星置地除了地产板块，还围绕地产上下游，设立了建筑、混凝土、门窗、家居建材等相关的经营主体（以下统称“三产公司”），这些三产公司大部分并不直接由东星置地持股，而是分散在实际控制人及其亲属名下，仅在财务上实行集中管理。三产公司依托自身持有的部分商业物业抵押，在各家银行获得了近2亿元的流动资金贷款，平均每笔贷款规模2 000万元左右，期限通常为1年。由于有抵押物，银行较为认可，通常可以在到期日先还再借，同时，近两年抵押物增值较快，借款规模不断扩大。这一块可以作为信托贷款的重要还款来源。

其次，派出两名信托经理在融资方的配合下核查各地的已开盘项目。发现融资方在省内尚有不少在售项目，且销售情况并没有想象的那么差。但是，银行发放的抵押贷款较慢，且由于各地公积金中心资金紧张，很多公积金贷款也迟迟没有到账。另外，信托经理发现不少项目仍有降价促销的空间，但实际控制人降价促销的力度不够。

在对融资方进行内部摸底的同时，信托公司也开始积极与各大资产管理公司接触，希望通过转让债权资产收回贷款。但是，由于现有的土地抵押保障力度不足，而假日广场项目土地证的获取遥遥无期，在无法新增土地抵押的情况下，资产管理公司接盘的可能性非常小。

综合以上情况，信托公司认为融资方还款意愿强烈，且有一定的还款能力，但是需要在项目销售和对外融资方面做出较大改善；在贷款债权对外转让无望的情况下，信托公司确立了“以企业自筹资金还款为主，信托公司做好极端情况下刚性兑付”的总体风险化解方案。同时，针对剩余的3亿元本金，根据对融资方的摸底情况制订了具体的还款计划：各地在售项目合计还款1.4亿元、三产公司流动资金贷款增量还款6 000万元、对抵押在信托公司名下的聚峰花园项目的抵押土地进行融资替换还款1亿元，最后如有缺口，由实际控制人负责补足。该还款计划得到了实际控制人的高度认可，并以集团红头文件的形式予以确定。

执行还款计划

信托公司制定了详细的还款来源安排表，联合融资方全力推进资金筹集工作，每日跟踪3个资金来源的进展，并对各个资金来源进一步细化，每日逐项落实，以尽可能加快回款进度。经过一个半月的艰苦努力，在贷款到期前3天清偿了剩余3亿元贷款本金及相应利息，其资金来源分别是：各地项目的销售回款合计1.2亿元、三产公司贷款6 000万元、融资替换1亿元、剩余2 000万的资金缺口由实际控制人自己筹集，利息部分通过融资方内部资金调剂归还。

其一，销售回款的催收。对于抵押贷款，要求融资方总结各种不同的影响因素，主要包括银行额度紧张、购房者资料不齐、购房者未从定金状态转为签署正式合同状态等，督促融资方的财务与前线销售人员进行针对性布置，其中对已签署购房意向书而未转正式合同的客户，发动销售人员加大力度催其签合同并付清首付款。对于公积金贷款，协调融资方高层动用私人关系对住房公积金中心的相关领导进行公关，并建议实际控制人对有功人员予以奖励。

在整个催收过程中，最困难的部分是要求实际控制人降价促销，这是房地产信托融资中面临的普遍问题。从态度上，融资方有着强烈的还款意愿；但在执行过程中，由于实际控制人都抱有挺一挺的心态，希望能通过其他途径解决，以时间换空间，不愿意即刻大幅降价。对于这一点，信托公司有着充分的思想准备，采取多维度施压的方式，包括高管带队，当面强调事态的严重性；通过不断发送风险提示函、律师函等方式维持压力。随着时间的推移，项目风险升级，在信托公司的压力下，实际控制人最终做出对所有在售项目全面降价促销的决策，销售情况顿时大为改观。

其二，三产公司的贷款。在三产公司的贷款过程中，代销银行发挥了积极作用。当时，三产公司已经在宇通银行云州分行申请了6 000万元的流动资金贷款额度。但由于季度末的特殊时点，宇通银行要求企业有存款支持或开具银行承兑汇票才能发放贷款。派驻人员得知该情况后及时告知富兴银行，后者立即协调了其客户3 000万元的存款转移到宇通银行账户，并由企业支付相应的费用，解决了宇通银行的存款要求，促使6 000万元的流动资金贷款最终顺利发放，并最终用于归还信托公司的贷款。

其三，融资替换。在信托贷款的增信措施中，东星置地的全资子公司云州市方正房地产开发有限公司（以下简称“方正地产”）将其持有的位于云州汉南县的聚峰花园项目土地（评估价值约为3亿元）抵押给信托计划。为盘活该块资产，信托公司积极与当地银行沟通，最终九州银行云州分行由于当时开发贷指标尚未完成，同意向方正地产发放1.5亿元贷款，其中1亿元用于偿还信托贷款，另外0.5亿元用于聚峰花园项目的开发，具体操作流程如下。

抵押操作流程：在开发贷款中的1亿元到达信托公司的信托专户之前，九州银行针对抵押物办理第二顺位抵押，信托公司收到款项之后，解除抵押，九州银行上升为唯一抵押权人。

资金用途及账户开立：基于合规性限制，九州银行的贷款资金不能直接用于偿还信托贷款，须受托支付用于项目工程支出，且受托支付的收款方账户不得与方正地产开立在同一家银行。因此，各方协商以东星置地旗下的东星建筑工程有限公司（以下简称“东星建筑”）作为受托支付的收款方，东星建筑的收款账户开立在宇通银行云州分行。

资金划转及监管：业务团队从效率角度考虑，希望1亿元资金一次性划转至信托专户，但遭到了风险部门的反对。后者认为，整个资金划转涉及三家银行，即富兴银行（信托专户开户行）、九州银行（开发贷银行）和宇通银行（受托支付收款银行），而且信托专户属于异地银行，如果采用资金整笔划转，资金在途时间可能比较长，万一此时方正地产或东星建筑的账户被查封（实务中确实出现过类似风险），则引发的风险将无任何补救余地。最后在风险部门的坚持下，各方确定开发贷分 3 笔发放，按照 3 000 万元、3 000 万元、4 000 万元的顺序逐笔划转，在前一笔到达信托专户后才能实施第二笔划款。每笔划款，均从九州银行放款给方正地产开立在九州银行的账户，最后划付至东星建筑开设在宇通银行的账户，再划付至信托专户。

在账户监管环节，对于方正地产的账户，信托公司加盖预留印鉴；同时，为了掌控划款主动性，信托公司要求方正地产提前开具电汇单交由信托公司保管，该电汇单须填写除日期以外的其他所有要素，并由银行柜台进行有效性验证。需要说明的是，该账户由于九州银行的反对没有通过网银支付，原因是九州银行共计放贷 1.5 亿元，如果信托公司掌握了网银，则九州银行担心信托公司会直接将 1.5 亿元的贷款全部划走用于还款。对于东星建筑的账户，则由信托公司掌握了网银及复核 U 盾、预留名章等，同时为了防范极端风险，阶段性地接管了东星建筑的公章、财务专用章和法人章。

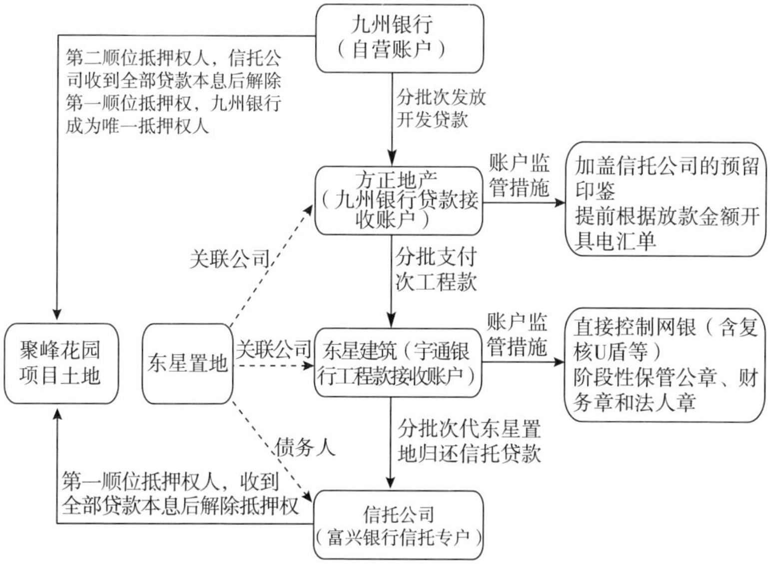

图 6-7　资金划转流程图

在整个融资替换的过程中，有两处值得特别关注。

一是夯实整个融资替换的法律基础。东星置地、方正地产、东星建筑与信托公司签署《四方监管协议》，对上述资金与账户监管措施进行详细约定。特别是，东星建筑在《四方监管协议》中向信托公司承诺，其划付给信托公司的资金是代为归还东星置地所欠的贷款本息，这是一个非常重要但很容易被忽略的风险点。业务团队一开始在草拟《四方监管协议》时并没有考虑到这个条款，法律部门在审核时要求加进去，理由是：东星建筑与信托公司之间并无任何法律上的权利义务关系，如果东星建筑向信托公司划入资金而无任何书面的资金用途的表示，则后续可能存在一个潜在风险，即东星建筑以划错为由要求信托公司归还该笔资金；虽然东星建筑是东星置地的子公司，但两者是独立的法人实体，在没有法律文件约束的前提下，东星建筑没有任何义务为东星置地归还贷款，如果诉诸司法，法院很有可能以不当得利为由要求信托公司归还该笔资金。

二是资金流转过程中的结算工具问题。如前文所述，由于方正地产开立在九州银行的账户无法使用网银，业务团队依惯例很自然地要求采用支票划款，但是在放款前，业务团队在与九州银行沟通时发现了问题：由于九州银行的转账支票须通过同城票据交换才能流转到宇通银行，而同城票据交换一天仅有两次（上午和下午分别一次），无法满足 3 笔资金分次在同一天内全部划付到信托专户的要求，这样融资方必须多承担一天的信托融资成本，这对惯于精打细算的民营企业来说是很难接受的。另外，业务团队在进行该交易的内部审批时，按照常规思维明确提出使用支票，且信托公司的批复文件中明确要求剩余贷款本息必须一次性还款，也就意味着要在同一天到账。面对此困境，业务团队束手无策，后来九州银行的某位柜台经理提出可以通过电汇加急的方式进行资金划转，正常情况下单笔资金能保证在半小时内完成划转流程，且没有次数的限制。支付方式的更改虽然与内部审批文件不符，但并不会引发实质风险，业务团队在请示公司领导后立即将支付方式改为加急电汇，最终 1 亿元资金在 2 个小时内分 3 批次顺利到达信托专户。

小专题

信托资金划转过程中的支付方式总结

由于房地产信托融资的个性化和定制化特征，作为整个交易的核心角色，信托经理不仅要具有很强的沟通协调能力，还要有很广泛的知识面，特别是对各种基本的金融概念和金融工具要非常熟悉。在本项目中，看似简单的银行结算工具却差点对整个交易造成了重大障碍。在交易流程的设计中，特别是对于划款和到账时效性要求极高的项目中，提前充分了解银行结算方式的优劣势是非常有必要的。

目前，银行常用结算方式主要有5种：网银、银行支票、银行本票、银行汇票和电汇。其中，网银主要是借助网上银行平台进行资金的划付，是目前最为方便快捷的支付结算方式。银行支票是银行的存款人签发给收款人办理结算或委托开户银行将款项支付给收款人的票据，适用于同城各单位之间的结算，包括现金支票和转账支票两种。银行本票是指申请人将款项交存银行，由银行签发的承诺自己在见票时无条件支付确定的金额给收款人或持票人的票据，适用于同城转账或支取现金。银行汇票是指由出票银行签发的，由其在见票时按照实际结算金额无条件付给收款人或持票人的票据，多用于办理异地转账结算和支取现金。电汇是指银行以电报（CABLE）、电传（TELEX）或环球银行间金融电讯网络（SWIFT）方式指示代理行将款项支付给指定收款人的汇款方式。电汇汇款速度相对快捷，在实际业务特别是异地汇款转账中应用较广泛，但收费相对较高，除汇款手续费之外，还需收取相应的电讯费用。

具体来讲，上述5种支付方式的优劣见表6-3。

由表6-3可以看出，从交易便捷性的角度来看，网银是目前办理程序最为便捷、到账时间最快的支付方式，而在无法通过网银支付的情

表6-3 银行不同支付方式的优劣分析

	网银	银行支票	银行本票	银行汇票	电汇
适用范围	同城或异地	一般仅适用于同城；除非异地接收行与汇款行特别达成协定	同城，经济发达地区适用较多	同城或异地	同城或异地
到账期限	同行之间：一般当天到账；跨行异地：一般24~48小时之内	一般当天到账；但若是跨行同城转账，则须进行同城票据交换，每天仅上下午各一次，超过交换时间段即不可转账交换	当天或隔天	同城一般半天或隔天，异地1~3天；某些特定区域可以做到当天或隔天到账	即时汇划：当天到账；普通汇划：1~3个工作日到账
办理程序	网上支付	柜台办理	柜台办理	柜台办理	柜台办理
支付凭证	网银U盾	预留印鉴、支付密码器	预留印鉴、支付密码器	预留印鉴、支付密码器	预留印鉴、支付密码器
便捷性	最快	同城较快（但受限于同城和同城票据交换次数限制）	较快(但受限于同城)	较慢	较快

况下，可考虑采用电汇方式；若为同城转账，除电汇外，可根据与当地银行的沟通衔接，合理选择支票、汇票或本票等方式。另外，在实务中需考虑到结算方式的城市和银行的差异化。上述各结算方式，除网银外，需要考虑到付款行和接收行因各城市的特殊规定或惯常操作带来的差异化问题，以免临到付款时因城市差异化带来的付款障碍或时效障碍；同时，还需考虑到跨行转账时，付款行和收款行基于其内部一些特殊规定可能导致的障碍。总体来说，需要事前与开户银行进行充分沟

通，以防范划款的时效风险。

其四，实际控制人筹集资金。在离贷款到期只有两周的时候，驻场人员发现财务总监未向实际控制人汇报完整的资金筹措情况，导致实际控制人对于目前困难认识不足；派驻人员直接将问题告知实际控制人，提醒其资金来源的落实情况与预计目标之间还有 2 000 万元的差距，为防止出现极端情况，敦促其直接介入筹措资金。实际控制人在信托公司的压力下拼命筹钱，最终在贷款到期前 3 天补上了资金缺口，其中 1 500 万元是从亲朋好友那里拆借的，另外 500 万元通过高利贷获得。

总结思考

在整个风险化解的过程中，融资方始终给予了极大的配合和支持，这其中除了信托公司通过各种途径施加压力外，融资方本身经营与融资状况尚属稳定是最重要的原因。如果当时融资方陷入全面危机，各大金融机构蜂拥而上进行各种资产查封动作，信托公司想凭借融资方的配合收回贷款是不现实的。

随着房地产信托项目的复杂程度日益提高，后期管理过程中难免出现影响项目安全性的风险因素，通过本项目的风险化解过程，业务团队归纳了以下几个风险应对的原则。

其一，“预”，即预判和预案，出现风险预警后，要对交易对手有一个总体性判断，交易对手是属于暂时性困难，还是确已深陷泥潭，回天乏力。在此基础上，制定合理的风险预案，例如对于只是暂时性困难的项目，要立即加强现场管理，快速介入资产处置，推动债务重组；对于已经回天乏力的项目，在各大金融机构虎视眈眈的情况下，要尽快摸清财产线索，做好资产查封的前期准备工作。

其二，“快”，在发现问题后，应对的程序应该迅速启动，要快速提出处理方案并进行全面评估，一旦确定方案，就要全力推进、落实。

其三，“准”，风险处理的过程在某种程度上也是与交易对手博弈的过程，需要采取可信的手段，从发送公函、律师函，到邀请律师一起进场工作，尽可能唤起交易对手的重视甚至是紧迫感，使其产生内生动力，这对化解风险至关重要。例如本项目虽然土地抵押迟迟未能办下来，但信托公司始终持有项目公司的全部股权，在进入关键的还款阶段时，业务团队专门向交易对手展示了魔都市产权交易中心挂牌项目公司股权的文件资料和流程，表达了信托公司对事件的态度以及可用的处理方法，融资方深知一旦挂牌转让股权，对其将是毁灭性的打击，所以尽一切可能筹集资金还款。

小专题

针对不同层次开发商的金融解决方案

在房地产投融资业务拓展中，业务人员会遇到形形色色的开发商。如何根据不同层次的开发商提出相应的金融解决方案，是考验业务人员专业水平和谈判能力的重要标准。

其一，一线品牌开发商。这些开发商（如万科、保利、金地等）实力雄厚，公司治理规范，品牌号召力很强，对成本高度敏感，面对金融机构也比较强势，对高成本的夹层融资安排基本不感兴趣。地产基金与这些开发商合作，要么资金成本很低，要么共同进行权益类投资，实务中一般会采用杠杆型的股权投资基金（即基金与开发商不按股权比例出资，前者出资要高于后者）、另类地产基金（如小股操盘的资源整合基金）、REITs 等。

其二，区域品牌开发商。这些开发商在全国范围内名气不大，但在当地号召力很强，实力也不错，公司治理也较为规范，与当地政府关系深厚，并且一般都处于快速扩张阶段。这些开发商是很多地产基金的主要合作伙伴，可以进行夹层融资、股权投资基金、REITs 等全系列产品线合作。实务中对该类开发商进行夹层融资时的创新力度最强，基金一般会根据项目实际情况增加诸多额外的增信措施，以增加开发商的违约成本。如本案例中将项目公司股权作为次级财产加入信托计划，以处置股权为由向开发商施加压力，对风险的化解起到了重要作用。

其三，中小型开发商。这些开发商的实力和品牌都很弱，有的甚至只是几个老板临时拼凑起来的项目公司，但是具有很强的政府关系和人脉资源，可以获得很好的土地资源。这些开发商对融资成本基本不敏感。从风险控制的角度考虑，地产基金在合作时一般以夹层融资为主，而且会对项目进行“木乃伊式”的捆绑监控；股权投资基金类合作一般会要求引入大型品牌开发商操盘。

值得注意的是，实务中的情况千变万化，上述规则也并非完全适用。而且开发商规模实力的区分并不是那么泾渭分明，有的很优秀的区域性开发商可能对合作条件的要求比某些一线品牌开发商还要高；而有的一线品牌开发商由于自身的经营问题，在特定时间段的融资成本可能要远高于某些区域性开发商。业务人员要在把握基本原则的同时，根据开发商和项目的具体情况拿出合适的解决方案。

结　语

作为一个典型的银信合作项目，强势的项目介绍银行在整个推进过程中几乎占据完全主导地位，信托公司在银行的压迫下丧失了自己的独立性，只能一退再退，结果在交易结构特别是增信方案的设计上留下了极大的风险隐患，这是未掌握资金和项目资源的信托公司在业务开拓过程中面临的无奈局面。基于此，本案例对整个项目从接触到结束进行了全面的反思和总结。另外，作为典型的依靠融资方自身力量化解兑付风险的项目，本案例多方面阐述了风险化解的过程，同时基于风险处置中发现的问题，总结了信托项目在承做过程中的各种经验教训，值得大家学习参考。

七、中亮集团结构化股权融资项目

案例亮点：

作为中能信托首个进入诉讼程序并通过资产拍卖化解风险的明股实债类地产项目，本案例从交易对手的选择、交易结构的设计和后期管控措施的执行等方面全方位分析了项目出险的过程与原因。

本案例全面总结了中能信托在诉讼前后进行风险处置的经验教训，包括内外的沟通应对、持股风险的防范、全面尽职调查、清退社会投资者、应对小业主的冲击、资产查封及司法诉讼等，对金融机构类似风险项目的处置具有重要的参考意义。

案例摘要：

本项目来自九州银行青都分行的推荐。联合城是青都市三江区较有影响力的以五金配件批发和家居建材为主的大型商业综合体项目，也是当时各家商业银行比较青睐的融资对象。九州银行自该项目立项以来就持续跟踪，历时两年多，一直希望提供开发贷款，但囿于监管政策和内部额度限制未能如愿。中能信托的业务团队通过九州银行的内部关系获知该项目的融资需求，并在后者的协助下介入该项目。

本项目采用了结构化的交易模式。中能信托发行集合信托计划，对外募集 5 亿元优先级信托资金，其中 2.1 亿元用于购买原股东持有的项目公司 100% 的股权，2.9 亿元用于购买原股东持有的针对项目公司的股东债权；原股东在收到前述 5 亿元价款的同时向项目公司发放同等金额的银行委托贷款，并将发放贷款形成的债权用于认购次级信托单位，最终形成一个 10 亿元规模的信托计划。

融资款发放 1 年后，因拖欠工程款，联合城项目的开发建设开始出现停滞苗头，中亮集团通过各种途径试图展开自救，中能信托随之也深度介入项目，从此走上了漫长的风险化解之路。本案例通过风险处置深刻反思了信托计划在交易对手选择、交易结构设计和后期管理等方面的重大缺陷。在风险处置逐步向纵深推进时（特别在资产查封后），与项目有关的利益主体，包括其他金融机构、总包方、购房小业主等开始主动或被动裹挟其中，使风险处置面临更加复杂严峻的局面，最终信托公司通过司法诉讼与资产拍卖顺利收回了本息，但其中经历的艰难险阻让人不胜唏嘘，所积累的经验教训也成为后续类似风险处置的宝贵财富。

背景介绍

青都市中亮集团有限公司（以下简称“中亮集团”）是一家以房地产开发为主，兼营旅游、贸易、投资等业务的控股集团，成立于2005年12月，注册资本5 000万元，总资产30多亿元，实际控制人张世杰。作为当地规模中等的民营地产公司，中亮集团的地产项目主要分布在省内各县市，截至中能信托介入前，中亮在各地的地产项目已基本开发完毕，作为集团战略方向的旅游地产正处于培育期，只有联合城项目是集团当时的核心资产和主要收入来源。

青都市中亮发展有限公司（以下简称“项目公司”）是专门用来开发联合城的项目公司，注册资本1亿元，其中，中亮集团通过关联公司中亮置地有限公司（以下简称“中亮置地”）和中亮投资有限公司（以下简称“中亮投资”）合计持股70%，剩余股权由张世杰的合作伙伴青都市山青城投资管理有限公司（以下简称“青城投资”）及青都市龙云实业有限公司（以下简称“龙云实业”）持有，各方的股权结构如图7－1所示。

联合城项目位于青都市经济技术开发区，距离市中心约8千米，地处青都绕城高速公路入口，交通便利。2011年，中亮集团以产业转移和旧城改造为契机，以引入全国最大的五金配件批发商为条件，在青都市获得了该项目的立项和相关政策支持，包括体量为53.3万平方米的项目整体规划、价格仅为750元/平方米的一期项目建设用地以及“两免三减”的税收优惠政策。

联合城一期占地18万平方米，总建筑面积39万平方米，由两个组团构成：（1）已经建成并开业运营的五金配件市场联合广场，建筑面积13万平方米；（2）在建的家居建材零售市场联合大厦，建筑面积26万

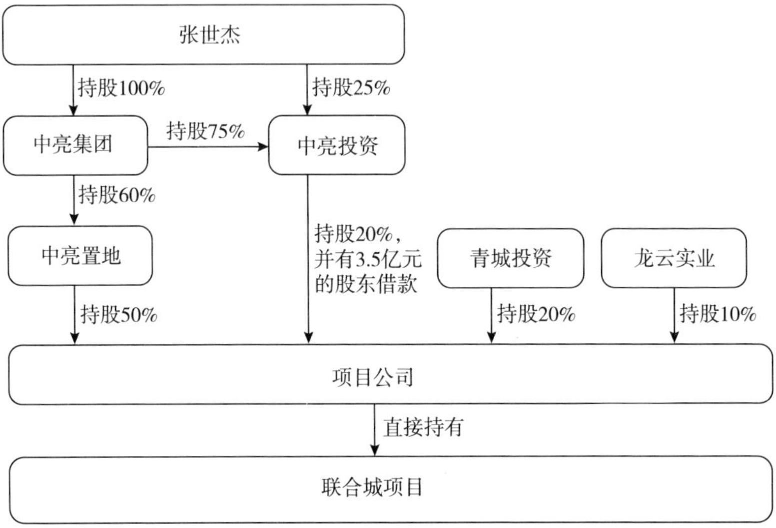

图7－1　本项目的股权结构

平方米。其中联合大厦共8层，合计有4 500个产权式商铺，在信托介入前已经建到第5层，其中10万平方米已申领预售许可证，正在进行销售，剩余16万平方米（合计有2 600个产权式商铺）尚未申领预售许可证。在中能信托介入前，联合城项目的情况如图7－2所示。

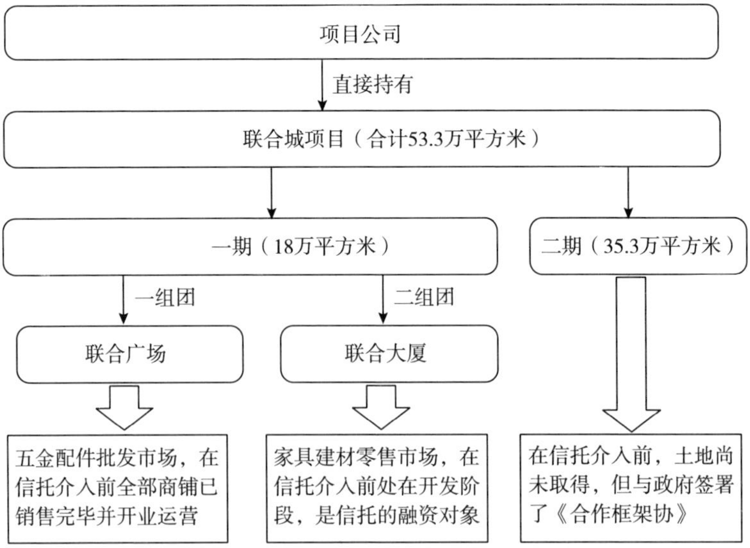

图7－2　信托介入前联合城的实际情况

出于对未来市场行情的乐观估计，融资方对联合大厦采取的经营策略是尽可能持有商铺，以便在未来市场成熟后享受物业升值的收益，并计划在出售部分物业的同时，以外部融资来弥补建设资金缺口。最初，融资方希望获得银行贷款，但由于监管政策和贷款额度有限，几家银行的谈判都无果而终。通过九州银行青都分行的介绍，中能信托介入，在项目公司无法达到贷款条件的情况下，通过结构化的方案设计满足其资金需求。

主要交易结构

本项目主要的交易结构如图 7－3 所示。

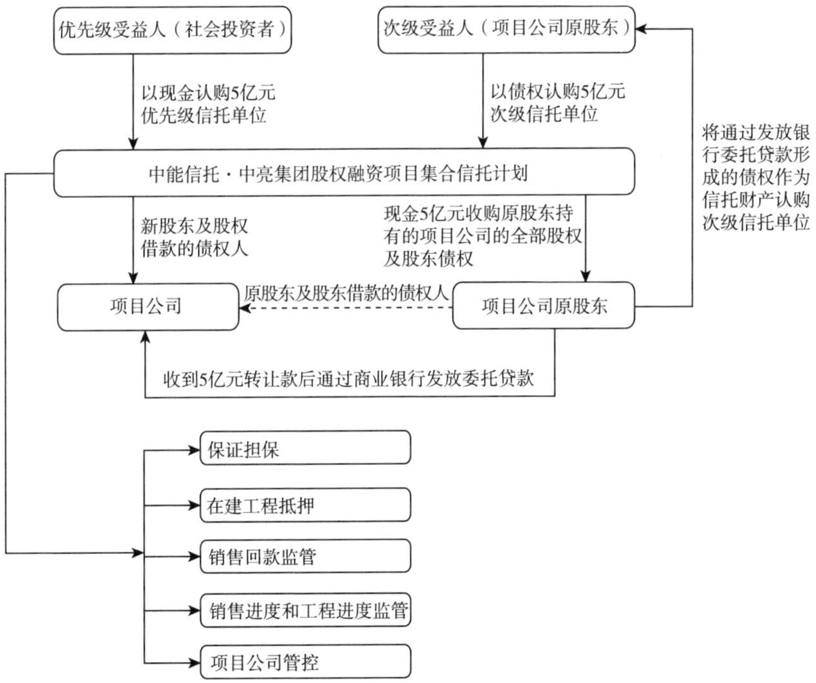

图 7－3　主要的交易结构

本项目采用优先劣后的结构化方案，发行优先级信托单位募集资金 5 亿元，其中 2.1 亿元用于收购原股东持有的项目公司 100%

的股权，2.9 亿元用于收购中亮投资持有的针对项目公司 3.5 亿元股东借款中的 2.9 亿元（以下简称“2.9 亿元债权”），原股东在收到前述股权和债权转让款的同时以银行委托贷款的方式借给项目公司，形成了针对项目公司新的 5 亿元债权（以下简称“5 亿元债权”），并以该 5 亿元债权认购次级信托单位，最终形成 10 亿元的信托计划规模。

由于整个交易模式比较复杂，为便于理解，笔者将拟定的交易过程逐层分解。

第一步，核实原有的股权结构和股东借款。中能信托在收购前，首先须确定拟收购标的的真实性，业务团队通过在当地工商局打印项目公司的工商查询单、审核在工商局获取的公司章程以及通过银行查询当时股东借款的资金流水，核实了项目公司的股权结构和股东借款的真实性。

第二步，签署《应收款确认协议》。依据当时国家有关非金融企业之间不得借贷的规定，中亮投资持有的 2.9 亿元债权存在一定法律瑕疵，但依据《合同法》（1999 年）等法律规定，项目公司至少有义务向中亮投资归还 2.9 亿元债权本金。因此，为了使信托计划购买的债权具有法律效力，信托公司安排项目公司和中亮投资签署了《应收款确认协议》，确认项目公司对中亮投资负有清偿 2.9 亿元本金的义务，但不用支付利息，约定债权期限为 3 年，且在此期间，中亮投资有权随时要求项目公司清偿本金。

值得注意的是，2015 年 8 月 6 日，最高院发布《最高人民法院关于审理民间借贷案件适用法律若干问题的规定》，确认了企业间借贷的合法性。在后续类似的交易方案设计中，已经无须担心股东借款的效力问题。

第三步，购买股权和原股东借款。信托公司募集优先级信托资金 5 亿元，其中 2.1 亿元通过签署《股权转让协议》购买项目公司 100% 的股权，2.9 亿元通过签署《应收款转让协议》购买 2.9 亿元债权。为避免项目公司原股东承担股权转让的所得税风险，股权转让价格 2.1 亿元是按照项目公司转让时的账面净资产（由信托公司指定的评估公司进行评估）计价的。

第二步是第三步的交易基础，在第二步通过《应收款确认协议》对股东借款进行重组确认，以供第三步的交易。需要指出的是，之所以在股权收购之外再加上2.9亿元股东借款的收购，就是基于上述税务优化考虑。

第四步，发放5亿元股东借款。项目公司原股东在收到前述转让款后，通过银行委托贷款的方式将该5亿元贷给项目公司。

原股东通过商业银行发放委托贷款，是为了规避企业间不得借贷的限制。但是，正如上文所言，在最高院肯定企业间借贷的合法性后，后续的类似项目无须借助商业银行，可以直接操作。

第五步，签署《债权转让确认协议》。为了夯实5亿元债权转让（即以该5亿元债权认购次级信托单位）的法律基础，由中能信托、商业银行、项目公司及4个原股东签署《债权转让确认协议》，约定原股东同意将5亿元债权转让给中能信托，商业银行也同意此次转让安排，债权转让后，中亮投资与商业银行签署的《委托贷款合同》终止。

第六步，签署《财产权信托合同》和《债权转让协议》。为实现5亿元债权转移至信托计划，首先，由4个原股东分别与中能信托签署《财产权信托合同》，约定原股东以贷款债权认购次级信托单位，明确原股东与中能信托之间的信托关系；其次，4个原股东与中能信托签署《债权转让协议》，约定债权转让中的权利义务关系。

从法理上来讲，可以将《债权转让协议》的内容放入《财产权信托合同》之中，但是由于债权转让涉及的权利义务内容比较多，而且为了便于债权转让登记，所以另行起草《债权转让协议》，并将其作为《财产权信托合同》的附件。另外，需要特别指出的是，《债权转让协议》中中能信托受让5亿元债权是有对价的，该对价使转让方（即项目公司原股东）获得《财产权信托合同》中的次级信托单位。

《债权转让协议》签署后，为进一步明确债权转让事实，保障交易安全，中能信托在央行征信中心动产融资统一登记平台进行了债权转让的登记公示。

第七步，签署《债权债务确认协议》并落实各项担保措施。这是整个交易过程中最重要的一步。上述5亿元债权转让后，信托公司成为项目公司的债权人。为明确该债权的期限、利率、还款方式等，双方签署了《债权债务确认协议》，并以该协议作为在建工程抵押、保证担保等增信措施的主债权合同。

前述第四步到第六步是第七步的交易基础。在整个交易安排中，最重要的一环是确定主债权，并围绕主债权落实各项增信担保措施。前述委托贷款的发放、贷款债权的转让等动作，就是为主债权的最终形成创造条件。由于本项目的主债权比较特殊，经过一系列的交易安排后，最终以《债权债务确认协议》的形式体现，可以说，前述因一系列交易安排而签署的《委托贷款合同》《债权转让确认协议》《财产权信托合同》以及《债权转让协议》严丝合缝，环环相扣，为主债权合同（即《债权债务确认协议》）夯实了法律基础，也夯实了抵押、保证等担保措施的法律基础。

第八步，信托计划成立。在完成上述交易后，信托计划成立，总规模10亿元。从信托端来看，优先级投资者和次级投资者分别持有5亿份信托单位；从资产端来看，信托计划持有项目公司100%的股权，同时持有针对项目公司的7.9亿元债权（2.9亿元债权加5亿元债权，以下简称“7.9亿元债权”）。

第九步，信托存续期间的分配方式。信托期间，项目公司每3个月向中能信托支付5亿元债权的利息，信托计划向优先级投资者分配固定收益，次级投资者在信托计划存续期间不分配。

第十步，信托退出方式。期限届满后，项目公司偿还剩余5亿元债权本息，信托计划向优先级投资者分配本金和收益，另外2.9亿元债权和项目公司100%的股权作为剩余信托财产分配给作为次级投资者的原股东。

信托计划的核心要素见表7-1。

表 7－1 信托计划的核心要素

核心要素	具体内容
信托计划名称	中能信托·中亮集团股权融资项目集合信托计划
信托计划类型	结构化集合信托计划；其中优先级信托单位由社会投资者以现金形式认购，次级信托单位由项目公司原股东以债权形式认购
信托计划规模	10 亿元（5 亿元现金加 5 亿元债权）
信托计划期限	两年，满一年后可提前还款
信托资金用途	5 亿元信托资金中的 2.1 亿元用于平价收购项目公司 100% 的股权，2.9 亿元用于收购原股东持有的针对项目公司的股东借款债权
退出方式	项目公司对 5 亿元债权的还本付息
还款来源	项目公司旗下联合大厦的销售现金流
担保增信措施	担保措施：中亮集团、中亮置地及实际控制人张世杰（包括其配偶杨晓云）提供连带责任保证担保；项目公司将其持有的联合大厦未申领预售许可证的在建工程抵押给信托计划 监管措施：包括销售回款监管、销售进度监管和工程进度监管（具体措施见下文） 公司管控措施：从股东会、董事会及管理层进行管控（具体措施见下文） 利率翻倍条款：如果项目公司出现合同约定的违约事由（包括未能按时足额支付本金及利息），则 5 亿元债权的利率自信托计划成立之日起由每年 16% 翻倍至每年 32%
融资成本及各方费率	5 亿元债权的利率为每年 16% 其中，投资者年收益率为 9%，销售费为每年 1.5%，托管费为每年 0.1%，银行委贷及监管费率为每年 0.4%；信托报酬率为每年 5%（绝对信托报酬为 2 500 万元/年）
销售方案	中能信托财富中心包销

这种交易结构在当时来看具有一定的创新性，之所以采用这种模式，主要原因有以下几点。

其一，规避监管。当时，联合大厦已经具备“四证”且自有资金投入比例也达到规定要求，但项目公司及其股东中亮置地均无二级房地产开发资质，根据信托业监管规定，这种情况下不能发放信托贷款，也不能采用股权或资产回购的方式间接融资，为了规避监管，最后采用了这种没有任何“回购”字眼的交易模式。

现在来看，这种交易模式过于简单，规避监管的迹象也比较明显，已被多地的监管机构所禁止，后来在此基础上发展出以“对赌条款”为核心的基金化明股实债模式，堪称该种模式的“升级版”（具体参见本书案例：俊丰地产明股实债项目）。

其二，增强对项目公司的控制力。由于交易对手实力较弱，业务团队希望通过持股行为增强对项目公司的控制力，特别是通过对股东会和董事会决策机制的管控来主导项目公司的重大事项决策，保障融资安全。

但是，正所谓“成也萧何，败也萧何”，由于方案设计上的缺陷以及后期管理不到位，导致联合大厦项目烂尾，信托计划也出现兑付危机，而本来作为风险控制手段的持股行为在后期成为小业主追究信托公司责任的缘由，给后者带来了巨大的声誉危机，这是方案设计者始料未及的。

其三，有利于信托产品销售。优先/次级维持1:1的比例，使得优先级信托单位在形式上获得了很厚的“安全垫”，有利于信托产品销售，这一点很受财富中心欢迎。但是，需要指出的是，由于认购次级信托单位的5亿元债权的债务人是项目公司，这种结构化的增信措施并没有起到相应的增信效果，换言之，次级信托单位对优先级信托单位的保障力极为有限。

小专题

结构化信托项目中次级财产的保障力分析

通常来讲，在结构化的信托项目中，认购次级信托单位的信托财产（为便于表述，下文统称为“次级财产”）能够为信托计划的优先级投资者提供一定的“安全垫”，缓释部分投资风险。但是，在实务中，不同的次级财产在不同的交易类型中对信托计划所起的风险缓释作用是不同的。

其一，融资类项目中次级财产的保障力。融资类项目包括贷款和带有回购性质（如股权回购、资产收益权回购等）的融资。在这类项目中，不同次级财产的保障力是不同的。

如果次级财产是融资方提供的资金或由融资方作为债务人的债权类资产（如融资方内部的应收账款或股东借款等），则该次级财产的保障力极为有限。对于前者来说，融资方将自己的资金交付给信托公司，再从信托公司那里以融资的方式获得这些资金，相当于融资方通过信托公司将资金从自己的左口袋拿到右口袋，对提高优先级信托单位的安全性没有任何帮助；对于后者来说，由于融资类项目一般会要求集团及实际控制人提供保证担保，实际上已经把融资方的整体信用纳入了风险控制体系，从风险保障的角度来看，此时以融资方本身作为债务人的债权类资产认购次级信托单位也就没什么意义了。

如果次级财产是与融资方没有关联关系的第三人提供的资金或其他财产（如由外部投资者认购次级信托单位），则该次级财产是有保障力的，因为这相当于从融资方的信用体系之外为信托计划进行了信用增级。

如果次级财产是融资方交付的项目公司股权，其保障力主要体现在信托公司对项目公司的控制力上。这种交易结构使得信托公司同时享有股权和债权的优势，并通过股权控制为债权提供保障。但是，这样一来信托公司的后期管理成本会加大，而且在项目出险后可能面临不可预测的声誉风险。

其二，股权投资基金类项目中次级财产的保障力。在股权投资基金类项目中，如果次级财产是现金或项目公司股权，则其保障力主要体现在使优先级投资者交付较少的资金获得较多的股权保障，这种保障不是债权性的保障，而是股权收益的保障，而且优先级投资者的收益一定是固定的或固定加少数浮动收益。

如果次级财产是以项目公司作为债务人的应收债权，则其保障力主要体现在通过股债的有机结合及优先劣后的分级设计，巧妙地利用了结构化设计原理，反转了优先劣后两类投资者对于信托财产的分配顺序，在保留股权投资的原始属性之外，还尽可能地实现了优先级投资者的保底收益。当然，这种保障力度视优先次级的比例而定，而且在获得保底收益的同时，优先级投资者让渡部分浮动收益给次级投资者。

其三，证券投资类项目中次级财产的保障力。受托人对次级财产的掌控力越强，次级财产的变现性越好，则该次级财产对优先级投资者的保障力度越大，这种情况在证券投资类项目中表现得尤为明显。在结构化的证券投资类信托项目中，投资顾问以现金认购次级信托单位，受托人根据投资顾问的指令将现金资产配置成有价证券。若出现信托合同约定的风险预警，受托人可以立即将强流动性的有价证券变现，用于弥补优先级投资者的损失，这种保障力度是融资类项目和股权投资基金类项目所不能比的。

综上所述，在结构化项目中，不同的交易结构中不同的次级财产对优先级投资者的保障力度存在很大差异。对于那些保障力度非常有限的次级财产而言，之所以要将其放入整个交易方案中，主要目的并不是为优先级提供信用增级，而是规避某些法规限制或者为产品销售提供便利。

担保增信措施

保证担保

“集团 + 实际控制人”的保证担保是民营地产公司融资的标配，这里不再赘述。值得一提的是，业务团队在张世杰配偶（即杨晓云）签署《保证合同》中的程序疏漏为后续的诉讼造成了一定的障碍。作为一家规范的金融机构，中能信托内部对交易合同的签署有严格的程序要求，不仅要双人面签，而且要现场拍照证明面签的事实。业务团队在签署《保证合同》时，项目公司的对接人声称杨晓云当时正在外地疗养，不方便面签，希望将合同邮寄过去签署。业务团队负责人当时急于让项目成立，便答应了对方的要求，没有履行公司规定的面签程序。

后来项目出险，双方对簿公堂时，作为被告的杨晓云突然提出抗辩，声称自己并没有在《保证合同》上签字，要求法院认定合同无效。这下把信托公司吓个半死，法院也根据对方请求启动了笔迹与指纹鉴定程序。经过一番折腾后，法院以杨晓云未在规定时间内缴纳鉴定费，视为其撤回全部鉴定申请，对其抗辩不予采纳。信托公司据此进行内部核查时发现了业务团队当时的违规行为并给予了严厉处罚。根据律师的事后推断，对方这种抗辩只是拖延诉讼进程的一种手段，但签名到底是真是假，谁也无法确认，可能成为一个永久的迷。该事件再次提醒我们，项目承做处处有风险，严格遵循流程办事是控制风险的基本保障。

在建工程抵押

在本项目中，项目公司将持有的联合大厦项目中未取得预售证的在建工程抵押给信托计划，抵押物评估价值为10.65亿元，以5亿元优先级资金为基础测算，抵押率为46.95%。

最开始，业务团队提出将全部在建工程抵押给信托计划。但是，融资方认为，已办理预售证的在建工程正处于销售中，如果办理了在建工程抵押，则每次销售时须解押，程序比较烦琐，而且未办理预售证的在建工程的评估价值已经达到信托公司的抵押率要求，无须再增加抵押。后来，经多轮协商，决定只抵押未办理预售许可证的在建工程，对已办理预售许可证且正在销售中的在建工程则开立监管账户，对销售款实施全封闭监管。

另外，为稳妥起见，业务团队希望能够同时办理在建工程和土地抵押。但青都市当地政策规定，如果办理了在建工程抵押登记，将不再办理土地抵押手续，换言之，在建工程抵押和土地抵押只能二选一，业务团队经过综合考虑后选择了前者。根据“地随房走，房随地走”的原则，办理在建工程抵押后，该在建工程相关的土地视为一并抵押（具体分析参见本书案例金桐建设应收账款融资项目中的小专题：房地产抵押中的“房地一体”原则及风险防范），而且根据青都市的上述政策，办理在建工程抵押后，包括第三方都无法对该在建工程占用范围内的土地办理抵押登记了。因此，即使不办理土地抵押，风险也是可控的。

需要指出的是，办理在建工程抵押后，由于联合大厦只建到第5层（整个项目共8层），为使抵押权的效力及于后续增加的在建工程，大厦每增加1层，信托公司重新追加办理一次在建工程抵押手续，直至项目封顶（最后共抵押在建工程面积16万平方米，合计2 600个产权式商铺）。

小专题

在建工程抵押专题分析

在所有的担保措施中，在建工程抵押牵扯的利益主体最广泛、办理过程最复杂、各地的地方性政策也最多。笔者翻阅国内相关资料，结合实务中数个项目的抵押手续办理经历，得出一个结论：在建工程抵押，怎一个“乱”字了得！

所谓在建工程，是指正在建造的建筑物［《物权法》（2007年）第一百八十条］。作为房地产开发过程中的一种特殊形态，在建工程与其之前的土地（具有土地使用权证）以及之后的房屋（具有不动产权证）相比，本身没有任何产权证明，从物理学意义上来看只是一堆钢筋水泥，并不是物权法意义上的“物”。

为促进资金融通，国家将在建工程纳入担保体系。目前，国内规范在建工程抵押的法律文件主要有：(1)《最高人民法院关于适用〈担保法〉若干问题的解释》（法释〔2000〕第44号）首次将“正在建造中的房屋或其他建筑物抵押”作为法律概念，也正式确立了在建工程抵押的法律效力；(2)《物权法》第一次在立法层面认可了在建工程作为抵押标的物的身份；(3)由建设部颁布的《城市房地产抵押管理办法》（中华人民共和国建设部令第98号）及《房屋登记办法》（中华人民共和国建设部令〔2008〕第168号）对在建工程抵押的概念和登记程序做了专门规定。

但是，上述法规都比较粗放，可操作性不强，法规本身存在相互抵触之处，各地具体的抵押政策千差万别（有的地方压根不允许办理在建工程抵押），再加上在建工程本身在不断变化且牵扯利益主体众多，导致其抵押呈现出极为复杂的局面，具体如图7－4所示。

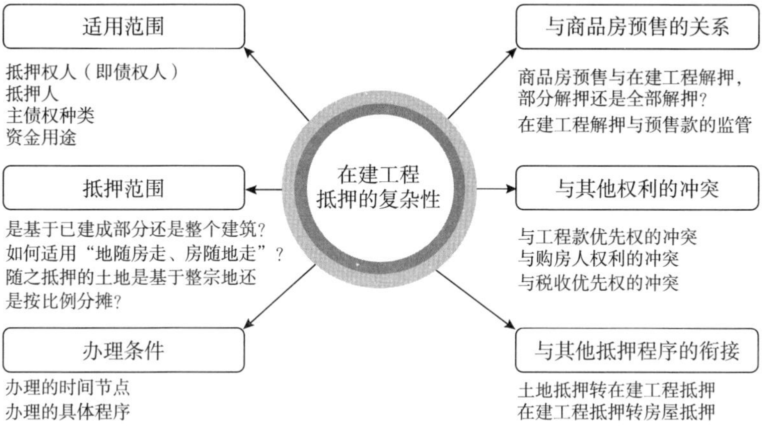

图7－4　在建工程抵押的复杂性

下面，笔者尝试依照图7－4全方位剖析在建工程抵押，并给出实务中的建议或操作方案。

一、在建工程抵押的适用范围

《城市房地产抵押管理办法》第三条对在建工程抵押的定义是："本办法所称在建工程抵押，是指抵押人为取得在建工程继续建造资金的贷款，以其合法方式取得的土地使用权连同在建工程的投入资产，以不转移占有的方式抵押给贷款银行作为偿还贷款履行担保的行为"。

不得不说，该条规定如同紧箍咒一样严格限制了在建工程抵押的适用范围。根据该规定，在建工程抵押的抵押权人（即债权人）仅限于商业银行（排除了信托公司、融资租赁公司、资产管理公司等非银行金融机构成为抵押债权人的可能性）；抵押人（即在建工程持有人）仅限于主债务人（排除了以在建工程为第三方债务提供担保的可能性）；主债权种类仅限于银行贷款（排除了信托贷款以及非贷款类主债权，如股权回购、收益权回购等作为主债权的可能性）；资金用途仅限于在建工程本身的开发建设（排除了为其他用途提供担保的可能性）。

《城市房地产抵押管理办法》出台较早（2001年），当时非银行的融资比较少，出台该办法的主要目的是在保障银行资金安全的同时，将贷款资金严格限制在项目开发上，防止工程出现烂尾。但是，随着房地产金融市场的变化，该办法与现实已经有了很大脱节，主要体现在两点：一是作为国家层面的《物权法》规定了在建工程抵押，但并未对其适用范围做出限制，作为部门规章的《城市房地产抵押管理办法》做出的上述限制明显与上位法相抵触；二是随着融资渠道的拓宽，私募基金、资产管理公司、信托公司甚至承建单位垫资等均可为开发商提供融资，而实务中不少登记机关以《城市房地产抵押管理办法》为依据而拒绝为上述单位的债权办理在建工程抵押登记，严重阻碍了上述融资模式的正常开展并大大限制了在建工程抵押的融资渠道。

值得欣慰的是，不少地方的政府部门已经认识到这一问题，并在实务中突破了上述限制，开始为非银行金融机构的融资（包括非贷款类的主债权）办理在建工程抵押手续。《最高人民法院关于〈城市房地产抵押管理办法〉在建工程抵押规定与上位法是否冲突问题的答复》（〔2012〕行他字第8号）中明确指出，在建工程属于《担保法》规定的可以抵押的财产范围；法律对在建工程抵押权人的范围没有做出限制性规定，《城市房地产抵押管理办法》第三条有关在建工程抵押的规定，是针对贷款银行作为抵押权人时的特别规定，但并不限制贷款银行以外的主体成为在建工程的抵押权人。这一司法解释为在建工程抵押突破《城市房地产抵押管理办法》的限制提供了有力支持。

但是，需要指出的是，我国的法律适用向来有“县官不如现管”的现象（即具有更强可操作性的下位法虽然可能与上位法相抵触，但在实务中却优先适用），尽管在建工程抵押从法律上来讲已经没有上述限制，但目前实务中仍由不少政府部门抱着《城市房地产抵押管理办法》不放，拒绝为非银行金融机构办理手续。信托公司在设计交易方案时，如果涉及在建工程抵押（包括后续可能存在由土地抵押转为在建工程抵押），务必在尽职调查时与当地抵押登记机构提前做好沟通协调工作。

二、在建工程的抵押范围

在建工程的抵押范围包括三个方面的内容。

（一）办理在建工程抵押时是以工程全部还是已完工部分作为抵押物？由于法律对此没有规定，理论界观点不一。一种观点认为，抵押设定后新增的建筑物不属于抵押物，在建工程抵押范围应为抵押时已完工且双方约定为抵押物的部分；另一种观点认为在建工程抵押物应包含尚未完工部分在内的项目整体。而实务操作中各地的登记部门采用这两种观点的都有。笔者以为，为最大限度地控制风险，《在建工程抵押合同》中须明确约定，在建工程抵押的范围及于整个项目，包括已完工和未完工部分；同时，如果当地登记部门允许，办理完在建工程抵押手续后，在建项目每增加一层，应当及时追加或更新在建工程抵押（如本项目）。

（二）在建工程抵押是否适用“地随房走，房随地走”原则？《物权法》第一百八十二条规定：以建筑物抵押的，该建筑物占用范围内的建设用地使用权一并抵押。以建设用地使用权抵押的，该土地上的建筑物一并抵押。抵押人未进行一并抵押的，未抵押的财产视为一并抵押。该条法规规定了房地产抵押关系中的“房地一体”原则，即通常所说的“地随房走，房随地走”原则。在已经拿到产权证的物业抵押中适用“地随房走，房随地走”原则当无疑义，但是，由于《物权法》同时出现了“建筑物”和“正在建造的建筑物”两个概念，在实务中作为“正在建造的建筑物”的在建工程是否适用该原则曾经引起不小的争议。所幸的是，最高院在（2015）民二终字第269号民事判决书中支持了在建工程抵押时也适用“房地一体”原则（具体分析参见本书案例金桐建设应收账款融资项目中的小专题：房地产抵押中的“房地一体”原则及风险防范）。

（三）在建工程抵押涉及所占用范围的土地时，抵押范围是及于整宗土地还是仅仅为在建工程已完工部分所分摊的土地份额？实务中，各地登记机构也有两种不同的操作方法，有的地方将整宗土地不可分割作为抵押物，而有的地方则规定，申请在建工程抵押时，在建工程占用范围内的土地面积和价值应按抵押建筑面积在工程总建筑面积的所占比例进行分摊，不得将该在建工程占用范围内的全部土地列入抵押范围。笔者认为，为最大限度控制风险，《在建工程抵押合同》中应当约定，在建工程抵押的抵押范围应及于在建工程所占用的整宗土地；如果当地登记机构不允许及于整宗土地，应当在在建工程抵押手续办理完毕后，在建项目每增加一层，及时追加或更新在建工程抵押，以扩大在建工程抵押所涉及的宗地范围。

三、在建工程抵押的办理条件

在建工程抵押的办理条件对金融机构交易结构的设计和增信措施的安排非常重要，但《物权法》《担保法》及相关司法解释均未对此做出明确规定。根据《城市房地产抵押管理办法》以及各地的相关规定，设立抵押的在建工程一般应取得“四证”（即《国有土地使用权证》《建设用地规划许可证》《建筑工程规划许可证》和《建筑工程施工许可证》）。

但是实务中各地还有很多地方性政策，如有的地方规定只有完成投资总额25%以上的在建工程才能设立抵押，有的地方只允许已取得《商品房预售许可证》的在建工程设立抵押，有的地方恰好相反，只允许尚未取得《商品房预售许可证》的在建工程设立抵押等，信托公司在尽职调查时需要详细核实。

另外，需要指出的是，并非所有的在建工程均可用于设立抵押。一般来说，存在建筑承发包合同争议的在建工程，被行政罚没、依法查封的在建工程，具有公益性质（学校、医院、幼儿园等）的在建工程以及在建工程中已经预售的部分不得设定抵押。

四、在建工程抵押与商品房预售

在建工程抵押手续办理的过程中，商品房预售是一道迈不过去的坎儿，也是最令人头疼的风险点之一。正如上文所讲，商品房预售对在建工程抵押的办理有较大影响，各地的规定也非常混乱。但是，总的来讲，已经实现预售的商品房是无法办理在建工程抵押的，因为这涉及购房人住房按揭贷款抵押手续的办理（注意，是已经实现预售的商品房无法办理在建工程抵押，而不是办理了预售许可证的在建工程无法办理抵押；对于先预售后抵押的情形，我国法律并无禁止，只不过各地登记机关把握的尺度不同而已）。对于已经设定抵押的在建工程的预售，实务中各地主要有两种处理措施：一是需要全部解除在建工程抵押且不得再办理任何抵押手续；二是无须解除在建工程抵押，但需抵押权人出具同意预售的书面文件，在每套房产的《商品房预售合同》备案前须解除该套房产所对应的在建工程抵押。

如果是第一种处理措施，则信托公司将会丧失对在建工程（包括所占用范围内的土地）的优先受偿权，风险敞口很大，实务中信托公司一般会要求债务人提供其他替代抵押物，或者通过账户监控对商品房的销售款进行严格管控。另外，为防止工程烂尾，各地政府一般会对商品房的预售指定监管银行，要求将预售款和商业银行为购房人提供的购房抵押贷款均存入在监管银行开立的监管账户，且监管银行必须根据工程监理单位出具的工程进度核定意见书对外付款，在满足工程用款的前提下销售资金方可用于归还金融机构的融资。实务中，有的地方政府对这种规定执行得很严格，有的则流于形式。信托公司需要争取将自己的合作银行（如代销银行、项目介绍银行等）作为资金监管行，并通过协议约定、印鉴监管等措施管控销售资金，冲抵在建工程解押带来的风险。

如果是第二种处理措施，则信托公司面临的风险要小很多。一般情况下，信托公司会采取批量解除抵押（如每次解除20套拟预售房产的抵押），在一定比例的销售资金（考虑到按揭贷款放款时间不确定的因素）到达监管账户后再解除另外一批房产。一些比较强势的信托公司会要求先提前向监管账户存入资金，再解押预售房产。例如笔者做过的某项目，在综合考量融资金额、可售面积和销售单价后，要求每套预售房产需按照2万元/平方米的标准先存入监管资金，才可以办理相应的解押手续。

五、在建工程抵押权与其他权利的冲突

（一）在建工程抵押权与工程款优先权的冲突

《合同法》第二百八十六条规定：发包人未按照约定支付价款的，承包人可以催告发包人在合理期限内支付价款。发包人逾期不支付的，除按照建设工程的性质不宜折价、拍卖的以外，承包人可以与发包人协

议将该工程折价，也可以申请人民法院将该工程依法拍卖。建设工程的价款就该工程折价或者拍卖的价款优先受偿。

另外，《最高人民法院关于建设工程价款优先受偿权问题的批复》(法释〔2002〕第16号）第一条规定："人民法院在审理房地产纠纷案件和办理执行案件中，应当依照《中华人民共和国合同法》第二百八十六条的规定，认定建筑工程的承包人的优先受偿权优于抵押权和其他债权"。

由此可见，工程款的优先受偿权是工程承包人的法定权利，且优先于金融机构的抵押权。在实务中，虽然有总包合同的约定，但工程款的实际支出弹性很大，且没有公开的信息查询渠道，导致抵押权人对自己的风险无法预测和控制。如果将来项目出险，需要行使抵押权时，若应付工程款很高（或内外勾结做大工程费用，这种情况在承包人与融资方是关联人的时候尤为常见），则有可能使得处置抵押物的所得在扣除工程款后所剩无几。实务中为了化解这种风险，信托公司在可能的情况下会要求项目承包人出具承诺函，放弃其基于《合同法》享有的工程款优先权。

但是，作为承包人的法定权利，工程款优先权属是否可以书面形式放弃，法律并无明确规定，理论界和实务界均有不同的争论。从立法目的来看，赋予承包人工程款优先权主要是为了保护施工方全体员工的利益。由于信托公司与开发商之前只是经济利益纠纷，而承包人与广大建筑工人之间却涉及工人及其家属的生存权利。在项目出险进入诉讼程序后，该承诺函很有可能被法院判决无效。

在无法获得上述承诺函时，信托公司一般会要求承包人出具书面确认函，确认截至信托放款前项目应付未付的工程款，并在后期管理中严密监控工程款的支付，确保不虚增工程款或将应付的工程款挪作他用。另外，由于承包人优先权的存在，一些风控严格的信托公司在评估拟抵押的在建工程价值时，会扣减项目公司当时应付未付的工程款。

（二）在建工程抵押权与购房人权利的冲突

《最高人民法院关于建设工程价款优先受偿权问题的批复》（法释〔2002〕第16号）第二条规定：消费者交付购买商品房的全部或者大部

分款项后，承包人就该商品房享有的工程价款优先受偿权不得对抗买受人。这提醒信托公司，如果对销售回款没有实施严格监管，在项目出险后，若信托公司处置抵押资产，则其抵押权不仅劣后于承包人的工程款，而且劣后于支付了全部或大部分购房款的购房人，由于风险状况下的资产处置往往缩水很多，信托公司将很可能面临颗粒无收的境况。

有抵押债权、无抵押债权、工程款优先权和购房人权利的优先性排位如图7－5所示。

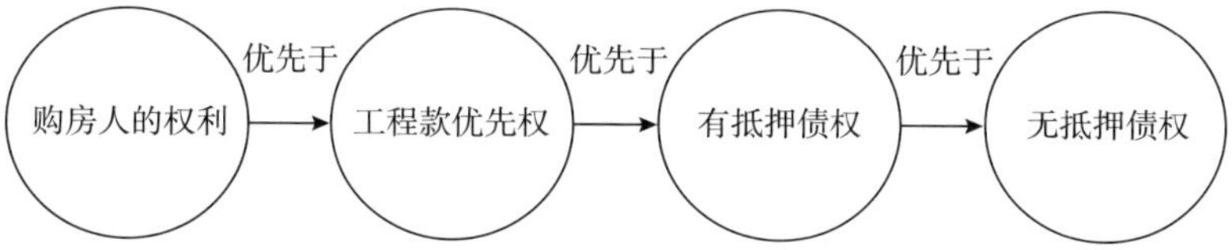

图7－5　房地产融资项目中各种权利优先性排位

（三）在建工程抵押权与税收优先权的冲突

《税收征收管理法》（中华人民共和国主席令第23号）第四十五条第一款规定："税务机关征收税款，税收优先于无担保债权，法律另有规定的除外；纳税人欠缴的税款发生在纳税人以其财产设定抵押、质押或者纳税人的财产被留置之前的，税收应当先于抵押权、质权、留置权执行"。该规定表明，只要纳税人欠缴税款的行为发生在纳税人以其财产设定担保之前，税收作为国家公权力就优先于担保物权这种私权力。如果开发商在以在建工程提供抵押之前已经拖欠税款的，信托公司在处置抵押物时就要受到限制，税务机关有权先于信托公司处置并就处置价款优先受偿，缴税后的剩余部分，信托公司才能受偿。如果信托公司私自处置抵押物，税务机关获知后有权在抵押物价值范围内向信托公司追偿税款。

为避免这种风险，信托公司在接受在建工程抵押之前，需要在尽职调查时通过各种途径获得企业是否欠税以及欠税的时间、金额；在对在建工程进行价值评估时，应当把欠税金额给予扣除。当然，由于纳税义务的递延性，即使不扣减欠税金额，也应该把欠税情况作为重要内容在尽调报告中体现，作为风控审核的参考。

六、在建工程抵押与其他抵押程序的衔接

在建工程抵押上承土地抵押，下接现房抵押，在某些项目融资中，可能涉及不同抵押程序之间的衔接。

（一）在建工程抵押与土地抵押程序的衔接

在很多房地产融资项目中，最开始的增信措施是土地抵押，但是，当项目开发到一定阶段时，由于以下原因需要将土地抵押转为在建工程抵押。

一是申请预售许可证的需要。有的地方规定，在申请预售许可证的时候，项目土地不能处于抵押状态，金融机构须尽快将土地抵押转成在建工程抵押。当然，这不是普遍现象，有的地方规定申请预售许可证并不需要解除土地抵押，只需要金融机构出具同意预售的书面函件即可，根据《物权法》第二百条的规定，这种情况下如果融资方出现违约，金融机构可以将土地和在建工程一并拍卖，但对新增的在建工程并无优先受偿权。

二是金融机构增厚抵押物的需要。《物权法》第二百条规定：建设用地使用权抵押后，该土地上新增的建筑物不属于抵押财产。该建设用地使用权实现抵押权时，应当将该土地上新增的建筑物与建设用地使用权一并处分，但新增建筑物所得的价款，抵押权人无权优先受偿。当满足在建工程抵押的条件时，有的金融机构为了增厚抵押物，会要求追加在建工程抵押，但是，有的地方不允许土地抵押与在建工程抵押共存，此时要想增厚抵押物，必须办理土地抵押转在建工程抵押的手续，然后利用“地随房走，房随地走”的原则同时享有在建工程和土地的优先受偿权。

对于土地抵押转在建工程抵押的程序，有的地方可以直接办理，不用先解除土地抵押（这主要存在于实行国土局和房管局合并管理的城市）；有的地方则要求先解除土地抵押，然后再办理在建工程抵押（这主要存在于实行国土局和房管局分开管理的城市），这就存在一定的风险敞口，也是为什么很多金融机构不愿意将土地抵押转成在建工程抵押的原因。对于后者出现的风险敞口，实务中一般采取如下控制措施：一

是要求融资方提供过渡性担保措施（如增加过渡性抵押物），在办理完毕后解除该担保；二是事前做好与国土局和房管局的沟通，准备好土地解押和在建工程抵押的全套资料并由信托公司全程控制，尽量缩短两者之间的时间差；三是某些项目存在数个土地证时，可以分批办理土地解押和在建工程抵押的手续，尽量缩小风险敞口。

综上所述，在建工程抵押与土地抵押程序衔接的几种情形见表7－2。

表7－2 在建工程抵押与土地抵押程序衔接的几种情形

	情形简介	该情形面临的风险
情形一	因预售需要出具同意函，不解除土地抵押，也不办理在建工程抵押	在融资方出现违约时可以一并处理土地和在建工程，但对处理在建工程所得价款无优先受偿权
情形二	土地抵押和在建工程抵押可以共存，在不解除土地抵押的情况下办理在建工程抵押	没有风险敞口，同时对土地和在建工程拥有优先受偿权
情形三	土地抵押和在建工程抵押无法共存，但办理在建工程抵押时无须先解除土地抵押	没有风险敞口，办理在建工程抵押手续后，根据“地随房走，房随地走”的原则同时对土地和在建工程拥有优先受偿权
情形四	土地抵押和在建工程抵押无法共存，且办理在建工程抵押时须先解除土地抵押	办理过程中存在风险敞口，但办理完毕在建工程抵押手续后，根据“地随房走，房随地走”的原则同时对土地和在建工程拥有优先受偿权

（二）在建工程抵押与现房抵押程序的衔接

在建工程在抵押期间竣工的，按照《城市房地产抵押管理办法》和《房屋登记办法》的规定，应首先由开发商办理房屋初始登记（初始登记又称为“大确权”，是指项目竣工验收后，以开发商的名义办理的楼盘初始确权登记，领取《房地产权属证明书》，确认该楼盘的权属人是该房地产开发商；与之对应的概念是“小确权”，是指开发商领取楼盘

《房地产权属证明书》后，依照法律法规的规定为购房者申请办理所购商品房的交易过户转移登记，核发《房地产权证》的过程。按照正常的房产证办理程序，必须先办理大确权，完成房地产的初始登记，才具备办理业主房产证的条件），然后再申请办理在建工程抵押转现房抵押手续。这里需要指出的是，如果项目在办理房屋初始登记前已经开始预售，则所抵押的现房一定是未实现预售的房产，已预售的房产不在现房抵押的范畴内。

各地基本遵循了上述登记模式，但在具体操作流程上有所不同。有的地方规定，已竣工的在建工程办理初始登记时，登记机关有义务将在建工程抵押转为现房抵押，并告知当事人；有的地方规定，已竣工的在建工程办理初始登记后，须自行申请办理在建工程转现房抵押登记，而且须首先注销原有的在建工程抵押，才能办理现房抵押登记；有的地方甚至会冻结初始登记取得的初始权利证书（《房地产权属证明书》），致使无法转为现房登记。

另外，需要特别注意的是，有些地方的开发商领取的初始权利证书上并不记载他项权利，若办理房屋初始登记后不及时办理在建工程转现房抵押登记，则可能存在开发商出售现房而致使抵押权难以实现的风险。据此，信托公司在项目操作中应注意在建工程的建设进度，关注当地关于在建工程转现房抵押登记的操作流程，确保在建工程抵押变更为现房抵押过程中的无缝衔接。

通过上述六个方面的说明，大家可以看到，我国的在建工程抵押面临着何等复杂的局面。对于信托公司而言，要想办好这种错综复杂的抵押手续，需要把握如下两个准则。

其一，进行详尽的尽职调查工作。正如前文所言，在建工程抵押中的很多方面在各地登记机关的规定都不一样，业务团队需要根据项目具体情况和交易结构设计的需要进行详细的、有针对性的尽职调查，特别要摸清当地登记机关的各种地方性政策，做好相应的风险防范。

其二，注意通过合同约定保护自己的权利。笔者认为，这是在建工程抵押中最重要的风险控制手段。虽然各地登记机关的当地政策对金融机构的在建工程抵押权带来一定风险，但是，在起草相关合同（如《在建工程抵押合同》）时，金融机构不要太过在意这些地方性政策的限制，尽量多约定一些对自己有利的条款，例如不管当地政策如何规定，一律将在建工程的抵押范围约定为包括已建成和未建成的全部工程、将抵押土地的范围约定为抵押土地包括整宗土地等。如果当地登记机关不认可该等约定或需要采用自己的格式版本，可以另外再签署一份抵押合同，同时约定登记机关认可的版本仅供办理抵押用，具体的权利义务以另行签署的版本为准。当项目出险，需要通过法院处置抵押物时，在不违反法律和行政法规的禁止性规定的前提下，法院一般会尊重当事人的意思自治，各地的地方性政策一般不会作为判断合同效力的依据；当然，不排除有的法院基于地方保护主义做出明显不当的判决或裁定。

监管措施

本项目的监管措施包括如下3种。

其一，销售款的监管。考虑到销售时按揭银行太多不利于资金监管，经与项目公司协商，确定了3家按揭银行（富兴银行、九州银行和宇通银行），并将这3家银行作为监管账户的开立行，同时通过《三方监管协议》约定，所有监管账户内的资金只能用于联合大厦的开发建设和偿还信托融资本息；监管账户对信托公司开通网银查询功能，预留信托公司人员印鉴，由信托公司控制网上转账汇款功能的最后一道U盾；未经信托公司书面同意，项目公司不得在包括按揭银行在内的所有银行开立任何其他账户。

项目公司根据经董事会审议通过的季度用款计划向信托公司提交每月用款计划申请，信托公司书面同意后，项目公司该月方可对外付款，其中单笔200万元以上（含200万元）的资金支付需要信托公司逐笔审核。

其二，销售进度的监管。每季度末月最后一日，信托公司根据合同约定的销售预测表将累计实际回款额与项目公司该时点设定的累计目标回款额相比较。若累计实际回款额未达到目标回款额的70%，则将信息反馈到项目公司董事会，评议销售进度落后的原因和解决方案，同时评估由此带来的风险。信托公司在此情况下可要求更换销售团队，并要求项目公司在3个月内改变销售局面，达到该时点的累计目标回款额。若3个月后，仍未达到既定目标，则信托公司有权对联合大厦的销售价格进行调整，拟定新的销售计划。

其三，建设进度的监管。每季度末月最后一日，信托公司根据合同约定的建设进度预测表将累计建设进度与项目公司该时点设定的累计目标建设进度相比较。若实际累计建设面积未达到目标建设面积的70%，则将信息反馈到项目公司董事会，评议建设进度落后的原因和解决方案，同时评估由此带来的风险。信托公司在此情况下有权要求项目公司在3个月内弥补进度。若3个月后，仍未达到既定目标，则触发违约条件，信托公司有权宣布融资提前到期，并处置抵押物。

从常规的地产项目融资角度来看，上述监管措施是比较完备的，可操作性也比较强，但是，由于后期监管流于形式，加上忽略了交易对手的道德风险以及印章监管的缺失，导致一副好牌被打烂了，融资方在项目开发过程中肆无忌惮地抽逃资金，使项目因拖欠工程款而不得不停工，信托计划出现严重的兑付危机。

公司管控措施

其一，股东会层面。信托公司持有项目公司100%的股权，作为单一股东，行使股东会职权，拥有项目公司最高决策权。除了《公司法》赋予的权利外，还包括如下两项特殊权利。一是批准公司物业销售价格和计划调整方案。二是在项目公司出现实质违约（如未按时还本付息）时，有权就以下事项做出决定：处置项目公司股权；重组项目公司董事会；更换项目公司总经理、副总经理和财务负责人等。

其二，董事会层面。董事会由3名董事组成，其中信托公司推荐1名，中亮集团推荐2名。董事会做出的有关项目公司日常经营重大事项的决策需要取得全体董事一致同意（相当于信托公司指派的董事拥有一票否决权），具体事项如下：（1）批准公司的对外融资和为第三方提供任何形式的担保，但公司为实现销售向相关商业银行发放的按揭贷款提供阶段性担保的除外；（2）批准公司申请用于联合大厦项目开发建设的融资；（3）批准公司转让或出售重大资产（指价值超过公司净资产25%以上的资产），或批准公司重大债权（指金额达到1 000万元或以上的债权）的处置，包括但不限于转让、赠予、出租、向任何关联方或第三方提供融资款或财务资助、向任何个人（包括公司任何员工或董事）提供融资款或财务资助等，但公司日常经营活动中销售房产除外；（4）公司发生任何超过季度用款计划金额5%或500万元整（含本数，以较低者为准）的费用支出；（5）批准联合大厦的工程计划和工程计划的调整；联合大厦项目的销售计划和方案以及销售计划的调整；联合大厦项目整体预算、年度经营计划（含项目工程进度计划、销售计划等）和季度用款计划。

其三，管理层。包括总经理在内的管理层均由中亮集团提名，董事会任命。信托公司通过指派财务代表跟踪项目的日常管理，确保上述监管措施的落实。

虽然信托公司持有项目公司的全部股权，但中亮集团认为信托公司是融资方而非真实投资者，不同意后者在董事会中占据多数席位，最后信托公司通过在董事会中保留一票否决权来保证自己对公司决策的控制力。另外，由于信托公司在董事会中没有绝对话语权，为了在项目出险时能够名正言顺地控制公司，特别赋予股东会在融资方出现实质违约时有权重组董事会并更换管理层。

上述管控措施不可谓不完善，但在后期管理过程中，除了财务代表履行了形式上的监管责任外，其他管控机制（特别是董事会对公司重大决策的控制力）基本处于瘫痪状态，信托公司作为监管人的角色严重缺位，融资方在没有制约的情况下利用项目公司这个平台大肆对外融资及担保、虚开账户抽逃资金，最后积重难返，出现严重的风险事件。

项目出险过程

项目成立前的风险判断

实事求是地讲，本项目不管从交易对手还是项目业态来看都没有多少亮点。在项目推进过程中，风险部门一直持谨慎态度，公司领导也数次前往项目所在地进行实地查看并与实际控制人进行深入沟通。最后项目得以承做，除了业务团队积极争取外，从公司层面来看主要有如下几个方面的考量。

其一，抵押率充足，作为抵押物的在建工程评估价值超过 10 亿元，相对 5 亿元的优先级信托资金而言，抵押率不到 50%，"安全垫"较厚。

其二，在放款前，项目已经建到第 5 层（总共 8 层），如果对资金进行有效监管，项目完工风险不大；而且，整个项目的资金监管措施和公司管控机制都比较完善。

其三，虽然联合大厦属于商业综合体，但进行了很细的产权分割，拥有数千个可供出售的商铺。而且，项目采用了售后返租的销售形式，每个商铺的投资额不高，但返利周期长达 8 年，对很多投资者（即购房者）来说是个很有吸引力的投资产品。虽然每年 10% 的承诺收益率远高于正常的商业租金回报，但该返利是从认购房产后的第 4 年开始的，届时信托公司已经退出项目，投资回报能否达到与信托公司无关了（请注意这个观点，后期项目出险后的各种危机都源自这种火中取栗的风控思路）。

其四，从现场尽职调查的情况来看，当时项目公司蒸蒸日上，五金批发市场的大货车出出进进，一片交易繁忙的景象；联合大厦已经修建到第 5 层，销售大厅购房者络绎不绝，这些都给尽职调查人员留下了深刻的印象，觉得实际控制人张世杰整合资源的能力很强，是个可以合作的交易对手。

其五，信托计划的年化信托报酬率高达 5%，每年的绝对报酬达到 2 500 万元，对当时急需做出业绩的业务团队具有很大吸引力。

现在来看，这些考量虽然有一定道理，但并不全面，特别是对交易对手和项目的尽职调查流于表面，不够深入，加上交易结构本身的缺陷和后期管理的重大疏漏，导致项目最终出险，并一度陷入不可收拾的局面。

发现风险的过程

信托放款一年后，项目公司首次未达到销售回款目标额，主要原因是当时项目公司管理层经营思路发生转变，他们判断联合大厦开业后可以更好的销售价格和条件出售物业，因此从信托放款第 8 个月开始惜售，减少销售推广宣传，不再主动推盘。另外，由于销售管理工作不到位，导致一次性付款和分期付款中有较多应收款，银行按揭贷款的到账速度也放慢了。项目公司为了应对上述风险，使增加自持物业的经营策略不触及信托公司的销售监控指标红线，试图通过寻找其他金融机构替代信托公司的融资，先后接洽了宇宙银行、西北信托、通达资产等金融机构，但由于当时国家启动了房地产宏观调控，整个市场形势不容乐观，这种商业项目的市场前景也不容乐观，融资替换工作迟迟没有进展。

3 个月的宽限期过后，项目公司销售回款仍然未达标，业务团队感到了压力，开始派人介入项目检查。当时，项目公司专项负责对接信托公司的财务人员休假，改由其他同事提供资料，检查人员才发现账户清单与以前提供的不一样，多了很多新开账户的信息。该发现令业务团队大为紧张，随后要求内部指派的财务代表提供账户的过往银行流水，才发现财务代表误将银行流水简单理解为账户月末对账单，一直都没有收集流水信息。发现该情况后，业务团队马上要求项目公司配合打印所有账户流水，发现了联合大厦销售回款外流的事实。当时项目公司一共开设有 10 个银行账户，仅配合打印了 4 个账户的流水，后续便不再配合，并对业务团队的调查工作诸多推诿，甚至设置障碍。

此时，业务团队已经意识到项目出现了问题，马上向部门负责人汇报，并调集精兵强将开始深度介入项目，同时通过外部手段（包括走访监管银行、约谈项目承包方等）进行摸底。经过两个多星期的努力，发现了融资方私开银行账户、挪用销售回款、违规对外融资担保等违约事实，但具体金额尚不清楚。而且，在业务团队介入项目调查后不久，联合大厦因拖欠工程款逐渐停工，销售和招商也陷入停滞，危机开始爆发，采取风险应对措施迫在眉睫。

出险原因分析

本项目的出险原因比较复杂，归纳起来主要有如下几个方面。

宏观市场原因

房地产市场的变化是导致项目出险的直接诱因。在信托放款的前半年，当地的房地产市场供销两旺，投资型的小商铺更是受到投资者的大力追捧，金融机构也蜂拥而至，一派“烈火烹油”“繁花似锦”的景象。此时项目公司的实际控制人手持信托公司的5亿元资金、加上项目销售款的回笼，自信心开始膨胀，以为这种大好形势会一直持续下去，开始盲目扩张，挪用信托公司的融资款和销售回款先后投资了某地级市的工业园区、当地的某肿瘤医院、外省的某铁矿项目等，耗用了项目公司大量的现金流。

信托放款半年后，国家出台了严厉的宏观调控政策，当地的房地产形势急转直下，销售萧条、银行惜贷，特别是按揭回款的周期从之前的1个月延长到4个多月。由于项目公司前期被抽走了大量的现金，在销售不畅、回款放缓的情况下，工程款的支付开始紧张，而实际控制人前期的若干投资正处于投入阶段，也需要源源不断的资金支持，否则将出现烂尾。在此情况下，实际控制人将主意打到了集团当前最有价值的资产——联合大厦上面，开始利用这个平台的信用和资产疯狂地进行民间借贷，同时将已经抵押给信托公司的在建工程包装成所谓的“理财产品”变相进行高息揽存，使整个中亮集团的现金流进入恶性循环，窟窿越堵反而越大，最终项目停工、销售停滞。

交易对手原因

错误地选择交易对手，是本项目出险的根本原因。综合来看，本项目的交易对手中亮集团存在如下几个方面的问题：

其一，实力问题。资产规模越大、实力越强的交易对手，腾挪的空间越大，越会珍惜自己的羽毛，不希望因某个项目的违约而危及整个集团，在旗下某个项目出现资金短缺时，会千方百计调用集团资源化解风险。这也是许多信托公司在房地产融资中喜欢“傍大款”的根本原因。

作为本项目的交易对手，中亮集团实力较弱，仅仅依靠实际控制人在当地的一些资源，拿到了比较便宜的土地资源进行开发，整体运营能力和风险判断能力一般。特别值得反思的是，作为集团旗下最核心的资产，联合城项目投资规模巨大，在前期几乎耗尽了中亮集团的全部资源。实践证明，这种“小马拉大车”的发展模式抗风险能力很差，在市场环境好的时候尚可维持，一旦外部出现任何风吹草动，在融资渠道堵塞、集团又没有其他资金支持时，很容易出现烂尾。最重要的是，作为唯一能够产生现金流的资产，联合大厦可以说是信托计划的唯一还款来源，在出现流动性危机时，集团不但没能帮上忙，反而将主意打到该项目上，疯狂地抽逃资金并大肆进行民间借贷，最终将自己推向违约和资产查封的深渊。

其二，诚信问题。在信托融资中，如果交易对手不诚信，刻意隐瞒欺骗，“以有心算无心”，设置再多的增信措施也没用。本项目的交易对手缺乏法律意识，没有任何诚信观念，提供给信托公司的销售数据肆意造假；报送的财务数据故意隐瞒公司真实的财务状况；未经同意私开银行账户、违规对外融资及担保等，无所不用其极。加上信托公司在管控上的失职，导致整个项目后期管理失控，造成了无法挽回的恶劣后果。

实际上，对于开发商来说，恪守诚信原则可以在一定程度上弥补实力上的欠缺。笔者之前接触的某中型地产开发商，实力一般，只是在当地有一定的品牌知名度，但是非常注重诚信，在遭遇宏观调控时，即使大幅降价也要按时归还信托公司的融资，维护自己的声誉。在合作了两个项目后，信托公司对该公司高度认可，建立了长期的合作关系，而且融资成本不断降低，该公司也在金融机构的扶持下不断发展壮大，最后成了区域性的龙头开发商。

其三，行事风格。民营开发商常常会出现老板“一言堂”的现象。在公司发展的过程中，实际控制人是保守稳健还是激进扩张，是“四处开花”还是坚持战略导向，是低调内敛还是个性张扬，都会对其掌控的公司产生重大影响，在特殊时期甚至带来致命威胁。

本项目的实际控制人张志杰的行事风格是“好大喜功”的，“手里一有钱，心里就膨胀”，在市场繁荣的时候误判形势，四处出击，激进扩张，导致一旦市场反转，马上出现危机。特别是在联合大厦的开发建设上，实际控制人过于追求高标准，增加了很多华而不实的设计（如后期高标准增加项目中庭的露天式结构），严重拖延了项目进程，是导致项目停工的罪魁祸首。

其四，内部管理。一般来说，“好大喜功”的老板在用人上往往会出现问题，善于溜须拍马的人容易上位，有能力者被打压，导致公司内部管理混乱，缺乏必要的制衡。就本项目而言，在实际控制人挪用项目公司资金对外投资时，管理层没有提出任何建设性思路，而且极力迎合老板的口味和地方政府的要求，所投项目不但与自身的实力严重不符，而且现金流创造能力很差（如花费巨额资金投资的某产业园项目），导致在出现流动性危机时，所投项目不但无法快速变现以支持集团，而且成为实际控制人疯狂掏空项目公司资产的动因。

更为严重的是，在出现风险苗头时，某些高管人员利用实际控制人急于获得资金的急切心理，怂恿后者以项目公司为平台进行民间借贷及担保，内外勾结，中饱私囊，不但给实际控制人造成重大损失，而且严重影响（甚至故意阻拦）正常融资替换的推进，最终将项目拖入深渊。

小专题

房地产项目融资中风险判断的要素排序

笔者认为，在房地产项目融资中，基本风险要素有4个：交易对手、合规性、抵押物和现金流。这4种风险要素的重要性排序如图7－6所示（一家之言，仅供参考）。

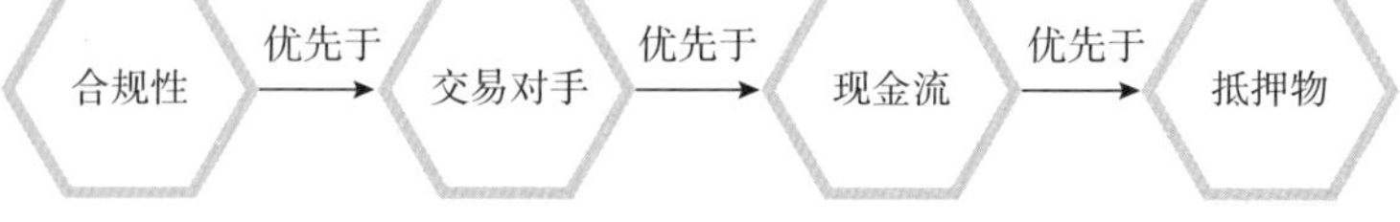

图7－6　房地产融资项目中风险判断的要点排序

毫无疑问，合规性问题排在首位。在业务承做中不能与监管政策相抵触，这是项目承做的红线，不可逾越。但这并不意味着信托公司在监管政策面前毫无作为，否则早就“饿死”了。信托行业（乃至整个资产管理行业）的监管政策变化多端，为了能够在严苛的监管环境中发展壮大，信托公司经常会利用信托制度的灵活性，大力开展业务创新，通过各种交易方案的设计将“红线变成黄线，黄线变成绿线”，从而实现业务上的突破。（具体情况参见本书案例俊丰地产明股实债项目中的专题分析：房地产信托的政策监管与产品创新）

交易对手排在第二位。笔者以为，诸如抵押物、资金监管等措施并不是风险控制的核心要素，最核心的是交易对手本身的实力、诚信和品牌等。某些项目尽管位置极好，业态也是很容易去化的纯住宅项目，但是如果交易对手很弱（这在我国是普遍存在的现象），没有任何腾挪空间，就要小心了。因为实力弱小的开发商在开发能力、品牌影响力和融资能力上比较欠缺，如果运作不好很容易出现烂尾；而且实力越弱的开发商，违约成本越低，道德风险越大。信托公司如果要承做该类项目，要么以高收益换取较高的风险容忍度，但要对项目实施全封闭监管，要么在实际控制人认可的前提下通过引入大型品牌开发商进行操盘来控制风险。反之，某些项目尽管位置不好，资金监管措施也不尽如人意，但整个集团公司实力雄厚，治理规范，可腾挪的空间很大，这种项目的风险反而是可控的。

现金流排在第三位。在房地产项目融资中，现金流（特别是销售回款）直接关系着信托计划能否顺利兑付，其重要性要远高于抵押物。对于信托公司而言，项目后期管理中最重要的任务是要采取各种措施管住销售回款。实践证明，大多数出险的房地产项目与销售回款被挪用有关（本项目体现得尤为明显）。另外，在项目承做中不但要监控项目公司的销售现金流，同时也要特别关注集团的整体现金流（包括经营性现金流和融资性现金流），实践证明，相当高比例的房地产项目融资的还款都是来自集团资金的调拨或再融资，这一点不可忽视。

抵押物排在最后一位。很多信托公司从传统的信贷思路出发，将抵押物看得很重，以为抓住了抵押物就控制了项目风险（本项目就是如此）。实际上，抵押物只是风险防范的最后一道防线，是为了保障终极的财务风险。这种风险控制措施只有在项目出险后才能起作用，但是，一旦项目出险，抵押物的变现将面临诸多难关：变现价值在考虑税费和拍卖因素后往往大为缩水；变现程序十分冗长，往往需要数年时间；变现后的所得往往还要先行支付工程款、购房人的购房款（在项目出险烂尾时），最后还能剩下多少，不得而知。而信托产品到期后将即刻面临投资者的兑付问题，这与银行表内融资可以展期或坏账核销的业务模式是完全不同的。

信托公司原因

尽管交易对手的选择不是最好，但如果业务团队有更深入的尽职调查、更完善的方案设计、更周全的贷后管理措施，并严格实施，项目出险的概率也会大大降低。在本项目中，信托公司作为项目公司的债权人和唯一股东，没有对项目公司保持足够大的影响力，在后期管理方面缺乏主动性和谨慎性是最大的失误。

其一，尽职调查问题。本项目在尽职调查过程中遵循了传统思维，主要是常规的收集资料、现场勘查、市场调研、抵押物价值评估、现金流测算等，从事后出险的情况来看，对如下三个方面的调查严重不足。

一是欠缺对交易对手的背景及其他投资项目的深入了解，只是简单地根据对方提供的资料做出风险判断，没有全面核实。项目出险后，业务团队通过其他渠道了解到，实际控制人张世杰在当地政府具有深厚的人脉资源，为人强势嚣张，与当地很多金融机构关系紧张。另外，在信托公司介入前，中亮集团在不少地方都有投资项目，但都不太成功，只有联合城算是集团内部比较靠谱的一项投资。

二是欠缺对交易对手民间借贷情况的调查。项目出险后，信托公司在与其他小贷公司沟通中才发现，中亮集团很早就有民间借贷活动，而且利率不低，这些借贷都由集团内部某高管负责，内外勾结迹象比较明显。这传导出一个重大信号，即该企业的内部管理非常混乱，而且在资金借贷上没有底线。

三是欠缺对联合大厦营销模式的深入调研和分析。联合大厦在销售上采取了“售后返租”的模式，而且给出的回报远远超出了正常的商业租金水平。由于当时的销售非常火爆，业务团队简单认为这种模式有利于快速去化，将其作为信托融资的有利因素。实际上，这种带有高息揽存色彩的销售模式无异于“饮鸩止渴”，具有很大的风险隐患，现实中曾出现过不少负面案例，工程烂尾、业主维权等问题层出不穷。业务团队没有对该模式进行深入调查和分析，贸然采取明股实债的交易模式，结果在项目出险后小业主大规模维权，为信托公司带来了很大的声誉损失。

实际上，上述三个方面的问题只要有一个能在尽职调查中被发现，信托公司基本上就会放弃这个项目。可惜承做该项目的业务团队经验不足，未能结合项目的具体情况进行深入细致的调查分析，为公司带来重大损失。

小专题

房地产项目尽职调查中的“正奇结合”

在房地产信托融资中，尽职调查质量的高低，直接影响到公司对项目风险的判断。笔者认为，为提高尽职调查的质量，业务团队需要遵循“正奇结合”的思路。

“正”指的是常规的尽调方式，如收集相关资料、进行经营及财务状况分析、市场前景的调研分析、项目现场查看、现金流测算、抵押物的核实及评估等。这种尽调方式是了解交易对手的基本路径，需要严格按照公司要求进行。需要指出的是，常规的尽职调查不能仅依靠交易对手提供的资料，信托经理需要有更多的主动性，在尽调过程中多跑跑工商、税务、住建、土地等政府部门，与交易对手的合作银行多做沟通交流，以获得更具公信力的信息资料。

“奇”指的是非常规的尽调方式，信托公司的项目分散在全国各地，但没有银行那样数量庞大、根基深厚的营业网点，对交易对手缺乏全面深入的了解，这是相对于银行的重大劣势；而且信托公司的交易对手大多是民营企业，很多从正规渠道获得的资料（如财务数据）通常在真实性上存疑，通过非常规手段了解企业的资信状况、经营状况和盈利能力等，其意义不言自明。对于一些区域性的开发商而言，企业负责人的个人品性对于判断项目风险的意义，可能会胜过案头的资料分析，尽职调查中的察言观色可能要胜于厚厚的财务报表。

“正奇结合”中，“正”是基础，“奇”是补充，但有些时候“奇”能发挥决定性作用。曾经有个地产项目，信托公司已经通过审核，即将签署合同，信托经理在有次吃饭时听人提起该地产项目的实际控制人曾经参与过赌博。得知该信息后，信托公司聘请专门律师通过非常规手段对该实际控制人进行了详细调研，结果发现该人确有赌博恶习，而且每次都赌得很大。了解到该情况后，信托公司立即终止了项目合作。后来另一家信托公司承做了该项目，但最后因为融资方抽逃资金导致项目出现兑付危机。

需要注意的是，目前信托行业（包括整个资管行业）从业人员普遍年轻，专业水准可能较高，但社会经验不足，很难在短暂接触中分辨人的真假善恶。更何况，信托经理在项目承做中还不可避免地带有一定的个人利益冲动；极端情况下，个别信托经理风险意识薄弱，直接将融资方提供的资料简单汇总甚至将其他金融机构的尽职调查报告稍做修改即提交内部审批；有的信托经理撰写的尽职调查报告中对融资方和项目的介绍是直接从网站上复制粘贴而来，充斥着各种主观性判断，如果出现诉讼纠纷，这些都可能成为投资者主张信托公司失职的理由。为解决这些问题，信托公司需要完善尽职调查的流程制度并严格执行，同时要在律师的帮助下加大对信托经理尽职调查的技能培训。

其二，方案设计问题。本项目的交易方案看起来比较完善，但存在一个致命漏洞，即没有实施公章监管。正是由于这个漏洞的存在，项目公司在私开账户、对外融资担保、兜售理财产品等方面没有任何阻力，导致其过度负债和担保，最终引发危机，给信托公司后期的债务重组制造了重重困难。

之所以出现这种疏漏，一是当时业务团队缺乏经验，过于相信合同约定，没有意识到公章监管对这种中小型地产开发商的威慑作用；二是觉得已经拿到了足值的资产抵押，且设立了严格的资金监管措施和日常管控机制，加上融资方有很大的抵触情绪，在公章监管方面没有过多坚持，结果酿成大错。

小专题

公章与营业执照等在掌握公司实质控制权中的重大意义

先从一则新闻报道①说起。2014 年 8 月 8 日晚间，雷士照明发布公告称，董事会已通过决议罢免吴长江首席执行官一职，任命公司董事长王冬雷担任临时首席执行官。王冬雷是雷士照明第一大股东德豪润达的董事长，德豪润达持有雷士照明 27.1% 的股份。8 月 9 日，吴长江和王冬雷传出斗殴事件，媒体转述现场人员描述："我当时挡在门口，六七个人过来打我，还把门撞坏了。后来我被按在吴总办公室的沙发上，吴总也被控制住了，分别按住（吴长江）两个胳膊，抢走了包，要求把公章交出来。"

这段情节非常真实地展现了一场公司内部的权力斗争。现实中，股东及管理层争夺对公司的控制权，暴力抢夺公章、营业执照乃至财务账簿的事情时有发生。在雷士照明的这件事里，德豪润达作为大股东已经掌控了董事会，还要用暴力手段来夺取公章，因此控股并不意味着就实际控制了公司。

控股权或董事会控制权，是法律层面的控制权，是以法律为保障，最后可以通过法院来保护的控制权。而占有法定代表人的职位、拿着公章和营业执照的人，则具有对公司的实际控制权。

如果你是公司的绝对控股股东，在董事会也占多数席位，但是法

① 资料来源：何德文. 控股 = 控制公司？——雷士照明抢公章引发的思考［EB/OL］.［2014－08－15］. https：//zhuanlan. zhihu. com/p/19826395。

定代表人是别人担任的，公章、营业执照也在别人手里，如果法定代表人决定公司要做某个业务，并且准备跟合作方签协议了，你觉得这不符合你设想的公司战略方向，提出异议，可是法定代表人一意孤行，你该怎么做呢？

自己挂失补办新公章？挂失补办公章需要法定代表人签字提出书面申请，但法定代表人不配合，你是没办法的。

决定召开股东会、董事会，更换法定代表人？如果原法定代表人不配合，没有公章和营业执照办不了变更法定代表人的工商登记。

向法院起诉要回公章？一旦进入法律诉讼程序，时间可能会一直拖延，打完官司至少一年过去了，在这种情况下，公司的运营大多都瘫痪了。

所以，即使是公司的控股股东，如果不掌握法定代表人的职位、不掌握公章和营业执照，其对公司的控制权只能停留在法律层面。那么，如果要实际控制公司，需要控制哪些东西？

其一，控制法定代表人的职位。法定代表人有权在法律规定的职权范围内，直接代表公司对外行使职权，他的行为属于职务行为，视为公司行为，造成任何法律后果，都由公司承担。所以，通常法定代表人在合同上代表公司签字和加盖公司公章一样有法律效力。要控制公司，绕不开对法定代表人职位的控制。

其二，掌握公章。凡是以公司名义发出的信函、公文、合同、介绍信、证明或其他公司材料，一般都会要求加盖公章。虽然法定代表人的签字可以代表公司，但在实务中，没有加盖公章的文件，交易对手、政府主管部门、法院等一般不会认可。

其三，掌握营业执照。营业执照是企业或组织合法经营的凭证，就像身份证一样，很多场合下要办事，都需要用身份证证明自己的身份。

其四，其他印章和证照。如财务专用章、法人章、合同专用章要根据不同情况来处理，如果为了防止新开账户、对外签署合同等问题，就一定要监管控制。

基于以上原因，在很多房地产股权融资项目中，信托公司在持股的同时都会要求控制项目公司的印章（包括公章、财务章、合同专用章等）、证照（营业执照等）及重要的法律文件（土地出让合同、总包合同等），以防止融资方的各种道德风险。

其三，后期管理问题。

信托公司在本项目中出现的后期管理问题很严重，也比较具有代表性，是导致项目出险最直接的原因。这些问题主要体现在如下几个方面。

一是人员配备不足。项目出险归根结底还是人的问题。当时中能信托的考核机制更侧重于项目承揽，对项目承做和承管，无论是人员配备还是重视程度，都严重不足。信托计划成立后，项目主管的主要精力都用在新项目的拓展上，很多贷后基础资料收集、整理和归纳分析工作交给专业性和经验明显欠缺的助理人员负责，而且自己没有履行复核、检查监督的职责，致使项目公司钻了漏洞。

如果项目主管可以把更多精力用在后期管理上，至少能在第一时间通过银行流水单发现资金挪用行为，及时制止实际控制人的资金抽逃行为，防止风险进一步扩散；如果信托公司能正视自己股东的身份并借助专业人员的力量，介入项目公司的日常经营管理，就可以防止工程规划的反复修改和停工事件的发生。因此，贷后管理不能只停留在表面，重点在于落实，重中之重在于配备足够专业、有经验的贷后管理人员。

二是专业能力欠缺。在后期管理中，相关人员的房地产工程经验不足，也没有借用其他专业机构的力量，导致在项目工程方面被融资方牵着鼻子走，拖延了项目的建设进度。例如，联合大厦的中庭原设计为没有天顶的露天式结构。有段时间常有大暴雨，由于没有天顶，导致排水不畅，因此融资方决定在中庭加盖一个4 000多平方米的结构天顶；而实际控制人好大喜功，对天顶的设计标准提出了很高的要求。后期管理人员简单认为加盖天顶能提升物业价值，促进销售和招商，但没能预计到这种高标准的工程设计需要经过消防、防震和规划等诸多审批环节，耗时很长。一直到大半年后，该修改方案才完成相关各项审批，导致联合大厦的工程施工在集团资金链相对宽松的情况下进展缓慢，没能实现如期开业，耽误了销售和再融资进程。

三是公司管控落空。在设计交易方案时，业务团队曾希望以控股股东的身份，通过股东会、董事会和财务代表对项目公司形成有力制约，防止道德风险。但是，“理想很丰满，现实很骨感”，在后期管理过程中，除了财务代表履行了形式上的监管职责外，自放款之日起的一年多时间内，项目公司没有召集过任何股东会和董事会，业务团队似乎忘记了自己当初设计的管控机制的存在，很多需要董事会同意方可实施的行为（如对外担保、融资等）在融资方的实际操控下完全失控。

实践一再证明，在项目公司的管控措施中，所谓的公司治理机制或合同制约向来只能“防君子”而不能“防小人”，对于某些具有潜在道德风险的交易对手，这些措施远不如直接监控印章、证照等措施来得有效。

四是日常监管不力。

这是最令人扼腕叹息的失误之处。按照公司对该项目后期管理的要求，需要每月定期打印项目公司银行账户流水单进行分析审核，对所有账户开通电话查询功能，随时查询所有账户的资金流动情况。但在后期管理中，由于具体操作人员是业务助理，专业性和经验都不足，对上述操作要求的理解不到位，没有随时查询所有账户的资金流动情况，也未打印账户流水，只掌握了月末时点的余额数据。项目主管也没有做好监督和检查。项目公司利用这种监管疏漏，将部分销售资金转移到体系外，在月底前又抽调资金转入监管账户，使得表面看来月底的账户余额没有问题。这种流于形式的后期管理导致监管人员在相当长时间内没能及时发现融资方的资金挪用行为，使得项目风险不断累积，直至无法收拾。

小专题

打破刚性兑付，信托公司准备好了吗

多少年来，刚性兑付一直是悬挂在信托公司头顶上的“达摩克利斯之剑”。为了维护自己的声誉，所有的信托公司对出险项目不得不采取各种措施（包括动用自有资金）保证兑付，使得投资者长久以来一直享受着“低风险、高收益”这种违背基本经济学原理的好处，这给我国资产管理市场的健康发展带来极为不利的影响。因而，打破刚性兑付，不但成为所有信托公司的心声，也引起了监管层的高度关注。2018 年 4 月，央行、银监会、证监会、保监会、外汇局联合发布的《关于规范金融机构资产管理业务的指导意见》第十九条规定：任何单位和个人发现金融机构存在刚性兑付行为的，可以向人民银行和金融监督管理部门消费者权益保护机构投诉举报，查证属实且举报内容未被相关部门掌握的，给予适当奖励。该规定虽然只是征求意见稿，但也表明监管层打破刚性兑付的决心巨大，不仅要对相关违规行为进行严惩，还设立了奖励举报机制。

但是，笔者想问的是：打破刚性兑付，信托公司准备好了吗？

打破刚性兑付，不单是勇气这么简单，它实际上考验的是信托公司整体的资产管理能力和项目承做的规范性和严苛性，考验的是信托公司作为受托人是否真正履行了谨慎尽职义务。我国信托行业经过十几年的野蛮生长，管理资产规模从当时的区区数千亿元迅猛增长到几十万亿元，主动管理规模也有几万亿元。在这些主动管理的项目中，有多少完全做到了谨慎尽职，笔者不得而知。以房地产融资项目来说，交易结构越来越复杂，特别是明股实债类项目，信托公司通过持股获取了很多法律上的权利，表面上看似乎得到了很多风险控制手段，但是，不要忘记，权利有多大，责任就有多大，越是复杂的管控手段，对后期管理的精细化要求越高，出现管理风险的可能性也就越大，相应地，对信托投资者承担责任的可能性也就越大。

从本项目来看，信托公司看似设计了严密的控制手段，但在后期管理中却昏招频出，如果想以这种项目打破刚性兑付，无异于痴心妄想。投资者一旦诉诸法院，信托公司的败诉绝对是大概率事件，届时将不得不动用自有资金赔偿，自身的声誉损失会更大。而且，中能信托是业内以稳健著称的信托公司，至于其他作风更为粗放的信托公司，后期管理的质量就可想而知了。

所以，打破刚性兑付不是一句口号那么简单，它需要的是信托公司扎扎实实的内功修炼。信托行业的制度红利正在消失，粗放式的发展模式已经过去了，接下来比拼的是精细化、规范化的管理运作和在此基础上的产品创新能力。只有切实练好内功，不断提升自身管理能力的信托公司，才能在将来打破刚性兑付的洗礼中存活下来，并不断发展壮大。

危机应对（上）

从项目出险到资产查封这9个多月时间是危机应对的第一阶段，该阶段又分为前期和后期。在前期半年多的时间内，以业务总监为主的风险化解团队（以下简称“风险团队”）由于经验缺乏，错失良机，导致信托公司处于被动局面；在后期3个多月的时间内，信托公司重组了风险团队，果断采取了印章监管、全面尽职调查、转出持有的股权、通过刚性兑付清退信托投资者四大措施，缓释了部分危机，消除了部分风险隐患。

前期：以业务总监为主的危机应对

在项目出险后的半年多时间内，由业务部门组建的风险团队（以当时承做该项目的业务总监为主）采取了多种风险应对措施，包括约谈实际控制人及管理层、向项目公司发送违约提示函、推动融资替换工作等。但是，这些措施均收效甚微，归纳起来，原因主要有如下几点：

经验不足，大意轻敌

由于违约情形非常严重，性质非常恶劣，完全寄希望于融资方自身来化解问题非常不现实。但是，风险团队成员都是信托公司的校招生，没有在社会上摸爬滚打过，过于相信交易对手，不识人心险恶，也没有不良资产处置经验，在实际控制人拍着胸脯保证会在一定时间内归还融资时，大家相信了，除了约谈管理层及发送违约提示函这些无关痛痒的行为外，没有采取其他任何有效措施。

众所周知，项目出险后前几个月的危机处理至关重要，越往后拖问题越多，风险越大。3个多月过去了，风险团队没有等到自己想要的结果，错过了危机处理的黄金时间。现在来看，实际控制人虽然也在尝试还款，但既没有化解危机的能力，也没有相匹配的资源，所谓的保证不过是缓兵之计。后来，风险团队从监管银行那里获知，项目公司在这几个月内又签署了两份担保合同，合计担保金额达到6 000多万元，方才醒悟过来。

沟通机制不畅

沟通机制不畅主要体现在两个方面。

其一，与融资方沟通。在得知被实际控制人忽悠之后，风险团队恼羞成怒，把握不好应对的尺度和方法，态度转变过快，在未与部门负责人沟通的前提下发送威胁短信，要求马上还款，否则查封资产，如此数次之后，双方开始出现严重对立，后来发展到融资方拒绝与风险团队进行任何沟通，危机化解工作完全陷入停滞。

其二，信托公司内部沟通。本项目是由部门业务总监介绍过来的，在出险前期，该总监为了尽快化解风险，撇清责任，寄希望于自己尽快处理，缺乏与部门负责人的有效沟通，报喜不报忧，导致部门负责人一直被蒙在鼓里，认为项目风险是可控的，错过了解决风险的最佳时机。

信息掌握不全

自得知违约事实被发现之日起，融资方即开始有意隔绝项目公司与风险团队之间的联系，拒不配合提供相关资料；加上双方关系恶化，风险团队只能通过外围（如监管银行、总包方等）了解项目情况，获得的信息和数据是碎片化的，没有形成对项目公司系统、整体的把握，导致在后来向总部汇报情况时基本数据不齐全，甚至互相矛盾，使信托公司无法有效确定下一步的行动方向。

无法掌握再融资的主导权

项目风险被发现之前，由于信托公司规定了严格的销售回款考核指标，达不到会触发违约条款；在销售放缓时，为了避免触发违约条款，融资方开始四处寻找资金进行融资替换，但是宏观调控政策的出台让原本趋之若鹜的金融机构开始退缩，最后干脆退出再融资谈判工作。

项目风险被发现后，实际控制人感受到一定压力，将再融资目光转向了当地的投资公司、私募基金等非正规金融机构。但是，由于自身团队的专业能力严重不足，无力应付当时的复杂局面，加上这些投资公司和私募基金抱着捡便宜的心态，狮子大开口，提出了很多苛刻条件（例如，有的私募基金除了年化不低于30%的融资成本外，还要在项目结束时分走相当比例的房产），导致再融资方走马灯似地更换，一直没有实质进展。

信托公司在发现违约事实后也尝试利用自己的渠道寻找再融资方。但是，令人不解的是，项目公司管理层对这些再融资方怀有很深的戒心，在资料提供、交易方案确定等方面推诿应付，拒不配合，信托公司没有任何主导权。后来，风险团队从侧面了解到，实际控制人接触的再融资方都是项目公司管理层通过个人关系找来的，双方有很深的利益纠葛；如果让信托公司找来的再融资方介入，则管理层的私利无法得到保障，所以在实际控制人那里煽风点火，拼命抵制。令人诧异的是，一直到信托公司开始查封资产前，实际控制人对管理层这种“吃里扒外”的行径竟一直毫不知情，让人不得不感慨其管理能力和用人水平的低下。

再融资主导权的旁落，让笔者再次深刻认识到法律控制权与实质控制权的巨大落差，即使信托公司是项目公司的绝对控股股东，在出险后仍然只能以债权人的身份参与风险化解，无法获得任何主导权；除非能像其他公司纠纷那样采取暴力手段，“鱼死网破”，而这是作为一家规范的金融机构无法做到的。

后期：以风险总监为主的危机应对

半年多时间过去后，由于危机迟迟未能得到缓解，业务部门负责人感受到巨大压力，开始不断地向公司汇报，寻求公司层面的支持。经综合考量，公司指定一名具有不良资产处置经验的风险总监加入风险团队，全权负责风险处置工作。

风险总监到位后，经过1个星期的初步摸底，提出了印章监管和全面尽职调查两大举措，并根据尽职调查的结果建议公司转出了信托持有的股权并提前清退社会投资者，在一定程度上缓释了风险。

印章监管

实施印章监管是当时最紧迫也是难度最大的一步。在双方关系闹僵后，融资方连基本资料都不愿意提供，更何况交出公章。风险总监到位后，开始着手缓和双方的关系，频频找实际控制人吃饭、聊天，以“钦差大臣”的身份向对方表示，公司希望和平解决问题，不排除继续提供融资帮助项目复工，但是，由于项目公司之前有过私自对外融资担保的行为，为了取得风险部门的信任，顺利拿到融资款，希望对项目公司的公章、财务章和合同专用章实施共管，展现融资方与信托公司合作的诚意。

客观地讲，这不是在忽悠融资方。当了解到项目的基本情况后，风险总监曾向公司高层做过专门汇报，认为当务之急是尽快实现工程复工。只有复工了，各方（包括已经开始群情汹涌的小业主）才能看到希望，再融资等风险化解工作才能顺利开展下去；而且当时工程已接近完工，如果在全面尽职调查后认为项目风险还在可控范围内，公司可以考虑提供部分启动资金实现复工，为信托计划的顺利退出创造条件。风险总监的意见得到公司高层的认可，并全权授权其尽快与融资方沟通。

经过1个多星期的坦诚交流，风险总监渐渐取得了实际控制人的信任。紧接着，信托公司高管在风险总监的安排下来到中亮集团进行沟通交流，进一步打消了实际控制人的顾虑，同意了印章共管的要求。信托公司立即与项目公司办理了交接手续，将全部印章放入新购置的保险箱内，并派信托经理常驻项目现场，掌管保险箱钥匙，由融资方掌管密码。

印章共管杜绝了融资方以项目公司为载体的对外融资担保行为，有效遏制了资产质量的进一步恶化。当然，在有的出险项目中，曾出现过融资方私刻或盗窃印章等恶劣行为，但本项目的实际控制人对信托公司的再融资抱有希望，风险总监判断短期内不会出现该等极端行为。

全面尽职调查

实施印章监管后，风险总监顺势提出，由于之前的种种违约行为，信托公司如果要提供复工资金，需要对整个项目进行全面尽职调查后方可决定。该要求合情合理，实际控制人虽有疑惑，但还是勉强答应了。

站在信托公司的角度，全面尽职调查有两个目的，一是摸清项目情况，看看有没有继续投入资金实现复工的可能，如果情况比预计的要坏，则要考虑采取其他措施（包括诉讼）；二是以尽职调查为由摸清实际控制人的其他财产线索，为后续可能的资产查封工作做准备。

经过周密筹划，信托公司聘请了律师事务所、会计师事务所和工程咨询公司对项目公司开展了关于法律、财务和工程三大方面的尽职调查。由于存在诉讼的可能，融资方对这种调查依然怀有戒心，甚至不是很愿意配合，而且项目公司的内部管理非常混乱，具体对接人数月没有拿到工资，工作积极性不高，增加了调查难度。风险团队制订了详细的尽调方案，每个调查方向分别安排专人对接，对重点调查内容集中力量打歼灭战。例如，销售合同和会计凭证是尽职调查的重头戏，风险团队集中了所有力量，利用两个周末的时间（避开工作日，防止引起项目公司的怀疑），对 1 000 多套销售合同和项目公司的全套会计凭证进行了拍照留档。

同时，信托公司还兵分两路，一路与项目公司的按揭银行、其他债权人、总承包商等进行深入交流访谈；另一路奔赴各地，调查实际控制人的其他投资项目。

在融资方的勉强配合下，经过近一个月的艰苦努力，当最终调查结果摆在桌前时，风险总监惊呆了。仅就项目公司而言，存在的主要违约事实就有 5 项，具体见表 7 – 3。

表7-3 项目公司存在的违约事实

违法违约事项	具体内容
私开银行账户	根据合同约定，除了监管协议所约定的银行账户外，未经信托公司书面同意，项目公司不得开立任何其他银行账户。但在后期管理中，项目公司在销售现场私自新开一部非监管银行的POS（销售点终端）机，同时私自新开两个银行账户，并利用新开账户疯转抽逃资金
挪用销售资金	根据合同约定，项目公司所有的销售回款必须全部存入监管账户，但在销售合同和账户清查过程中，信托公司发现自信托放款之日起，项目公司一共签约978套，合计销售面积6.3万平方米，合同金额7.5亿元，已回款4.5亿元，尚未回款3亿元。项目公司的大部分销售回款资金都未按合同约定存入销售资金监管账户，预计总额约有3.5亿元资金外流
违规对外担保	根据合同约定，未经董事会一致同意，项目公司不得对外举债和担保。但自信托放款之日起，项目公司未经董事会批准累积对外担保22项，总担保金额7.8亿元，扣除按揭贷款阶段性担保3.2亿元，剩余4.6亿元均是为关联公司的融资担保。这些违规担保导致项目公司牵涉多项诉讼，总金额达4.5亿元
违规对外融资	自信托放款之日起，项目公司未经董事会批准累积对外融资15笔，累积融资额2.3亿元，这些融资大部分被抽走；在15笔融资中，有11笔涉诉（以民间借贷为主），涉诉金额1.5亿元
对外非法集资	由于项目公司出现了严重的流动性危机，为缓解资金压力，采用非常手段瞒骗信托公司，在青都市中心租用多处豪华办公场所，以已抵押给信托公司的在建工程作为基础资产，采用物业所有权份额转让模式和物业租赁模式等方式销售所谓的理财产品，累积金额达9 000多万元，涉及300多个投资者

上述违约事实可谓触目惊心，融资方的行为可谓肆无忌惮，特别是

以售卖所谓理财产品的非法集资，不但违约，而且涉嫌犯罪，这些疯狂的行为几乎掏空了整个项目公司。

除了上述违约事实外，尽职调查人员还发现项目公司拖欠总包方大量工程款（初步估算不低于1.2亿元）；外地的数个投资项目（包括医院、矿山和产业园区）也都处于“半死不活”的状态；在项目停工的情况下，很多已经支付了购房款的小业主开始感到恐慌，常常聚集到项目现场找说法，公共危机初现端倪。

转出信托持有的股权

鉴于上述触目惊心的违约事实和项目本身的停工状态，如果继续持有项目公司股权，当出现小业主的集体维权行为时，信托公司将面临巨大的声誉风险。另外，虽然股东是以出资为限为公司债务承担有限责任，但如果不尽快摆脱全资股东身份，由于项目复工尚需巨额资金投入，项目完工后每年还需向小业主支付巨额的返利回报，在地方保护主义和维稳要求下，当地政府或法院很可能会要求作为金融机构的信托公司承担本不应由其承担的责任。如果出现这种极端情况，信托公司接下来的投入将会是无底洞，损失可能远远超过优先级本金。

基于上述考虑，风险总监向公司提出，联合大厦项目已经成了无底洞，继续投入资金绝无可能；而且，小业主的维权行动在逐步升级，整体风险有进一步扩大趋势，此时项目公司股权成了“烫手山芋”，必须尽快转出去。在尽职调查报告呈上去后，该意见很快得到了公司认可，要求尽一切努力尽快转出股权。

经过周密策划，信托公司最后不但将股权顺利转出，而且借此机会拿到了很多额外的增信措施。

首先，风险总监与实际控制人进行了坦诚沟通，明确告知对方，经过全面尽职调查，发现项目公司存在很严重的违约行为，已经千疮百孔，由信托公司提供复工资金已无可能。面对无可辩驳的尽职调查报告，实际控制人虽然无比恼怒，但也无可奈何。

紧接着，风险总监适时抛出了“橄榄枝”：为了尽快帮助项目复工，信托公司愿意将股权转让给中亮置地，由后者对外进行股权融资。这一建议让实际控制人喜出望外，因为在很多次再融资谈判中，私募基金或投资公司都希望获得项目公司股权，并将其作为融资的前提条件之一，但由于股权全部由信托公司持有，后者以还款作为转出股权的前提条件，实际控制人束手无策。

几天后，风险总监告知实际控制人，信托公司已经批准同意转出股权，但提出了3个条件：（1）项目公司的股权转给中亮集团后，需要再质押给信托公司，待找到再融资资金后解除质押；（2）为控制股权转出后的风险，需将项目公司的印章共管改为由信托公司单独监管；（3）中亮集团旗下的青都市中亮发展有限公司（以下简称“中亮发展”）、青都市中亮担保有限公司（以下简称“中亮担保”）、青都市星空置业发展有限公司（以下简称“星空置业”）、西北省中亮科技有限公司（以下简称“中亮科技”）4家公司提供连带责任保证担保。

这3个条件是风险团队反复推敲后提出来的，特别是最后一个条件的设置，充满了玄机。在尽职调查过程中，风险团队发现实际控制人一年前挪用资金在青都市通过“招拍挂”获得了6.7万平方米的土地（二类居住用地，容积率3.0），放在新设立的项目公司星空置业名下，当时正处于规划设计阶段，尚未动工，中亮集团出险后，地块一直处于闲置状态。这是一个极为重要的财产线索，为避免打草惊蛇，风险总监没有提出抵押该地块（根据当时的情况，该提议也不会得到实际控制人的同意，而且可能导致后者转移资产），而是提出由该公司提供保证担保；同时，为了混淆视线，拉了其他3家公司一并提供担保。由于保证担保只需要签署合同即可，没有其他手续，也不会直接触及公司资产，一般的民营企业老板对此并不在意。这种“明修栈道，暗度陈仓”的手法成功麻痹了实际控制人。为了拿回股权，实际控制人对这3个条件照单全收，不仅很爽快地签署了《保证合同》，而且动用自己的政府关系配合信托公司在一天之内完成了股权转让和质押手续。

值得注意的是，转出信托计划持有的股权属于信托财产管理运用方式的重大变更，根据信托合同的约定，该行为需要召开全体受益人大会表决通过方可实施。由于信托公司已经决定对优先级受益人进行刚性兑付，所以无须考虑后者的意见。但是，法律部门提出，次级受益人不存在所谓的刚性兑付，这种股权转让行为如果不征得其同意，将会留下极大的风险隐患。因此，作为股权转出的前提条件，信托公司通过实际控制人做通了次级受益人的工作，让后者签署了同意函。

在整个谈判和交易过程中，信托公司采取了严格的保密措施，从始至终隐藏了自己的战略意图。所幸，实际控制人和其管理团队经验不足，加上急切希望拿回股权，没有识破信托公司的算盘。当然，在后来信托公司查封中亮集团的多处资产、小业主的维权行为越闹越凶时，实际控制人醒悟过来了，气急败坏地将祸水引向信托公司。但此时后者已经变回了法律意义上的债权人身份，小业主的维权行为虽然造成了一定负面影响，但总体风险可控。

需要指出的是，股权转出前后，信托计划项下的信托财产形态发生了很大变化。股权转出前，信托财产包括 7.9 亿元债权和项目公司 100% 的股权；股权转出后，由于中亮置地收购项目公司的股权对价是 2.1 亿元（暂不支付），此时信托财产包括 7.9 亿元债权和针对中亮置地 2.1 亿元的债权（以下简称 2.1 亿元债权）。

小专题

结构化信托项目中信托财产的属性分析

信托财产是信托法律关系的核心，信托项目的整个运作过程，是信托财产的交付、管理和分配的过程，信托财产是信托存在的基础和前提，简言之，无财产则无信托。这是信托区别于一般委托关系的本质所在（很多委托关系并不以财产交付为条件，如大家较为常见的授权委托书）。

笔者以为，信托财产有如下 3 种基本属性：独立性、多元性和同一性，这些属性在结构化信托项目中体现得尤为明显。

信托财产的独立性是指信托财产独立于委托人、受益人和信托公司的自有财产，不因这些主体的破产或债务纠纷而受到波及（但是，受托人因违背谨慎尽职以致信托财产受到损失的除外，此时信托公司需要用自有资金偿付损失）；同时，信托财产还独立于信托公司管理的其他信托项目项下的财产，不因其他信托项出险而受到波及。具体如图7-10所示。

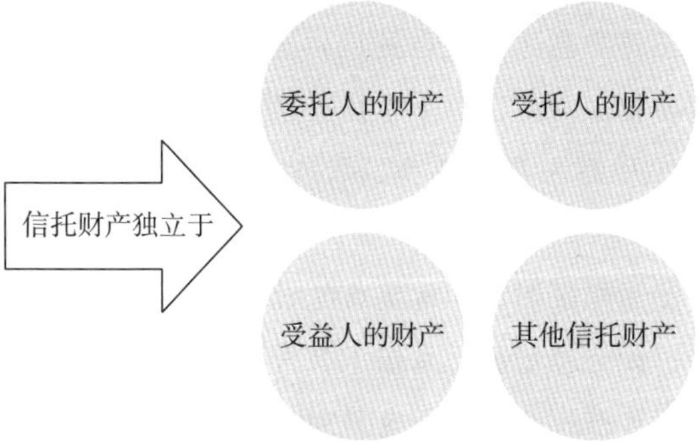

图7-7　信托财产的独立性

信托财产的独立性衍生出破产隔离功能，给予了信托财产最大限度的保护，这是信托成为最具魅力的资产管理工具的根本原因所在。在本项目中，不管作为信托财产的贷款债权能否收回，信托公司管理的其他信托项目都不会受到影响；退一万步讲，假如信托公司因各种压力需要动用自有资金赔偿社会投资者和联合大厦项目的小业主，即使信托公司赔至破产，其他信托项目也不会受到影响，只不过根据信托合同约定的程序换一家信托公司而已。

信托财产的多元性是指信托财产具体表现形态多种多样，由于信托公司在财产运用方面具有横跨货币、资本和实业三大市场的优势，使得信托财产不管在交付环节还是管理运用环节，范围都相当广泛，具体如图7-8所示。

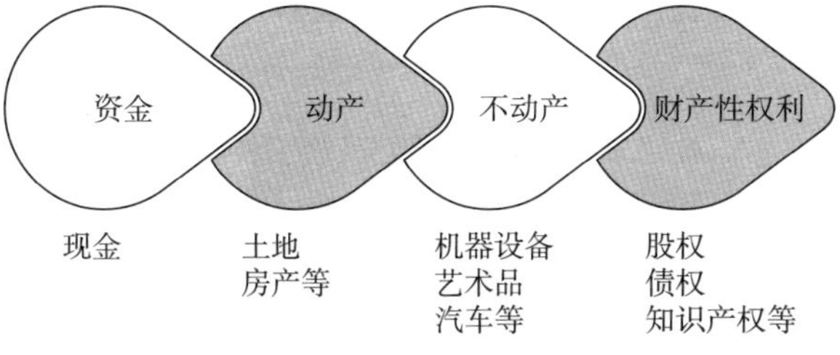

图7-8　信托财产的多元性

信托财产的多元化性使得信托公司在产品设计上具有了无限可能性，特别是在房地产项目中，结构化工具的使用可以满足客户多样化的融资需求以及信托公司本身的风险控制需要。例如，在本项目中，财产交付和运用环节中多种财产形态（现金、股权、债权）的交织运用，充分展现了信托公司有别于传统金融机构的优势。

但是，需要指出的是，由于信托登记和税务制度的缺失，目前信托公司的信托财产形态主要以现金、股权、债权及其他标准化金融产品（如股票、债券、货币基金等）为主，实物资产（如土地、房产等）很少。另外，由于法规限制，其他类信托机构（无信托之名，但行信托之实的金融机构，如公募基金、基金子公司、券商资管等）开展信托业务时，信托财产的形态也会受到一定限制（如公募基金的投向仅限于标准化的金融产品）。

信托财产的同一性是指在信托财产的管理运用过程中，不管财产形态本身发生多大变化，都属于信托财产，受到破产隔离的保护。例如，在本项目中，随着时间的推移，信托财产的形态发生过数次变化，如图7－9所示。

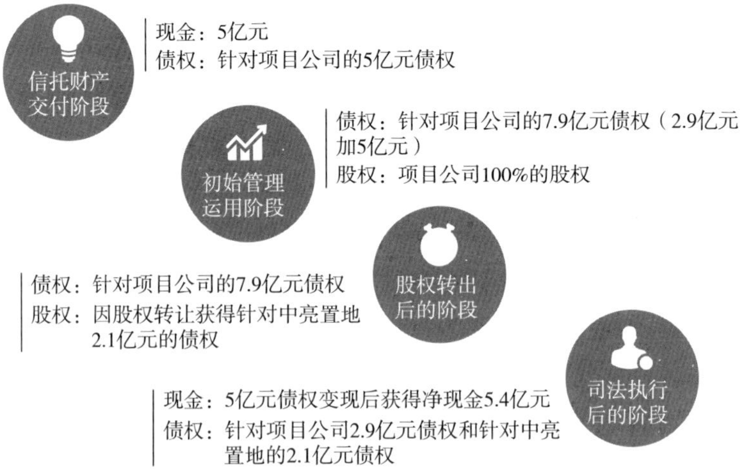

图7－9　信托财产的形态变化过程

信托财产的同一性还有另外一层含义，即在同一信托项目中，各种形态的信托财产的法律地位是一样的，不存在优先劣后之分。特别是在结构化信托项目中，所谓的优先劣后只是针对信托受益权（即信托单位）而言的。信托成立后，各种信托财产具有同等地位，并作为一个整体为优先级单位的兑付提供保障。所以，就本项目而言，在股权转出后，作为信托财产的10亿元（5亿元加2.9亿元加2.1亿元）债权是一个整体，为5亿份优先级信托单位提供保障，彼此在法律地位上并无区别。只不过在信托财产变现环节，由于5亿元债权附带各种担保措施，成为优先考虑的变现对象。

清退优先级投资者

清退的原因

全面尽职调查报告出来后，基于如下几个原因，信托公司做出了尽快清退信托产品优先级投资者的重大决策。

（1）减少声誉损失。由于项目公司已经千疮百孔，小业主的维权声浪越来越高，如果不及时清退信托端的社会投资者，一旦媒体披露项目的情况，很可能引发后者的担忧和声讨，届时信托公司将会面临腹背受敌的不利境地。而且，融资方到期违约已是板上钉钉的事，如果信托公司想打破刚性兑付，这种“自绝于投资者”的行为将会引发更严重的维权行动，后期资产的处置将会举步维艰。

（2）及时止损。由于项目公司早已停止支付融资利息，而信托计划每季度需支付给投资者的收益约为1 125万元，也就意味着如果要确保投资者不闹事儿，信托公司每天需为优先级投资者代垫约十多万元的收益款，在确定刚性兑付的前提下，信托公司越早退出损失越小。

（3）以时间换空间。原优先级社会投资者清退后，极大降低了信托公司在投资者信息披露和负面舆情应对方面的压力，以时间换空间，有利于信托公司在后期的债务重组或抵质押物处置等方面采取更为有效的手段回收本息。

清退方案选择

在制订具体的清退方案时，可选择的操作方式主要有四种。

方案一：自有资金受让优先级信托单位。这一操作不涉及信托计划本身的变动，新的优先级受益人可以继承信托计划项下原优先级受益人的全部权利，理论上可以最大限度地保持信托计划的原貌；但在实际操作中，该方案需要信托公司（或其关联方）与100多个优先级受益人签署《信托受益权转让协议》，不仅手续烦琐，而且相当于间接向社会告知了项目兑付出现问题，这与公司当时在该项目上的保密原则相悖，因此该方案最先被否决。

方案二：自有资金受让债权。自有资金通过资管公司设立单一资管计划收购信托计划持有的针对项目公司的债权，受托人在收到债权转让款后偿付优先级受益人，结束信托计划。该方案的优势在于可以实现信托计划的正常兑付和结束，信托公司不负有额外的告知义务，但是，资管计划在承接原有债权后，须由中亮集团和其他各相关方配合完成抵押担保主体的变更确认，程序上非常复杂，最后能否顺利完成存在很大不确定性，如果届时某个环节出现纰漏，将使原本错综复杂的局面变得更加难以收拾，所以该方案也被否决。

方案三：自有资金进行贷款置换。自有资金通过资管公司设立单一资管计划用于向项目公司发放贷款，贷款资金指定用于偿还集合信托项下的债务。该方案的优势和缺陷与方案二类似，且在贷款用途上存在不合规定的问题，因此也被否决。

方案四：自有资金认购原信托计划，置换优先级受益人。将原封闭式信托计划变更为开放式，通过增发新的优先级信托单位引入自有资金，并将新增资金用于对原优先级受益人进行分配，以清退原优先级投资者。根据原信托合同的约定，增发信托单位不属于合同约定的必须召开受益人大会的变更事项，受托人拥有决定权，但应通知委托人（即原投资者），这就使公司可以在有限信息披露的情况下，实现上述资金替换。另外，由于本方案不涉及资产端的事项变更，需要融资方配合开展的工作比较少。根据与律师的沟通，该方案对信托计划资金端和资产端产生的综合影响最小，实际上也是目前业内普遍采用的刚性兑付方式。

综合考虑后，信托公司最终选择了第四个方案，并设计了如图7-10所示的交易模式。

关键的交易流程为：（1）将信托计划由封闭式变更为开放式，并向

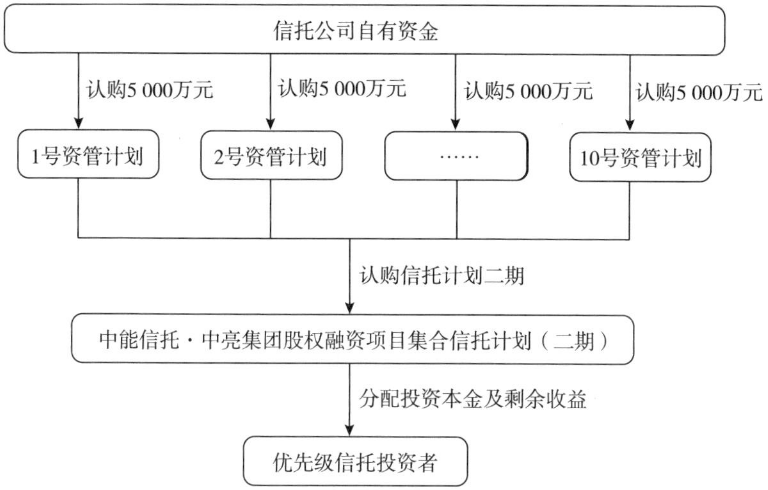

图7－10　清退优先级投资者的交易方案

魔都市新元资产管理有限公司（以下简称“新元资管”）定向发行第二期优先级信托单位；（2）信托公司以自有资金认购新元资管发行的专项资产管理计划，并由新元资管作为新委托人加入信托计划，上述资管计划共10个，每个的规模为5 000万元，合计5亿元；（3）新的信托资金到账后，受托人向原优先级受益人分配信托本金及收益；（4）清退工作完成后，信托计划依然存续，新元资管成为信托计划项下新的优先级受益人，但信托公司作为资产端的债权人身份未发生变化，可以继续主张原交易文件项下的权利。

交易细节说明

1. 将新元资管作为自有资金投资通道的考虑。

尽管现行法规没有禁止信托公司以自有资金认购本公司发行的信托计划，但本次认购并不是常规意义上的投资行为，认购资金实际上变相为投资者提供了兜底，在监管认定上比较敏感。为规避上述潜在的合规隐患，最终在自有资金和信托计划之间加入资管计划进行隔离，避免自有资金与信托计划发生直接关系，使得整个交易安排更加稳妥。

此外，在进入途径上，自有资金并非简单地通过一个资管通道，而是分别认购了10个资管计划，每个规模5 000万元，这种安排主要是基于后续转让信托受益权的考虑。自有资金提供的是过桥安排，在风险处置达到一定效果后，如有机构投资者愿意投资该信托计划，可通过受益权转让进行变现。但根据《信托公司集合资金信托计划管理办法》（中国银行业监督管理委员会令〔2007〕第3号）的规定，机构所持有的信托受益权不得拆分转让，如果5亿元资金全部通过一个资管计划进入，则接盘资金必须一次性承接全部信托受益权，而能够进行如此大笔投资的机构毕竟有限。因此，为了方便后续信托受益权的转让，最终将5亿元信托受益权进行了人为分割，分别对应10个资管计划。

2. 关于增发规模的考虑。

本次增发的信托单位总规模为5亿元，与原优先级投资者交付的本金规模相当；但在实际清退环节，除了上述投资本金以外，受托人还应当完成信托计划应承担的税费清缴和优先级投资者的收益分配，本次增发之所以没有考虑这些资金需求，是因为原信托专户中留存的资金可以覆盖这部分支出。

但是，假如信托专户内的留存资金不足以覆盖上述支出，又应该如何解决相应的资金问题呢？根据法律部的意见，这部分资金来源可以有两个：一是扩大增发信托单位的规模，二是以自有资金直接垫付。就信托计划的税费而言，上述两种方式没有明显的合规性问题，但扩大优先级规模将增加次级受益人的风险，需事先征得其同意。就拟清退受益人的信托利益而言，由于《信托公司集合资金信托计划管理办法》第三十三条规定，信托公司应当用管理信托计划所产生的实际信托收益进行分配，严禁信托公司将信托收益归入其固有财产，或者挪用其他信托财产垫付信托计划的损失或收益。因此，以自有资金代垫信托收益的操作可能会被监管部门认定直接违反了《信托公司集合资金信托计划管理办法》，存在一定的合规风险；相比之下，扩大增发信托单位的规模，虽然须事先征得次级受益人的同意，但合规性瑕疵较小，获得监管支持的可能性更大一些。

3. 关于是否召开受益人大会与信息披露方式的考虑。

如前文分析，本清退方案涉及对信托合同的变更，根据信托合同约定，出现下列情况时受托人可以直接修改本合同及相关信托计划文件，不需要召开受益人大会，但需通知委托人（通知形式由受托人决定，包括但不限于受托人网站公布、短信、邮寄等方式)：以不会导致信托当事人权利义务关系发生重大变化的方式对本合同或相关信托计划文件进行修改；以对受益人利益无实质性不利影响的方式对本合同或相关信托计划文件进行修改。

按照该条款规定，本次变更事项是否需要征得受益人同意（即通过受益人大会表决通过)，主要取决于对信托计划的各级受益人的权益是否产生重大不利影响。就优先级受益人而言，本次增发资金将全部用于兑付其本金和收益，可能由于提前兑付导致其投资期限缩减、减少实际收益，但由于信托合同已经约定受托人有权在信托期限届满一年半之后提前结束信托计划，所以针对原优先级受益人提前分配并没有突破信托合同框架。就次级受益人而言，由于本次增发资金与原优先级资金的规模完全一致，因此不会导致其风险增加，对次级受益人也没有不利影响。所以，由于本次增发事项并不会导致信托当事人权利义务关系发生重大变化，对各类受益人利益无实质性不利影响，因此只需以通知形式告知各受益人即可。

在具体的通知方式上，又根据变更事项对两类受益人的潜在影响不同，采取了不同策略：针对优先级受益人，由于本次增发的终极目的在于保障其权益，预计在其投资本金和收益得到足额清偿后，相关受益人再进一步深究的可能性不大，因此在通知的时候尽量按照项目正常结束的思路进行沟通，淡化项目风险情况描述，以避免负面信息扩散；而针对次级受益人，尽管从理论上来说本次变更不会对其权益产生实质不利影响，但由于本项目中的次级受益人实质为融资方股东，不排除对方以本次变更损害其利益为由主张信托公司违约，因此不仅需要专门通知，而且要求次级受益人就该变更事项出具书面承诺函表示知晓并同意该变更事项，以减少后续产生争议的可能性。

4. 关于信托计划延期的考虑。

接盘资金进入后，信托计划必定面临延期。但应当指出的是，在信托期限届满时，信托财产变现金额不足以兑付优先级受益人而发生的被动延期，没有确定的终止日，延期期限取决于信托财产的处置进度。这种延期不是受托人主动做出的，而是基于信托合同的约定，没有额外增加次级受益人的风险，被诟病的可能性较小。

5. 关于信托合同的修改。

由于本次增发将信托计划由封闭式变更为开放式，不可避免地会对信托合同的部分条款进行修改。尽管信托合同允许受托人在不实质影响受益人权益的前提下修改合同，但考虑到该前提的界定标准较为模糊，存在后续被次级受益人追责的可能性，因此一方面取得了次级受益人针对该合同变更事项的书面同意函作为后续免责的依据，另一方面在信托合同修改过程中，尽可能减少对原合同条款的变更，降低后续产生争议的可能性。

小专题

投资者清退与信托合同模板的完善

在刚性兑付的大环境下，当项目出现流动性风险时，如何平稳有序地兑付信托投资者的本金和收益，是信托公司首先要考虑的问题。笔者认为，要达到“平稳有序”的效果，需满足如下3个标准。

其一，该兑付不能引起社会投资者和媒体的特别关注，最好在不知不觉的情况下像正常结束项目那样完成兑付工作，所以方案一是行不通的。

其二，该兑付不能导致资产端的权利义务发生变动，特别在受托人与融资方产生对立的情况下，兑付方案更不能对资产端有任何改动，否则肯定会受到融资方的刁难，并作为讨价还价的手段，所以方案二和方案三行不通。当然，如果信托项目是在融资方认可的情况下，通过第三方机构受让资产或提供替换融资的方式收回融资的，不在此限。

其三，在结构化的集合项目中，尤其要注意该兑付不能加大次级受益人的风险，否则可能带来无穷后患。

要达到上述3个标准，信托公司需要做出各种努力，但最重要的是完善集合信托合同的模板。本项目在清退社会投资者的过程中，虽然将各种风险控制在可接受的范围内，但花费了很多时间和精力，究其原因是在签署集合信托合同时没有预见到这些情况。在本项目结束后，法律部门马上修改了集合信托合同的模板。

其一，增加了受益人的授权条款，即委托人（暨受益人）不可撤销地授权受托人，在信托计划面临兑付危机时，由受托人以全体受益人（在结构化信托项目中，则为优先级受益人）的名义与第三方签署《信托受益权转让协议》，将所有受益人持有的信托受益权以本金加上存续期间的应付未付收益的价格转让给第三方。

增加授权条款后，方案一就可以直接适用了，而且该方案明显优于方案四，因为其不用改变信托计划的任何结构。

其二，在结构化的信托合同中，增加了次级受益人的承诺内容，即当融资方出现违约导致信托计划有兑付风险时，次级受益人承诺将无条件同意受托人为优先级受益人采取的各种措施，包括扩大优先级信托单位的份额、提高后续加入的优先级受益人的收益率、改变信托报酬的收取方式等。

由于本项目的信托合同没有上述承诺内容，风险总监为取得次级受益人出具的同意函，趁着与融资方处于短暂“蜜月期”、以转出股权为诱饵说动实际控制人配合完成，而且实际控制人为说服作为次级受益人的另外两个合作伙伴（青城投资、龙云实业）出具同意函，私下做了很多条件交换。

危机应对（中）

从资产查封（即诉前财产保全）到正式起诉这短短 1 个月的时间，是危机应对的第二阶段。在该阶段，信托公司经过综合权衡后采取断然手段，查封了中亮集团大量的核心资产，为下一步的诉讼打下了坚实的基础。但是，资产查封也引发了一系列连锁反应，特别是小业主不理智的维权行为，给信托公司带来了很大的声誉危机。

资产查封的原因

对于金融机构来说，资产查封是万般无奈之下的选择，因为一旦启动该程序，包括其他债权人在内的各利益主体将会立即卷入纷争，开始各种轮候查封，并引发一系列连锁反应，将整个项目拖入漫长的诉讼和执行程序中。

在危机应对的第一阶段，风险总监的各种措施虽然取得了一定成效，但只是消除了部分风险隐患，治标不治本。由于前期矛盾积累太多，涉及工程复工、融资替换、安抚小业主和众多债权人等问题，实际控制人及管理层已无力扭转整个局面。因项目停工时间过长引起的小业主维权浪潮一次次高涨，公共危机愈演愈烈；民间借贷的诉讼和停工影响使得再融资一直没有实质性进展；项目公司的现金流枯竭，日常经营难以为继，人员流失严重，形势变得越来越复杂。同时，信托公司从侧面了解到，中亮集团的另外几家债权银行准备近期采取诉前保全措施，查封中亮集团的相关资产。

在此情况下，信托公司意识到，在通过正常途径进行债权回收遥遥无望的情况下，如果不尽快采取断然措施进行财产保全，取得首次查封的地位，一旦让其他金融机构占得先机，不但在资产处置方面丧失主动权，而且会在一定程度上失去债权受偿的优先地位。

小专题

财产保全和首次查封的优越性分析

财产保全，是指为了保证将来生效的民事判决能够得到切实执行，避免债权人的合法权益受到难以弥补的损害，根据法律规定，由法院依法采取的限制有关债务人财产处分或转移的强制性措施。

由于民事案件从法院受理到做出生效判决需要经过几个月甚至更长时间，在这一过程中，如果债务人隐匿、转移或挥霍争议中的或者以后用于执行的财产而得不到制止，不仅会激化当事人双方的矛盾，而且可能使生效的判决无法得到执行。财产保全是为了防止债务人在诉讼前后通过转移或处分资产的方式恶意逃避债务，而对其财产施加的查封、扣押或冻结措施。

财产保全分为诉前保全和诉讼保全。前者是在向法院提起诉讼前根据申请人的申请，由法院采取的保全措施；后者是在法院受理起诉后、案件审理完毕前根据申请人的申请或法院主动裁定采取的保全措施。与诉讼保全相比，诉前保全有三个比较鲜明的特点：一是诉前保全必须提供担保，否则法院不予受理；二是采取诉前保全措施后30日内申请人必须起诉，否则法院将会解除保全措施；三是诉前保全必须由申请人主动提出申请，法院不会主动采取。

根据法律规定，财产保全可以采取的强制措施主要有查封、扣押和冻结。其中，查封主要针对不动产（如土地、房产等）以及一些有产权登记的动产（如车辆、船舶等）；扣押主要针对没有产权登记的动产，如机器设备、原材料、货物等；冻结主要针对财产性权利，如银行账户、股权（含股票）、基金份额、专利权和商标权等。

有权实施财产保全的法院包括保全财产所在地法院、被申请人住所地法院或对案件有管辖权的法院。在实务中，作为债权人的金融机构实施财产保全，会根据合同约定向金融机构住所地的法院提出申请，以避免财产所在地或被申请人住所地法院的地方保护主义。

财产保全有时间限制，根据法律规定，冻结被执行人的银行存款及其他资金的期限不得超过6个月，查封、扣押动产的期限不得超过1年，查封不动产、冻结其他财产权的期限不得超过2年。申请执行人申请延长期限的，法院应当在查封、扣押、冻结期限届满前办理续行查封、扣押、冻结手续，续行期限不得超过前款规定期限的1/2。对于协助办理保全手续的信托经理来说，需要弄清楚具体保全资产的时间限制，并根据需要及时向法院提出续期申请，否则，一旦未能续期，保全的效力将会自动消失。

在实务中，金融机构最在意的是能否拿到首次查封、扣押和冻结（以下统称“首次查封”）的地位。例如，在本项目中，信托公司为了能够抢在其他债权人前面拿到首次查封人的地位，不惜成为首个与中亮集团公开翻脸的金融机构。那么，首次查封到底能够带来哪些好处呢？

所谓首次查封，是指第一个申请法院查封被执行人财产的行为；与之对应的概念是轮候查封，是指第二个及之后渐次申请法院查封被执行人财产的行为。简单来说，首次查封的申请人所享有的优先权利主要有两个：一是对资产的优先处置权，二是对资产的优先受偿权。

其一，优先处置权。实施首次财产查封后，随着时间的推移，各利益相关人会争相提起诉讼和查封，导致被查封的财产上存在诸多权利诉求。例如，在本项目中，信托公司对项目公司的土地进行查封后，合计有数十家债权人通过多达12家法院对查封土地提出了权利诉求，具体如图7－11所示。

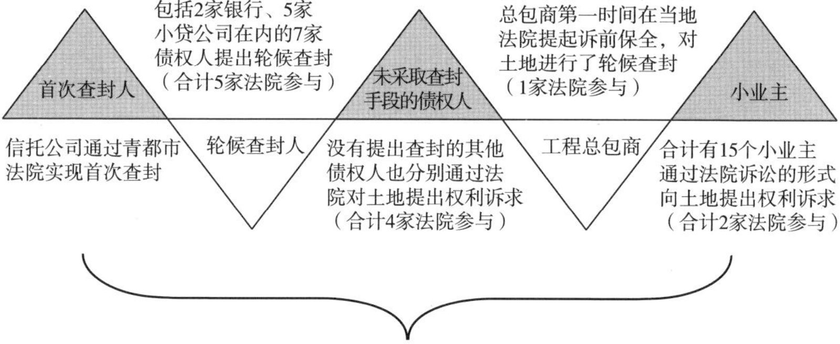

图7－11　项目公司被查封土地上的权利诉求

在实践中，由于参与法院太多，为调动首次查封人的积极性，及时发现并控制财产，法律规定一般情况下由首次查封法院负责处分查封资产［《最高人民法院〈关于人民法院执行工作若干问题的规定〉（试行）》（法释〔1998〕第15号，以下简称《执行规定》）第九十一条］。这就意味着，首先启动查封程序的债权人将会通过法院掌握处置资产的优先权利，这种权利使得债权人可以控制查封资产的处置进程，从而在债权受偿中获得极为有利的地位。而且，《执行规定》明确了首次查封人的优先处置权可以对抗抵押权人，这也意味着，在采取首次查封措施的法院对相应的债权纠纷未经审理、判决并进入执行程序的，抵押权人难以实现其抵押权，也无法控制资产处置的进程。

但是，需要指出的是，抵押权人怠于查封资产丧失的仅仅是资产的优先处置权，其仍然享有对资产的优先受偿权。也就是说，资产处理后的所得仍由抵押权人优先受偿。

赋予首次查封人优先处置权对鼓励各债权人积极发现财产线索并控制财产起到了重要作用，但是在实务中，也出现了有些首次查封人滥用该项权利的情形。在抵押物的价值有限，特别是抵押物的预计变现价值仅能满足或部分满足抵押权人的优先受偿权的情况下，首次查封人预计变现后自己难以受偿，往往会向抵押权人提出给予其适当清偿份额作为处置抵押物的条件，否则就怠于处分，使得抵押权人的优先受偿权难以及时充分实现。

为解决上述问题，《最高人民法院关于首先查封法院与优先债权执行法院处分查封财产有关问题的批复》（法释〔2016〕第6号）第一条规定：执行过程中，应当由首先查封、扣押、冻结（以下简称查封）法院负责处分查封财产。但已进入其他法院执行程序的债权对查封财产有顺位在先的担保物权、优先权（该债权以下简称优先债权），自首先查封之日起已超过60日，且首先查封法院就该查封财产尚未发布拍卖公告或者进入变卖程序的，优先债权执行法院可以要求将该查封财产移送执行。该规定建立了查封资产的移送执行制度，部分限制了首次查封人的优先处置权。

但是，根据上述规定，这种移送必须同时满足4个条件：一是优先债权（主要包括抵押权、质押权等担保物权以及建设工程价款等）为生效法律文书所确认；二是优先债权执行法院进入了执行程序；三是自首先查封之日起已经超过了60日；四是首先查封法院尚未就该查封财产发布拍卖公告或者进入变卖程序。在实务中，出现同时满足上述四个条件的情形并不多见，所以，首次查封人的优先处置权仍然具有重要意义。

其二，优先受偿权。《执行规定》第八十八条规定，多份生效法律文书确定金钱给付内容的多个债权人分别对同一被执行人申请执行，各债权人对执行标的物均无担保物权的，按照执行法院采取执行措施的先后顺序受偿。由该规定可以得出，查封在先的优先受偿。该条规定确定了首次查封人的优先受偿权，并在后续多个司法解释中得到直接或间接的确认。但是，这种优先受偿权受到一定限制，主要体现在如下几个方面。

第一，该优先受偿权只适用于无担保物权的债权之间，对于存在抵押权或其他优先权（如工程款的优先权等）的债权，首次查封人的债权仍然劣后受偿（当然，首次查封人同时是抵押权人或工程总包商的除外）。

第二，根据《执行规定》第九十条的规定，被执行人为公民或其他组织，其全部或主要财产已被一个人民法院因执行确定金钱给付的生效法律文书而查封、扣押或冻结，无其他财产可供执行或其他财产不足清偿全部债务的，在被执行人的财产被执行完毕前，对该被执行人已经取得金钱债权执行依据的其他债权人可以申请对该被执行人的财产参与分配。根据该规定，此时查封在先的债权人不再享有优先受偿的权利。

第三，在被执行人破产的情况下，债权人不因查封而享有优先受偿权。《破产法》（中华人民共和国主席令第54号）第十九条明确规定，人民法院受理破产申请后，有关债务人财产的保全措施应当解除，执行程序应当中止。《最高人民法院关于人民法院受理破产案件后对以破产案件的债务人为被执行人的执行案件均应中止执行的批复》（1993年）中明确规定，已经查封的财产在被执行人被宣告破产时，都要列为破产财产，由所有债权人按照债权比例分配，而不能优先执行给采取查封措施的债权人。

资产查封的过程

做出查封决定前，信托公司已经提前做好了查封的各项准备工作，包括财产线索的梳理、法院的沟通、担保的落实、律师的选聘、内部的各项审批等。做出查封决定后，信托公司在外部律师和经办法官的帮助下制定了详细的查封策略：首先兵分两路，一路负责查封项目公司的土地和在建工程，另一路负责查封星空置业旗下6.7万平方米的住宅用地；在完成上述查封工作后，才开始进行相关的股权冻结和实际控制人名下的资产查封工作。

经过2个多星期的奔波，信托公司最终查封了项目公司旗下的土地及部分在建工程、星空置业旗下的住宅用地和实际控制人张世杰名下的7套房产，以及张世杰本人与中亮集团名下的15家公司的股权。具体情况见表7－4。

表7－4　资产查封与冻结情况

查封资产的种类	具体情况说明	查封顺序
项目公司的资产	查封项目公司旗下的土地，占地面积8.5万平方米 查封项目公司已抵押给信托公司的部分在建工程（抵押面积合计20万平方米，根据青都市当地政策规定，未办理预售许可证的在建工程不得查封，故只查封了办理了预售许可证的5万平方米的在建工程）	首次查封
星空置业的资产	查封星空置业旗下6.7万平方米住宅用地	首次查封
张世杰个人资产	查封张世杰名下7套房产，合计建筑面积1 200平方米	其中5套首次查封，另外2套轮候查封
股权类的资产	冻结了张世杰与中亮集团旗下15家公司的股权，重要的有： 张世杰持有的中亮集团100%的股权 张世杰与中亮集团合计持有的中亮投资100%的股权 张世杰持有的成都中亮医院管理有限公司50%的股权 中亮集团持有的亚禹市中亮工业园开发有限公司60%的股权	首次冻结

资产查封引发的连锁反应

信托公司的资产查封行为，就像一块巨石投入本已暗流涌动的湖面，激起了惊涛骇浪。各利益相关方（包括其他债权人、总包方、小业主等）迅速反应过来，采取各种合法或非法手段维护自己的权益，一时间风起云涌，各种力量开始激烈较量。作为潘多拉盒子的开启者，信托公司处于风暴的核心，承受了巨大压力。

具体来讲，资产查封引发的连锁反应表现在如下几个方面。

其一，中亮集团方面。查封行为首先给中亮集团带来了巨大冲击，一度与信托公司形成完全对立的局面。面对查封结果，实际控制人及管理团队表现得极为愤怒，认为风险总监一开始就包藏祸心，采用哄骗手段查清了集团有价值的财产线索，并妄图通过转出股权撇清自己的责任，个别高管甚至叫嚣要找人打断风险总监的腿。出于安全起见，信托公司紧急召回了风险总监，另从法律部门派出了一名法律总监全权处理后期事宜。

后来，实际控制人慢慢冷静下来，开始主动联系风险团队，并主动前往信托公司总部面见高管，提出只要解除查封，愿意无条件配合信托公司的所有行动。由于其他债权人已经开始轮候查封，如果此时解除查封，信托公司将会丧失首次查封人地位，所以，对于实际控制人的请求，信托公司只能表示遗憾，同时反复向前者表明，资产查封和后续的诉讼行为不是为了拍卖资产，而是希望通过法律和解实现债务重组，希望实际控制人能全力配合。对于信托公司的解释，实际控制人不置可否，至此，双方完全丧失互信。

其二，其他债权人方面。项目公司的其他债权人包括两种类型：债权银行（项目公司作为担保方）和小贷公司（项目公司作为直接借款人）。信托公司查封资产后，债权银行毫不犹豫地选择了轮候查封，并第一时间派人与信托公司沟通，希望在后期的资产处置中能够互相支持和配合。而小贷公司除了一家选择轮候查封外，其他的不愿意承担查封成本，开始动用暴力手段，逼迫实际控制人还钱，中间甚至发生了多起性质恶劣的打砸行为，为整个项目蒙上了一层阴影。

但是，不管采用何种手段，其他债权人都没有拿到一分钱，在后续的诉讼和资产拍卖中，由于担心自己血本无归，债权银行和小贷公司一致反对项目公司破产，希望能有一个整体解决方案。

其三，工程总包方方面。自项目出险到查封资产前，信托公司曾与总包方有过数轮沟通，希望能弄清楚项目拖欠的工程款。但是，值得玩味的是，总包方的表现让人捉摸不透，报价忽高忽低，态度忽硬忽软，一直到尽职调查结束，信托公司都没有搞清楚工程款的具体金额。从整个风险处置的过程来看，总包方并没有与中亮集团闹翻，而是维持着一个奇妙的平衡。信托公司采取查封措施后，总包方马上开始轮候查封，并且第一时间在当地起诉。

根据外聘律师的分析，由于工程款优先于抵押权人受偿，无论信托公司围绕抵押资产进行何种处置行为，总包方都稳坐钓鱼台，坐收渔翁之利。所以，除了站在小业主后面为维权行为推波助澜外，总包方总体表现比较平和，两边不得罪，抱着“坐山观虎斗”的心态静观整个事态的演变。之所以紧随信托公司起诉，是希望在资产处置阶段通过法院确定的工程款（这是信托公司与其他债权人唯一接受的工程款确定方式）享受优先受偿权。

其四，小业主方面。反应最强烈的是小业主（包括购买了所谓“理财产品”的投资者）。在整个风险处置过程中，小业主的唯一诉求就是希望工程完工并尽快办理产权证，但是该诉求一直没有得到满足。资产查封前，小业主已经针对中亮集团及当地政府进行过数次维权行动，在当地引起了较大轰动，为风险化解增加了诸多压力。

在信托公司查封资产后，小业主认识到中亮集团已无能力解决项目问题，政府方面也无赔偿可能，唯一希望就是抓住信托公司这根救命稻草。而中亮集团恼怒信托公司的资产查封和前期连哄带骗的股权转出行为，联合总包方和小贷公司推波助澜，向小业主散布信托公司才是项目公司的股东、因为监管不力导致项目出险的信息，成功转移了小业主的视线，并诱发了新一轮声势浩大的维权行动。

资产查封后的第二个星期五，大约近百名小业主聚集到信托公司的办公楼下，打标语、喊口号，要求信托公司切实履行股东责任，引发大量人群围观。其中有20多名业主强行进入办公室，滞留了约1个星期，其间部分业主情绪激动，并有人身威胁等攻击性语言和动作，甚至将部门负责人堵在办公室达两天之久，连上厕所都有专人跟踪。这些行为对员工的人身安全带来威胁，严重影响了公司正常的工作秩序，对公司声誉带来很大的负面影响。

除了现场维权外，小业主还四处散发传单，以受害人的身份控诉信托公司所谓的“股东责任”，下面抄录一份小业主的传单供大家查看。

给中能信托的一封信

——联合大厦全体业主

我们今天来的目的是：中能信托要切实负起责任，不要因为你们内部的纠纷，祸害了1 000多户业主的利益。

我们掌握的情况如下。

一、在股权转让前，你中能信托100%控股中亮，也就是说中亮是你投资的，是你的亲儿子。我们的购买行为就是冲着中能信托100%控股来的。我们与中亮的购买合同绝大部分是在这以前签的，在我们不知情的情况下，你把项目公司卖给了中亮集团，关键是，还把我们的买房款弄没了。股权转出前，中亮的事儿是中能信托这个亲妈做主，而该项目停工已经有一年多了，也就是说，中亮出问题是你这个妈没当好家，没管好事儿。这会儿，我们能不找你吗？

二、我们买房，不管是按揭的还是没按揭的，都是把钱付清了的。那个时候，还是你们中能信托做主，我们想问，你们把钱弄哪儿去了？去把钱追回来吧，把我们买房的钱追回来了，你那几亿元也就同时回来了。

三、关于抵押。你们错在两方面：第一，购房户已经给了钱，写了合同，订了房号，与之对应的房子已经是购房户的了，你抵押它干什么？你不是没事儿找事儿吗？购房户不找你闹找谁呢？第二，你们说，中亮差你5亿元，你抵押20万平方米干什么？你这是超额抵押，在你俩没有把修房款弄没的时候，你中能信托一家出钱把房子修好并营业，就没事，随你怎么抵押，否则，广大业主还会合起伙儿来找你闹。因为业主在理啊。你中能信托是妈，中亮最多是个儿子，做主的话还是当妈的。我们业主找你这当妈的，有错吗？

下面，我们想提一提我们的建议：事已至此，修好房，应该是最好的结果了。因为，修房需要的资金，相比较其他几种结果，会少一些，而产生的价值则可翻几倍。各方最终都会有钱赚，至于复工的钱从哪儿来？你们想想办法吧，例如，你中能信托释放出超额抵押的房源，引进新的投资方；或者你中能信托接盘，自己出钱，把自己的屁股擦了。还有很多没想到的方案，我们再一起想想，办法总比困难多。不然，大家看不到希望，而根源又在你这方面，用脚趾头都能想明白的结果就会出现：我们广大业主就会尽全力推动司法力量的介入；全力上访（那些卖了房来投资的必定是先锋军）；游行、示威、写控告信。只要能用上的办法，会继续全部用上，直到问题解决。因为平均每户100多万啊！

负起责任吧。中能信托！

联合大厦全体业主

××××年×月×日

上面的控诉固然有诸多不理智的地方，但很明显，小业主是本项目最大的受害者。然而，从全面尽职调查的结果来看，大部分小业主都没有使用按揭贷款，而是选择一次性付款，很明显，这些业主都是冲着每年10%的高额返利去的。人性的贪婪冲垮了理智，高额的回报使其忽略了风险，最终让自己陷入泥潭。

实事求是地讲，虽然信托公司在后期管理中有诸多失职的地方，但并没有滥用股东地位掏空项目公司资产，相反，掏空项目公司资产的正是中亮集团实际控制人及其管理团队。而且，整体交易结构的设计并不是一种投资行为，而是明股实债的融资行为，要求信托公司对小业主承担责任，是没有法律依据的。但是，面对小业主不理智的维权行为，信托公司承受了巨大压力，也尝到了明股实债项目因管理不善而带来的恶果。

为了化解小业主汹涌澎湃的维权行动，信托公司尝试了很多办法：(1) 加强与小业主的沟通，耐心说明真实情况，明确告知自己只是融资人而不是真正的股东，并出示证据表明中亮方才是掏空项目公司资产的罪魁祸首，信托公司自身也是受害者；(2) 与外部律师商量处置对策并统一话术，保证信托公司行动的合理与合法；(3) 加强网络、媒体的监测，对网络不实言论积极通过政府等多种渠道予以消除或澄清，做好与拟报道媒体的预先沟通，将舆论影响控制到最小；(4) 寻求当地政府协助，保证公司正常的工作秩序。

后来，在政府强力介入后，小业主的维权行为被压制下去。但是，由于根本问题没有得到解决，在后续的诉讼及资产处置过程中，小业主又进行了多轮示威活动，极大影响了资产处置的进程和处理方式。

小专题

信托公司在明股实债项目中持股比例与管控思路的反思

作为一种独特的竞争优势，明股实债受到了很多信托公司的青睐。在大部分项目中，信托公司都选择持有项目公司的大部分股权，并以此作为控制风险的主要手段之一。但是，一连串血淋淋的事实告诉信托公司，当项目出险后，原本作为风险控制手段的持股行为马上变成了悬挂在头顶的“达摩克利斯之剑”，一不小心就会将其拖入公共危机的深渊。而且，由于不掌控项目的操盘权，作为风险控制手段的股东会和董事会无法发挥预期作用，反而因融资方的刻意违约（包括抽逃资金、违规对外融资担保等）而被各方诟病，甚至成为要求信托公司承担股东责任的托词。

明股实债的业务模式，到了该反思的时候了！

有的信托公司“一朝被蛇咬，十年怕井绳”，开始全面禁止该种业务模式。说实话，这种做法完全摒弃了该模式独有的竞争优势，有矫枉过正之嫌。笔者以为，明股实债可以继续使用，但对某些资信较差、实力较弱的民营地产公司须把握两点：甘心做小股东；在项目公司的管控上以监督为主。

无数事实证明，虽然成为项目公司的大股东，并全盘掌握了股东会和董事会的决策，但是由于没有操盘权，这种控股地位空有法律意义，于实际管控并无多大帮助，而且在项目出险后反而成为累赘。很多信托公司在设计方案时一厢情愿地认为，一旦项目出险，可以通过转让项目公司的控股权来收回本息。但是，当项目真正出险后，由于融资方人员把持着项目的日常运营，在没有得到其许可的前提下，没有任何机构敢接盘；而强行接管公司将不可避免地引发诸多暴力行为，这是作为金融机构的信托公司所无法承受的。

所以，笔者以为，在很多明股实债类项目中，信托公司要甘当小股东，同时质押融资方持有的项目公司剩余股权；在管控机制上以监督为主，不谋求所谓的“全盘掌控”。具体而言，就是在股东会和董事会上不寻求绝对多数的表决权，而是通过对重大事项的否决权来防控风险；在项目日常管理中做好账户监管、印章管控等，防止融资方抽逃资金，违规对外融资担保。实际上，很多项目之所以出险，根本原因不在股东会和董事会的决策机制上，而是日常的监管（特别是资金监管）没有做到位。

笔者认为，这种方案设计思路既满足了项目实际管控的需要，也避免了在出险后要求信托公司承担所谓的“股东责任”，值得大家参考。

需要特别指出的是，上述方案设计思路主要适用于特别看重声誉风险的信托公司等大型资产管理机构。对于一些小型私募基金管理人而言，由于客户基础差、自身的风险承担能力较弱，对信用风险的重视程度要超过声誉风险，所以在股权管控上反而是要求绝对控股。以目前深圳市场上比较活跃的城市更新发展基金（即旧改基金）为例，其基本的风控思路是绝对控股项目公司，因为这些旧改项目大都掌握在实力很弱的小型开发商手中，这些小开发商长时间（有的甚至十几年）只做一个旧改项目，这个项目公司的股权对开发商而言就是命根子，通过直接控股该项目公司，同时约定开发商一旦违约就无权以事前约定的价格回购项目公司股权，这种风控措施一下子击中了开发商的痛点，对基金产品起到了很好的增信作用。

其五，再融资方方面。资产被查封后，张世杰从某私募基金那里获知了管理层在再融资中内外勾结的事实，气得暴跳如雷，但是由于这些管理人员跟随其多年，知道不少内幕，导致其不敢下狠手处理，只是悄悄地将其中两个核心人员劝离公司，自己亲自主抓再融资事宜。但是，为时已晚，在资产查封的背景下，几乎所有已经或者打算介入的机构都以各种理由宣布推迟谈判，再融资事宜彻底走入死胡同。

在张世杰陷入绝境的时候，一些招摇撞骗者打着救世主的旗号开始各种招摇撞骗。这些人伪造各种证件，向张世杰表示自己是某某中央领导的亲属，可以协调各种资源挽救项目，但是需要拿到一些好处。为了取信于张世杰，特意要求项目公司在“帝都”开立银行账户，信誓旦旦地表示再融资的资金会直接划入该账户。在这些人的精心运作下，张世杰信以为真（笔者在这里不得不感慨一下，张世杰能把一个好好的项目折腾成这个样子，是有其内在原因的），要求掌握印章的信托公司配合开立银行账户。对于张世杰的急切要求，信托公司一方面以内部流程为由虚与委蛇，一方面暗中聘请当地律师调查这些人的背景。过了几天，当张世杰看到信托公司拿来的调查报告后，彻底傻眼了。

值得一提的是，当几乎所有的再融资谈判都偃旗息鼓时，有一家叫圆西投资控股集团有限公司（以下简称“圆西集团”）的机构一直以再融资人的身份与张世杰及信托公司保持着密切沟通。该集团是青都市当地的民营企业，旗下拥有地产、物流、商贸等板块，实力雄厚。信托公司虽心有疑惑，但也没有怠慢，特别是张世杰，几乎将对方当成救命稻草，在沟通中知无不言，言无不尽。后来在诉讼结束进入资产拍卖阶段时，信托公司才发现，圆西集团一直希望重组该项目，现阶段的接触沟通只是希望及时掌握查封诉讼的进程和各方博弈情况。后来，在信托公司主导的资产拍卖与重组阶段，圆西集团积极参与，对信托融资的回收起到了决定性作用。

其六，地方政府方面。实际上，在项目出险的第一个阶段，面对小业主蠢蠢欲动的维权行为与再融资的处处掣肘，信托公司曾再三请求项目所在地的青都市三江区政府强力介入。但是，由于张世杰在当地深厚的人脉关系，直至资产查封前，当地政府一直对项目采取旁观态度。在信托公司查封资产、小业主的维权行动越闹越大后，三江区在上级政府的压力下开始积极介入项目风险的化解，采取了如下几个措施。

1. 释放被限制出售的房源。联合城项目在土地获取阶段，政府曾在《土地出让合同》中规定，联合大厦30%的房源需要开发商自持，不得对外销售，为了吸引其他再融资方与重组机构，政府放开了这一限制，以批文的形式同意全部房源均可对外销售。

2. 软硬兼施，强力介入小业主维权事件。一方面要求公安机关迅速行动，对采取过激措施、妨害信托公司人员安全的几个小业主予以拘留；另一方面由政府出面表态，会全力推动项目重组工作以保护小业主利益，小业主的维权风波渐渐归于平息。

3. 对张世杰采取监视居住措施。资产查封后，很多小业主和理财产品的受害者开始以非法集资为由向当地公安机关报案，控诉张世杰的违法犯罪问题。面对这种控诉，三江区政府非常为难，如果由公安机关介入，张世杰很有可能涉及刑事犯罪问题，按照我国司法实践中的“先刑后民”原则，届时包括信托公司在内的所有债权人都可能丧失主动权；如果公安机关不介入，鉴于张世杰的违法行为波及全市，万一其他区的公安机关抢先对其采取了刑事手段，则事态会变得更加复杂。无奈之下，只好对张世杰实施监视居住措施，暂不进行刑事拘留，以便于项目风险的化解能够正常推进。

4. 积极协调各方关系，推动项目重组。在区政府的协调下，当地的国土局、房管局、法院和公安部门与中亮集团、信托公司及另外两家债权银行进行过七八轮沟通协调（一直持续到诉讼阶段），希望尽快完成再融资和项目重组，实现工程复工。但是，由于前期积累的矛盾太多，各方利益纠葛在一起，错综复杂，信托公司作为国有金融机构，不敢在自身利益上做出实质让步，其他重组方忌惮于项目公司的各种隐形债务，更希望通过司法途径介入项目，也不轻易表态。政府的重组努力屡次受挫，一直拖到司法拍卖阶段。

资产查封手段使用的审慎性

综合前面全面尽职调查和后面法院诉讼及执行的实际情况来看，本次快捷迅猛的资产查封是完全正确且合乎情理的，为债权的最终回收立下了汗马功劳。虽然查封引发了一系列连锁反应，几乎堵死了债权正常回收的通道，但也使得信托公司在后面的诉讼与执行过程中占据了极为有利的地位，可以说瑕不掩瑜。

但是，需要强调的是，作为一种极具威慑力的手段，资产查封轻易不能使用，否则在误判形势的前提下，很有可能引发不可收拾的局面，将项目拖入深渊。笔者作为旁观者，曾经历过某信托公司数十亿元融资项目的危机处理。该地产项目位于江北省云山市（以下简称“云山项目”），建筑面积数百万平方米，以刚需类住宅为主。由于政府原因，该项目的各种证照迟迟办不下来，加上市场环境恶化和融资方抽逃资金等原因，导致数十亿元的融资出现违约，信托计划出现兑付风险。在信托公司催收的过程中，融资方唆使总包方的建筑工人和支付了部分购房款的业主（项目违规销售所致）围堵信托公司总部，差点酿成严重的社会事件。在此情形下，信托公司内部出现了两种对立的处理意见，一种认为需要快刀斩乱麻，尽快启动资产查封，将项目纳入司法程序；另一种认为不可轻举妄动，要积极引入外部大型开发商盘活该项目。

经综合权衡，公司领导选择了后一种处理办法，通过艰苦的沟通谈判，在保证融资方部分利益的前提下，引入了国内排名前十位的某大型开发商收购了项目公司的控股权，并与开发商一起协调政府工作，最终成功化解了危机，数十亿元的信托融资也在1年后陆续兑付。

两个看起来同样出现严重危机的项目，为何一个选择资产查封，另一个却选择谈判化解？这与项目本身面临的特殊情况有关。与联合城项目的商办形态不同，云山项目以刚需类住宅为主，且体量巨大，对大型开发商有很强的吸引力；该项目虽然也出现了资金抽逃行为，但项目货值仍远远大于负债，只是由于政府的审批程序以及融资方自身的能力问题导致危机。所以，虽然出现过严重的群体性事件，但在巨大的发展前景下，仍有不少大型开发商愿意介入该项目，并愿意为了获得项目控股权来为信托融资提供担保，这也是公司领导抛弃资产查封而选择合作谈判的根本原因。

现在回过头来看，如果云山项目当时选择了资产查封，由于巨额的信托融资、巨大的项目体量和纷繁复杂的利益关系，不但将项目拖入漫长的诉讼程序，而且会导致大量的群体性事件，这不是体量小得多的联合城项目所能比拟的。

所以，作为一把双刃剑，在使用资产查封手段前要做好严密的尽职调查，并根据项目的具体情况进行通盘考虑和反复权衡，特别是在公司内部出现很强劲的资产查封呼声时，更要小心应对，保持足够的警惕性。对于某些呼吁资产查封的人而言（这些人一般以风险条线的居多），一旦启动资产查封，项目将进入常规的司法程序，不用像非司法的化解手段（如再融资、项目重组等）那样做出一定让步，也就规避了自己在决策上的责任，这种行为在国有金融机构里比较常见，通常会将项目在尚有沟通余地的时候推入困苦的诉讼深渊。所以，笔者认为，对于信托公司来说，当项目出现危机时，做出任何资产查封的决策都要保持足够的谨慎。

危机应对（下）

从信托公司起诉到资产拍卖和项目重组完毕，是危机应对的第三阶段。在该阶段，信托公司在强大的外部律师团队的帮助下，打赢了官司；进入财产执行后，经过四次资产拍卖程序，部分变现了查封资产，并最终在圆西集团介入项目重组的基础上，通过有限度的退让拿回了融资本息，使整个信托项目画上了一个较为圆满的句号。

信托公司的起诉与融资方的拖延战术

在采取保全措施前，信托公司已经做好了万全准备，聘请了业内知名的银伦律师事务所全权负责诉讼事宜，并通过全面尽职调查掌握了充分的证据，对胜诉充满信心。在距离起诉截止日前 3 天，信托公司根据合同约定正式向自己住所地的中级人民法院（以下简称“市中院”）起诉，被告包括债务人项目公司与担保人中亮集团、中亮置地、中亮发展、中亮担保、星空置业、中亮科技、张世杰及其配偶杨晓云。

客观地讲，信托公司发起诉讼的直接目的就是希望在胜诉后通过资产拍卖的形式执行已查封资产。但由于三江区政府还在推动重组事宜，张世杰仍保留最后一丝希望，为避免资产拍卖的悲惨结局，在诉讼过程中采取各种手段拖延诉讼进程。

其一，管辖权异议。这是拖延诉讼最常用的手段。在本项目中，被告在提交答辩状期间对管辖权提出异议，认为项目争议标的金额过大，应由信托公司住所地的省高级人民法院（以下简称“省高院”）管辖。市中院经审理后认可了被告的主张，裁定将案件移送至省高院。在答辩期届满后，被告又提出管辖权异议，认为案件应由项目住所地的省高院管辖，由于这一异议直接违反了《民事诉讼法》（中华人民共和国主席令第59号）第一百二十七条的规定（人民法院受理案件后，当事人对管辖权有异议的，应当在提交答辩状期间提出），省高院依法不予审查。整个过程拖延时间约两个月。

根据省高院的内部规定，原告在市中院起诉后，如果被告未就争议标的金额对管辖权提出异议，则该起诉不受标的金额的影响；但若被告提出异议，如果争议标的金额超过一定限额，则需要移送省高院。本项目标的金额符合省高院的管辖标准，在被告提出异议后，按照规定需要移送省高院管辖。信托公司之所以在知道被告可能会提出异议的情况下仍然选择市中院，主要原因是诉前保全工作在整个诉讼与资产处置中起着举足轻重的作用，由于信托公司与市中院同处一市，在资产保全方面更能得到当地法院的支持，所以向市中院提起诉前保全，并在法官的配合下很快办理了资产查封手续。虽然诉讼后管辖权因被告提出异议而移交给省高院，但信托公司快速保全资产的目的已达到，而且省高院也算省内法院，所以信托公司对管辖权的移送并不特别在意。

其二，提起反诉。在案件审理阶段，中亮集团与项目公司向省高院提起了反诉，由于中亮集团的反诉内容不符合《最高人民法院关于适用〈民事诉讼法〉的解释》第二百三十三条的规定（反诉与本诉的诉讼标的及诉讼请求所依据的事实、理由无关联的，裁定不予受理，告知另行起诉），法院依法裁定不予受理；在受理项目公司的反诉后，由于项目公司未能在规定时间内缴纳案件受理费，法院裁定按项目公司自动撤回反诉处理。整个过程拖延时间约3个月。

其三，拒绝签收。法院在依法向被告送达应诉通知书与开庭传票时，杨晓云、星空置业和中亮科技以各种理由不在文书上签字，最后法院采用公告送达的方式完成送达行为。整个过程拖延时间约两个月。

被告以各种理由拒绝在诉讼文书上签字，也是拖延诉讼进程的常见手段。以往，对于这种行为，法院一般采用公告送达的方式，比较耗时。但是，最高院最新颁布的《最高人民法院关于以法院专递方式邮寄送达民事诉讼文书的若干规定》（法释〔2004〕第13号）第十一条规定，因受送达人自己提供或者确认的送达地址不准确、拒不提供送达地址、送达地址变更未及时告知人民法院、受送达人本人或者受送达人指定的代收人拒绝签收，导致诉讼文书未能被受送达人实际接收的，文书退回之日视为送达之日。根据该规定，金融机构如果在相关合同中约定了明确的送达地址，被告拒绝签收的，“文书退回之日视为送达之日”，从而免去了公告送达的时间。

其四，申请笔迹鉴定。正如前文所提到的，由于信托公司的疏忽，未能对杨晓云签署的《保证合同》进行面签，在案件审理过程中，杨晓云突然提出应由其签署的《保证合同》的签名和指纹均系伪造，向法院申请司法鉴定。这一申请使得信托公司如临大敌，法院依法委托当地的司法鉴定机构对上述事实进行鉴定，并向杨晓云送达了《预交鉴定费用申请书》，但杨晓云未能在规定期限内缴费，法院视为撤回鉴定申请。整个过程拖延时间约1个月。

实事求是地讲，上述拖延诉讼进程的手段和拖延的时间尚属正常，笔者经历过这样一例诉讼，从立案到首次开庭花了整整3年时间。大家没有看错，该诉讼2014年6月立案，直到2017年10月才第一次开庭，中间经历了诸多波折，既有被告的刁难与阻击，也有作为原告的信托公司内部各种不同声音的掣肘，个中艰辛一言难尽。所以，在项目出现危机时，诉讼绝对应当是慎之又慎的选择。

小专题

民事诉讼中拖延时间的常见方式小结

金融机构在追讨债权的司法诉讼过程中，由于案件事实清楚，违约证据确凿，作为债务人的被告常常面临败诉的局面。基于各种考虑，被告通常会采取各种方式拖延诉讼进程，常见方式见表7-5。

表7-5 民事诉讼中拖延时间的常见方式

拖延诉讼的方式	拖延时间	优缺点分析
对管辖权提起异议及上诉	1~2个月	优点：可以确定实现目的，因为管辖权异议有法定的审理程序，法官必须等待管辖权案件审理二审完毕后，才可以进行案件的事实审理 缺点：如果是恶意拖延，通常一审法院会驳回，二审法院也会驳回，最终还是原一审法官审理，容易给法官造成不好的印象
提起反诉	约1个月	优点：在拖延诉讼时间的同时有利于抗辩对方的诉讼金额等事项 缺点：如果反诉证据不足或程序不当，最终会被驳回，并且损失诉讼费用
申请审判人员回避	约1个月	优点：可以确定实现的目的，因为申请回避是法定权利，在开庭时申请回避，法官应当暂停审理，并决定是否回避，收到决定后，当事人可以复议一次 缺点：与管辖权异议类似，如果是单纯地拖延时间，最终回避申请不成立，还是由原审法官审理，容易引起法官反感
申请延期举证	约半个月	优点：由于收集证据的需要，申请延期，不会引起法官反感 缺点：是否准许需要法官批准

（续　表）

拖延诉讼的方式	拖延时间	优缺点分析
以调解名义拖延时间	视调节情况确定	优点：法官通常愿意调解结案 缺点：通常只能在审判时限内调解，无法突破审判时限的限制，且如果一方明确不调解，法官只能判决
对一审判决提起上诉	约 3 个月	优点：不管一审判决如何，均可通过上诉推迟判决生效时间 缺点：需要准备上诉费用
其他（如申请笔迹鉴定等）	视具体事项确定	优点：可以根据案件具体情况灵活选定拖延理由 缺点：运用不当的话，容易招致法官反感

诉讼阶段各方主张

其一，原告的主张为：（1）项目公司须偿还 5 亿元优先级债权本金，并依据利率翻倍条款的约定按每年 32% 的利率支付利息；（2）项目公司须偿还以未付本金及利息为基数，按每日 0.5‰的标准支付的违约金；（3）项目公司须偿还 2.9 亿元债权本金，以及按同期银行存款利率计算的利息；（4）项目公司赔偿信托公司为本案件支付的律师费、诉讼保全担保费以及所有的诉讼费用；（5）拍卖、变卖所查封或冻结的在建工程、土地及公司股权，并对抵押的在建工程（包括所属土地）、项目公司 100% 的股权就上述第（1）（2）（4）项的债务范围内优先受偿权；（6）本项目的所有保证人承担连带保证责任。

值得注意的是，信托公司主张的债权不仅局限于 5 亿元债权，而且包括 2.9 亿元债权。根据法律部与外聘律师的意见，这样做的理由有两个：一是 2.9 亿元债权作为信托财产的一部分，对其提出诉求理所当然；二是信托计划的次级受益人虽是中亮置地及其合作伙伴，但从受托人责任角度来看，信托公司有义务维护其利益，如果不对上述债权提出主张，则有可能被次级受益人控诉未尽到受托人责任。

笔者认为，信托公司的这种主张存在问题，而且问题的根源来自《财产权信托合同》中原状分配条款的不完善。正如前文所言，在项目公司的股权转出后，信托计划项下的信托财产除了5亿元债权和2.9亿元债权外，还有因股权转出行为而产生的针对中亮置地的2.1亿元债权。由于5亿元债权是整个项目的担保主债权，对其提出主张理所当然，但是，虽然2.9亿元债权和2.1亿元债权的债务人不同，但从法律属性上来看并无实质区别，没有道理只主张2.9亿元，这是信托公司在诉讼主张上的一个重大缺陷。

实际上，笔者认为，由于本项目优先级信托单位的收益是固定的，其他信托费用（如信托报酬、托管费等）也是固定的，5亿元债权变现后获得的本金及利息完全可以覆盖优先级信托单位的本金、收益及其他信托费用。从节省人力、物力的角度出发（主张2.9亿元和2.1亿元债权也需要收集各种证据并付出相应司法成本），受托人完全可以只主张5亿元债权，在优先级信托单位兑付及其他信托费用支付后根据《财产权信托合同》中原状分配条款的约定，将剩余信托财产原状分配给次级受益人即可。

但是，本项目中的原状分配条款是这样约定的：在信托计划存续期间，如果债务人违约，受托人在通过包括诉讼在内各种途径变现信托财产时，如果变现获得的现金足以支付优先级信托单位的本金、收益和信托计划本身的费用，则受托人有权将剩余信托财产直接原状分配给次级投资者。根据上述约定，信托公司在变现5亿元债权后，的确可以将剩余信托财产（包括2.9亿元债权和2.1亿元债权，以及5亿元债权在满足优先级信托单位的本金收益与信托费用后的余额部分）原状分配给次级受益人。但是，该条款没有对其有权变现的信托财产的范围做出明确约定，此时如果信托公司仅主张5亿元债权，则可能面临次级受益人的控诉。所以，在本项目中，由于原状分配条款的不完善，信托公司最稳妥的做法是同时主张全部10亿元债权，此时中亮置地作为被告，在诉讼中有两个身份，一个是作为5亿元债权的保证人，另一个是作为2.1亿元债权的债务人。

所幸，信托公司后来意识到在诉讼主张上的缺陷，在第四次司法拍卖前的项目重组谈判过程中，通过让次级受益人出具书面承诺函的形式化解了风险。

小专题

原状分配条款在信托项目中的具体运用

所谓原状分配条款，是指信托公司在《信托合同》中约定，当项目出险时，信托公司有权将信托财产的全部或部分以当时的状态（以非现金资产为主，如股权、债权等）分配给信托受益人。作为一种重要的规避风险、节省后期管理成本的措施，原状分配条款在通道类和结构化的信托项目中得到广泛运用。

实务中，很多信托公司在设计原状分配条款时比较粗放，只是简单表达了“原状分配”的意思，没有根据项目的具体情况设计细化的执行措施，导致在项目出险后该条款无法落实，没有实现所谓“原状分配”的目的。笔者认为，设计原状分配条款至少需考虑如下两个方面的因素。

其一，出险后信托公司对财产处置的选择权。在结构化的信托项目中，为最大限度地节省信托公司的人力物力，可以通过赋予信托公司只处置部分信托财产的权力，保障优先级信托单位的兑付和信托费用的支付。例如在本项目中，原状分配条款可以这样完善：在信托计划存续期间，如果债务人违约，受托人有权从保障优先级信托单位的角度出发，自行选择全部或部分信托财产予以处置变现，在变现获得的现金足以支付优先级信托单位的本金、收益和信托计划本身的费用后，受托人有权将剩余信托财产直接原状分配给次级投资者。

其二，财产分配的具体方式和程序。在项目出险、需要执行原状分配条款时，信托公司与受益人的关系很可能会比较紧张，由于大多数原状分配条款比较简单粗糙，只是笼统地约定将财产“分配”给受益人，但是具体怎么分配，达到什么标准才算完成分配，在财产过户中受益人拒不配合怎么办等，均没有做出细化约定，导致财产迟迟无法转移至受益人名下，信托计划无法清算，风险隐患不小。所以，在设计原状分配条款时，需要根据拟分配财产的具体形态对财产转移的具体方式和程序做出细化约定，并对受益人拒不配合财产转移的行为设置严厉的惩罚措施。

其二，被告的主张比较复杂，简单归纳起来有如下几项。

1. 信托公司故意混淆多种法律关系，诉讼请求缺乏事实和依据。本案涉及的法律关系非常复杂：可能同时存在两个信托关系，一个是购买理财产品的投资者与信托公司之间的信托关系，另一个是项目公司原股东与信托公司之间的信托关系，项目公司均不是这两个信托关系的当事人；若信托公司是基于债权转让和债权债务关系起诉项目公司，基于两个不同的事实和当事人，属于不同法院管辖，应分别另案起诉；信托公司自身对外募集资金5亿元，其确认的债务本金也是5亿元，本案主张债权本金为7.9亿元与事实不符；信托公司最开始收购项目公司的全部股权，后为逃避股东责任，将股权转让给中亮置地，该2.9亿元的债权应当向中亮置地主张，与项目公司无关。综上，信托公司提供的证明其债权关系成立的合同或协议均基于不同事实、法律关系和当事人，应分别主张权利，其起诉应当予以驳回。

2. 信托公司主张项目公司的违约行为不成立，应依法驳回。信托公司作为项目公司的唯一股东，对中亮公司的经营活动和账户实施严格监管，所有资金使用均需信托公司同意方能实施，资金外流事实不成立。即便存在，由于信托公司已经通过合同约定对所有账户实施监管，这种资金外流应该推定得到信托公司的许可，不应以此追究作为主张提前还款的依据。信托公司作为项目公司的唯一股东，项目公司的全部担保均在信托公司的监管之下，所有担保都有项目公司的印章，属于信托公司同意后加盖，项目公司不存在擅自对外担保。

3. 信托公司严重违约，没有尽到应有的责任，是导致项目公司不能偿付债务的根本原因。作为全资股东，信托公司监管不力，工作懈怠，导致项目公司现金流枯竭，未能及时偿付本息；恶意诉讼，超额查封项目公司及中亮集团的资产，导致其他债权人发生挤兑，给项目公司带来惨重损失，信托公司应予以赔偿。

4. 信托公司的利息及违约金要求无法律依据。信托公司按照每年32%的利率要求项目公司支付利息缺乏法律依据，应予驳回，而且，该利率超出了银行同期贷款利率的4倍，至少超出部分不应支持。另外，信托公司主张按照日0.5‰计算违约金缺乏法律依据。其对融资形成的同一债权既约定利息又约定违约金，属于变相提高利息，违背法律规定，不应支持。

5. 保证人中亮发展、中亮担保、星空置业、中亮科技不应承担保证责任。上述 4 家公司与信托公司签署的《保证合同》并非真实意思，而是信托公司为逃避股东责任强行要求将股权返还给项目公司股东，并要求上述 4 家公司签署《保证合同》，但明确表示并不会要求保证人承担保证责任，仅仅是一种形式而已，其违背诚信、出尔反尔地主张保证责任并恶意全面查封各方资产的行为已经构成严重违约。

被告的主张（特别是第 1 项主张）凸显出其对信托公司明股实债的交易模式不理解，特别是该模式还在信托端进行了结构化设计（将中亮置地和中亮投资也拉入信托关系之中）的情况下，使得被告的委托律师在各种法律关系的处理上顾此失彼，提出的反驳理由苍白无力，甚至让人不知所云。另外，被告有的主张（如第 5 项）没有任何证据支持，注定得不到法院支持；有的主张（如第 4 项）有一定的法律依据，可能会得到法院的部分支持。

客观地讲，本项目的交易方案确实复杂，包含债权债务关系、信托关系、股权转让关系等众多法律关系。被告抓住这些关系胡搅蛮缠，也是意料之中的事情。这也说明，交易结构越复杂的信托项目，在出险后面临的挑战（哪怕是没有道理的挑战）也越多。换个角度来看，如果本项目采用简单的贷款模式，恐怕被告不会说出那么多的“歪理”来推脱其履约责任。

另外，被告控诉信托公司在持股期间没有尽到应有的管控义务，导致项目公司出现各种问题，应当减轻自己的责任并要求信托公司承担相应的赔偿责任，这种控诉令信托公司很难堪。但是，信托公司并没有滥用股东地位掏空项目公司资产，真正掏空资产的是实际控制人及其管理团队，而且合同中明确约定信托公司仅仅指派财务代表进行监督，其他管理层都由中亮集团派驻，且优先级投资者兑付后，信托持有的股权需要分配给次级受益人。所以，从这些约定和实务运作情况来看，不管信托公司是否还持有股权，想要“刺破公司面纱”，要求信托公司对项目公司承担责任是不可能的。被告的这种控诉用错了方向，显然要落空。

换一个角度来看，如果信托公司没有将股权转出或该股权转让行为没有得到次级投资者的书面同意，如果被告联合其他次级投资者以受益人的身份，从《信托法》上信托财产管理运用的角度追究信托公司的受托责任，即信托公司在持股期间没有尽到谨慎尽职责任，导致作为信托财产的项目公司股权的价值出现大幅度贬值，应当对次级投资者承担赔偿责任，则信托公司很可能会有大麻烦。不过，信托公司的股权转让流程设计得非常周密，没有给对方留下任何把柄。

法院的判决结果

经过审理，法院最后的判决如下：

第一，被告自判决生效之日起 10 日内向原告偿还 5 亿元本金及相应利息（以本金 5 亿元为基数，自信托计划成立之日起按年利率 24% 起计算至实际清偿之日止；但项目公司已实际支付的利息予以扣除）；

第二，被告自判决生效之日起 10 日内向原告赔偿已支付的律师费 200 万元；

第三，本项目的所有保证人（中亮集团、中亮置地、张世杰、杨晓云、中亮发展、中亮担保、星空置业、中亮科技）对上述第一、第二项判决确定的金钱给付义务承担连带清偿责任；

第四，原告对抵押的在建工程（以《青都市三江区房产管理局在建工程抵押楼盘明细清单》为准）以及质押的项目公司 100% 股权的拍卖、变卖价款在上述第一、第二项判决确定的金钱给付义务范围内享有优先受偿权；

第五，驳回原告其他的诉讼请求。

对于法院的判决，笔者有如下几点意见。

1. 整体来看，法院从保护信托计划投资者的角度出发，认可了本项目债权融资的属性（即支持 5 亿元债权的清偿及相应的担保措施），间接确认了明股实债这种交易模式的合法性；同时确认了保证人的保证责任以及物权担保的优先受偿性，体现了法院“法律效果与社会效果相统一”的指导原则。

2. 法院部分支持了信托公司设计的利率翻倍条款，即支持自信托计划成立之日起重新计算利率，但该利率不是信托公司所主张的每年32%，而是每年24%。那么，很多人可能会问，法院判决24%的年利率，依据何在？

小专题

信托融资中约定的年利率多高才算有效

人们通常认为，民间借贷的利率不得超过银行同类贷款利率的4倍，超出此限度的，超出部分的利息不受法律保护。这种认知来自1991年8月13日公布施行的《最高人民法院关于人民法院审理借贷案件的若干意见》[法（民）发〔1991〕第21号]（以下简称旧意见）中第六条的规定：民间借贷的利率可以适当高于银行的利率，各地人民法院可根据本地区的实际情况具体掌握，但最高不得超过银行同类贷款利率的4倍（包含利率本数）。超出此限度的，超出部分的利息不予保护。

但是，2015年9月1日施行的《最高人民法院关于审理民间借贷案件适用法律若干问题的规定》（法释〔2015〕第18号）（以下简称新规定）已经取代并废止了前述旧意见。新规定第二十六条规定：借贷双方约定的利率未超过年利率24%，出借人请求借款人按照约定的利率支付利息的，人民法院应予支持。借贷双方约定的利率超过年利率36%，超过部分的利息约定无效。借款人请求出借人返还已支付的超过年利率36%部分的利息的，人民法院应予支持。

根据前述新规定，可以对约定的融资利率的效力得出如下结论：（1）融资年利率在24%以内的是合法区间，可申请司法强制执行予以保护；（2）融资年利率在24%～36%的确定为自然债务区，当事人该区间段的利率是不受法律保护的，但债务人自愿支付的，法院不做干涉，债务人如果反悔要求债权人返还已支付的该部分利息，法院不予支持；（3）高于36%的则规定为无效区，法律不予保护，如果债务人请求债权人返还已支付的超过年利率36%部分的利息，法院予以支持。

本案中的法院对信托公司的融资年利率做出24%的司法判决，就是基于上述新规定。

3. 令笔者感到意外的是，法院并没有支持信托公司对另外2.9亿元债权的诉讼请求，其理由是：信托公司实际为项目公司融资的金额是5亿元，不是7.9亿元，而且项目公司原股东与信托公司签署的《财产权信托合同》中约定，信托计划结束时，剩余信托财产可以原状分配给次级受益人，所以，信托公司主张项目公司向其偿还2.9亿元应收款债权，缺乏事实和合同依据，法院不予支持。

对于法院的意见，笔者并不赞同。作为信托财产的组成部分，2.9亿元债权是信托公司通过《应收款确认协议》和《应收款转让协议》收购的，真实合法有效；包括2.9亿元债权在内的所有信托财产都是为5亿元优先级受益人的本金及收益提供保障。在项目出险后，只要优先级投资者没有退出（本项目中的优先级投资者并没有消失，只是从社会投资者变成10个资管计划而已），信托公司就有权就信托计划项下的全部债权进行追讨。法院以“信托公司实际为项目公司融资的金额是5亿元，不是7.9亿元”为由否定2.9亿元债权的效力，显然只是从保护优先级投资者的角度出发考虑问题，没有意识到这种结构化信托融资的特殊性。

资产拍卖与项目重组

法院判决下达后，项目公司第一时间表示要上诉，并很快向最高院递交了诉状。但是，由于未能在规定时间内缴纳上诉费，最高院裁定驳回了项目公司的上诉请求。案件正式进入执行程序。

进入拍卖程序后，信托公司在律师的帮助下确定了拟拍卖资产的清单：项目公司旗下已抵押的在建工程及占用范围内的土地；星空置业旗下被查封的6.7万平方米住宅用地；张世杰持有的位于青都市的5套房产（首封资产）；张世杰持有的青都市中亮医院管理有限公司（以下简称“中亮医院”）50%的股权。

确定拟拍卖资产后，省高院委托资产所在地的青都市中级人民法院（以下简称“青都法院”）具体组织资产拍卖事宜。青都法院在名单库中通过摇号方式确定了资产评估机构，对拟拍卖资产进行了评估，具体情况见表 7-6。

表 7-6　拟拍卖资产的评估情况

拟拍卖资产	具体情况	评估价值	备注
在建工程及占用范围内的土地	已抵押在建工程面积 16 万平方米，合计 2 600 个产权式商铺，信托公司放款前的评估价值为 10.65 亿元；当时项目公司旗下的土地共有两宗，占地面积为 8.5 万平方米，信托公司放款前没有进行评估	包括土地在内的在建工程的评估价值为 6.5 亿元	在建工程的评估价值比之前的评估值低了近 40%（剔除土地因素）
未被抵押的住宅用地	土地面积为 6.7 万平方米，计容建筑面积为 20 万平方米	评估公司给出的评估价值为 4.5 亿元	评估值比市场价格低了 20%
张世杰持有的 5 套房产（住宅）	合计建筑面积为 950 平方米	评估公司给出的评估价值为 1 000 万元	评估值比市场价格低了 10%
中亮医院 50% 的股权	50% 股权对应的净资产为 1 亿元	评估公司给出的评估价值为 8 000 万元	评估价值比净资产降低了 20%
合计	—	合计评估价值为 11.9 亿元	—

信托公司将首次查封的实物资产（包括土地、在建工程及房产）全部列为拍卖资产，但对查封的 15 家公司的股权，只选择了中亮医院，主要原因是，未上市公司股权的价值不确定，可能存在或有负债或纠纷，而且，即使拍得该股权，竞得人也不一定能掌控该公司，所以除非竞拍人与股权的实际控制人有私下约定，否则该类股权在拍卖中一般无人问津。但是，之所以选择拍卖中亮医院的股权，是因为该公司由另一家股东（国内某知名的连锁医院管理公司）实际管理运营，张世杰只是作为财务投资者以土地入股，并不干涉公司的日常运营；而且，作为具

有良好现金流和牌照优势的医院，很多投资者会比较感兴趣。

可能有人会问，信托公司既然只选择拍卖一家公司的股权，为何要查封多达15家公司股权？实际上，信托公司选择查封这些公司的股权，大多数并不是拍卖，而是要给融资方以威慑，迫使其在后续可能的谈判中做出让步。而且，有些股权（如中亮集团及项目公司）的查封是为了获得首封地位，避免后续处置这些公司名下的资产时陷入被动。

另外，可以看出，拟拍卖资产的评估价值都比市场价值要低，特别是抵押给信托公司的在建工程，要比市场价值低很多，主要原因是：（1）承做该项目时，信托经理为满足公司风控对抵押率的要求，对评估公司施加了一定影响，评估参数的选取偏乐观，在一定程度上拔高了资产的评估价格；（2）考虑到了司法拍卖这种非正常的资产处置方式对价格的影响；（3）最重要的是，联合大厦已陷入全面停工，拖欠大量工程款，小业主不断发起维权行动，项目已基本丧失市场品牌，价值大打折扣。

截至资产拍卖前，项目公司拖欠的本金、利息及其他费用合计7.25亿元，拟拍卖资产的合计评估价值（11.9亿元）看起来可以完全覆盖该金额，但考虑到资产变现的不确定性，特别是负面消息缠身的在建工程的变现困难，以及存在优先权的工程款（已被法院确定为1亿元）和小业主的债权，信托公司的债权能否得到全部清偿，还存在较大的不确定性。

资产评估完成后，青都法院委托当地的拍卖公司（通过摇号在名单库中确定）开始了拍卖。

第一次拍卖：对于上述评估价格，张世杰非常不满意，认为信托公司对评估公司施加了影响，为顺利出手故意压低资产价格。但是，让人意想不到的是，截至拍卖当天上午10点，既没有人缴纳竞买保证金，也没有真实竞买人到达拍卖现场，第一次拍卖就这样悄无声息地流拍了。

第二次拍卖：鉴于第一次拍卖的惨淡情形，在第二次拍卖进行前，对拟拍卖资产的底价进行了大幅下调（在评估价格的基础上下调了20%），并定于两周后开始第二次拍卖。但是，这次调价引发了张世杰的强烈不满，他通过关系找到青都法院相关人员，对调价依据提出质疑，要求停止该笔拍卖，并重新议定拍卖底价。同时，在其鼓动下，小业主的维权行为蠢蠢欲动，小部分不明实情的业主甚至前往法院所在地开始静坐示威。为防止事态的进一步扩大，青都法院紧急叫停了该次拍卖。

第三次拍卖：第二次拍卖被叫停后，信托公司、青都法院与张世杰进行了沟通，在征求了后者的意见后，适当降低了拍卖底价的下调比例（只下调了10%），同时优化了拍卖条件，如将拍卖保证金降低了30%，将本来捆绑拍卖的不动产开始分别拍卖（特别是将抵押的在建工程和占用范围内的土地单独拿出来拍卖）。

第三次拍卖取得了一定成功，中亮医院的股权、5套房产以及星空置业旗下6.7万平方米的住宅用地全部以底价成交，回收资金4.86亿元。但项目公司旗下的在建工程及土地还是因无人参与竞拍而流拍。

第四次拍卖：第三次拍卖结束后，信托公司意识到，由于在建工程面临的种种问题，不管将底价降到多少，可能都无人参与竞拍。此时，圆西集团找到信托公司和张世杰，表示愿意介入项目重组，接手在建工程，但提出了两个前提条件：（1）将拍卖底价再降20%，至4.68亿元；（2）联合城项目二期35.3万平方米土地的开发权移交给圆西集团，由张世杰协助圆西集团与政府沟通协调，尽量降低二期土地的成本，并通过设置各种条件使得圆西集团可以顺利拿到土地，在接盘在建工程前，圆西集团至少需要与政府就二期土地签署《合作框架协议》。

很明显，有备而来的圆西集团“醉翁之意不在酒”，希望通过解决联合大厦项目问题获得二期土地的开发权益。在当时来看，这可能是化解整个风险的唯一路径。信托公司经过粗略测算，如果在建工程以4.68亿元成交，加上前期回收的4.86亿元，合计为9.54亿元，与信托公司7.25亿元的债权相比，即使考虑拍卖费用、资产过户税费［根据国家税务总局《关于人民法院强制执行被执行人财产有关税收问题的复函》（国税函〔2005〕第869号）］的规定，无论拍卖、变卖财产的行为是纳税人的自主行为，还是人民法院实施的强制执行活动，对拍卖、变卖财产的全部收入，纳税人均应依法申报缴纳税款。鉴于人民法院实际控制纳税人因强制执行活动而被拍卖、变卖财产的收入，根据《中华人民共和国税收征收管理法》（中华人民共和国主席令第49号）第五条的规定，人民法院应当协助税务机关依法优先从该收入中征收税款以及工程款等其他费用，信托公司回收的现金足以支付优先级投资者的本金、收益及信托费用。

信托公司很快同意了上述条件，但由于之前在原状分配条款上的设计缺陷，为了防止次级受益人以信托公司没有在诉讼中主张全部债权为由追究其责任，信托公司提出了一个附加条件，即所有次级受益人必须做出书面承诺，资产拍卖结束后，信托公司在支付完优先级投资者的本金、收益及信托费用后，将剩余信托财产全部分配给次级受益人，后者完全认可信托公司的该分配安排，并积极配合财产转移手续，后续不得以任何理由追究信托公司的任何责任。

但是，张世杰对圆西集团开出的条件并不心动，因为在建工程再降价20%后，张世杰将血本无归，而且还要面对众多债权人及小业主的追讨，在此情况下让其配合圆西集团获得联合城项目二期的土地显然不可能。张世杰还认为信托公司收取的利息（含相关费用）过高（达2.15亿元），应当做出一定的让步。所以，张世杰提出，除非满足如下要求，否则拒绝圆西集团与信托公司的条件：（1）由圆西集团出面承诺解决小业主的问题；（2）由圆西集团负责归还项目公司的其他所有债务；（3）他本人要在二期土地的开发中占据不低于50%的权益；（4）信托公司至少需将利息调低至1.15亿元。

很明显，张世杰提出的要求远远超出圆西集团的预期，谈判陷入僵局。此时，急于解决问题的信托公司将当地政府引入谈判。政府对于圆西集团这种有实力的集团公司介入重组持欢迎态度（后来笔者了解到，圆西集团实际上很早就开始与当地政府接洽沟通了），认为只要能够实现项目复工及解决小业主的维权问题，什么条件都可以谈，但各方需要拿出最大诚意，做出一定让步。

在政府的协调下，经过不断讨价还价，各方最终达成了如下重组条件：（1）在建工程的拍卖底价再降20%至4.68亿元，由圆西集团接盘；（2）张世杰负责协助圆西集团获得联合城项目二期土地的开发权，并保证土地价格不高于150万元/亩；（3）张世杰负责协调次级受益人签署信托公司要求的承诺函；（4）圆西集团负责归还理财投资者9 000万元的本金，并出具书面承诺，解决小业主的问题，但仅限于将联合大厦项目建设完毕并将房产过户给小业主，包括项目公司违规对外融资担保在内的其他问题由张世杰自己解决；（5）联合城项目二期土地开发由圆西集团组建新的项目公司来负责，其中张世杰占据30%的股权，但张世杰对新项目公司的出资由圆西集团以借款的形式解决。

随后，各方在政府的见证下签署了《重组协议》。拍卖公司也很快启动了第四次资产拍卖，圆西集团联合其他几家合作伙伴参与了该次拍卖，最终以底价拍得资产，并由法院裁定司法过户。

最终，资产拍卖所得的价款在扣除所有税费及其他支出后，信托公司获得了7.25亿元的现金，在支付完优先级投资者的本金、收益及信托费用后，剩余的5 000万元现金连同2.9亿元债权和2.1亿元债权原状分配给次级受益人。

小专题

风险控制中抵押资产的价值管理

在房地产融资项目中，最被重视的增信措施是土地（或在建工程）抵押，这是风险防范的最后一道“安全阀”。但是，实务中常常会出现这样一种现象，即看起来很足值的抵押资产，在出险后变现所得却大幅低于预期，有时甚至连本金也无法覆盖。例如本项目中，信托放款前，中亮项目在建工程的评估价值为10.65亿元，与5亿元的融资本金相比，抵押率不到50%，但是，在项目出险后，该资产在历经数次拍卖后，变现金额仅为4.68亿元，根本无法覆盖5亿元的本金。出现这种现象的原因何在？

要想解释这个问题，首先要对与抵押资产价值有关的几个概念（原始价值、评估价值、评估净值、变现价值）有所了解。

原始价值是指资产的初始取得价值。例如土地的原始价值是获得该块土地所付出的成本，在一个竞争性的市场环境中，土地的取得价值（包括在一级市场通过“招拍挂”取得或在二级市场通过转让取得）就是当时该土地最客观的市场价值。

评估价值是指资产经评估机构采用一定的评估方法评估后得出来的价值，该价值弹性空间比较大，情况也比较复杂。一般来讲，如果资产取得时间不长，其评估价值与原始价值差别不大，否则有夸大评估的嫌疑，但是，如果该资产不是在竞争性的市场环境下获得的，例如某些综合型企业携产业优势获得的商住用地（具体参见本书案例：雨辉食品股权收益权融资项目），虽然资产取得时间不长，但评估价值与原始价值相比存在较大增值；如果资产取得时间较长，在进行资产评估时，不同的评估机构选用不同的评估方法，得出的价值可能相差很大。

评估净值是指在评估价值的基础上，减去资产变现过程中因产权转移产生的各种税费成本后得出的价值。从抵押目的来看，评估净值更接近资产的真实价值，对判断项目风险的参考意义更大。

变现价值是指在项目出险后，资产通过各种方式变现后获得的价值。一般来讲，受各种因素影响，资产的变现价值要低于评估净值；但是不排除在信托计划存续期限内，由于资产价格暴涨导致变现价值远高于评估净值的情况。

值得注意的是，在上述4个概念中，评估价值与评估净值是预估的数额，受各种因素影响，弹性空间较大；而原始价值与变现价值是确定不变的数额。

在实务中，之所以会出现资产变现的所得远低于预期的情况，主要原因有以下几点。

其一，信托经理的道德风险。很多信托公司实行强激励政策，信托经理为了尽可能促成项目，通过向评估公司施压，人为拔高资产的评估价值（有的甚至要求根据融资额和信托公司的抵押率规定来反推资产的评估价值）；评估公司作为绝对的乙方，在压力下丧失了独立性，通过评估方法和参考物选择（具体参见本书案例金福股份股债结合项目中的小专题：土地评估的几种方法及适用条件）“合理”地做大资产的评估价值，这种评估价值犹如建立在沙滩上的雕塑，注定会在资产变现的水流冲击下轰然倒塌。

其二，抵押率的计算方式存在问题。很多信托公司虽然规定了抵押率，但对抵押率的计算方式没有做出明确要求，导致很多信托经理通过做小分子（仅计算融资本金，不计算利息）、做大分母（只考虑评估价值，不考虑评估净值）的方式降低抵押率以达到公司的风控要求。

其三，未考虑资产的变现能力。信托公司在确认资产价值时，只考虑影响资产评估时的各种客观要素（如评估方法、参照物、税费等），忽略了资产的变现能力，导致相同评估价值的资产因变现能力的不同，最终变现所得差距很大。而所谓资产的变现能力，是指假定在评估时点实现抵押权时，在没有过多损失的条件下，将抵押资产转换为现金的能力。资产（主要是房地产）的变现能力主要受几种因素影响，具体见表7-7。

表7-7　影响资产变现能力的几种因素

影响资产变现能力的因素	具体说明
可行性	变现可行性越大的资产，变现能力越强。例如，出让用地强于划拨用地；一般情况下，没有租约的房产强于有租约的房产；净地强于存在在建工程的土地
通用性	所谓通用性，是指该房地产是否常见、是否被普遍使用，也就是有效需求数量的多少。通用性越强的资产，变现能力越强。例如，就同样地段而言，住宅性质土地的通用性远强于商办性质土地
独立使用性	所谓独立使用性，通俗地说就是能否单独使用而不受限制。一般来说，独立使用性越差的房地产，其变现能力越弱。例如，商场的柜台受制于整个商场的管理，不如街头店面独立使用性好
可分割转让性	所谓可分割转让性，是指房地产在物理上、经济上是否可以分离开来转让。例如，对于同样一栋写字楼，可分割产权转让与整栋转让的变现能力差距很大。即使对于土地而言，在规划许可证中是否允许建成的房产分割产权转让，对土地的变现能力影响也很大
变现方式	在项目出险后，如果借贷双方能心平气和地采用公开市场询价的方式变现资产，则需要的时间较短，且资产的变现价格会较高；如果双方剑拔弩张，最后通过诉讼以司法拍卖的方式变现资产，则在变现过程中容易受到交易信息、交易时间、付款方式、潜在竞买者数量，甚至交易场所气氛及潜在购买群体的心理排斥等诸多因素影响，变现价格不高，且耗时很长

其四，优先债权的影响。根据法律规定，房地产项目的工程款优先于抵押权，在项目出现烂尾时，已支付大部分购房款的购房人的债权也优先于抵押权，甚至在很多时候，项目公司的员工薪酬与拖欠的税款也优先于抵押权清偿。很多项目虽然抵押物很足值，但变现后在满足上述优先债权后往往所剩无几。

综上，笔者认为，信托公司要有效管理抵押资产的价值，必须做到以下几点。

第一，杜绝信托经理的道德风险。与信托经理相比，信托公司的中台没有业绩指标考核和强激励措施，可以将评估机构的选聘及费用支付集中到中台，业务部门只需做好与评估机构的沟通即可。实务中，有的公司对评估机构采用名单制管理，由中台审核进入名单的评估公司，但在名单中选用哪家评估机构，由业务部门说了算，这种方式仍然存在道德风险，需要改进。另外，笔者认为，这种思路也可以适用于律师、审计师等其他中介机构的管理。

第二，定性和定量相结合，建立科学的抵押物价值评判标准。定性方面，要根据具体情况分析抵押物的变现能力；定量方面，完善抵押率计算的方式，建议以融资本息作为分子，评估净值作为分母，以反映抵押物的实际保障力。

第三，动态关注优先债权的情况。一方面，在尽职调查时须重点查清应付未付的优先债权情况（特别是工程款），并预估将来可能的发生额；另一方面，要加强后期管理，重点关注工程款的支付情况，防止融资方挪用融资款和销售资金，确保工程不出现烂尾（本案例的惨痛教训）。

值得注意的是，5 000 万元现金按照各次级受益人持有的信托单位比例进行分配，但两笔债权的分配比较麻烦，不但涉及债权的分割，而且 2.1 亿元债权的债务人是其中一个次级受益人中亮置地，这又涉及债权债务的抵销问题。为简化分配流程，在信托公司的安排下，全体次级投资者共同出函同意由中亮置地承接两笔债权，其中 2.1 亿元债权由于债权债务归于中亮置地而抵销，实际只分配 2.9 亿元债权，至于中亮置地与其他次级投资者之间的利益关系，由其内部协调解决。具体过程如图 7－12 所示。

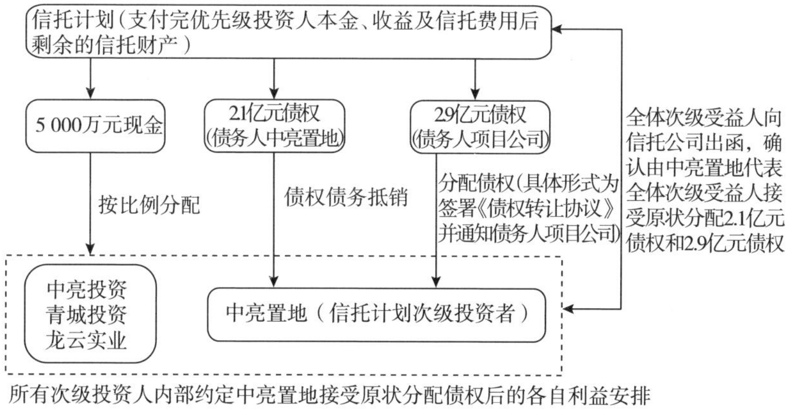

图 7－12　信托计划向次级投资者原状分配的过程

在向次级投资者进行原状分配后，信托公司马上对信托计划进行了清算，并及时出具了清算报告，至此，这个闹得沸沸扬扬的信托项目终于落下帷幕。

结　语

洋洋洒洒几万字，道尽了出险项目的个中酸甜苦辣。从项目成立背景、方案结构的设计、出险原因的分析，到出险后信托公司面临的种种挫折及采取的各种挽救措施，再到风险化解中多方的利益博弈乃至尔虞我诈、钩心斗角，笔者力求向大家呈现颇具代表性的房地产出险项目的全景画面。同时，针对每个关键的风险节点，笔者都以专题的形式进行系统总结思考，希望能为以后风险项目的处置提供参考。

八、创高地产财产权信托项目

案例亮点：

这是一起以信托法律属性为主要争议点的另类房地产诉讼案例。激进的信托公司在因所谓的“创新”而造成的选择性困境中，与融资方围绕案件的性质、主债权合同的真假、抵押权的效力等关键问题展开激烈角逐，最终以“和稀泥”的方式了结此案。

本案例充分揭示了过度创新给信托公司带来的巨大法律风险，从多个维度剖析了资产收益权信托的特征，并对案例中涉及的强制执行公证、“阴阳合同”的风险及化解方案、信托公司的财务顾问费等专项问题进行了系统梳理和分析，对实务具有较强的指导意义。

案例摘要：

本项目来自信托公司的主动发掘。在实施了强激励的绩效考核政策后，中能信托的业务扩展力度大大增强，足迹遍及全国各地。在某次业务拓展过程中，信托经理了解到创高地产位于吴越市的金星国际项目已接近封顶，但因业态属于商办性质，去化速度不是很快，信托经理遂向融资方提供了融资方案，不但可以归还即将到期的银行贷款，而且可以扩大融资用于其他项目，该方案获得了融资方的高度认可并成功付诸实施。

为规避监管限制，本项目采取了业内相对少见的财产权信托模式，即创高地产与信托公司签署《财产权信托合同》，以其持有的金星国际项目的资产收益权作为信托财产设立信托计划，总规模 15 亿元，期限 3 年，其中优先级信托单位 8.5 亿元向社会投资者发行，按期收取固定收益；次级信托单位由创高地产自己持有，在信托计划存续期内不参与分配，待优先级信托单位分配完毕后，按原状取得全部剩余信托财产并结束信托计划。由于当地抵押登记部门不接受以《财产权信托合同》作为主债权办理在建工程抵押，信托公司遂与创高公司另行签署了并未实际履行的《信托贷款合同》作为办理抵押登记的主债权合同，为后续争议埋下了祸根。

融资方后续出现实质违约，信托公司在反复施压无果后被迫采取法律手段。由于本项目特殊的交易结构，双方在诉讼中就案件的性质、主债权合同的真假、抵押权的效力等关键问题展开激烈角逐，最终以“和稀泥”的方式平淡结束此案，让不少事前高度关注此案的旁观者大失所望。但是，本项目提供了一个绝佳视角，让我们可以从各个维度去剖析我国信托法律制度在实务中的运用，同时，本案暴露出来的强制执行公证、“阴阳合同”、财务顾问费等问题，值得其他信托公司借鉴参考。

背景介绍

创高控股集团有限公司（以下称“创高集团”）成立于2009年，注册资本8 000万元，是一家以房地产开发为主的综合型企业集团，主要从事住宅、商业、工业等多种类型的房地产项目开发，实际控制人为陈长兴和赵晓红夫妇。从资产规模与综合开发实力来看，创高集团在国内开发商中并不突出，属于区域型中小开发商。

吴越创高房地产开发有限公司（以下简称“创高地产”）是创高集团与其合作伙伴吴越金星投资管理有限公司（以下简称“金星投资”）合资设立的项目公司，主要从事“吴越·金星国际产业园项目”（以下简称“金星国际项目”）的开发建设，上述各主体的股权结构如图8－1所示。

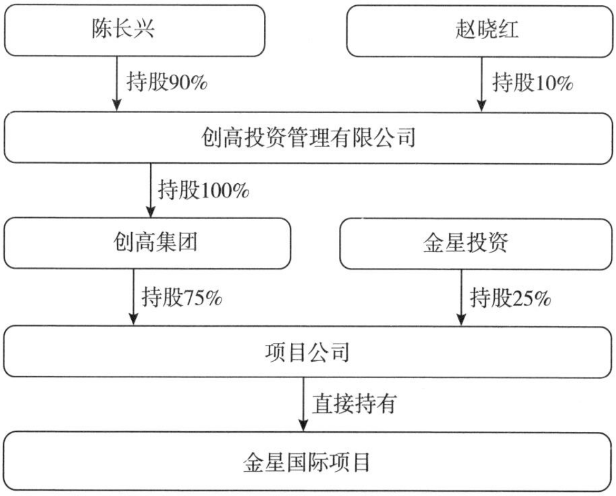

图8－1　股权结构

金星国际项目位于吴越市高新技术开发区，占地面积3万多平方米，计容建筑面积约15万平方米（其中5万平方米需开发商自持，期限不低于10年），主要业态为商业和办公（其中办公占比超过85%），主要面向客户为高新区内拟入驻企业。截至信托公司介入前，该项目已完成结构封顶，即将进入预售阶段。由于创高地产前期在银行申请的6亿元开发贷款即将进入还款期，希望与其他金融机构合作进行融资替换。

中能信托当时刚刚进行事业部改革，业务团队承做项目的积极性很高，在通过银行渠道获知创高地产的融资需求后积极上门营销。在当时火热的房地产市场环境下，盯着该项目的金融机构比较多，为了尽快拿下该项目，中能信托提出了总体8.5亿元的融资规模，其中6亿元用于归还银行开发贷款，1亿元用于项目后续资金支出，剩余1.5亿元可由创高集团自由调用。这种融资方案对当时正处于资金渴求状态中的创高地产具有很大吸引力，双方一拍即合。

在设计交易方案时，由于创高地产（包括其控股股东创高集团）都不具备二级房地产开发资质，根据监管规定无法直接发放信托贷款，也无法采用投资附加回购等交易模式。为了规避监管，中能信托提出了以特定资产收益权设立财产权信托的交易模式，并最终实现放款。然而，正是这一突破常规的交易结构为日后的诸多矛盾埋下了伏笔，也使得该项目成为一个经典的以资产收益权为核心的财产权信托纠纷案例，引起整个业界的广泛关注和热烈讨论。信托公司在本项目中的诸多设计和安排为整个行业提供了若干具有警示意味的启示，值得反复研读。

二、主要交易结构

本项目主要的交易结构如图8-2所示。

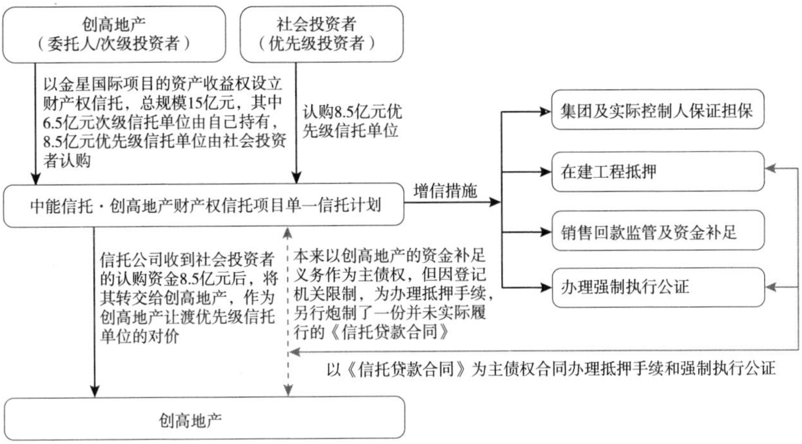

图 8-2 主要的交易结构

信托计划的核心要素见表 8-1。

表 8-1 信托计划的核心要素

核心要素	具体内容
信托计划名称	中能信托·创高地产财产权信托项目单一信托计划
信托计划类型	结构化的财产权信托
信托计划规模	创高地产将其持有的金星国际项目的特定资产（土地使用权与在建工程）收益权设立财产权信托，总规模 15 亿元；其中优先级信托单位 8.5 亿元由社会投资者认购，次级信托单位 6.5 亿元由信托计划的委托人（即创高地产）持有
信托计划期限	两年半，满一年后可提前还款
信托资金用途	8.5 亿元优先级信托资金中的 6 亿元用于归还银行开发贷款，1 亿元用于项目后续资金支出，剩余 1.5 亿元可由创高集团自由调用
还款来源及退出方式	优先级信托单位的还款来源为金星国际项目的销售收入（根据项目成立前的测算，按照 2 万元/平方米的销售单价，10 万平方米的可售面积共计可实现销售收入 20 亿元，可以覆盖 8.5 亿元的融资本息）；在优先级投资者退出后，剩余信托财产在扣除相关费用后原状分配给次级投资者创高地产

（续　表）

核心要素	具体内容
担保增信措施	保证担保：创高集团及其实际控制人陈长兴和赵晓红夫妇为信托计划提供连带责任保证担保 在建工程抵押：创高地产以其持有的金星国际项目的在建工程抵押给信托计划。需要特别指出的是，由于当地抵押登记部门不接受以《财产权信托合同》作为主债权办理抵押手续，信托公司与创高地产另行签署了并未实际履行的《信托贷款合同》作为办理抵押登记的主债权合同 销售款监管：为保证财产权信托项下的全部优先级信托单位能按时足额分配，创高地产保证并承诺资金监管账户内最低现金余额的约定，若任一时点未获满足，则创高地产必须于5个工作日内补足，否则构成创高地产实质违约 办理强制执行公证：信托公司与合同相关方就《信托贷款合同》《抵押合同》和《销售款监管协议》向吴越市卓信公证处申请办理了《具有强制执行效力的公证书》
融资成本及各方费率	8.5亿元的年化成本为16%（不含财务顾问费） 其中，投资者年收益率为10%，销售费为每年1.5%，托管费为每年0.1%，银行的销售款监管费为每年0.4%，信托报酬率为每年4%（绝对信托报酬每年3 400万）；信托计划成立后，信托公司还一次性收取了2 000万元的财务顾问费
销售方案	由项目介绍银行代销

整个交易结构最显著的特征是在信托公司与融资方之间呈现出明暗交织的两种法律关系（即“阴阳合同”），一种是信托法律关系，这是整个交易方案的主法律关系，信托公司为规避监管，大胆借鉴了资产证券化中的财产权信托模式，将融资方变成信托计划的委托人，通过信托受益权的结构化设计将优先级信托单位卖给社会投资者，实现融资目的；另一种是贷款法律关系，这是整个交易方案的从法律关系，其主要目的是实现抵押权的办理。

项目出险后，为实现抵押权，信托公司竭力提高原本处于辅助地位的贷款法律关系，要求法院认定双方的借贷关系；而融资方为摆脱自己的责任，抓住了信托公司在方案设计上的“痛脚”，以贷款未实际发放为由否定贷款关系，进而否定抵押权的效力。最后法院虽然做出了较为稳妥的判决，从实质出发维护了信托公司的利益，但这种过于明显的“创新”缺陷带来的教训不可谓不深刻。

增信保障措施

保证担保

为确保《财产权信托合同》项下创高地产的资金补足义务能得到履行，创高集团、金星投资以及创高集团的实际控制人陈长兴和赵晓红夫妇为信托计划提供不可撤销的连带责任保证担保。

需要注意的是，此处保证担保的主债权合同是《财产权信托合同》，而主债权的内容是：在信托财产产生的收益不足以实现优先级信托单位的预期收益时，创高地产应当履行资金补足义务，以确保监管账户内的最低现金余额达到约定要求。不难看出，这种增信安排并未突破财产权信托的交易框架（注意与下文在建工程抵押的不同之处）。

在建工程抵押

为基础资产设置抵质押措施是收益权类信托项目中重要的风险控制措施，除了增厚信托融资的“安全垫”外，还可以防止因基础资产被转移致使整个交易安排无效。在本项目中，信托公司同样要求创高地产以项目资产为主债权进行抵押担保，而且主债权的具体内容与上述保证担保一致。

但是，在办理抵押登记的过程中，吴越市当地的登记部门认为《财产权信托合同》不能作为在建工程抵押的主债权合同，并拒绝办理登记手续。考虑到资产抵押是本项目中的核心增信手段，信托公司在与登记部门协商无果的情况下，转而与创高地产另行签署了一份《信托贷款合同》，并以此作为主债权合同办理了抵押登记。在这份《信托贷款合同》中，有关贷款规模、贷款期限和资金监管等主要条款的约定与《财产权信托合同》基本保持一致，不同之处仅在于财务顾问费的收取和违约罚则的约定。贷款合同签署后，信托公司以其作为主合同顺利办理了抵押登记，对应的主债权也相应从《财产权信托合同》项下的资金补足义务变更为还本付息义务。

全套合同签署完毕后，为了在融资方出现违约时能快捷地处置抵押资产，信托公司与合同相关方向吴越市卓信公证处（以下简称“公证机关”）申请办理了具有强制执行效力的《公证书》，赋予《信托贷款合同》与《在建工程抵押合同》强制执行效力。

销售款监管与资金补足

为保证优先级信托单位能够按时足额分配，信托公司、创高地产与监管银行另行签署了《资金监管协议》，约定由信托公司与监管银行对金星国际项目的销售回款进行监管；同时，《财产权信托合同》约定，创高地产应当将基础资产产生的收益及时划入信托专户，当信托计划从基础资产获取的收益不足以覆盖优先级信托单位本金及收益时，创高地产应当承担补足义务。

前述资金补足义务将优先级信托单位的本金及收益的足额支付作为一种强制义务固定下来，从而使该财产权信托在投资外壳的包装下具备了融资内核。如果没有该条款，创高地产不负有保证信托专户内最低现金余额的强制义务，则优先级信托单位的收益将全部来源于基础资产收益，具有较大不确定性；而该条款的加入将信托收益的来源从基础资产转移到了创高地产，使整个交易成为一个收取固定本息的融资安排。实际上，在双方另行签订的《信托贷款合同》中，也可以发现基本相同的条款约定，从本质上来说，此处的资金补足要求其实更接近房地产信托融资中常见的资金归集安排。

案件过程的梳理与评判

违约的出现与信托公司的催收

自信托计划成立 1 年后，创高地产便开始断断续续拖欠《财产权信托合同》中约定的资金补足款，构成合同违约。违约发生后，信托公司多次向创高地产催讨与交涉，从后续双方围绕《信托贷款合同》签署的一系列补充协议来看，信托公司确实在通过追加抵押物等手段向融资方施加压力，增加其违约成本。但是，上述举措并未取得预期效果，创高地产的违约行为始终未能得到有效纠正。信托计划届满两年后，信托公司按照合同约定宣布融资提前到期，并要求创高地产提前还款。

信托公司以自有资金兑付

在信托公司宣布贷款提前到期后，创高地产并未按照信托公司的要求提前还款。信托计划期限届满后，迫于投资者和监管当局的巨大压力，信托公司被迫以自有资金向投资者进行刚性兑付，并大幅计提拨备，此举也间接导致信托公司当年净利润同比大幅下降，在当时爆发式的行业增长中爆冷。

信托公司申请强制执行遇阻

在宣布贷款提前到期的同时，信托公司也向公证机关申请出具具有强制执行效力的《执行证书》，以据此向法院申请执行抵押资产。创高地产在收到公证机关发来的情况核实函后，委托律师向公证机关发出了《关于不同意贵处出具强制执行证书的律师函》，阐明了不应出具执行证书的理由；该公证机关收函后，随即向信托公司出具了不予签发《执行证书》的通知，使信托公司直接进入财产执行程序的计划落空。

起诉及判决

在申请强制执行未果后，信托公司立即向吴越市第一中级人民法院（以下简称“吴越中院”）提起诉讼，并将创高地产及相关的保证人（包括创高集团、金星投资以及创高集团的实际控制人陈长兴和赵晓红夫妇）列为共同被告。由于案情的复杂性和资产收益权信托在某种程度上的开创意义，该案件审理历经 1 年多的时间，先后经过中院和高院两级人民法院，才最终宣判结束。下面分别就涉案双方的主要诉求和法院审判结果进行简单梳理。

各方主张及诉求

1. 信托公司方面：（1）主张双方之间是金融借贷关系，案件性质应当为贷款合同纠纷，要求法院判定创高地产按照《信托贷款合同》约定支付剩余贷款本息，并按照约定支付复利、罚息和违约金等；（2）如果创高地产不履行上述义务，则要求行使抵押担保权，请求法院判令处置作为抵押物的在建工程及相关土地，并追究保证人的保证责任。

2. 创高地产方面：（1）主张双方之间是营业信托关系而非金融借贷关系，双方签订的《信托贷款合同》并非双方真实的意思表示，是以合法形式掩盖非法目的，并且信托公司也并未真实发放信托贷款，双方之间不存在实际的借贷关系，因而主张《信托贷款合同》无效，信托公司基于该合同提起的全部诉讼请求均应予以驳回；（2）既然作为主债权合同的《信托贷款合同》无效，基于该合同签订的相关抵押合同也全部无效，信托公司无权行使抵押权，无权处置抵押在其名下的在建工程及相关土地。

不难看出，创高地产的应诉策略是围绕信托公司的请求进行逐一反驳，针对性非常强。双方的争议集中在两点：（1）案件性质是金融贷款合同纠纷还是营业信托纠纷；（2）信托公司是否能够行使抵押权。这两个问题其实是相互关联的，因为《在建工程抵押合同》是作为《信托贷款合同》的附属合同签署的，如果法院将案件定性为营业信托纠纷，判定《信托贷款合同》无效，则作为核心担保措施的在建工程抵押也随之无效，信托公司只能通过追索信用担保人的方式求偿，而这些保证人的担保实力都比较弱，信托公司极有可能遭受重大损失。另外，创高地产也必然希望在法律框架内竭力争取保住其资产，避免被信托公司强行处置，双方对项目核心资产的争夺由此表现为对案件性质的争议。此外，由于《信托贷款合同》对于违约罚则的约定更为严格，创高地产除了需要返还贷款本息外，还需支付超过 5 000 万元的复利、违约金和罚息等，这一点也成为双方的核心争议点。

法院的判决结果

1. 一审法院的判决：（1）判定信托公司与创高地产之间属于营业

信托关系而非金融借贷关系，《信托贷款合同》为形式上的合同，应当按照《财产权信托合同》的约定来确定双方之间的权利义务关系；（2）判定以《信托贷款合同》为主合同的《抵押合同》有效，信托公司对相关抵押物享有抵押权，但不支持《信托贷款合同》中约定的过高的罚息、复利和违约金等。

2. 二审法院的判决：由于一审法院的判决结果并未全然地支持一方权益与主张，因此在拿到一审判决后，双方同时向吴越市高级人民法院提起了上诉申请，核心主张围绕法院在一审判决中未予支持的诉求，然而，高院在经过审理后，认定“原审判决事实认定清楚，程序合法，使用法律正确，应当予以维持”，并最终做出了“驳回上诉，维持原判”的终审判决。

对法院判决的分析评述

从法院的判决结果来看，一方面认可了创高地产关于双方之间应为营业信托关系的主张，并以《财产权信托合同》作为裁定双方责任的依据，据此驳回了信托公司要求按照《信托贷款合同》约定取得高额罚息和违约金的诉求，但另一方面，就本案中关系到信托公司核心利益的抵押权有效性的认定，法院的判决显然更倾向于保护后者。

从判决书的表述可以看出，为了保证《在建工程抵押合同》的有效性，法官甚至创立了一个新概念，即将《信托贷款合同》认定为“形式上的合同”，从而避免将其直接认定为无效合同而导致《在建工程抵押合同》的失效，进而保障信托公司最为关键的救济通道。法院做出如此判决的原因不难推敲，或是从抵押双方真实的意思表示出发，或是从保护信托计划投资者的利益出发，甚至是从维护社会稳定的角度出发，但这种司法“创新”在目前的法律制度框架下是否具备坚实的基础，是否经得起严密的法理论证和推敲，都存在疑问。让人感到意外的是，信托公司在一审判决明显倾斜于自身的时候还向高院提起上诉申请，主张高额的罚息和违约金等，这很难说是信托公司过于自信，还是因为其他原因有恃无恐了。

本案之所以引起广泛的社会关注，主要在于大家想看看资产收益权这个在信托实务中创造出来的概念能否得到司法认可。虽然我国属于成文法国家，司法判决不像判例法国家那样对后续类似案件具有强制约束力，但仍具有很强的参考意义。由于资产收益权（包括特定资产收益权、股权收益权甚至红酒收益权等）这个概念已经在信托行业（甚至包括整个资产管理行业）得到广泛运用，所以法院判决对实务影响巨大，可谓牵一发而动全身。

但是，法院判决出来后，关于资产收益权这个概念是否得到司法承认，实务中有了不同的观点。

1. 正方观点。法院判决虽未支持信托公司的诉讼请求，但从司法角度肯定了资产收益权，不仅如此，法院还进一步肯定了信托公司抵押权有效的主张，实际上保障了信托计划最关键的救济通道。作为认定抵押权有效的判决基础，法院将《信托贷款合同》定性为“形式上的合同”而非“无效合同”，认为其依附于《财产权信托合同》，从另一个角度认可了通过《信托贷款合同》实现抵押权的方式，体现了民商事案件中“实质重于形式”的司法实践精神。因此，该案件的审理和判决给信托业界释放了一个积极信号，即资产收益权本身是合法有效的，以该收益权的管理、运用和处置为核心而形成的信托计划项下的债权债务关系是成立的，由此可以推断，围绕该债权债务关系而设定的担保措施也是有效的。

2. 反方观点。法院判决只认定了《财产权信托合同》的有效性和双方信托法律关系的成立，并未就资产收益权本身的合法有效性进行判定。法官之所以未对该问题发表观点，一是双方并未对其提出争议，法院可以不予裁断，二是目前各方对该问题的认定存在较大分歧，从追求稳妥的角度出发，法官本身也倾向于回避。因此，法院判决并不意味着资产收益权得到了所谓的司法确认，甚至很难从判决结果推断本案的主审法官和法院认可了资产收益权。

3. 笔者观点。首先，在本案例中，法院毫无疑问认可了资产收益权的合法性和确定性，但笔者的推演逻辑不太一样。根据《信托法》第七条与第十一条的规定，信托财产不合法或不确定的，信托无效。也就是说，如果信托关系有效，则信托财产必定是合法且确定的财产或财产权利（反之并不成立）。本案法院认可了资产收益权信托的有效性，必然也间接确认了作为信托财产的资产收益权本身的合法性和确定性，否则在逻辑上无法自圆其说。其次，该判决是否意味着国内其他收益权类信托项目的合法性也得到了确认？信托专家柏钦涛先生曾对类似案例的类似问题有过精彩论述，笔者“借花献佛”，整理转述如下[①]（内容来自网络，笔者有微调）。

小专题

创高地产案件折射出的中国司法审判逻辑

这个案件本身作为一个信托案例，值得认真研究，而案件体现出的中国司法审判逻辑，则更值得深思。实际上，本案的结果是早已注定的，理由如下。

第一，中国不是判例法国家，单个案例很难产生业内人士期待的那种示范效果。虽然最高院也有案例指导制度，各地法院也出台了案例汇编，但就个案而言，几乎没有哪个案子可以成为一个里程碑，对于本案中法院的判决，其他法院也不一定会认同。这家法院没有否定收益权，完全不能代表我国所有法院的态度。这家法院创造了“形式上的合同”，另一家若以“主合同无效，从合同无效”做判决，恐怕在法律上也并无不妥。

第二，我国法院的职能是非立法性的，在这个框架之下，法官必然刻意避免对有争议的法律问题发表意见。一旦案件变成社会事件，法官会更加小心谨慎地坚守这个原则。而在这个案子中，争议性问题大量存在，而案件本身又颇受关注，两个因素并存，可以猜想，主审法官甚至受案法院对此案肯定格外重视，也多次做了当事人的工作，而且业界普遍认为判决比较“公平”。从某种意义上来看，对案件而言，法官是裁决者，但对于一个事件而言，法官则是当事的一方，他

① 资料来源：柏钦涛. 安信信托昆山纯高营业信托纠纷案法律问题分析 [EB/OL]. [2013-10-15]. https://wenku.baidu.com/view/d8039b6e69eae009581bec3c.html。

追求的是一个稳妥的结果。法院所谓“法律效果与社会效果相统一”的最高指导原则落实下来就是，法律逻辑要服务于个案审判的社会效果。

第三，法院追求社会稳定，保护个人，尤其是集体性的当事人。本案中法官虽未明言，但是之所以一定要保护抵押权，与其说是保护信托公司这一金融机构，倒不如说是保护信托公司背后的投资者。其实，信托公司对于中国法官而言，恐怕还是比较陌生的，应该不会有给予特殊保护的考量。对于中国法院受理的千千万万个案子来说，信托纠纷的数量占比很小，信托行业也远不足以成为能够影响司法裁判的一种力量。

上面这几个因素决定了以下内容。(1) 个案本没有什么指导意义，不论这个案子是如何判的。这进一步决定了，诉讼是个很让人头痛的事情，因为每一个案件都有很大的不确定性。(2) 中国法官断案，常常是从一个比较公平的结果出发，然后再去论证。所以如果细究起来，发现存在前后矛盾，也并不奇怪，更别说本案中信托公司的交易结构本就存在很多说不清楚的因素。(3) 法院出于社会稳定和保护弱者的考虑，会特别注重对投资者的保护，这决定了今后信托公司被投资者起诉到法院，法院仍然会贯彻这个原则。

笔者比较认可上述专家的意见，这个案子没有广泛的借鉴意义，更无法证明其他收益权类信托项目的合法性，另外，由于我国司法领域特定的审判逻辑，信托公司在项目出险需要诉诸法院时，需要高度重视这一点，并做好相应的准备工作。

案件性质的具体分析

这是一个以信托法律属性为主要争议点的另类房地产信托诉讼案例。与其他信托纠纷主要围绕资金运用方式（如贷款、股权投资等）展开不同，本案主要围绕交易双方的法律性质、信托的有效性、信托财产的合法性等问题展开。理清这些争议问题，对搞清楚本案例的方案设计要点以及透彻了解信托法律关系有重要帮助。

争议双方基本关系：信托关系与贷款关系

从上文对于案件事实的介绍可以看出，信托公司和创高地产就同一笔交易先后签订了两份合同，即《财产权信托合同》和《信托贷款合同》，根据这两份合同，双方分别确立了信托关系和贷款关系。但是，在本案中，这两种法律关系是否可以共存？如果不能，又应该以哪种关系作为有效的法律关系？这事关在建工程抵押权的有效性，因而成为整个诉讼的核心争议。法院判决支持了创高地产关于信托关系的主张，从判决书来看，法院主要是基于如下几点考虑。

首先，《财产权信托合同》和《信托贷款合同》的主要条款基本一致，而且后者在还款方式上采用了《财产权信托合同》中对于信托专户存入最低现金余额的方式，与通常意义上的贷款合同还本付息条款存在明显出入。因此，虽然《信托贷款合同》在形式上是一份独立的文件，但实质是依附于《财产权信托合同》而形成的。

其次，从资金流转情况来看，信托公司向创高地产交付的资金是其向信托计划投资者募集并用于后者获取优先级信托单位的资金，并且信托公司在付款的银行单据摘要中也注明款项性质为“支付信托计划优先级受益权的对价款”，从而印证了该款项的支付是基于《财产权信托合同》的约定。因此，信托公司通过《信托贷款合同》将同一笔款项作为信托贷款发放，明显与客观事实相悖。退一步讲，即使信托公司事先约定将资金作为信托贷款发放，该操作也有可能被认定为违规放贷，因为根据《信托公司管理办法》（中国银行业监督委员会令〔2007〕第2号）的规定，信托公司发放贷款的资金来源有两类：信托财产和固有资金。而本案涉及的8.5亿元资金既不是信托公司的固有资金，也不是投资者交付的信托财产，存在违反金融监管规定的情况。因此，无论从客观事实还是从监管角度来看，本案涉及的资金流转都更为贴合财产权信托关系项下的约定。

最后，从合同效力来看，《财产权信托合同》成立在先，信托计划的成立、投资者资金的募集，都具有公示效力，且已履行完毕；而按照上文分析，信托公司未实际发放信托贷款，严格来说并未履约，在这种情况下，要按照《信托贷款合同》追究创高地产的违约责任会非常勉强。

除上述几点以外，法院在判决书中也指出，双方之所以针对一项付款签订两份合同，主要是由于房地产管理部门不接受将《财产权信托合同》作为主债权合同办理抵押登记手续，因此又另行签署了一份满足管理部门要求的《信托贷款合同》，该合同对信托计划的意义更多的是在于办理抵押登记的便利性上，而非交易结构本质的体现。综上，本案中两个主体之间的权利义务应当受到《财产权信托合同》的约束，两者之间的法律关系应当是信托关系而非贷款关系。

笔者认为，法院对争议双方法律关系的界定是比较准确的，值得玩味的是信托公司在此案中的立场。实际上，整个案件的事实应当是比较清楚的，信托公司的初衷是通过财产信托的交易安排来模糊债权关系，以规避监管限制。但在纠纷发生后，为了确保抵押权的有效性，信托公司却又要求法院从复杂的交易结构中重新明确双方的债权关系，颇有“搬起石头砸自己脚”的意味。该案例也告诫信托公司，以规避监管为主的金融创新如果过于脱离现实，不论在文本安排上多么复杂精细，一旦面临法律逻辑的追问，将很难经得起推敲。

信托类型：资金信托与财产信托

在确定了双方的信托关系后，接下来要问，这种信托关系是资金信托还是财产信托？从形式上来看，本信托计划有社会投资者交付资金，作为融资方的创高地产也拿出了资产并且获得了融资款，乍一看似乎是通常意义上的资金信托关系。但是，界定资金信托和财产信托的标准是委托人交付的初始信托财产：如果委托人交付的初始信托财产是资金，则是资金信托；如果委托人交付的是非现金财产，则是财产信托。这里有两个比较重要的判断标准。

其一，必须是委托人交付的财产。委托人是信托关系的创设人之一（另一个是受托人，受益人属于信托关系的当事人，但不是信托关系的创设人)，本信托计划中虽然社会投资者向信托公司交付了资金，但不是信托关系中的委托人，而是作为信托产品的投资者（暨受益人）存在，所以需要注意的是，在信托理财中，投资者并不必然是委托人。判断委托人身份的唯一标准是看谁以委托人的身份与信托公司签署信托合同。本项目中与信托公司签署信托合同的是创高地产，信托关系是基于其交付信托财产而形成的。社会投资者虽然也向信托公司交付了资金，但仅仅是作为受益人投资信托计划，与信托公司签署的是《信托受益权投资协议》，而不是《资金信托合同》，信托公司与社会投资者之间是受托人与受益人的关系，而非受托人与委托人的关系，信托公司只是代委托人创高地产收取该资金，作为创高地产向社会投资者让渡优先级信托单位的对价。

其二，必须是初始信托财产。由于信托财产的多样性和同一性，在信托计划存续期限内，信托财产可能有不同的存在形态（现金、股权、债权等)。但判断资金信托和财产信托的标准必须是交付的初始信托财产，而不是后续的财产形态。如果交付的初始信托财产是资金，即使后续因受托人的管理运营而使信托财产变成其他形态(如因发放贷款变成债权)，该信托类型也是资金信托而非财产信托。

从本项目来看，与信托公司签署信托合同的是创高地产，交付的初始信托财产是特定资产收益权而非资金，所以，本信托是财产信托而非资金信托。

小专题

资金信托与财产信托，信托融资的“一体两面”

在很多时候，针对同一个房地产项目，既可以设计成资金信托，也可以设计成财产信托，以本项目为例，两种不同的交易模式如图8－3所示。

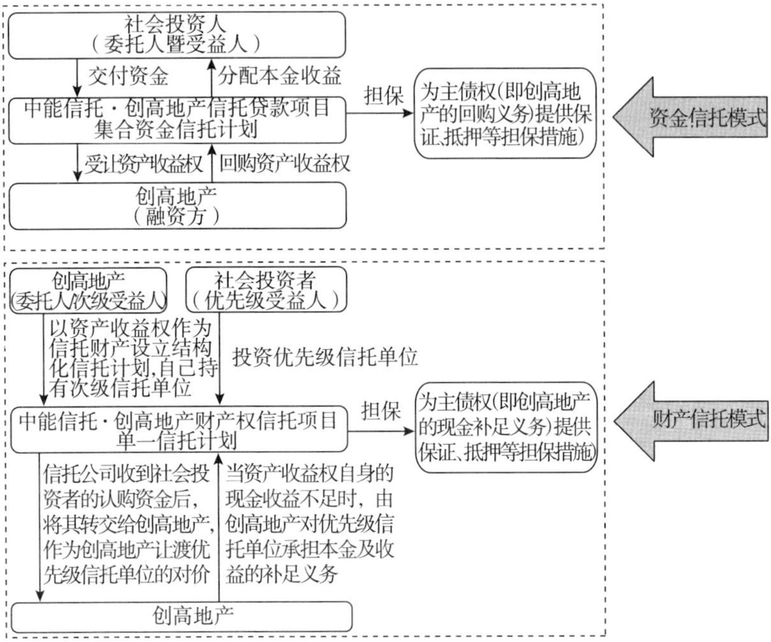

图8－3　资金信托与财产信托两种不同的模式

抛开合规性不谈，这两种交易模式都是对外募集资金用于向创高地产融资，达到的效果基本一样，堪称一枚硬币的两个方面，但二者在如下几个方面存在重大区别。

其一，初始信托财产不同。财产信托模式下，初始信托财产为房地产项目的资产收益权，而在资金信托模式下，初始信托财产为社会投资者交付的信托资金。

其二，委托人身份不同。在财产信托模式下，信托计划的委托人是收益权所对应的基础资产的所有权人，通常为房地产项目开发公司（融资方）；而在资金信托模式下，委托人则是交付信托资金的社会投资者。

其三，受益人取得信托份额的方式不同，进而导致外部受益人（社会投资者）交付资金的性质和流转途径不同。在资金信托模式下，社会投资者通过与信托公司建立信托关系而直接认购信托单位，其交付的资金直接形成了信托财产，资金交付对象是信托公司；在财产信托模式下，信托关系是由融资方与信托公司设立的，社会投资者只是作为投资者认购信托单位，其交付的资金并不是信托财产，而是融资方让渡优先级信托单位的对价而已，在整个资金交付过程中，信托公司不是作为受托人存在，而只是融资方的资金代理收付机构而已。

其四，信托计划收益的产生机制不同。在财产信托模式下，信托计划的收益（包括本金）来自基础资产产生的收益，融资方通常承担的是收益补足义务，从本质上看，更接近一个担保人的角色，并且为了获取信托财产的剩余收益，这类信托单位一般会进行结构化分级，优先级受益权由公众投资者持有，取得的是固定收益，次级信托单位由融资方持有，获取浮动收益。而在资金信托模式下，信托计划的收益来源于基础资产所有者支付的回购款，房地产公司作为回购义务人承担直接还本付息的义务，与信托贷款类似。

不难看出，资金信托的交易模式更为简单清晰，但为何财产信托能够在实务中得到广泛运用，以至于发展成为能够与资金信托分庭抗礼的另一种经典模式呢？这需要从房地产信托融资的发展历史说起。

对于房地产融资，信托公司最初采用的是“资金信托＋贷款”这种简单的交易模式，后来监管部门提高了融资门槛，要求信托公司在发放信托贷款时，融资项目应满足“432”标准。为规避监管限制，信托公司设计出了“资金信托＋资产收益权投资”的模式（即图8－3提及的资金信托模式），在一段时间内大行其道。但由于该模式从本质上来看仍然是一种融资行为，银监会很快又发文限制。在上述背景下，财产信托模式应运而生，该模式从交易安排上来看更接近投资行为，离监管红线也更远。

当然，这种财产信托模式并不能完全规避合规风险，只是做得更为隐蔽而已。如果按照“实质重于形式”的监管原则，该模式仍然存在合规问题。而且，这种模式如果在具体操作中处理不好，容易衍生出很多问题（如本项目中的“阴阳合同”），带来严重的风险隐患。

除了资金信托和财产信托外，实务中还有一种所谓的“混合信托”，即交付的初始信托财产既有现金，也有非现金财产。如本书《案例分析：东星置地信托贷款项目集合信托计划》的初始信托财产包括现金和股权；《案例分析：中亮集团股权融资项目集合信托计划》中初始信托财产包括现金和债权，这种混合信托的产生有其独特的背景和目的，具体可参见上述两个案例。

值得一提的是，在我国信托实务中，由于信托登记和税收制度的不完善，资金信托占据着绝对主导地位，财产信托（特别是不动产信托）比较少见，主要集中在债权信托和股权信托上；常见的业务类型除了上文所说的“混合信托”外，还有资产证券化业务（包括依照资产证券化原理设立的融资类信托项目，例如在政府平台融资领域内曾风行一时的应收账款流动化信托），后者是一种典型的财产信托模式。但是，笔者认为，随着信托税收导管理论[①]在法律上得到承认以及信托财产登记制度的不断完善，财产信托（特别是资产证券化业务）在实务中占据的比重会越来越大。

信托类型：自益信托与他益信托

自益信托是指委托人和受益人是同一人的信托，而不是同一人的则是他益信托（包括在同一信托关系中，受益人既有委托人，也有其他主体的情况）。我们常见的理财类信托以自益信托为主，《信托公司集合资金信托计划管理办法》（中国银行业监督管理委员会令〔2007〕第3号）第五条规定，参与集合资金信托计划的委托人为唯一受益人，确立了集合资金信托的自益信托属性。

如前所述，本项目属于财产信托，且委托人仅限于创高地产，在此情况下，将信托关系界定为自益信托还是他益信托，对信托受益权的产生机制有重大影响。如果界定为自益信托，则所有的信托单位

---

① 信托导管理论，是把信托视为委托人向受益人输送财产和收益的导管，信托财产和信托收益基于其实质应归属于受益人，因此应对受益人课税。信托导管理论认为，信托设立时委托人转移财产给受托人的行为，信托存续或终止时受托人将收益分配给受益人以及将财产转移给受益人的行为，均为形式上的转移。信托导管理论是实质课税原则在信托税制中的理论转换。信托导管理论可以实现实质课税原则。把信托视为导管，对受益人课税体现了税收公平和量能课税原则；把信托视为导管，不因形式各异的财产转移而加重税负，能有效消除重复课税，更好地保持税收中性，鼓励信托业务的创新。另外，针对通过积累信托收益不予分配从而延迟纳税义务、调节纳税年度、降低适用的税率档次等做法，信托导管理论可以指导反避税。当前，美国、日本、我国台湾地区，均采纳了信托导管理论作为信托税制的基础。

（包括优先级和次级）在信托设立时全部由委托人创高地产持有，社会投资者获得的优先级信托单位是从创高地产那里受让的，属于继受取得；如果界定为他益信托，则在信托设立时创高地产仅持有次级信托单位，社会投资者获得的优先级信托单位是由创高地产指定的，属于原始取得。

实际上，这种融资方在委托人端出现的财产权信托模式借鉴了资产证券化的基本原理和操作模式，又称为准资产证券化模式或流动化信托模式。在这种交易结构中，信托关系的设立与优先级信托单位的发行是合二为一的过程，融资方指定投资者为优先级信托受益人与投资者向融资方交付资金互为对价。具体而言，优先级信托单位是在信托项目成立时即份额化后发行给认购人，认购人并非因受让取得信托单位，而是在信托项目成立时因融资方指定为信托受益人而取得原始信托单位。作为认购人取得信托单位的对价，认购人需要将其认购资金交付给融资方（通常由受托人代理支付）。所以，本项目属于他益信托，而非自益信托。

另外，根据《信托公司集合资金信托计划管理办法》第二十九条的规定，机构所持有的信托受益权，不得向自然人转让或拆分转让。如果将本信托界定为自益信托，社会投资者持有的优先级信托单位是从创高地产那里受让的，则直接违反了该项规定。

小专题

他益信托在我国的适用范围

在英美法系国家（特别是信托的发源地英国），他益信托非常普遍，渗透到社会生活的方方面面，并衍生出很多极具特色的信托类型，如保护信托、自由裁量信托等。但是在我国，很多人对信托的认知仍停留在以理财为主的自益信托阶段。实际上，就目前来看，我国在如下领域也存在不少他益信托。

其一，股权激励类信托。这种信托项目以信托财产的独立性和信托受益权的灵活调整机制为基础，真正发挥了信托有别于其他金融工具的制度优势。例如，某知名上市地产开发商曾经推出的限制性股票激励计划，如图8-4所示。

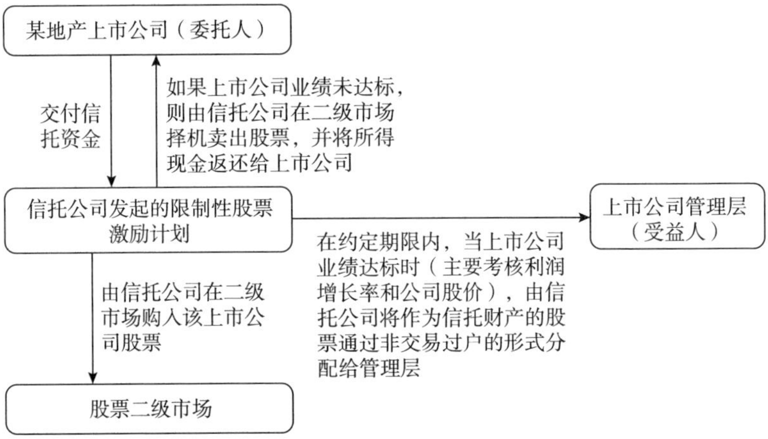

图8-4 某上市地产开发商的限制性股票激励计划

可以看出，这是一个典型的他益信托项目，通过有条件地使受益人获得作为信托财产的股票，提高了管理层的积极性，增强了公司的凝聚力。

其二，慈善信托。慈善信托又称公益信托，是指以实现社会慈善事业为目的，并以全社会或部分社会公众为受益人的信托。慈善信托天生就是他益信托，否则无法实现其以社会公众为受益人的“慈善目的”。由于慈善信托的特殊性和重要性，我国《信托法》（中华人民共和国主席令第50号）专设第六章予以规范。

其三，家族信托。家族信托是高净值客户实现财富规划和传承为目的的信托类型，在英美国家有数百年的历史，诸多世家大族（如洛克菲勒等）都依靠家族信托的规划设计实现财富的代代传承。随着我国富裕阶层的崛起，特别是超高净值客户的大量涌现，以解决家庭财富规划为目的的家族信托也开始兴起。家族信托模式中既有自益信托，也有他益信托，特别是在以财富再分配和传承为目的的需求中，以他益信托为主。例如，某富豪离婚时，出于种种担心，不愿意一次性交付应分配给原配偶的财产，而设立了以原配偶为受益人的他益信托，如图8－5所示。

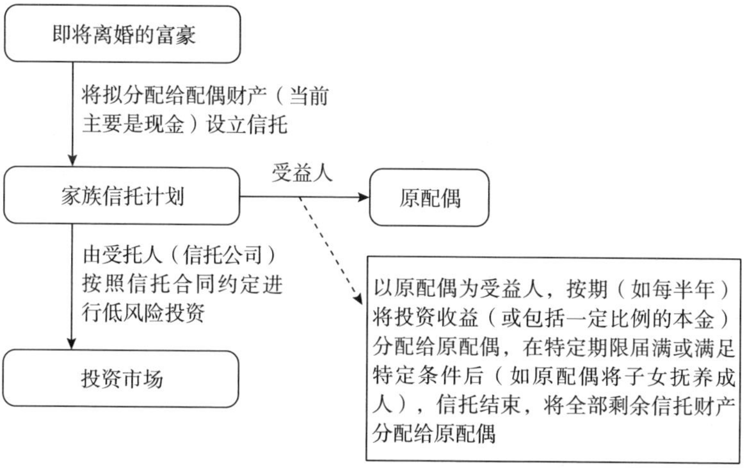

图8－5　离婚案件中的家族信托模式

可以看出，在这种以他益信托为核心的解决方案中，信托财产的独立性和破产隔离功能、信托受益权的灵活调配机制以及信托公司作为受托人的投资管理能力，完美契合了离婚富豪的个性化需求。

其四，资产证券化或准资产证券化。作为他益信托的一种，资产证券化（包括REITs）中的发起机构（通常是资产的持有人暨信托关系的委托人）在受托人的帮助下，通过信托受益权的份额化，将特定资产转变为标准化的金融产品；同时通过信托受益权的结构化安排，为公开发行流通的优先级信托单位提供内部信用增级。另外，很多以资产证券化原理和操作流程为基础设计的融资项目（如本案例），也属于他益信托。

需要指出的是，我国现阶段以自益信托为主，但是，随着资产证券化业务的蓬勃发展以及慈善信托、家族信托的兴起，加上非标类信托产品（特别是单一通道类信托业务）的逐渐萎缩，在不久的将来，他益信托必将在我国的资产管理领域占据主导地位。

信托类型：单一信托与集合信托

根据业内通行的观点，区分单一信托和集合信托的基本标准是委托人数量的多少。由一个委托人向受托人交付信托财产成立的信托叫单一信托；由两个以上（含两个）的委托人向同一受托人交付信托财产成立的信托叫集合信托。

从风险防范的角度来看，区分单一信托与集合信托具有重要意义。由于单一信托发生在单个委托人与受托人之间，信托财产的管理运用较多体现了委托人的意志，个性化比较强，法律关系较为封闭，出现纠纷后的社会影响比较小，法律规制相对比较宽松。集合信托采用格式化的信托合同，汇集多个委托人的财产进行管理运用，更多体现的是受托人的意志（即信托计划是由受托人主动发起的），当事人较多，群体性色彩浓厚，出现纠纷后的社会影响比较重大（信托历史上具有社会影响力的纠纷案件几乎都是集合信托），所以法律规制比较严格，例如银监会专门制定了《信托公司集合资金信托计划管理办法》，对集合资金信托的发行、管理、关联交易、委托人资质、受托人责任等各个方面做出了比单一信托更加严苛的规定。

客观地讲，单一信托与集合信托的这种区分标准契合了当时信托行业的现状，但是，随着时间的推移，新的信托业务模式不断涌现，该标准已越来越不适应现实需要。例如，本信托计划只有一个委托人（即创高地产），按照前述区分标准应属单一信托，但是，这种方案设计只是规避监管的需要，实际投资者达数百人之多，社会影响远超过传统的单一信托，完全应该将其当作集合信托来看待，并按照集合信托的标准进行监管。

根据《信托法》的基本原理，委托人只是信托的发起者之一，受托人是为受益人（而非委托人）的利益管理运用信托财产。笔者认为，为更科学地区分单一信托和集合信托，使之适应现实监管的需要，应当以受益人而非委托人的数量作为标准，即在同一个信托项目（注意是信托项目而非信托关系）中，存在两个（含）以上受益人的即为集合信托，否则就是单一信托。这种区分标准不仅将传统意义上的集合信托纳入其中，而且包括了名为单一信托、实际上存在众多受益人的信托项目（如本项目以及前文提及的某上市地产公司的限制性股票激励计划等）。

小专题

建立以受益人为标准的集合信托判断标准

2007年，银监会颁布的《信托公司集合资金信托计划管理办法》（以下简称《管理办法》）第二条规定：在中华人民共和国境内设立集合资金信托计划（以下简称信托计划），由信托公司担任受托人，按照委托人意愿，为受益人的利益，将两个以上（含两个）委托人交付的资金进行集中管理、运用或处分的资金信托业务活动，适用本办法。该条规定将《管理办法》的适用范围严格限定为"集合资金信托"，即全部委托人交付给受托人的必须是现金方可适用该办法。

但是，在创新力度最强的房地产信托领域，很多融资项目已经突破了《管理办法》的限定范围，例如实务中出现的所谓"混合信托"，以及按照资产证券化原理设计的资产流动化信托（如本案例）。这些项目虽然面向社会公众投资者发行，严格来说并不受《管理办法》的约束，这就存在着监管套利的空间，属于监管上的巨大漏洞。[《集合信托管理办法》（2007年）第五十三条的说明]

为弥补该漏洞，笔者认为应当突破资金信托的限制，建立以受益人为标准的集合信托判断标准，即只要信托项目中存在两个（含）以上的受益人，就是集合信托，应当受到《管理办法》的约束，同时相应修订《管理办法》的相关条款。

信托类型：主动信托与被动信托

根据银监会2017年发布的《信托业务监管分类说明（试行）》（以下简称《分类说明》）的规定，主动信托（又称主动管理型信托）是指信托公司具有全部或部分的信托财产运用裁量权，对信托财产进行管理和处分的信托；被动信托（又称被动管理型信托）是指信托公司不具有信托财产的运用裁量权，而是根据委托人或由委托人委托的具有指令权限的人的指令，对信托财产进行管理和处分的信托。

这种信托分类标准对信托公司的责任承担具有重要影响。实务中一般认为，被动信托属于“通道业务”，信托公司只负责提供通道，不承担任何责任，收取的费率也极低（有的甚至低至万分之几）；而主动信托属于信托公司要承担主动管理责任的业务，信托公司在尽职调查、风险判断及后期管理中要尽到足够的谨慎尽职义务，否则在项目出险后要承担相应的赔偿责任，信托公司的收费也比较高（有的多达好几个百分点）。

与其他信托类型不同，主动信托和被动信托的界限一直不是很明确，实务中很多信托公司的认定标准也不尽相同。例如，有的信托公司认为由委托人发起并指定用途的单一信托（如银信合作中的通道类业务）是被动信托，其他的都是主动信托。有的信托公司根据信托合同的具体条款来认定，认为条款明确约定由委托人承担尽职调查责任、信托公司只是按照委托人的指示管理信托财产、在信托结束后按财产原状分配给受益人的信托是被动信托，其他的都是主动信托。在有些与银行合作的房地产信托项目中，有些比较激进的信托公司认为，只要项目和资金都是银行介绍的，且由银行承担产品销售的，就是被动信托（这是一种极为危险的观点，将项目兑付的希望寄托在仅承担代销职能的银行上面，无异于与虎谋皮，在项目出险后肯定会摔得头破血流，具体可参见本书案例：东星置地结构化信托贷款项目）。

由于在实务中没有明确的分类标准，导致某些看似“被动”的信托项目在出险时容易在责任认定上产生纠纷。前几年，业内数起信托产品兑付危机事件中，因为缺乏相关判定标准，信托公司与相关渠道方之间就是否为“通道业务”产生纠纷，各执一词。

《分类说明》第一次从监管的角度对分类标准做出了明确的界定，指出被动信托应当具有以下主要特征（不具有这些特征的就是主动信托）：(1) 信托设立之前的尽职调查由委托人或其指定的第三方自行负责，信托公司有权利对信托项目的合法合规性进行独立的尽职调查；

(2) 信托的设立、信托财产的运用和处分等事项，均由委托人自主决定或信托文件事先明确约定；(3) 信托公司仅依法履行必须由信托公司或必须以信托公司名义履行的管理职责，包括账户管理、清算分配及提供或出具必要文件以配合委托人管理信托财产等事务；(4) 信托终止时，以信托财产实际存续状态转移给信托财产权利归属人，或信托公司根据委托人的指令对信托财产进行处置。

本项目虽然只有一个委托人（创高地产），但却是由信托公司主动发起的，面向数百名社会投资者，很明显属于主动信托。在项目出险后，信托公司为维护自己的声誉选择了刚性兑付，清退了社会投资者。但是，假设一下，如果信托公司当时没有选择刚性兑付，那么投资者可以要求受托人承担赔偿责任吗？换言之，受托人在信托财产管理运用中有没有尽到谨慎尽职的责任？

笔者认为，判断信托公司有没有尽到谨慎尽职责任，最重要的标准是信托公司有没有按照信托合同的约定管理运用信托财产，并对投资者进行及时完整的信息披露。在本项目中，根据与投资者有关的信托文件（包括《财产权信托合同》和《优先级信托单位投资书》）来看，信托公司仅披露了财产权信托这一层法律关系，对于为办理抵押而创造出来的贷款法律关系则没有任何披露（实际上也无法披露，否则将会引起不专业的投资者的认知混乱，不利于产品销售），这种“明修栈道，暗度陈仓”的做法显然没有尽到所谓的“谨慎尽职责任”，所幸法院的判决支持了抵押权的有效性，否则信托公司将丧失对抵押物的优先受偿权，肯定要以自有资金对投资者进行赔偿。

小专题

我国法律承认被动信托吗

这是一个比较有意思的话题。尽管实务中信托公司将很多项目当作被动信托来管理，监管也以正式文件的形式确立了被动信托的标准，但是法律上从来都没有主动信托和被动信托这两个概念。有人曾提出，我国《信托法》要求受托人对所有信托项目都“必须恪尽职守，履行诚实、信用、谨慎、有效管理的义务”（2001年《信托法》第二十五条，即大家所熟知的“谨慎尽职责任”），所以在实务中不存在所谓的“被动信托”，信托公司对所有项目都应一视同仁。

那么实际情况如何呢？

首先，笔者认为，《信托法》是承认被动信托的。例如，《信托法》第二条要求受托人要按照“委托人的意愿”来管理运用信托财产，第二十五条要求受托人要“遵守信托文件的规定”来处理信托事务。如果将前述《分类说明》中被动信托的判断标准作为信托财产的管理运用方式写入信托合同，那么很明显会大大限制信托公司的责任，可以达到被动信托所需要的效果。

其次，笔者认为，主动信托和被动信托从来都不是泾渭分明的，实务中更多的是一种“度”的把握（这是掌握两者关系的关键之处），即使监管以文件的形式确立了相应标准，但这些标准并不是量化的，实务中无法也没有必要区分得那么清楚。而且，不管主动信托还是被动信托，都需要尽到谨慎尽职责任，只不过谨慎尽职的范围和力度有所不同，一切要看信托合同的具体约定。

信托类型：结构化信托与非结构化信托

很明显，本项目是一个典型的结构化信托，信托单位分为优先级和次级，其中次级信托单位由融资方创高地产持有，未经受托人同意不得转让；优先级信托单位由社会投资者认购，可以自由转让。在分配顺序上，优先信托单位的本金和收益的分配均优先于次级信托单位。

在实务中，信托项目的结构化安排非常普遍。本项目之所以进行这种安排，主要是基于如下几点考虑。

其一，本质上是由资产收益权信托交易模式决定的。从理论上讲，本项目中作为信托财产的资产收益权带来的收益可能是巨大的，但存在很大不确定性，只有通过结构化的技术将信托财产的收益进行分层，才能确保认购优先级信托单位的投资者获取固定收益。否则，在全部信托受益权的风险和收益等同的情况下，既不能确保优先级投资者获取固定收益，也无法将超额浮动收益回拨给创高地产，其结果就相当于变相把资产卖给全体投资者，这是作为融资方的创高地产不会接受的。

其二，通过结构化安排，实现了固定成本融资的目的并创设了主债权。在本项目中，由于资产收益权本身具有浮动收益特征，为了达到创高地产以固定成本融资的目的，信托公司采用结构化技术，赋予优先级信托单位固定的预期回报，再通过创高地产对优先级信托单位的本金及收益进行补偿的形式，使创高地产的偿债义务得以固化，实现了以固定成本融资的目的，同时也创设了担保的主债权（该主债权在抵押权办理中能否得到登记部门的承认是另一回事儿）。

其三，结构化安排有利于产品营销。从理论上来讲，评估价值达 15 亿元的资产收益权作为信托财产，可以为 8.5 亿元的优先级信托单位本金及收益的兑付提供有力保障，对优先级信托单位的销售大有裨益，实务中很多认购信托产品的社会人的确是看中了这一点。但是，大家需要清醒地认识到，由于创高地产已经为优先级信托单位的本金及收益的兑付承担补足义务，而且该补足义务的资金来源就是资产收益权对应的基础资产的销售收入，所以这种结构化安排除了有利于产品销售外，实际保障力是极为有限的。

信托财产：基础资产与基础资产收益权

根据《财产权信托合同》的约定，信托计划涉及的基础资产是金星国际项目 3 万平方米的国有土地使用权与计容建筑面积为 15 万平方米的在建工程。但该基础资产并非信托计划项下的信托财产，信托财产是创高地产作为基础资产的所有权人而依法享有的取得基础资产收益的财产性权利，具体来说，是创高地产享有的“获得对基础资产预售、销售或以其他形式使用和处分所形成现金收入（扣除资产预售、销售税费等支出）的权利”。

可以看出，本项目中的信托财产是依附于基础资产的合同约定的权利，而非基础资产本身。相较于有形的基础资产，其收益权是一种无形的财产权利。从信托财产的转移交付方式上，我们可以更直观地看到两者的联系与区别。根据《财产权信托合同》的约定，信托财产的交付以该基础资产的相关权利证明文件交付为标志，权利证明文件包括但不限于基础资产的产权证明、财产保险证明等。该约定表明了收益权既依附于基础资产（收益权转移依附于基础资产产权证明的交付），但又不完全等同于基础资产（交付产权证明但不进行所有权转移登记）。

小专题

信托财产的合法性和确定性在资产收益权概念上的体现

除了独立性、多样性和同一性外（参见本书案例中亮集团结构化股权融资项目中的小专题：结构化信托项目中信托财产的属性分析），信托财产同时还具有合法性和确定性两种属性，而后两种属性直接决定了信托本身的有效性。笔者在前文中从逻辑推演的角度，结合法院判决和《信托法》的规定，间接得出了法院认可资产收益权作为信托财产的合法性和确定性的结论，但是，这种合法性和确定性的理论依据何在？笔者现简单分析如下。

其一，资产收益权作为信托财产的合法性。我国《信托法》第七条第一款规定，设立信托，必须有确定的信托财产，并且该信托财产必须是委托人合法所有的财产；第十一条第三款规定，委托人以非法财产或者本法规定不得设立信托的财产设立信托，信托无效。这两条法规确立了信托财产的合法性原则。

从适用法律层面来讲，目前并无任何法律明确“资产收益权”可以作为合法的信托财产。通常所谓的“合法”，一般指不得违反法律的强制性规定，不得违反公序良俗和社会公共利益，“资产收益权”

作为基础资产未来收益的一种请求权，符合广义的“财产权利”定义，在性质上不存在法律禁止转让的情形，只要基础资产本身的合法性不存在瑕疵，其收益权作为一种基于合同约定的衍生权利，也不会与现行的法律产生冲突。但需要注意的是，由于缺乏法律层面的明确支持和登记公示制度，“资产收益权”目前只能作为一种约定的合同权利存在，无法对抗善意第三人。在信托存续期内，一旦委托人将基础资产转让给善意第三方，则由于基础资产的所有权发生变更，原有的资产收益权交易安排也随之失效。因此，许多信托公司在开展此类业务时，出于防范基础资产被转让的考虑，通常会要求将基础资产抵质押给信托计划。

值得注意的是，2016年，最高人民法院在五矿国际信托有限公司与武汉金正茂商务有限公司等的营业信托纠纷案（编号：2016最高法民终664号）的终审判决中，确认了“特定资产收益权转让合同”这一法律关系，并没有将特定资产收益权的买入返售按照借贷关系处理，而是直接认定了特定资产收益权转让这一新型法律关系的权利属性，这相当于认可了特定资产收益权作为交易标的的合法性。该判决对于以资产收益权为标的的各种资产管理业务来说属于重大利好。

其二，资产收益权作为信托财产的确定性。《信托法》第十一条第二款规定，信托财产不能确定的，信托无效。该条法规确立了信托财产的确定性原则。

目前，业界对资产收益权能否作为信托财产争论最为激烈的集中在确定性上。持否定论的观点认为，资产收益权作为一种“期待权利”或“将来债权”，未来能否实现、实现金额是多少，在信托成立之初无法准确预期，因此不满足《信托法》关于信托财产的“确定性”要求。而持肯定论的观点则认为，对于信托财产的确定性，应当有更为宽泛的理解，就资产收益权而言，尽管在信托设立时不能确定收益权对应的准确金额是多少，但只要在合同中约定了取得收益的时间、范围，则对应的给付义务就已经确定下来，目前大多数国家立法均对“确定性”给予弹性的规定，只要以一定的方法和标准可以确定收益范围，就认为是可以确定的，并且从法理上来看，给付的确定也并非要求自始完全确定。

综上，笔者认为，由于缺乏法律的明确承认，且本项目的司法判决也没有普遍适用的意义，信托经理在设计收益权类的交易结构时应谨记：不管是作为信托财产还是交易标的，资产收益权都可能因不符合合法性和确定性原则而导致信托无效或交易无效，在产生纠纷时，这一点极有可能被对方所利用。因此，在设计该类交易方案时，信托经理应当针对该风险进行谨慎评估，并做好充分的防范措施，如明确定义资产收益权、约定清楚基础资产的范围、进行基础资产抵质押、对基础资产产生的现金流进行至少形式上的监管（证明收益权已实现转移）、设立无效转换条款等。

信托当事人：融资方、信托公司与社会投资者

在一般的集合资金信托计划中，投资者与融资方分别与信托公司产生信托关系和投融资关系，融资方不会直接与投资者产生法律关系。但在财产信托模式下，各方关系发生了翻天覆地的变化，以本项目为例，各方的角色和关系如图8－6所示。

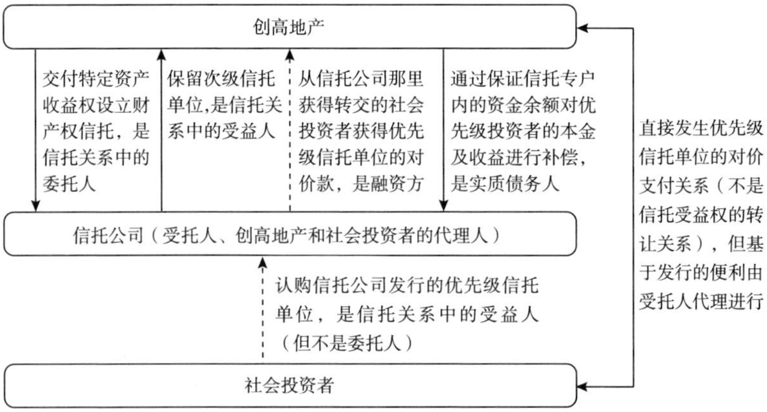

图8－6　本项目主体交易结构中各方的角色和关系

这里比较有意思的是信托公司的代理人角色，即信托公司作为创高

地产的代理人，将收到的社会投资者交付的资金作为创高地产指定社会投资者获得优先级信托单位的对价支付给创高地产，从而实现后者的融资目的。所以，创高地产的融资款并不是来自信托公司（这与一般的信托项目完全不同），而是直接来自优先级社会投资者。基于这种代理支付关系，可以看出，投资者交付给信托公司的资金不属于信托财产，更不属于信托公司的固有资金。而根据我国《信托公司管理办法》（中国银行业监督委员会令〔2007〕第2号）的规定，信托公司发放贷款的资金来源只有两类：信托财产和固有资金。信托公司在诉讼中要求按照贷款关系来确认双方的权利义务，但对于贷款资金的来源却无法自圆其说，实际上是搬起石头砸自己的脚，间接帮助创高地产证明了自身主张的矛盾和荒谬。

小专题

正确认识信托项目中的几种法律关系

在信托项目中，有几种法律关系需要分清楚。

其一，信托合同关系。发生在委托人和受托人之间，主要功能是通过签署《信托合同》创设信托关系，法律依据是《合同法》和《信托法》。注意，受益人不属于信托合同的当事人，这在实务中极易被搞错，很多人起草的《信托合同》要求受益人也承担违约责任，就是没搞清楚信托合同的真正当事人。

其二，信托法律关系。信托法律关系又叫信托内部关系，发生在委托人、受托人和受益人之间，是围绕信托财产的交付、管理运用和收益分配而产生的权利义务关系，法律依据是《信托法》。

其三，信托外部关系。相对于信托内部关系而言，发生在受托人与相关的交易对手之间，如借款人、股权出让人等，并根据信托财产不同的运用方式受不同法律的规范。

这几种法律关系之间的联系如图8-7所示。

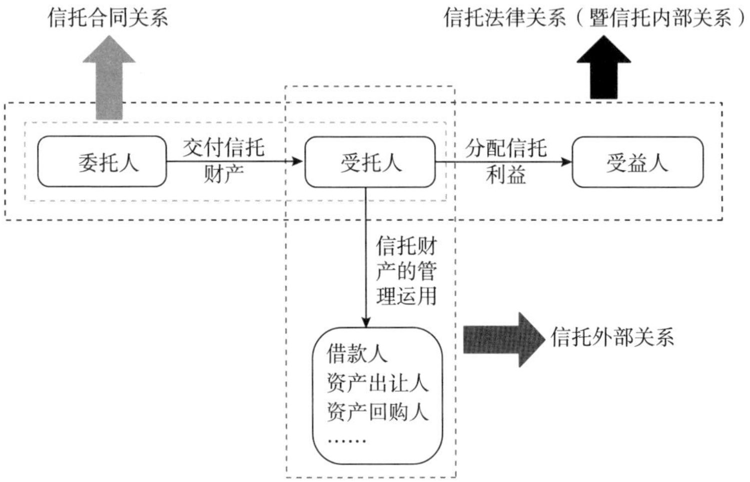

图 8－7　信托项目中几种法律关系之间的联系

实务中，这几种法律关系的当事人常常呈现出犬牙交错的情况。例如，集合资金信托计划中，委托人与受益人通常是同一个人（如果进行了受益权转让则变成了两个人）；受托人如果认购了自己发行的集合资金信托计划，则在同一个信托计划中会出现委托人、受托人与受益人为同一个人的情况；在融资方认购了信托计划的次级信托单位时，也同时具有了委托人和受益人的身份等。信托经理在设计交易方案和起草相关合同文本时，要对这些法律关系和当事人的角色定位有清晰的认识，做到胸有成竹，有条不紊地安排各自的权利义务。

关于“阴阳合同”

“阴阳合同”是本案的焦点之一，由于该操作在当时信托行业有一定的普遍性，法院对本案的判决引起了相当大范围的关注。在本案中，《财产权信托合同》作为双方实际履约的依据，是搭建整个交易结构及安排全部交易流程的基础，是暗中执行的“阴合同”；而《信托贷款合同》是为了便于办理抵押登记手续，在政府部门备案留存的“阳合同”。抵押问题是“阴阳合同”产生的根源，也是整个纠纷的核心所在。

“阴阳合同”产生的根源

首先，由于监管政策的限制，信托公司无法通过信托贷款或投资附加回购等传统方式为创高地产提供融资，不得已采取了财产权信托的交易模式。

随后，信托公司在办理在建工程抵押登记时遇到了问题，当地登记部门不接受《财产权信托合同》作为抵押登记的主债权合同。实际上，该类问题在房地产信托融资中普遍存在，有的登记部门的工作人员对于复杂的主债权合同（如《股权收益权回购合同》《收益补偿协议》等）不甚了解，为规避自身责任，往往简单地规定只能以贷款合同作为主债权合同进行抵押登记，这中间需要进行大量的公关说服工作。

在反复沟通无果后，为尽快完成抵押手续以达到信托计划发行条件，在信托公司的安排下，双方另行签署了一份并未实际履行的《信托贷款合同》用于办理抵押登记手续。为了强化抵押资产的可执行性，信托公司随后又向公证机关申请，赋予《信托贷款合同》和《在建工程抵押合同》以强制执行效力。但该强制执行公证并未如愿为信托公司提供保障，在创高地产发生违约时，双方围绕“阴阳合同”产生了争议，公证机关以合同双方存在实体争议为由，拒绝出具《执行证书》，迫使双方最终诉诸法院、对簿公堂。

法院对“阴阳合同”的判决

案件审理将“阴阳合同”置于司法系统的检视之下，根据最终判决结果，法院首先认定《财产权信托合同》是双方的真实意思表示，应当按照该合同来确定各自权利义务关系，并据此认定双方应属于营业信托关系。判决理由已如前文所述，此处不再赘述。

其次，法院也并没有否认《信托贷款合同》的效力，而是采用了“形式上的合同”这种模糊的表述，法院在判决书中的理由如下：由于信托合同结构复杂、权利义务不清楚，难以用于办理抵押登记，为此，中能信托与创高地产公司通过签订《信托贷款合同》以达成办理抵押登记手续的目的，情有可原。对此双方均有预期且达成了合意。创高地产现要求法院完全否认《信托贷款合同》并进而否定抵押权的存在，与双方当时的合意不符，不予采信。因此，应认定《信托贷款合同》仅作为表面形式，其实质在于实现信托合同中所约定的抵押登记权。不难看出，法院没有否定《信托贷款合同》的效力，其核心目的在于确保抵押权的有效性。

对法院判决的评议

根据判决书的表述，可以看出法院对本项目中“阴阳合同”的定性为：《财产权信托合同》是双方真实意思表达的生效合同，《信托贷款合同》仅仅是形式上的合同，但并不否认信托公司据此办理抵押登记的效力。

法院的判决结果实际上对双方各打了五十大板，既不完全否认任何一方的权利，也不完全承认任何一方的诉求。如果细究法官的推导过程，会发现存在诸多自相矛盾之处，颇有些拆东墙补西墙的意味。首先，法院判决承认了《财产权信托合同》的有效性，但同时也未明确否认《信托贷款合同》的效力，这是否意味着两个合同同时有效呢？似乎也不是，因为从事实来看，毕竟只发生了一笔放款，如果说两个合同都有效，那么信托公司应该再发放一笔8.5亿元贷款给创高地产，按照这种思路，信托公司似乎还负有一个不履行贷款发放义务的违约责任。因此，为了自圆其说，法官创设了一个新概念：“形式上的合同”和“依附于信托合同”的合同。至于这种合同的效力如何，法官并没有明确回答，而是将其置于一个悬而未决的境地。

但是，不否认《信托贷款合同》的效力又会带来新的问题，即《信托贷款合同》有着不同于《财产权信托合同》的约定，包括更高的罚息、复利、违约金等，很明显，信托公司这样做，是希望将这些金额纳入抵押担保的范围之内，在项目出险后获得优先受偿的权利。这种约定涉及原告的切身利益，也关系到双方的实体争议，这时候，法官只好选择借助于公平原则和受托人不得以信托财产谋求信托报酬以外的利益的原则，来否定《信托贷款合同》中的这部分约定。法院在判决书中是这么阐述的：原告在《信托贷款合同》中另行约定了贷款利率，该利率高于原告向案外投资者兑付的收益率，相当于原告利用案外投资者的资金放贷为自己谋取利差，这种行为与我国《信托法》有关受托人除依照本法取得报酬外，不得利用信托财产为自己谋取利益的规定相悖。

由此可见，法院在本案中既要保持法律的权威，又要维护投资者的利益和社会稳定，可谓左支右绌，煞费苦心。但不可否认，这种看似糊涂的判决照顾到了各方的利益，充分体现出了前文所讲的我国法院的审判逻辑。

法院关于“阴阳合同”的判决在社会上引起了热烈讨论，并形成了旗帜鲜明的两派观点。正面观点认为，法院判决实际在一定程度上认可了在以《财产权信托合同》无法办理抵押登记的情况下，转而通过《信托贷款合同》来实现抵押权的方式；但反面观点认为，本案中法院之所以竭力保护信托公司的抵押权，很大程度上是为了保护信托计划的投资者，同时不排除有地方保护主义的倾向，并不代表其真正认可了“阴阳合同”的操作方式。

笔者比较认同反面观点。另外需要注意的是，法院在运用“实质重于形式”这一断案原则时，只是简单止步于抵押权登记这一层次，如果更进一步，从双方订立合同的真实意图来看，《财产权信托合同》的有效性基础又可能因其规避国家金融监管政策的目的而受到动摇，从这个角度来看，本案的判决意义被进一步削弱了。

关于其他解决方案的思考

笔者认为，“阴阳合同”是本项目最大的败笔，是引发各方矛盾的焦点。不客气地讲，如果不是法院基于种种考虑通过创设法律概念肯定了抵押权的有效性，信托公司很有可能会在诉讼中一败涂地，从而面临血本无归的局面。那么，除了“阴阳合同”这种操作模式外，本项目在实现抵押权登记方面有没有其他解决方案呢？笔者经梳理发现，当时信托行业还有如下三种解决方式。

其一，明修栈道，暗度陈仓。在创高集团体系内选择一个符合监管要求的承债主体（如符合“432”条件的地产项目或非地产的子公司）进行融资，资金间接用于创高地产旗下的金星国际项目。

选择这种方案有两点需要注意：（1）不管从融资体量还是合规性角度来看，创高集团内部要有这样的承债主体；（2）为更加远离监管红线，实务中一般不会将资金直接划拨至创高地产，而是通过融资置换的思路设计资金划拨流程，具体操作如图8－8所示。

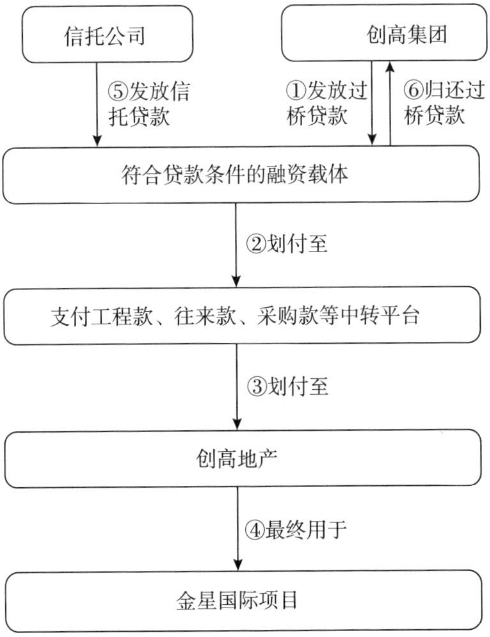

图8－8　以融资置换的思路进行资金划拨

其二，设计结构化的股权投资基金，并通过对赌条件的设置实现股权投资与债权融资的转换（具体可参见本书案例：俊丰地产明股实债项目）。

其三，以《支付协议》代替《信托贷款合同》。保持《财产权信托合同》不变（这与前两种解决方案不同），另行起草一份《支付协议》，将创高地产的资金补足义务从复杂的《财产权信托合同》中剥离出来作为抵押担保的主债权。

“阴阳合同”产生的根源是《财产权信托合同》太复杂，抵押登记部门由于专业能力所限，不认可其作为主债权合同，只好另行起草了简单易懂的《信托贷款合同》。《支付协议》剔除了《财产权信托合同》

中与款项支付无关的各种权利义务，仅保留了付款金额、付款条件、付款方式等要件，权利义务简单清晰，作为主债权更容易得到抵押登记部门的认可。而且，与另行起草《信托贷款合同》相比，《支付协议》只是对《财产权信托合同》中创高地产的款项支付义务进行了确认，并没有建立另外一套法律关系，不存在所谓"阴阳合同"的问题。

小专题

《支付协议》在房地产信托融资中的功能与起草技巧

出于规避监管、风险控制、市场营销或迎合客户需求等原因，很多房地产信托融资的交易方案设计得非常复杂，债务人的付款义务呈现出多种有别于传统贷款的形式，如股权回购义务、收益权回购义务、资金补足义务等。而且，这些付款义务在法律关系纵横交错的主债权合同中通常并不是很明显（例如本案例）。这些情况容易导致信托公司在如下环节遇到麻烦。

其一，抵质押手续办理。由于交易方案的复杂性，在办理相关的抵质押登记手续时，登记部门（主要以国土局、房管局和工商局三大部门为主，特别以前两者为甚）的经办人员由于专业能力或地方政策所限，拒绝为这些项目办理抵质押登记手续。

其二，强制执行公证手续办理。在办理强制执行公证时，这些复杂的交易结构可能因为不被公证人员所理解或因不符合《最高人民法院、司法部关于公证机关赋予强制执行效力的债权文书执行有关问题的联合通知》（2000 年，以下简称《联合通知》）中关于"债权债务关系明确"的要求而被公证人员拒绝办理。

为解决这些问题，信托公司不得不想尽办法，各显神通。有的动用各种人际关系进行攻关，中间不免产生一定的道德风险和灰色交易；有的要求融资方解决，否则不予放款，造成双方关系紧张；有的干脆铤而走险，通过制造"阴阳合同"将交易方案弄得更加复杂（如本案例）；

有的则通过起草《支付协议》的形式简化主债权合同，并以其作为办理各种手续的依据等。

笔者认为，在上述种种应对措施中，《支付协议》化繁为简，将关系复杂的主债权合同简化为简单清晰的款项支付关系，既满足了抵质押担保或强制执行公证的办理需求，又没有改变原有交易的法律关系，实为解决复杂的房地产信托融资的一剂良方。

实务中，起草《支付协议》看似简单，但需要一定的技巧。笔者经归纳梳理，现总结如下，供大家参考。

1.《支付协议》的内容不能与原交易合同相抵触。须记住，起草《支付协议》的目的不是要另行建立一套法律关系，而是对原交易合同的简化，以便办理各种手续。所以，《支付协议》是依附于原交易合同存在的，在内容上必须遵照原合同，不能与其相抵触。而且，在《支付协议》的起草过程中，要注意与原交易合同之间的勾稽关系，使二者能有效衔接起来。

2.《支付协议》在表述上应简单清晰，不能存在任何歧义。《支付协议》的功能是要排除原交易合同中其他法律关系的干扰，将办理抵质押手续或强制执行公证手续最关注的款项支付等条款以单独协议的方式剥离出来，以增加手续办理的成功率。所以，《支付协议》的表述一定要简单明了，不能过于复杂，特别是不能将原交易合同中与款项支付无关的法律关系牵扯进来，否则就失去了《支付协议》的价值和功能。

3.《支付协议》的给付条款要准确全面。要重点写清楚债务人资金支付的金额、条件和方式等，给付内容不仅包括本金和利息，还应包括违约金、损害赔偿金和实现债权的费用等。特别是对于利息及违约金的计算方式和支付依据要清楚明确，具有可操作性。

4.《支付协议》的给付义务人要单一，不能存在双向支付关系。《支付协议》中应只有债务人的承担给付义务，信托公司作为债权人不应承担任何先决义务。例如，在以股权投资附加回购的交易模式中，原交易合同（即《股权回购合同》）除了融资方支付股权回购款的义务外，还有信托公司在收到支付款后配合将股权过户给融资方的义务。但在《支付协议》中，应只体现融资方回购款的支付义务，因为这才是办理抵质押或强制执行公证手续的主债权，至于信托公司的股权过户义务，由原交易合同规范即可，不必在《支付协议》中体现。

需要指出的是，办理强制执行公证对《支付协议》还有一些特别要求，具体见下文关于强制执行公证的专题分析。

关于强制执行公证

强制执行公证的办理

全套合同签署完毕后，中能信托为了在融资方出现违约时更快捷地处置抵押资产，与融资方（暨抵押人）共同向公证机关申请办理了具有强制执行效力的《公证书》，赋予《信托贷款合同》和《在建工程抵押合同》以强制执行的效力。

可能有人会问，为何信托公司申请强制执行的主债权文书是《信托贷款合同》而非《财产权信托合同》？主要原因有两个：（1）可以进行强制执行公证的文书一般仅限于债权文书，信托公司担心在《财产权信托合同》提交后，公证机关认定其债权债务关系不明确，判定该合同不属于债权文书，不予办理公证手续；（2）《信托贷款合同》作为办理抵押登记手续的主债权合同，与《在建工程抵押合同》配套办理公证手续更为顺理成章。

违约后强制执行公证的落空

创高地产发生违约后，信托公司立即向公证机关申请出具《执行证书》，公证机关接到申请后，很快向创高地产发函核实违约事实。创高地产接函后，马上回函说明不应出具《执行证书》，并同时委托律师向公证机关发送律师函阐明原因，主要包括如下几点。

其一，本项目存在“阴阳合同”现象，用于公证的合同并不能反映双方真实的交易关系。作为此次强制执行公证的债权文书，《信托贷款合同》仅仅是为办理抵押手续而签署，信托公司并没有实际履行放款义务，双方之间不是借贷关系，而是营业信托关系。由于贷款债权并没有实际发生，作为附属合同的《在建工程抵押合同》自然也无效，也不应成为强制执行的债权文书。为增加说服力，创高地产提供了双方签署的《财产权信托合同》及相关的划款凭证。

其二，公证机关出具的《公证书》不符合格式条件，缺乏强制执行效力。律师指出，司法部关于强制执行公证书的通用格式要求《公证书》的证词结论部分应明确赋予债权文书强制执行效力；而公证机关所签发的《公证书》的证词结论部分却并没有明确这一点，所以该《公证书》仅为普通的公证书，公证机关无权就此出具《执行证书》。

其三，《在建工程抵押合同》不属于可以进行强制执行公证的债权文书，公证机关无权对其进行强制公证。根据《公证法》（中华人民共和国主席令第39号）第三十七条第一款和《公证程序规则》（司法部令〔2002〕第72号）第三十九条的规定，公证机关能够证明具有强制执行效力的公证文书仅限于债权证书，不包括《在建工程抵押合同》等物权担保文书，因此无权对此类文书进行公证并出具《执行证书》。

可以说，创高地产的反击相当犀利，特别是第一条原因，直接指出了双方在基本法律关系上的争议，并附上了强有力的证据。公证机关在接到律师函后，经审慎考虑采纳了创高地产的意见，向信托公司出具了《不予执行证明书》，使得信托公司直接进入强制执行程序的计划落空。

需要指出的是，物权担保合同是否可以作为强制执行公证的债权文书，在当时是存在争议的，公证机关采纳创高地产的意见并无不当。但是在本案结束后，国家出台了规定，允许担保合同作为办理强制执行手续的债权文书，律师函的意见放到现在就不成立了，具体见下文阐述。

强制执行公证对诉讼造成的阻碍

强制执行计划落空后，信托公司马上向吴越中院提起了诉讼，作为被告的创高地产也很快提出抗辩意见，认为《最高人民法院关于当事人对具有强制执行效力的公证债权文书的内容有争议提起诉讼人民法院是否受理问题的批复》（法释〔2008〕第17号，以下简称“批复”）规定：债权人或者债务人对该债权文书的内容有争议直接向人民法院提起民事诉讼的，人民法院不予受理。但公证债权文书内容确有错误，人民法院裁定不予执行的，当事人、公证事项的利害关系人可以就争议内容向人民法院提起民事诉讼。本案中，公证机关并没有向信托公司出具《执行证书》，法院无法对《执行证书》进行审核，自然无法通过裁定不予执行赋予信托公司诉讼的权利，所以根据该批复规定，信托公司无权就债权文书提起诉讼，法院应当裁定驳回其起诉。

如果创高地产的抗辩意见成立，则信托公司在权利救济方面将会被逼入绝境。庆幸的是，吴越中院没有采纳被告意见，而是直接受理了信托公司的起诉，理由是：鉴于公证机关已明确本案所涉债务不具备出具《执行证书》的条件并下发通知，原告遂采取向法院直接提起诉讼主张权利作为救济途径并无不当。本院依法予以受理，也无不当。

可以说，信托公司安排的强制执行公证差点为自己带来灭顶之灾，其根源就是财产权信托的交易模式和由此衍生的“阴阳合同”。这为整个信托行业敲响了警钟：以规避监管为主的产品创新要有一定的限度，需高度重视并评估由此带来的衍生风险。

那么，吴越中院的做法是否与批复的内容相违背呢？经强制执行公证的债权文书的可诉性到底如何呢？请见以下专题分析。

小专题

房地产信托融资中的强制执行公证

强制执行公证是指公证机关依据债权人和债务人的申请，依法对债权文书进行公证并赋以强制执行效力，当债务人不履行或不完全履行债务时，债权人可向原公证机关申请执行证书并向有管辖权的法院申请强制执行的制度。

对于信托融资而言，强制执行公证的具体运作流程如图8－9所示。

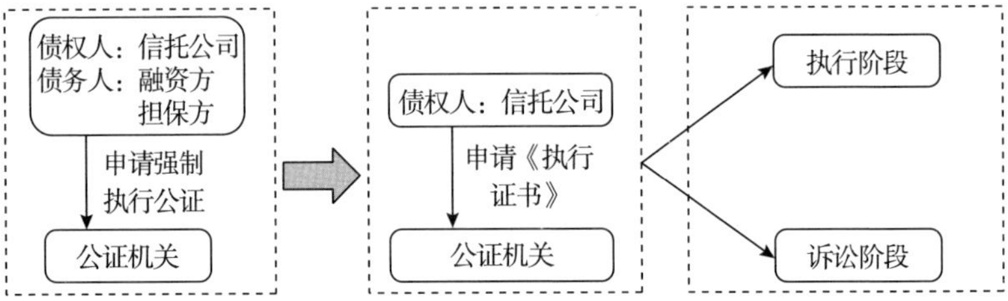

《公证书》申请阶段
由债权人和债务人共同向公证机关申请强制执行公证，并由公证机关出具《公证书》，即经强制执行公证的债权文书

《执行证书》申请阶段
债务人违约时，由债权人单独向公证机关申请《执行证书》；公证机关在向融资方核实违约事实后向债权人出具《执行证书》

执行阶段
债权人依据《公证书》和《执行证书》向执行法院申请强制执行，执行法院应当执行；但公证债权文书确有错误的，法院裁定不予执行，当事人可以向有关法院提起诉讼

图8－9　强制执行公证的具体运作流程

强制执行公证的效力远高于普通公证。普通公证只产生证据上的效力，法院审理案件时，如果在审核或调查证据时涉及某项文书，而这项文书已经公证证明，即应确认其效力，可以直接采证，除非有相反证据足以推翻该证明；而强制执行公证除了证据上的效力外，还有等同于法院判决或仲裁裁决的效力，债权人可以直接向法院申请强制执行。

由于强制执行公证可以越过程序烦琐的司法诉讼直接进入财产执行阶段，在保障债权人交易安全的同时，避免了高昂的诉讼时间和经济成本，因此成为众多金融机构青睐的债权保障手段，在增信措施中占据着重要地位。特别是在房地产信托融资中，越来越多的信托公司将强制执行公证作为必备的交易条件之一。

但是，由于交易结构的复杂性，特别是非贷款类融资模式的广泛运用，使得该项制度在房地产信托融资中的适用面临着越来越大的挑战。下面笔者结合房地产信托融资的特点和本案例的具体情况，对强制执行公证进行系统梳理总结。

（一）强制执行公证债权文书的范围

最高院和司法部于2000年颁布的《最高人民法院、司法部关于公证机关赋予强制执行效力的债权文书执行有关问题的联合通知》

（司法通〔2000〕第107号，以下简称《联合通知》）第一条规定，公证机关赋予强制执行效力的债权文书应当具备以下条件：(1) 债权文书具有给付货币、物品、有价证券的内容；(2) 债权债务关系明确，债权人和债务人对债权文书有关给付内容无疑义；(3) 债权文书中载明债务人不履行义务或不完全履行义务时，债务人愿意接受依法强制执行的承诺。

同时，《联合通知》第二条规定，公证机关赋予强制执行效力的债权文书的范围包括：(1) 借款合同、借用合同、无财产担保的租赁合同；(2) 赊欠货物的债权文书；(3) 各种借据、欠单；(4) 还款（物）协议；(5) 以给付赡养费、扶养费、抚育费、学费、赔（补）偿金为内容的协议；(6) 符合赋予强制执行效力条件的其他债权文书。

上述两条规定分别采用了概括式与列举式的方式规定了强制执行公证债权文书的范围，比较清晰全面。但是，在实务中，以下三种债权文书可否作为强制执行公证的债权文书，值得关注。

其一，担保合同。在实践中，除了主债权债务文书外，各方当事人往往会为附属的担保合同（即抵押、质押、保证等）一并办理强制执行公证。但是无论在学术界还是实务界，始终有一种观点认为抵质押合同具有物权属性，而保证合同更是具有人身属性，因此担保合同不属于《联合通知》中规定可以办理强制执行公证的债权文书，不能通过办理公证而直接获得强制执行效力。

针对这一问题，最高院在（2014）执他字第36号批复中指出：现行法律、司法解释并未对公证债权文书所附担保协议的强制执行做出限制性规定，公证机构可以对附有担保协议债权文书的合法性予以证明，并赋予强制执行效力。公证机构依法赋予强制执行效力的包含担保协议的公证债权文书，人民法院可以强制执行。

之后颁布的《最高人民法院关于人民法院办理执行异议和复议案件若干问题的规定》（法释〔2015〕第10号，以下简称《执行异议复议规定》）第二十二条规定：公证债权文书对主债务和担保债务同时赋予强制执行效力的，人民法院应予执行；仅对主债务赋予强制执行效力未涉及担保债务的，对担保债务的执行申请不予受理；仅对担保债务赋予强制执行效力未涉及主债务的，对主债务的执行申请不予受理。

至此，最高院已经明确担保合同可以办理强制执行公证。在房地产信托实务中，为最大限度地保护债权，笔者建议尽量将主债权合同和担保合同（包括所有的保证、抵押和质押合同）同时办理强制执行公证手续。

其二，双务合同。所谓双务合同，是指当事人双方互负对待给付义务的合同，简单来说，合同当事人均具有双重身份，在某法律关系中是债权人，而在另一法律关系中又是债务人。例如在《信托贷款合同》中，合同生效后，信托公司首先要承担出借一定金额款项的义务，因此在出借法律关系中信托公司是债务人；而一旦信托公司将款项出借，在还款法律关系中信托公司又是债权人。与双务合同相对应的是单务合同，即只有一方当事人负给付义务的合同，如赠与合同、给付抚养费合同。

基于《联合通知》中关于“债权债务关系明确”的要求，在办理强制执行公证时，“谁是债权人，谁是债务人”是首先要确定的事情。由于双务合同“互为债权债务人”的特征，这种合同是否符合《联合通知》中“债权债务关系明确”的要求呢？

中国公证协会于2008年发布的《办理具有强制执行效力债权文书公证及出具执行证书的指导意见》（以下简称《指导意见》）第五条规定，当事人互为给付的情形不属于债权债务关系不明确。

另外，2016年1月，北京市法院执行局局长座谈会（第七次会议）做出的《关于公证债权文书执行与不予执行若干问题的意见》（以下简称《公证债权文书意见》）第十二条规定，载明债权人和债务人互负给付义务的执行证书属于“不得赋予强制执行效力的债权文书”。需要指出的是，虽然《公证债权文书意见》属于地方法院的规定，但其中对公证债权文书执行与不予执行中的若干疑难问题做出了较为合理的解释。该意见对于北京法院管辖案件的重要意义无须多言，对于其他地区法院执行的案件也有一定的参考作用。

从这两项规定可以看出，双务合同可以作为强制执行公证的债权文书（如《联合通知》第二条规定的借款合同），但在《执行证书》中需要明确谁是债权人，谁是债务人，不能当事人一方既是债权人，又是债务人。因此，在实务中，公证人在对双务合同赋予强制执行效力时，应当将双务合同中的多重法律关系进行分解，就其中的一种法律关系或多种法律关系各自单独赋予强制执行效力。例如就《信托贷款合同》而言，进行强制执行公证的债权是借款人对信托公司的还款义务，而非信托公司对借款人的放款义务。

在房地产信托融资中，对贷款这种最简单的资金运用方式尚且需要进行法律关系的解析，更别提那些复杂的融资模式（如收益权回购、财产权信托等）。受限于公证机构和执行法院专业水平的影响，即使在《公证书》和《执行证书》中分解出信托公司希望进行强制执行公证的法律关系，但这种分解能否得到公证员或执行法院法官的认可，或者说，承载这些复杂交易关系的主债权合同是否能得到公证机关或执行法院的认可，在实务中是需要打问号的。

一些反对者认为，此类交易模式过于复杂，在杂糅了回购条件和一系列担保性质后，法律关系无法轻而易举地通过公证机制辨析清楚；合同中约定的条款在履行时是否能形成单向、清楚、不可逆的有给付内容的债权关系犹未可知；司法界对这些复杂的法律关系是否能被区分为简单、稳定、明确的基础法律关系和担保关系从而对债务履行担保并无十足的把握。退一步讲，即使公证机关办理了强制执行公证，在进入执行阶段时，也不排除被执行方提出执行异议，认为这种复杂的交易合同以及附随的担保合同并非简单的单项给付，且其债务属于履行特定行为之债，而非可执行的金钱债权，不符合公证债权文书强制执行的受理条件，这些理论上本就有争议的问题和实践中的不同意见最终可能会导致法院裁定不予执行，转而要求当事人另行起诉这一稳妥的做法。

所以，笔者认为，这种法律关系的解析不能仅仅是合同条款上的安排，而需要以这种解析出来的法律关系为基础，单独起草简单清晰的《支付协议》，作为办理强制执行公证的主债权合同，这样更能得到公证机构和执行法院的理解与认可，也更符合《联合通知》中“债权债务关系明确”的要求。

另外，需要特别指出的是，某些信托公司在承做带有回购性质的房地产融资项目时，喜欢将全部交易糅合在一份合同中，例如对于股权收益权回购式融资，以一份《股权收益权转让及回购协议》囊括了全部交易关系，这种做法最大的问题在于债权债务关系极为复杂，不但不利于办理强制执行公证，而且对抵质押手续的办理也会造成一定障碍。最好的办法是将该协议先分解成《股权收益权转让协议》和《股权收益权回购协议》来签署，再以后者为基础起草《支付协议》作为办理抵质押和强制执行公证手续的主债权合同。具体如图 8－10 所示。

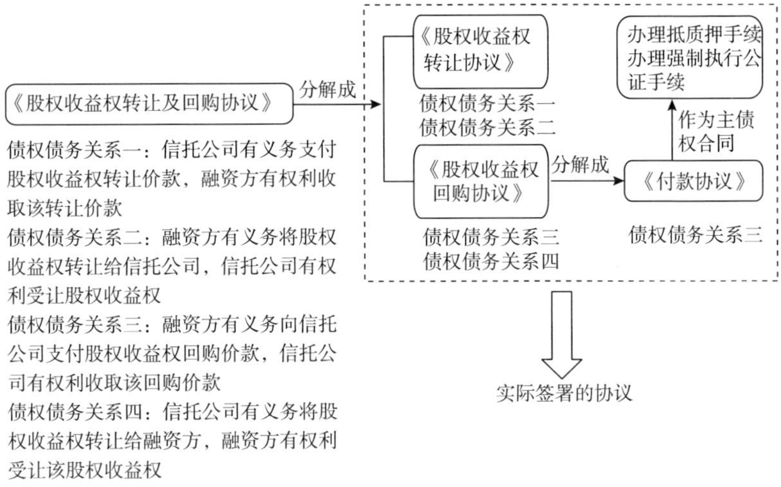

图 8－10 《股权收益权转让及回购协议》的分解

其三，“阴阳合同”。《公证债权文书意见》第 14 条规定：有下列情形之一的，可以认定为《最高人民法院关于适用〈中华人民共和国民事诉讼法〉的解释》第四百八十条第一款第（三）项规定的“公证债权文书的内容与事实不符”：……（2）债权人与债务人就同一事项订立两份不同内容的债权文书，其中一份经过公证且赋予强制执行效力的；……。

所谓“就同一事项订立两份不同内容的债权文书”，指的就是“阴阳合同”。在房地产信托实务中，由于交易关系的复杂性，为了便于办理强制执行公证或抵质押手续，在原来的债权合同之外另行签署一份法律关系不同的债权文书（如本案例中另行签署的《信托贷款合同》）屡见不鲜，由此衍生的法律风险也不可忽视。前述《公证债权文书意见》就将该种做法认定为“公证债权文书的内容与事实不符”，执行法院有权裁定不予执行。

需要指出的是，信托公司另行起草的《支付协议》并不属于“阴阳协议”，因为《支付协议》只是对主债权合同中某种具体法律关系的再次确认，与主债权合同的内容并不冲突，也没有另行创设一种法律关系。

值得注意的是，这种做法已经得到最高院的认可。根据编号为（2012）执复字第1号的《青岛舒斯贝尔房地产开发有限公司、青岛乾正置业有限公司与中信信托有限责任公司执行案复议裁定书》，最高院就“特定资产收益权转让合同无法办理公证债权文书时，可否另行签署《支付协议》并赋予其强制执行效力”这一争议事项认为：关于公证债权文书的执行效力问题，公证机关依法做出的具有强制执行效力的关于追偿债款、物品的公证债权文书是人民法院执行的法定依据。根据《民事诉讼法》的规定，公证债权文书确有错误的，人民法院应裁定不予执行。本案公证债权文书《支付协议》《抵押合同》具有金钱给付内容，权利义务关系明确，债权文书中也载明一方当事人不履行义务或不完全履行义务时，愿意接受依法强制执行的承诺，且该《支付协议》与《抵押合同》是当事人各方的真实意思表示，内容不违反法律规定，也不损害公共利益和第三人利益，符合最高院、司法部《关于公证机关赋予强制执行效力的债权文书执行有关问题的联合通知》中关于公证机关做出具有强制执行效力的公证债权文书应当具备的条件要求。北京市方圆公证处依据中信信托的申请，在签发执行证书过程中依照法定程序对执行证书所涉及的债权债务进行了核实，确认申请复议人不完全履行协议的事实确实发生。该执行证书的内容符合最高院、司法部《关于公证机关赋予强制执行效力的债权文书执行有关问题的联合通知》中关于执行证书的规定要求，且申请复议人也未提出疑义，人民法院应予执行。①

（二）强制执行公证债权文书的可执行性

《民事诉讼法》第二百三十八条规定：对公证机关依法赋予强制执行效力的债权文书，一方当事人不履行的，对方当事人可以向有管辖权的人民法院申请执行，受申请的人民法院应当执行。公证债权文书确有错误的，人民法院裁定不予执行，并将裁定书送达双方当事人和公证机关。

但是，何谓"公证债权文书确有错误"？在实务中当事人与执行法院的理解不尽相同，不同法院曾经对"约定利息高于法定最高利率水平是否构成确有错误"做出截然相反的判决；有的法院甚至对公证债权文书中在程序和实体上的细微错误裁定不予执行，为强制执行公证制度的推行带来很大障碍。

针对以上问题，2015 年，最高院颁布的《关于适用〈中华人民共和国民事诉讼法〉的解释》（法释〔2015〕第 5 号，以下简称《民诉法解释》）第四百八十条规定：有下列情形之一的，可以认定为民事诉讼法第二百三十八条第二款规定的公证债权文书确有错误：（1）公证债权文书属于不得赋予强制执行效力的债权文书的；（2）被执行人一方未亲自或者未委托代理人到场公证等严重违反法律规定的公证程序的；（3）公证债权文书的内容与事实不符或者违反法律强制性规定的；（4）公证

---

① 该案的基本案情为：（1）2010 年 7 月 15 日，中信信托与舒斯贝尔公司、乾正置业签订了两份《特定资产收益权转让合同》，约定中信信托分别以 4 亿元和 1 亿元受让舒斯贝尔公司和乾正置业特定资产收益权，并对该收益权的范围与支付、特定资产收益的转付与运用、违约责任等作了明确约定。（2）同日，中信信托与舒斯贝尔公司、乾正置业签订了《支付协议》，该协议对舒斯贝尔公司、乾正置业的支付义务、特定资产收益权的组成、投资收益率的确定、投资收益的计算、初始投资与投资收益的支付、违约金的计算与支付、强制执行公证等内容均有明确约定。各方又签订《抵押合同》，约定以舒斯贝尔公司、乾正置业名下的土地使用权为《支付协议》项下的费用提供抵押担保。（3）中信信托与舒斯贝尔公司、乾正置业共同向北京市方圆公证处申请对前述《支付协议》和两份《抵押合同》办理强制执行公证。（4）合同签订后，中信信托支付初始投资 41 321.982 0 万元，舒斯贝尔公司、乾正置业支付该初始投资对应的截至 2010 年 12 月 20 日应付的全部投资收益 2 322.066 8 万元，其后舒斯贝尔公司、乾正置业未再支付投资收益。（5）中信信托依据公证书和执行证书向山东高院申请执行，该院立案执行过程中，舒斯贝尔公司、乾正置业向山东高院提出执行异议，请求应不予执行该支付协议。山东高院审查后裁定驳回其异议请求。（6）舒斯贝尔公司不服山东高院的裁定，向最高院申请复议，请求对中信信托的强制执行申请裁定不予执行。最高院经审理，裁定驳回舒斯贝尔公司、乾正置业的复议请求。

债权文书未载明被执行人不履行义务或者不完全履行义务时同意接受强制执行的。人民法院认定执行该公证债权文书违背社会公共利益的，裁定不予执行。公证债权文书被裁定不予执行后，当事人、公证事项的利害关系人可以就债权争议提起诉讼。

根据上述规定，仅有在公证债权文书出现严重错误（如不可办理强制执行公证、公证程序严重错误、文书内容违反法律强制性规定等）时，法院方可裁定不予执行。但是，该规定仍然比较粗放，实操性不强。随后，《公证债权文书意见》对债权文书的审查依据进行了进一步的细化。该意见第十二条至二十一条对不得赋予强制执行效力的文书类型、何种情况构成严重违反法律规定的公证程序、何种情况属于公证债权文书内容与事实不符等做出了解释，对实务具有很强的指导意义。具体情况见表8－2。

表8－2　信托融资中强制执行公证的债权文书的可执行性

情形	具体说明	可执行性	改进建议
公证债权文书本身不得赋予强制执行效力	《公证书》或《执行证书》没有给付内容	裁定不予执行	主债权合同和担保合同中均须明确给付内容
	执行证书上载明债权人和债务人互付给付义务	裁定不予执行	明确债权人和债务人的单向给付义务
	交易结构过于复杂，债权债务关系不够清晰	可能裁定不予执行	起草《付款协议》代替主债权合同
公证程序出现严重错误	申请办理公证时仅有债权人而无债务人	裁定不予执行	债权人和债务人均须作为强制执行公证的申请人
	申请办理公证时债务人一方未亲自到场且未委托代理人到场	裁定不予执行	债务人应亲自到场，实在无法到场的，应委托代理人到场，债权人和公证机关须核实相关的授权委托书
	公证机关签发《执行证书》前未按规定对债权债务履行情况进行核实	裁定不予执行	在债权文书中应约定切实可行的债权债务履行的核实方式，债权人应提醒公证机关按照约定予以核实并掌握相关证据

（续 表）

情形	具体说明	可执行性	改进建议
公证债权文书内容与事实不符	《执行证书》载明债权人已经履行合同义务或者债务人未履行或未完全履行义务但与实际履行情况不符的	裁定不予执行	在债权文书中约定清晰明确的债权债务履行标准（在信托融资中主要是债权人的融资款发放和债务人的还本付息）
	“阴阳合同”情况，即债权人与债务人就同一事项订立两份不同内容的债权文书，其中一份经过公证且赋予强制执行效力的	裁定不予执行	坚决杜绝“阴阳合同”，起草《付款协议》代替主债权合同
	公证债权文书以合法形式掩盖非法目的	裁定不予执行	做好合法合规性管理，须高度关注以规避监管为目的的房地产信托的交易模式（如明股实债）被认定为以合法形式掩盖非法目的
公证债权文书违反法律强制性规定或社会公共利益	违反社会公共利益，主要是违反政府相关的政策性规定，有的地区法院（如北京）将违反房地产限购政策的视为违反社会公共利益	裁定不予执行	须高度关注以规避监管为目的的房地产信托的交易模式（如明股实债）
被执行人未在公证债权文书上承诺接受强制执行	在公证债权文书起草的过程中，没有加入被执行人（即债务人）承诺接受强制执行的条款	裁定不予执行	注意加入该条款

（续　表）

情形	具体说明	可执行性	改进建议
公证债权文书上的给付内容不明确、不具体	公证债权文书中虽然有给付内容，但约定不明确、不具体。这主要体现在实现债权的费用（如律师费等）的约定上面	可能裁定不予执行，也可能裁定就约定不明确的部分不予执行	在债权文书（包括主债权合同和担保合同）中约定明确的实现债权费用的计算方式，包括数额与支付条件的确定方式（如律师费以合同和发票为准）
利息、罚金和违约金等约定违反法律规定	主要体现在利息、罚金和违约金等款项合计超过了国家规定的最高限额（每年24%）	对超过部分不予执行，在限额以内的应予执行	合理设计利息、罚息、违约金的金额，在符合法律法规的范围内维护自身权益
执行法院的影响	根据法律规定，执行法院是被执行人住所地或被执行财产所在地的法院，如果当地存在地方保护主义，则对债权人不利	存在不确定性	做好与执行法院的沟通协调，尽量杜绝地方保护主义
公证机构的影响	如果选择的是被执行人住所地或被执行财产所在地的公证机构，该公证机构在出具《执行证书》时可能会受到被执行人的影响（如本案例就可能属于这种情况）	可能无法出具《执行证书》，进而影响到财产的执行	尽量选择债权人比较熟悉且有一定影响力的公证机构，但在做出选择之前须确定执行法院所在地对公证机构没有特殊要求（如有的地区要求债权人必须选择执行法院所在地的公证机构）

（三）强制执行公证的不可诉性

强制执行公证虽然具有快捷便利的优势，但也存在不可忽视的缺陷，其中最大的缺陷就是公证债权文书的不可诉性以及由此带来的风险。

最高院于2008年发布了《关于当事人对具有强制执行效力的公证债权文书的内容有争议提起诉讼人民法院是否受理的批复》（法释〔2008〕第17号），该批复规定，根据《民事诉讼法》第二百一十四条和《公证法》第三十七条的规定，经公证的以给付为内容并载明债务人愿意接受强制执行承诺的债权文书依法具有强制执行效力。债权人或者债务人对该债权文书的内容有争议，直接向人民法院提起民事诉讼的，人民法院不予受理。但公证债权文书确有错误，人民法院裁定不予执行的，当事人、公证事项的利害关系人可以就争议内容向人民法院提起民事诉讼。

该批复正式确立了公证债权文书的不可诉性，即在确认办理了强制执行公证的债权文书依法具有强制执行效力的同时，排除了当事人的诉权，除非公证书确有错误，法院裁定不予执行的，当事人才可向法院起诉。对于债权人而言，表面上看起来是快速进入了执行程序，避免了诉讼的拖沓，但是也存在一定的风险。第一，在融资方经营状况恶化的情况下，由于无法起诉，债权人无法通过诉前财产保全及时对债务人的财产进行查封、冻结，最后等到了执行阶段，可能债务人已无财产可供执行。第二，向法院申请执行前，债权人需要向公证机关申请出具执行证书，公证机关出具执行证书需要对债务人履约情况进行核实，债务人得到消息后很有可能趁机转移财产，从而使债权人的债权无法得到保障。在实务中，很多房地产信托项目以土地或在建工程抵押作为增信措施，由于抵押资产无法转移的特征，公证债权文书的不可诉性带来的这两种风险对这些项目的实质影响不大。

另外，前述批复也存在一个致命的漏洞。根据《联合通知》的规定，公证机关在出具《执行证书》时需要对原公证债权文书和履约情况等进行审查，在不符合相关规定时，公证机关可不予出具《执行证书》或做出《不予执行证明书》，本项目就出现了这种情况。那么，在此情况下，债权人可以向法院起诉吗？按照前述批复规定，只有当法院裁定不予执行时，债权人方可向法院起诉。那么本项目就产生了这样一个悖论：由于已经办理了强制执行公证，且该公证尚未被撤销，因此信托公司无法直接提起诉讼；现公证债权文书的强制执行已经无法推进，由于连《执行证书》都未能取得，信托公司无法申请执行立案，人民法院也无法对《执行证书》进行审查，更不能通过裁定不予执行来赋予当事人诉权（本项目中创高地产就是以此为由阻止信托公司起诉的）。至此，信托公司处于一种貌似既无法推进公证债权文书强制执行，也无法通过诉讼程序维护自身权益的尴尬境地。

笔者认为，一旦公证机关出具了《不予执行证明书》，即相当于从事实上阻断了债权人继续推进公证债权文书强制执行的可能性，也否认了原债权文书的强制执行效力。因此，公证机关相当于已经在事实上撤销了对债权文书的强制执行公证。确立强制执行公证债权文书不可诉性的目的在于防止诉讼程序与执行程序的冲突，在本项目中，由于强制执行程序已经在事实上无法推进（这与人民法院裁定不予执行所产生的实际效果是基本相同的），原债权文书已经不具备强制执行效力，因此在这种情况下，赋予债权文书当事人诉权一方面可以为当事人维护自身权益提供法律途径，另一方面也不会发生诉讼程序和执行程序的冲突。因此，公证机关出具《不予执行证明书》后，债权人应有权就债权文书提起诉讼。实际上，本项目中吴越中院也基本上是以该理由受理了信托公司的起诉。

另外，为最大限度地控制上述风险，可以在融资合同中设置特定条款，将强制执行公证和诉讼（或仲裁）作为债权人可以选择的权利，换言之，当债务人出现违约时，债权人可以自由选择两种救济手段中的任何一种来保护自己的权利；而且，明确约定当选择强制执行公证时，即使届时公证机关出具《不予执行证明书》，也不影响债权人再提起诉讼或仲裁的权利。

但是，需要指出的是，笔者的这种理解并没有严格的法律规定作为支持，本案例中法院的做法也只能作为个案存在。只要法律没有做出调整，上述批复的致命漏洞就是客观存在的，大家在办理强制执行公证手续时须谨慎对待，严格遵守各项法律规定，力争避免公证机关不予出具《执行证书》的情况。

关于财务顾问费

在本项目中，信托公司除了在《财产权信托合同》中以优先级信托单位本金为基础收取高达每年4%的信托报酬外，还与创高地产另行签署了一份《财务顾问合同》，并在信托计划成立后一次性收取了2 000万元的财务顾问费。在信托公司起诉后，创高地产立即提起反诉，认为信托公司虽然收取了财务顾问费，但并未提供任何财务顾问服务，且该费用未在《财产权信托合同》中明确披露，该行为属于利用受托人地位谋取不当利益，应将已收取的财务顾问费全额退还。

法院支持了信托公司收取的财务顾问费，其判决书的意见如下：此部分费用虽未在信托合同中约定，但信托公司确实通过向案外投资者募集信托资金8.5亿元，为创高地产完成了融资义务，故信托公司收取该费用并无不当。

根据本项目的交易结构，信托公司不但在《财产权信托合同》中提供受托服务，同时又负责寻找优先级投资者并将其支付的资金作为创高地产让渡优先级信托单位的对价转付给后者。从这个角度来看，除了受托服务外，信托公司还为创高地产提供了资金募集（类似于银行代销）和代理收付服务，有其收取费用的事实基础。法院的判决看似符合逻辑，但实际上偷换了概念，将原本的财务顾问服务等同于资金募集服务，这与原本签署的以提供咨询服务为主的《财务顾问合同》的约定严重不符。这种判决与法院在承认《财产权信托合同》有效性的同时将《信托贷款合同》认定为“形式上的合同”，从而认定抵押措施有效性的思路如出一辙，对信托公司的偏袒显而易见。

那么，在本项目的交易结构下，是否存在更优化的操作方法呢？有人曾提出，信托公司可以考虑与创高地产及优先级投资者签署三方的《信托受益权投资协议》，同时修改《财务顾问合同》，将提供财务顾问的内容界定为撮合创高地产与优先级投资者之间的交易，以使财务顾问费的收取更为顺理成章。单纯从各方法律关系来说，如此操作确实会使财务顾问费收取的法律依据更为坚实，但从产品营销的角度来说，这种安排将使信托公司在产品推介时遇到不少麻烦，投资者可能会认为其不是直接购买信托公司的产品，而是在与开发商创高地产进行交易，感觉缺少了信托公司的信用背书，投资者认购的意愿可能会大大降低，比起募资失败的风险，信托公司也许更愿意承担财务顾问费这种打法律擦边球的风险。

更进一步讲，法院支持财务顾问费的前提是基于本案特殊的交易结构，如果在正常的资金信托模式下，受托人要在信托报酬之外再收取财务顾问费，将明显违背《信托法》的规定，预计很难获得法院支持。

小专题

信托公司收取财务顾问费存在的问题和解决办法

财务顾问费的收取是源自一方向另一方提供了财务顾问服务，而财务顾问服务的定义十分宽泛，从特定项目的融资安排到企业日常的财务咨询与规划均可囊括在内。但在很多信托项目中，财务顾问费的收取并不是真实提供了财务顾问服务，而是有其特殊目的，具体来看主要有以下两个。

其一，提高当期绩效。由于信托项目未来面临的不确定性较大，提前结束的情况时有发生，于是很多信托公司的绩效考核采取“收付实现制”，即只有从项目中实际收到了信托报酬，才计入业务团队的当期绩效中。由于财务顾问费通常为一次性收取，在会计核算时可计入信托公司当年的收入。因此，很多信托公司的业务团队在承做项目时倾向于从总体信托报酬中切分出一部分，以财务顾问费的形式提前一次性收取。

其二，隐藏信托收入。法规要求在信托合同上应明确载明受托人所收取的信托报酬，但有时信托报酬过高却会引起投资者和代销银行的反感，不利于产品销售，甚至会影响后续业务的开展。因此，业务团队有时会在定期提取信托报酬的同时另行收取财务顾问费，降低信托合同上载明的信托报酬率，以消除高额信托报酬可能带来的不利影响。

但是，上述财务顾问费的收取方式与目的存在两大风险。

1. 法律风险。《信托法》第二十六条明文规定“受托人除依照本法规定取得报酬外，不得利用信托财产为自己谋取利益”。信托公司在信托报酬之外另行收取财务顾问费的做法，很明显违反了该条规定；特别是当信托公司实际上并没有提供财务顾问服务时，很容易被融资方抓住把柄。

2. 被融资方追讨财务顾问费的风险。实务中，信托公司收取财务顾问费的操作方式正面临着司法的检验。业内已发生多起融资方要求信托公司返还财务顾问费的纠纷。而且，由于很多信托公司在收取财务顾问费时并没有真正提供财务顾问服务。因此，若融资方以此向法院提出财务顾问费的收取违规且法院要求信托公司提供证据证明其提供了财务顾问服务时，信托公司将处于很不妙的境地。

笔者认为，信托公司要在财务顾问费的收取方面实现目的性与合规性的平衡，有如下几种操作方案供选择，见表8-3。

表8-3 信托公司收取财务顾问费的解决方法和优劣分析

主要解决思路	具体操作模式	优劣分析
做实财务顾问服务	切实提供财务顾问服务，利用自身的能力或聘请律师等中介机构，制作财务顾问相关的咨询文件并提供给融资方	降低了由于信托公司并未实际提供财务顾问服务而被融资方追讨财务顾问费的风险，但仍涉嫌违反《信托法》第二十六条的规定
采用融资顾问费概念	信托公司与融资方签署《融资顾问合同》，约定向融资方提供融资安排服务，收取融资顾问费；且融资顾问费的收取标准是信托公司向融资方实际发放了融资，而非向其提供了某些虚化的咨询服务	降低了由于信托公司并未实际提供财务顾问服务而被融资方追讨财务顾问费的风险，但仍涉嫌违反《信托法》第二十六条的规定

（续　表）

主要解决思路	具体操作模式	优劣分析
向投资者披露财务顾问费	在《信托合同》中向投资者披露财务顾问费，并明确该财务顾问费属于信托报酬的一部分。该模式又细分为两种方式：一是《信托合同》中明确财务顾问费的数额或计算标准；二是《信托合同》中仅约定收取财务顾问费，但具体数额与收取方式以《财务顾问合同》为准	可以完全解决信托公司的违规问题，但财务顾问费的收取失去了隐蔽性，有时可能因过高的财务顾问费引起投资者或代销机构的不满，对产品的销售造成不利影响。第二种方式可能因为信息披露不充分受到监管机构的挑战
收取浮动信托报酬	将信托报酬设定为固定和浮动两部分，其中固定报酬设定一个合理的费率，定期收取，浮动报酬（实际上是财务顾问费）则无固定费率，只是约定在信托结束时（或其他某个特定时点），在扣除信托本金、收益和应由信托承担的费用及税费后的余额作为浮动报酬由受托人收取	可以合理地将应收取的财务顾问费隐藏在浮动报酬里，没有法律风险，且不会引起投资者和代销银行的反感，但难以实现提前一次性收取的目的
利用关联公司收取	由信托公司的关联公司出面与融资方签署《居间合同》或《融资顾问合同》，约定信托计划顺利成立并实现放款时，融资方向该主体支付居间费或融资顾问费	除了可以达到浮动信托报酬的效果外，还可以实现提前一次性收取的目的。但如果监管机构按照“实质重于形式”的原则审核，仍有违规嫌疑

本案例对信托公司的启示

创新要有限度

首先，笔者必须声明，创新是信托公司的生命线，特别是对于监管严厉的房地产信托领域，没有创新能力就无法生存。而创新必然面临对原有监管政策的突破，否则在原有政策的框架内打转儿，就不叫创新了。但是，任何创新都必须把握“度”的问题，不能为了规避监管而无限放大风险。在本案例中，信托公司为了规避监管采用了业内少见的财产权信托模式，同时又为了迎合抵押登记部门的要求炮制了一份《信托贷款合同》，人为造成了信托公司与融资方之间同时存在两种无法共融的法律关系，从而引发了后续的一系列矛盾，就是没有把握好“度”的问题。信托公司为了绕开一条禁线而突破了更多禁线，最终把自己置于一个自相矛盾的尴尬境地，从风险收益角度来看，是得不偿失的。

从实务操作角度来看，本项目的创新到财产权信托这一层即可，虽然关系复杂，但至少可以自圆其说；至于抵押问题，可以依托融资方的力量去解决，或者通过其他技术手段解决，没有必要制造出“阴阳合同”，人为扩大法律上的风险敞口。如果各种途径都无法进行妥善解决，则宁可放弃该项目，毕竟风险控制是信托公司的安身立命之本，在实务中要慎重把握。

要把握项目的实质风险

在房地产信托融资中，信托公司不但要有创新能力，更要有与该能力相匹配的风险控制能力。不管交易方案设计得如何精巧，最终都要回归到对项目实质风险的把控。如果项目本身不出险，即使交易方案存在一定缺陷，信托公司也基本上能平安着陆；而如果项目还款出现问题，在信托公司与融资方进行“攻守大战”时，再精巧的交易方案也会被冲击得七零八落，此时信托公司不但面临刚性兑付和财产损失问题，而且还会因监管机构对项目的特别关注而面临处罚。

从本案例可以看出，信托公司对项目的风险把控很有问题。不管从交易对手的实力，还是从项目业态与区位来看，潜在风险都不小，可以说没有任何亮点。在遭遇房地产调控时，商办物业去化严重受阻，融资方囿于自身规模所限，腾挪空间也很小，出现兑付风险并不意外。而项目风险的爆发引发了原本方案设计中隐藏的法律风险，最终搞得信托公司灰头灰脸。如果不是法院“帮忙”，恐怕要面临血本无归的尴尬境地。

小专题 房地产信托融资中的亮点把握

笔者认为，任何房地产融资项目在实质风险的把控上都要有自己的亮点，这种亮点要么体现在交易对手的选择上，要么体现在具体项目的选择上，抑或体现在对投资者的筛选上（选择具有风险承担能力的机构投资者还是具有刚性兑付要求的个人客户）。总之，这种亮点要能够有效控制或弱化项目风险。至于如何认识并把握这些亮点，笔者提出一些建议供大家参考，如图8－11所示。

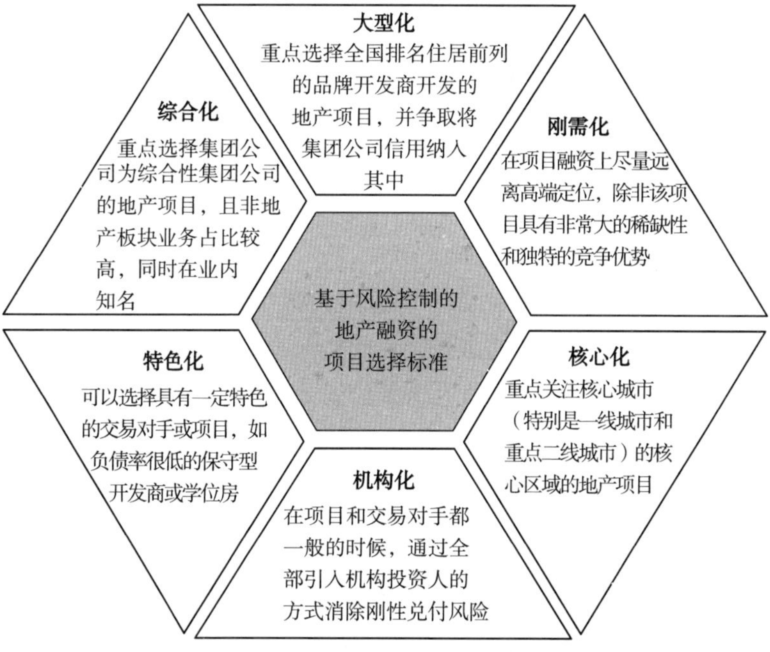

图8－11　房地产信托融资中的亮点把握

结 语

随着法院判决的落定和时间的推移，围绕本项目的种种争论终将归于平静，但我们坚信，该案例对大家的启示并不会简单止步于围绕交易结构或各方法律关系的司法认定层面，案例中折射出业界对于某些实务操作的反思不足、对风险收益的把握失衡、对业务创新中风险因素的考虑不周以及我国司法系统特有的一些断案逻辑等，都值得大家反复思考，并在今后的展业过程中引以为戒。

附 录

《中国房地产基金操作指南·融资篇》

专题目录

（以在本书出现的先后顺序进行排序）

1. 小专题：信托贷款与银行贷款在房地产信托融资中的区别与联系
2. 小专题：信托公司与开发贷银行在地产项目融资中的关系协调
3. 小专题：如何看待作为抵押物的土地、在建工程和物业的价值
4. 小专题：土地抵押办理过程中的注意事项
5. 小专题：金融实务中个人提供保证担保的谈判策略分析
6. 小专题：保证金质押与存单质押的异同
7. 小专题：如何妥善处理房地产项目尽职调查过程中发现的问题
8. 小专题：信托公司在销售渠道上的战略考虑
9. 小专题：如何处理房地产信托融资中销售资金的监管
10. 小专题：房地产信托驻场管理监管模式的总结分析
11. 小专题：抵押权代持的产生原因、法律效力和实务操作
12. 小专题：信托公司在地产项目上的竞争
13. 小专题：明股实债的概念、模式和采用原因
14. 小专题：皇帝的新衣——明股实债中的报表优化
15. 小专题：明股实债在项目公司层面的税务处理
16. 小专题：对赌条款及其在我国房地产信托中的运用
17. 小专题：股东借款的有效性分析
18. 小专题：信息披露与受托人的责任
19. 小专题：明股实债项目中一票否决权的管辖范围
20. 小专题：明股实债项目面临的风险
21. 小专题：信托财产登记在实务中的意义
22. 小专题：房地产信托投融资中股权转让的税务风险分析
23. 小专题：房地产信托的政策监管与产品创新

24. 小专题：房地产项目转让环节土地增值税的处理
25. 小专题：主债权金额、抵押物价值与抵押金额
26. 小专题：土地评估的几种方法与适用条件
27. 小专题：房地产股权融资中公司治理机制的设计要点
28. 小专题：项目交接时印章的处理
29. 小专题：房地产项目融资中驻场人员的工作职能
30. 小专题：信托受益权的质押问题分析
31. 小专题：尽职调查中“度”的把握
32. 小专题：融资性现金流在房地产融资项目中的重要地位
33. 小专题：房地产信托融资中的产品设计思路
34. 小专题：债务人的参与程度与应收账款转让的效力分析
35. 小专题：房地产信托融资中应收账款的交易模式分析
36. 小专题：反担保的意义和作用
37. 小专题：房地产抵押中的“房地一体”原则及风险防范
38. 小专题：担保措施中的主债权分析
39. 小专题：风险控制中如何抓住客户的“痛点”
40. 小专题：资金端收益与资产端利率联动的重要性
41. 小专题：资产收益权信托产品归纳总结
42. 小专题：房地产信托项目中资金端与资产端的协调配合
43. 小专题：商业银行在房地产信托业务中的角色定位
44. 小专题：股权质押的办理流程
45. 小专题：应收账款质押的实务操作
46. 小专题：房地产投融资业务中的差额补足
47. 小专题：业务人员与风险部门的沟通经验总结
48. 小专题：信托经理的角色定位思考：行业专家还是资源整合者
49. 小专题：资金挪用与受托人的责任
50. 小专题：房地产项目融资中的小股东问题
51. 小专题：房地产信托业务中结构化工具的使用
52. 小专题：机构投资者如何从风险控制的角度认购信托产品
53. 小专题：房地产信托融资中的流程注意事项

54. 小专题：信托融资中关于合同的注意事项

55. 小专题：信托资金划转过程中的支付方式总结

56. 小专题：针对不同层次开发商的金融解决方案

57. 小专题：结构化信托项目中次级财产的保障力分析

58. 小专题：在建工程抵押专题分析

59. 小专题：房地产项目融资中风险判断的要素排序

60. 小专题：房地产项目尽职调查中的“正奇结合”

61. 小专题：公章与营业执照等在掌握公司实质控制权中的重大意义

62. 小专题：打破刚性兑付，信托公司准备好了吗

63. 小专题：结构化信托项目中信托财产的属性分析

64. 小专题：投资者清退与信托合同模板的完善

65. 小专题：财产保全和首次查封的优越性分析

66. 小专题：信托公司在明股实债项目中持股比例与管控思路的反思

67. 小专题：民事诉讼中拖延时间的常见方式小结

68. 小专题：原状分配条款在信托项目中的具体运用

69. 小专题：信托融资中约定的年利率多高才算有效？

70. 小专题：风险控制中抵押资产的价值管理

71. 小专题：创高地产案件折射出的中国司法审判逻辑

72. 小专题：资金信托与财产信托，信托融资的“一体两面”

73. 小专题：他益信托在我国的适用范围

74. 小专题：建立以受益人为标准的集合信托判断标准

75. 小专题：我国法律承认被动信托吗

76. 小专题：信托财产的合法性和确定性在资产收益权概念上的体现

77. 小专题：正确认识信托项目中的几种法律关系

78. 小专题：《付款协议》在房地产信托融资中的功能与起草技巧

79. 小专题：房地产信托融资中的强制执行公证

80. 小专题：信托公司收取财务顾问费存在的问题和解决办法

81. 小专题：房地产信托融资中的亮点把握

后　记 | POSTSCRIPT

这是一本贴近实战、以提升生产力为宗旨的专业书！

作为一名信托业老兵，在多年的职业生涯中，我经历了完整的行业周期，不但亲身品味过项目承做中的酸甜苦辣，也在不断地通过观察思考总结各种经验教训。工作之余，我曾为多家金融机构、投资公司和财富公司做过系统的信托业务培训，也根据个人兴趣爱好广泛涉猎国内出版的信托书籍，久而久之，萌生了自己撰写一套实务书的想法。

鉴于目前国内很多信托书籍实操性不强的特点，我在本书撰写过程中始终坚持以生产力提升为出发点，围绕一个个精心设计的案例将自己多年以来的心得体会和积累的各种实战技巧有序地展现出来；同时，为解决案例本身带来的理论化、体系化不足的问题，对案例中涉及的重要知识点以专题形式进行归纳总结，力求实现理论与实务的有效结合。

对于一名常年跑业务的金融从业者来说，能够潜下心来写作是比较艰难的，加上本书内容在广度和深度上的拓展，使得写作更加费心费力。我现在仍记得周末待在书房里，一整天只能写出一两页纸的情形，个中纠结与苦思，对于第一次写书的我来说不啻一场艰苦的修炼。

由于本书涵盖地产、金融、财税、法律和监管政策等多个方面的内容，在写作过程中，我有幸得到了很多专家、朋友和同事的热心帮助，在此非常感谢大家的支持和付出。由于种种原因就不逐一列出名字，非常抱歉。

需要强调的是，本书所有案例（包括案例中提及的所有公司、城市、开发项目、合作银行、信托公司和其他主体等）均是根据内容需要虚构的，如有雷同，纯属巧合，请各位读者朋友不要“对号入座”。

在本书的写作过程中，我的工作发生了变动，由旱涝保收的大型信托公司跳槽至事必躬亲的私募基金管理公司，各种事务和挑战纷至沓来，让人目不暇接。在这段时间内，除了长久以来的信念支持我前行外，我可爱的女儿西西带给我极大的欢乐，我的太太方东给了我很多宽慰，并承担了很多家庭重担，谨以此书献给她们，并纪念我难忘的信托岁月。

曹邵鸣

2018 年 6 月于深圳